神话研究集刊

第五集

向宝云　主编

巴蜀书社

目　录

少数民族神话研究

巴蜀神话研究

学术争鸣

青年论坛

研究综述

外国神话研究

西王母神话的形成及其在韩国的受容

韩国梨花女子大学　郑在书　刘金成（译）

摘　要　本文将西王母神话在朝鲜半岛的受容视为一种文化潮流，并展开了初步研究，考察了西王母神话的形成、转变和韩国文化对其受容的原因。西王母的神格形象受到商、周之际文化剧变的影响，从早先的死之女神转变为后来的生之女神。早在乐浪抑或三国时代早期，随着《山海经》和道教信仰在朝鲜半岛的流传，西王母的信仰文化及其神话故事就已传入古代韩国。此后，西王母神话在朝鲜半岛流传开来。在后来的高丽王朝和朝鲜王朝，西王母神话对韩国文化的影响进一步加深，在诗文、乐舞、绘画等文艺形式上都有所表现。总之，西王母神话对韩国文化影响深远，其受容展现在文学、艺术、宗教、考古等诸多方面。本文拟对韩国文化受容西王母神话的过程进行较为全面的考察，并试图从地母神、回归母胎的本能、虎图腾等角度来解释西王母神话为韩国文化受容的原因。

关键词　西王母；仙桃圣母；献仙桃；游仙诗；瑶池宴图；地母神

一、引 言

西王母是中国神话中著名的女神之一，自古至今都是中华文化圈中备受推崇的神明。这一神明在早先的古代神话中被当作女神，之后随着道教的创立和发展，西王母的形象受到道教文化影响而逐渐演变成一位女仙。如今，这位女神的名字早已湮没在历史的烟海之中，然而从三国时代一直到朝鲜王朝，她的名字在韩国传统文化的诸多领域不断出现，这一事实应该得到重视。

自上古以降，朝鲜半岛与中国在文化领域的交流不曾间断，二者有着非比寻常的文化渊源。中国的神话和道教被韩国文化所接受的情况可以说是不胜枚举。在韩国历史上流传着不少中国神话，传颂着中国历史人物的诸多事迹，但是很少有像西王母这样贯穿于韩国历史的各个时期。笔者在研究中国神话典籍《山海经》被韩国文化接受的过程中，更加确认了这一事实，甚至可以将之视为一种文化“潮流”。所以，考察西王母神话在韩国的流传就有着非常重要的意义①。

不容忽视的是，韩国学界过去已有从文学、绘画和舞蹈等角度对西王母神话展开讨论者。虽然相关论文并不多②，但是这些研究在各自的学术领域都有一定的开创意义和典范价值③。然而，要回答缘何韩国文化能够受容西王母神话这一问题，则应该全面地了解西王母神话在朝鲜半岛的流传经过，需要立足于宏观而综合的研究基础才能给出解答，仅是依据在某一领域的专深研究可能难以获得令人满意的答案。

本文是在参考了学者们既有研究的基础上，对韩国文化中的西王母神话展开初步研究。首先，简略地讨论了西王母神话的形成、变迁以及传入朝鲜半岛

---

① ［韩］郑在书：《〈山海经〉与韩国文化》，首尔民音社，2019 年，第 268 页。

② ［韩］全虎兑：《高句丽龛神冢壁画中的西王母》，韩国古代史学会《韩国古代史研究》1997 年第 11 期。金台植：《古代东亚西王母信仰中的新罗仙桃山圣母》，韩国文化史学会《文化史学》2007 年第 27 号。张艺：《西王母在韩国文学上的受容模式》，韩国大邱大学国文系 2008 年硕士论文。郑秉模：《西王母信仰与朝鲜后期〈十长生图〉的演变》，韩国民画学会《韩国民画》2011 年第 2 期。崔真娥：《朝鲜时期唐乐呈才所见之‘西王母’及其文化意义》，《中国小说论丛》2013 年第 41 期。

③ 例如，全虎兑通过对龛神冢壁画的研究，发现了现存朝鲜半岛受容西王母神话的最早资料；金台植立足于西王母的研究，讨论了新罗的女性山神；崔真娥以比较的视野参照中国的情况，阐述了韩国乐舞“献仙桃”的特点。

的基本情况。其次，概述了从三国时代到朝鲜王朝等历史时期韩国文化受容西王母神话的过程，试图建立一个宏观而综合的研究视野。然后，依据以上研究所得，从多个方面揭示韩国文化受容西王母神话的深层原因，以此作结。

二、西王母神话的形成及传入朝鲜半岛

（一）西王母神话的形成

有关西王母神话的形成和转变，最为重要者莫过于《山海经》中的如下文字：

> 又西三百五十里，曰玉山，是西王母所居也，西王母其状如人，豹尾虎齿而善啸，蓬发戴胜，是司天之厉及五残。①
>
> 西海之南，流沙之滨，赤水之后，黑水之前，有大山，名曰昆仑之丘。有神，人面虎身，有文有尾，皆白，处之。其下有弱水之渊环之，其外有炎火之山，投物辄然。有人，戴胜、虎齿，有豹尾，穴处，名曰西王母。此山万物尽有。②

根据上述《山海经》中的文字，中国以及其他地区的诸多学者就西王母的身份、神格等问题展开了诸多讨论。关于西王母的身份问题历来聚讼不已。西王母究竟为何方神圣，抑或是部落族群，还是国家集团，目前对此的看法都莫衷一是。对于西王母的神格问题虽然也有不同说法，诸如有刑神、地母神、月神、虎图腾等等之说，但时下仍然普遍地认为西王母是具有“刑神”职能的西方女神③。当然，以上仅是对西王母原本形象的一些看法，而西王母的神性其实并非一成不变，从春秋战国时期开始就发生着种种变化。就拿《穆天子传》来说，书中记载了周穆王西巡游历之事。在西巡游历的旅途中，

---

① 袁珂：《山海经校注》，台北里仁书局，1982 年，第 50 页。

② 同上，第 407 页。

③ 有关西王母的整体性和局部性的诸多研究，参见迟文杰主编：《西王母文化研究集成论文卷》，广西师范大学出版社，2008 年；郑志明主编：《西王母信仰》，台湾嘉义南华管理学院，1997 年，等等。

周穆王来到了西王母之邦，在瑶池上与西王母相见，并且饮酒咏唱。在《穆天子传》中，西王母喜相逢、伤别离的形象跃然纸上，其与周穆王多有酬唱，俨然是一位情感丰沛的女神。《穆天子传》中记载了周穆王与西王母之间的酬唱文字。在二人的唱和之间，西王母在歌谣中自称是天帝的女儿①，并且还流露出“不死”之说②，从这些文字中可以窥见西王母从早先的死之女神转变为不死女神的些许痕迹。虽然《穆天子传》中没有涉及西王母容貌的描写，但是从上下文的文意脉络进行推测，周穆王眼里的西王母不是半人半兽的可怕模样，而是美妙动人、风姿绰约的女性形象。之后，西王母的神明形象遽变。在汉代，正如画像石上所见，西王母是与玉兔、九尾狐、蟾蜍、三足乌等神话动物以及“配偶神”东王公和羽人一起出现的，这就进一步明确了她予人长生的神力和不死女神的形象。道教创立之后，西王母作为女仙而备受推崇，她掌管着瑶池湖畔令人长生不老的蟠桃园，并受到三只青鸟和众多仙女的侍奉。在魏晋之后编纂的《汉武帝内传》中，西王母的形象又演变成了连尊贵的汉武帝都敢斥责的威严女仙，这就完全不同于《穆天子传》中盼望并等待着与周穆王再度重逢的女性形象。在道教被尊为国教的唐代，西王母的崇拜达到了最高潮。此后直至清末，在中国古代历史的各个时期，西王母都是备受欢迎的女神，其在民众中的地位始终牢固。

图1 《天问图》所见周穆王与西王母的告别

---

① ［战国］佚名：《穆天子传》卷三：“嘉命不迁，我惟帝女。”“帝”即天帝，而“帝女”亦即天帝的女儿，也就是女神。

② 《穆天子传》卷三：“将子无死，尚能复来。”从西王母期望周穆王“无死”的祈愿来看，这就暗示了她作为不死的存在。

图2　清代任薰《瑶池霓裳图》所见西王母

西王母的神明形象最终发生了巨大的转变，即从半人半兽的死之女神变成了美丽的生之女仙。但遗憾的是，到目前为止对这一变化的原因还有待继续探索，至今还缺乏有力的史料证据或公认的理论解释对此进行有效的说明。或许可以这样来看，西王母最初的确是职掌死亡的女神，因而被认为具有克服死亡的能力，藉此西王母就被那些希望获得长生的人们塑造成了生之女神。

如果进一步思索上述说法，就不难产生这样的看法：生与死的二元性内在于西王母女神自身。正如弗洛伊德所言，在人类的原始本能中，追求生命的生本能（Eros）和朝向死亡的死本能（Tanatos）是并存的。弗洛伊德认为，人类的本能是基于性本能和自我本能而展开，二者共同干预着生命的发展，并且在生命过程中蕴藏着建设性、同化作用（assimilatorisch）和破坏性、异化作用（dissimilatorisch）①。在神话中的神性可以看作是人类潜意识深处的本能表现。因此，以这样的观点来看，西王母可以被看作是与人类一样具有一体两面的生、死本能的女神。

值得追问的是，为什么西王母内在的二元性在起先只刻画了死的一面，而到了春秋战国时代后才强化生的一面？即使每个人与生俱来的内在本性都是相同的，但是考虑到受各自所处历史、环境等因素的影响，各人在具体情形下表现出的特性就会有所不同。所以，在研究西王母神话的过程中就应注意其所处的具体情形。在中国文明的初创期，从辽河流域的新石器文明到继之而来的殷代青铜器文明，东部地区的政治、文化较之西部来说比重相对更大。因此，根据当时的方位观念，人们将日出的东方进行理想化，而将日落的西方视为由死亡气运笼罩的阴寂之地②。所以，在殷商文化、东夷族文化非常浓厚的《山海经》中，人们将居住在极西之地的西王母视为死亡女神或许就是出于这个原因。然而，在西王母本身所蕴藏的生、死两面性中，这仅仅是表现出了死亡的本能。而西王母居住的玉山不单可以看作是死亡之所，还可以作为拥有生命能量的象征。因为在古代东亚的文化认知中，玉石充满着生命气运，是能够实现天人合一的宝物。

此后，殷商和西周的王朝交替正如王国维所说的那样，并不是单纯的政权交替，还有在文化和观念上的剧烈变化③。从源自西方的周族掌权之后，方位观念也随之改变。作为周王朝王兴之地的西部地区已经不再是被死亡气运笼罩的阴寂之地，而是终将回归的故土和充满着生命气运的理想乐园。至此，作为死之女神的西王母蕴藏着的生命冲动被追求长生的人们所释放。所以，

---

① ［奥］西格蒙德·弗洛伊德（Sigmund Freud）著，［韩］朴赞富译：《超越快乐原则》，首尔开书出版社，1997年，第66—72、130—141页。

② 在东夷文化圈中，视蓬莱、方丈、瀛洲为东方理想世界的三神山思想就与这种方位观念有关。

③ 王国维：《殷周制度论》，见其《观堂集林》卷十。

与周穆王相遇的女神不再是半人半兽的恐怖刑神，而是一位洋溢着生命活力的生命女神。到了继承周礼制度的汉代，随着中国政治和文化的正统得到确立，最终西王母的形象也不再是凶残可怕的死之女神，而是给人带来长寿、福乐以及吉祥的生之女神。

（二）西王母神话传入朝鲜半岛

西王母神话究竟是在什么时候、经由什么样的方式或途径传入朝鲜半岛？对于这一问题，实际上可以从两方面展开考察。一是立足于记载有西王母原始形象的《山海经》展开研究，通过考察《山海经》传入朝鲜半岛的情况来分析西王母神话传入朝鲜半岛的经过。二是可以根据道教在朝鲜半岛的传播来了解西王母神话传入朝鲜半岛的过程。西王母作为道教信仰的重要神明，会随着道教的传播而流传各地。所以，通过考察道教信仰在朝鲜半岛的传播也可了解西王母神话的相关情况。

有关《山海经》在朝鲜半岛流传的年代可能最早要追溯到百济的古尔王（234—286）时代。百济的古尔王曾经派遣阿直岐去日本。阿直岐对于经典文献颇为精通，其携入日本的诸多典籍中就有《山海经》。这说明，《山海经》在韩国的流传不会晚于三国时代①。高句丽琉璃王（于公元前19—18年在位）因禾熙和雉熙两位宠妃之间嫉妒而争宠不和感到失望哀伤，遂创作出了著名的《黄鸟歌》，其歌曰：“翩翩黄鸟，雌雄相依。念我之独，谁其与归?!”《山海经》对黄鸟的介绍有“食之不妒”的记载，黄鸟被认为是能够消除人们嫉妒之心的鸟类。琉璃王之所以创作《黄鸟歌》，就在于借助黄鸟“食之不妒”的这一说法来告诫宠妃②。从琉璃王使用黄鸟消除嫉妒的诗歌寓意来看，《山海经》传入朝鲜半岛的年代则可进一步上溯至三国时代的初期。那么，西王母的神话或许很早就在朝鲜半岛开始流传。

文献可征道教正式传入朝鲜半岛的时间为高句丽荣留王七年（公元624，即唐高祖武德七年）。彼时，唐高祖派遣道士赴高句丽讲道，并赠予高句丽国王元始天尊造像。但是，其实在此之前朝鲜半岛上就已有道教的流传和活动，这已是学界共识。首先，约公元6世纪的高句丽的古坟壁画中的乘鸟仙人，

---

① ［朝鲜］李能和著，李钟殷译注：《朝鲜道教史》，首尔普成文化社，1977年，第63页。
② ［韩］郑在书：《〈山海经〉与韩国文化》，首尔民音社，2019年，第83—84页。

百济武宁王陵中发掘的买地券、铜镜，以及百济金铜大香炉、山景文砖等古代文物中可以感受到浓厚的道教气息。然而，在时代更早的乐浪出土的铜盘、铜镜上出现了西王母形象，可能汉代的原始道教或早期道教已传入了乐浪，随着后来高句丽合并乐浪，乐浪的道教文化及西王母崇拜习俗或许很早就为高句丽接受①。同时由于高句丽深入朝鲜半岛，在乐浪道教之外，魏晋南北朝道教通过民间途径传入朝鲜半岛的可能性也很大。在这样的道教传播背景下，表现朝鲜半岛最早的西王母崇拜的龛神冢壁画出现了。

三、从三国时代到高丽王朝的西王母受容

三国时代是中国道教传入朝鲜半岛的重要历史时期，也是西王母神话传入朝鲜半岛的重要阶段。换句话说，三国时代是西王母神话为韩国文化初步认识、接受的重要时期。虽是初传之际，但是从高句丽的古坟壁画和百济的金铜大香炉等文物所见道教艺术的精湛水平，令人赞叹不已。可以说，韩国文化受容西王母神话的历程在三国时代既已展开。到了高丽王朝，在“仙佛习合”② 的氛围下，韩国文化对西王母神话的受容进一步深化。在高丽王朝，西王母神话广泛地影响了韩国的文学、艺术以及宗教等等方面，并为后来在朝鲜王朝时期的繁盛奠定了基础。

（一）三国时代到统一新罗时代的受容

三国时代有关西王母受容的传世文献和古迹遗物其实并不多，可以说是屈指可数。首先，目前可知最早者乃是被认为绘制于5世纪初的平壤高句丽龛神冢壁画。龛神冢古坟位于朝鲜的镇南浦市。这座古坟前室穹窿的西侧绘有坐在T字型横台上的壁画人物被认为是西王母和她的侍女。根据壁画所绘的峻峭山峰、乘鸟女性以及鸟云纹等展开联想，墓主人是希望能够飞升成仙达至西王母的昆仑世界③。然而，在此之后的高句丽古坟壁画中，尽管描绘有诸多翱翔天际的神仙，却再也没有出现西王母的形象。

---

① ［韩］全虎兑：《高句丽古墓壁画研究》，首尔四季节，2000年，第97—102页。

② 道教与佛教并不互相排斥，而是彼此共生，其趣旨与三教合一相似。

③ ［韩］全虎兑：《高句丽龛神冢壁画中的西王母》，韩国古代史学会《韩国古代史研究》1997年第11期，第372、399页。

图3　龛神冢壁画所见西王母

就百济而言，目前还没有找到与西王母有关的直接资料，但至少显示了对西王母有所认识的可能性资料。在10世纪编撰的日本典籍《延喜式》中有“祝辞”，当中记载了百济人王仁和阿直岐一系所传承的请神咒文，这里面就出现了东王公和西王母。据此可以推知，西王母在百济或许早已是广为人知的神明①。

在新罗及统一新罗时期，新罗始祖朴赫居世之母——仙桃山圣母的神话中有多个意象都可以印证仙桃山圣母即是西王母。仙桃山即西鸢山，暗示着昆仑山；仙桃即西王母的蟠桃；仙桃山圣母的使者“鸢”与侍奉西王母的青鸟都是作为猛禽一样的设定要素②。那么，这说明西王母神话在新罗早已有广泛而深入地传播，并在朝鲜半岛有了本土化。新罗对西王母神话的受容在崔致远的诗文中有进一步表现。崔致远是唐淮南节度使高骈的侍从官。高骈信仰道教，他的幕府中有道士活动。因此，崔致远在高骈身边自然就能很容易接触到道教。不仅如此，在韩无畏所记述的《海东传道录》中也提及了崔致远。《海东传道录》记录了入唐留学生跟从道人钟离权学习道教内丹学，并把崔致远视为韩国仙道谱系中的祖师③。崔致远的作品中有许多与道教文化有关

---

① 《延喜式·祝辞》“六月暮大拔”条注所引：“谨请皇天上帝，三极大君，日月星辰，八方诸神，司命司籍，左东王父，右西王母……”见前引全虎兑一文，第393页。

② ［韩］金台植：《古代东亚西王母信仰中的新罗仙桃山圣母》，韩国文化史学会《文化史学》2007年27号，第410—412页。

③ ［韩］郑在书：《韩国道教的源起及其历史》，首尔梨花女子大学出版部，2006年，第32—33页。

的内容，在其文集《桂苑笔耕集》中就收集了不少祭文和青词。从这些文字中则能看到崔致远笔下有很多涉及西王母神话的内容，诸如金母、瑶台、瑶池以及蟠桃等。

> 后当去会瑶池……独保长生，却登真位。调鼎佐玉皇之命，衔杯请金母之歌。[①]

统一新罗时代是与道教帝国唐朝在文化交流方面达到顶峰的时期。因此，除了前述内容之外，应该还有更多与西王母相关的资料，但遗憾的是现存的资料极少。

（二）高丽王朝的受容

及至高丽王朝，由于宋真宗和徽宗等皇帝崇信道教的影响，高丽睿宗也下令修建了福源宫道观，西王母受容的条件已经逐渐成熟。值得一提的是，西王母崇拜之风在这一时期得到了进一步提振。依《宋书》中的记载，高丽人会在正月期间敬造西王母的神像，并有祭祀、参拜的习俗[②]。这意味着民间百姓在宗教上已十分信仰西王母。有一件收藏在韩国中央博物馆的国宝级青瓷非常值得留意，它是这一时期与西王母有关的文物。这件名为“青瓷道教人物酒煎子”的古代瓷器于1977年在大邱被发现，被确认为制作于高丽时代（12世纪）的文物[③]。这尊青瓷瓷器的造型是按照道教人物的形象进行制作的。其所表现的道教人物是头戴装饰有凤凰的冠帽、双手捧着仙桃的女性形象。据此加以推测，这件青瓷道教人物所表现的人物形象就是西王母。通过对这件青瓷瓷器的仔细观察，一方面可以了解到当时民众制造并供奉西王母神像的习俗；另一方面可以了解到当时朝鲜半岛对宋朝“大晟乐”的学习，而神像造型所呈现的捧桃姿势则生动形象地反映了乐舞“献仙桃”中的舞姿[④]。

---

① ［新罗］崔致远：《桂苑笔耕集》卷十八《献生日物状》。

② ［元］脱脱：《宋史》卷四百八十七《外国·高丽》：“又正月七日，家为王母像戴之，二月望，僧俗燃燈如中国上元节。”亦可见李德懋：《青庄馆全书》卷二十二《编书杂桥》。

③ 国宝167号，韩国国立中央博物馆所藏。

④ ［韩］郑在书：《〈山海经〉与韩国文化》，首尔民音社，2019年，第100页。

图 4　韩国国立中央博物馆藏 12 世纪“青瓷道教人物酒煎子”

此外，高丽王朝受容西王母的乐舞，尤以“献仙桃”和“五羊仙”最具代表。“献仙桃”这支乐舞所表现的内容是西王母向君王献上仙桃表达长寿祝福之意；而“五羊仙”乐舞虽然在表演中并没有直接献仙桃的环节，但与“献仙桃”的乐舞内容一样，都有表现西王母向君王表达长寿祝福的部分。这些乐舞自宋代以来，就在燃灯会、八关会等重要的祭礼和节庆中进行表演①。

从文学作品的角度来考察韩国文化受容西王母神话的情况，前文所述崔致远的作品应视为开端，这是因为在中国刊行的崔致远文集是现存韩国最古的文集。及至高丽王朝，随着科举制度引入朝鲜半岛，汉文学的底蕴愈加深厚，涌现出许多优秀的文人才子，道教的奇幻想象给他们打开了丰富的创作空间，为他们提供了绝佳的写作素材。因此，在高丽王朝的文人笔下，西王母作为一种文学形象被反复地书写，从而成为了被大众熟知的经典文学意象。武人政权时期怀才不遇的天才诗人林椿有汉诗写道：

我梦乘风到月宫，
排门直捉姮娥问。

① ［朝鲜］郑麟趾：《高丽史》卷七十一《用俗乐节度》：“文宗二十七年二月乙亥，教坊奏：‘女弟子真卿等十三人所传踏沙行歌舞，请用于燃灯会。’制从之。十一月辛亥，设八关会，御神凤楼观乐。教坊女弟子楚英奏：‘新传抛毬乐、九张机别伎。抛球乐弟子三十人，九张机弟子十人。’三十一年二月乙未燃灯，御重光殿观乐。教坊女弟子楚英奏：‘王母队歌舞，一队五十五人，舞成四字，或君王万岁，或天下太平。’”

奈何使尔司春桂，
与夺不公人所愠。
低头再拜谢我言，
妾不爱憎皆委分。
紫府今书君姓字，
曾陪王母游阆苑。
也爲轻狂多负过，
帝令谴谪方知困。
从此文星不在天，
世人谁识尘中隐。
……①

在科举中落榜的诗人林椿借助折取桂树枝给及第者的姮娥之口来表白自己绝不是没有才能的文人，而是前世是在昆仑山侍奉西王母游苑的文学之神，即文昌星，因为轻狂犯错才谪降下界。此外，“竹林高会”中的李仁老也有诗云：“桃熟已教金母献，曲高新自月娥传。”② 这句诗中就吟咏了西王母献蟠桃的典故。李奎报、崔滋、李齐贤等人的文学作品中也有提及西王母神话的要素。从高丽王朝的文人创作中不难发现，西王母神话已经成为了他们常用的文学典故。

（三）小结

从龛神冢所见之西王母壁画来看，魏晋南北朝时期具有萨满教传统，与女仙崇拜的道教上清派很可能已经传入了高句丽。百济武宁王陵出土的买地券和铜镜等文物可窥见道教思想文化的深刻影响。由于百济与道教上清派盛行的南梁之间有频繁交流，百济很有可能是受到了道教思想文化的影响③。龛神冢壁画所见的西王母形象与中国古代墓葬壁画中常见的西王母有所不同。一般而言，西王母周围往往还会搭配一些人物或动物，但与中国的情况不一样的是，龛神冢壁画中的西王母并没有搭配东王公、九尾狐、玉兔、蟾蜍、

① ［高丽］林椿：《西河集》卷一《记梦》。
② ［朝鲜］徐居正：《东文选》卷十三《文机障子》。
③ ［韩］郑在书：《韩国道教的缘起与历史》，首尔梨花女子大学出版部，2006年，第31页。

三足乌等图像要素，这可能就是高句丽古坟壁画所见的西王母较为特别之处，尚待进一步讨论。同时，龛神冢壁画中乘鸟女性的形象可以和之后高句丽古坟壁画中经常出现的乘鸟仙人联系起来，它们都具有一定的连续性，这些具体例证都很好地反映了高句丽的神仙思想。

将仙桃山圣母视为西王母在新罗本地垂迹的看法，对以往侧重强调庆州遗址乃至新罗文化以佛教为中心的观点，提出了从仙佛习合的角度进行重新审视的必要。实际上，包括佛国寺在内的庆州一带的很多寺庙都具有这样的特点。这其实是自三国时代以来创建的很多佛寺至今都具有的特性①。毫不过分地说，仙桃山圣母即新罗的西王母，可能就是基于这种由来已久的习俗而诞生。

同时，作为新罗时代的资料，值得一提的是最近发现的金大问的《花郎世记》中记载的《青鸟歌》。在花郎斯多含因失恋而吟唱的诗歌中，青鸟既可以看作是分手的旧恋人，也可以看作是爱情的信使②。然而因为《花郎世记》的真伪尚未确知，是故很难断定该书所见的"青鸟"就是新罗诗歌中受容西王母神话的确证，但在此提及聊备一说。

四、朝鲜王朝的西王母受容

朝鲜王朝在意识形态上尊奉儒学思想，在政治上实行了强有力的儒教统治。尽管如此，朝鲜王朝前期有昭格署和以丹学派③为中心的士族阶层崇尚道教修炼的风气，而后期则有关帝信仰为代表的民间道教之兴盛，还有《山海经》在坊间更为广泛地流传④。在这样的情形下，朝鲜王朝在文学、艺术方面对西王母神话的受容比以往任何时代都要活跃得多。

---

① 例如，在庆州神仙寺、升州仙岩寺等的寺名，以及佛国寺、松广寺、仙岩寺等充满仙气的寺内建筑名称中，很容易找到这样的痕迹。此外，至今在佛寺中犹存对七星神、灶王神、泰山府君等道教诸神的供奉与崇拜，这也是道教有力的佐证。

② ［韩］李赞旭：《古典文学中青鸟的文化原型及象征性研究》，《我们文学研究》2008年25辑，第147—148页。

③ 丹学派是在朝鲜王朝前期研习儒学并兼行道教修炼的士族阶层。他们尊奉始祖檀君为韩国道教的创始者，试图从本土文化和主体性的立场解释韩国仙道。其代表人物有金时习、郑磏、洪裕孙、南师古、朴枝华等等。

④ ［韩］沈庆昊：《朴趾源与李德懋的戏文交流》，《韩国汉文学研究》2003年31辑，第95—96页。

（一）文学上的受容

首先，朝鲜王朝的诗歌中多有涉及西王母神话的书写。朝鲜王朝初期以金时习与洪裕孙等人的诗文为代表，金时习有诗云：“玉皇降处围香雾，金母来时驾彩鸾。”① 洪裕孙有诗云：“一犨举参宴瑶池，俯视三山如燕卵。”② 不难发现，在有丹学派传承的诗文中，都有关于西王母的神话典故。此后，值得一提的是，由于浪漫唐诗风的兴起和丹学派的影响，在16、17世纪的韩国诗坛出现了冠绝一时的“游仙诗体”③。在运用诸多神仙、道教意象的游仙诗中，其中心人物当然非西王母莫属。在游仙诗的诗人群体中，以许楚姬为代表，她创作了多达87首游仙诗。许楚姬不仅仅限于诗文创作，还流露出对西王母的仰慕，她甚至还将自己想象成女神。《望仙谣》就是表现她这种心境的作品。

琼花风软飞青鸟，
王母麟车向蓬岛。
兰旌蘂帔白凤驾，
笑倚红栏拾瑶草。
天风吹擘翠霓裳，
玉环琼佩声丁当。
素娥两两鼓瑶瑟，
三花珠树春云香。④

除了许楚姬以外，还有李春英、李睟光、申钦、权韠、许筠、许篈、郑斗卿等，在他们的游仙诗中都有吟咏西王母的诗篇。除他们以外，郑之升还使用了西王母神话中的青鸟意象写就了感情炽烈的爱情诗。

---

① ［朝鲜］金时习：《访友于三清宫：适醮立冬》，见《梅月堂集》卷三。

② ［朝鲜］洪裕孙：《题金刚山》，见《篠丛遗稿》。

③ ［韩］郑珉：《16、17世纪游仙诗的资料概观和出现动因》，见《韩国道教思想的理解》，首尔亚细亚文化社，1990年，第128页。

④ ［朝鲜］许楚姬：《望仙谣》，见《兰雪轩诗集》。

梨花风雨掩重门，
青鸟飞时见泪痕。
一死可能忘此别，
九原犹作断肠魂。①

青鸟本来是作为西王母的陪侍而出现的，后来被当作传递消息的信使或是信件的象征。而在这首诗里，青鸟是指意外收到从分手的恋人处寄来的信。在唐诗中，游仙诗也是爱情诗的一种类型。这是因为游仙诗的中心人物西王母作为天地间至高的仲裁者，被认为是神圣结合的化身，这种机制就强烈地暗示了男女关系②。由此可见，西王母神话已广泛流传到士族阶层乃至普罗大众当中。

接下来，从小说的角度来看，与诗歌的情况有所相似，作为女神的西王母以及相关神话意象，如青鸟、瑶池、蟠桃、弱水等都充分地活用于小说的描写中，于人物及其内心世界还有居住环境等多方面都有表现③。例如，从汉文小说《云英传》中可以见到如下场景：

进士谢曰，……则如使东方朔侍左右，西王母献天桃，是以杜甫之文章，可谓百体之具矣，……妾以封书，从穴投之，进士拾得归家，拆而视之，悲不目胜，不忍释手，思念之情，倍于曩时，如不能自存，欲答书以寄，而青鸟无凭，独自愁叹而已④。

上文活用西王母与东方朔的蟠桃故事，以青鸟为意象来说明金进士的心情和状况。与此相似者，还有《九云梦》《崔陟传》《姜虏传》《韦敬天传》《江都梦游录》《洪晥传》《乌有兰传》等等。

在韩文小说中也有不少涉及西王母神话者，诸如《沈清传》《淑香传》

---

① ［朝鲜］郑之升：《无题》，见《温城世稿》。

② Cahill, Suzanne E., *Transcendence & Divine Passion: The Queen Mother of the West in Medieval China*, Stanford: Stanford University Press, 1993, p. 170.

③ ［韩］郑在书：《韩国道教的缘起与历史》，首尔梨花女子大学出版部，2006 年，第 170 页。

④ ［朝鲜］佚名《云英传》原文选自［韩］朴熙秉编：《韩国汉文小说校合句解》，首尔昭明出版社，2005 年，译文选自《韩国古典文学大系·短篇小说传》，首尔民众书馆，1976 年。

《春香传》《苏大成传》《姜太公》《李大凤传》《任氏三代录》等，在这些韩文小说中都可以发现许多西王母神话中的意象。下文以《春香传》为例：

房子분부 듣고 춘향 초래 건너갈 제 맵시 있는 방자 녀석 서왕모 요지연에 편지 전하던 청조（青鳥）같이 이리저리 건너가서，“여봐라，이 애춘향아 。”부르는 소리에 춘향이 깜짝 놀래어，“무슨 소리를 그따위로 질러 사람의 정신을 놀래느냐 。”“이 애야，말 마라。일이 났다。”“일이라니 무슨 일。”“사또 자제 도련님이廣寒樓에 오셨다가 너 노는 모양 보고 불러오란 슈이 났다。”①

译文：听到吩咐后，去找春香的房子就像西王母瑶池畔传达信函的青鸟一样穿行而去。“喂，春香啊。”听到喊叫声的春香吓了一跳，“喊什么喊，吓人一跳。”“你这孩子，别说话，我有事呢。”“出什么事了？”“使道少爷来到广寒楼时，看到你玩的样子就令你过来了。”

青鸟在古典小说中频繁出现，向相爱的人传递信物和消息，充当给主人公牵线搭桥的帮手②。因为古典小说中关于爱情的内容相当多，所以青鸟的意象就经常被使用。在小说方面，从汉文小说到盘瑟俚系小说，西王母神话被广泛地活用在小说中，可见人们对西王母已有普遍的认识。

（二）艺术上的受容

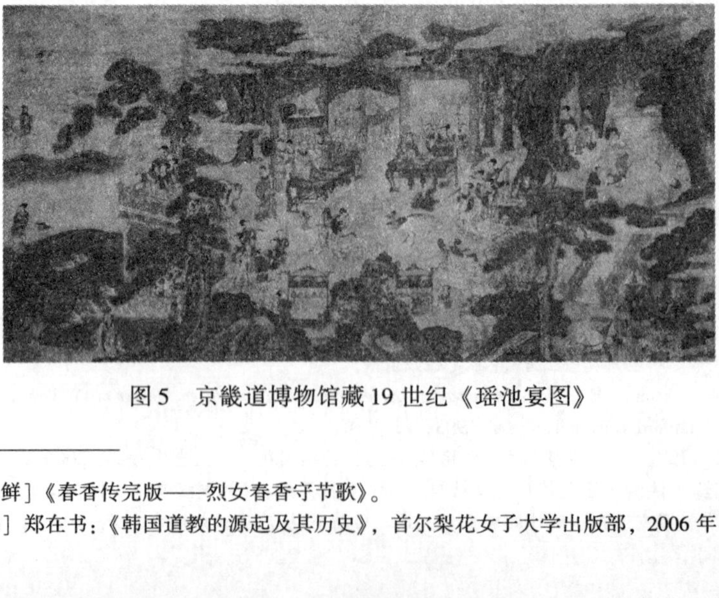

图5　京畿道博物馆藏19世纪《瑶池宴图》

---

① ［朝鲜］《春香传完版——烈女春香守节歌》。

② ［韩］郑在书：《韩国道教的源起及其历史》，首尔梨花女子大学出版部，2006年，第174页。

艺术上，首先从绘画方面来考察西王母的受容状况，那么不得不提到朝鲜王朝后期广泛流行的《瑶池宴图》《十长生图》和《神仙图》。

《瑶池宴图》描绘了西王母在瑶池湖畔宴请周穆王、诸神仙、佛菩萨等的场景，仙女们献上灵芝和蟠桃，寓意着向不死女神西王母表达长生不老和富贵荣华的祝愿。《瑶池宴图》不仅深得宫廷和班家贵族的欢迎，而且在民间也非常流行。朝鲜肃宗大王曾亲自为其题跋①，时人还制作成屏风在婚礼上用作吉祥画使用。

韩国独特的吉祥画样式《十长生图》，盛行于高丽王朝至朝鲜王朝后期，与此前不同的是，受西王母神话的影响增加了蟠桃，这是很大的变化②。蟠桃在《神仙图》《海鹤蟠桃图》中多有出现。金弘道所绘《阆苑偷桃》就画了东方朔进入西王母的蟠桃园中偷桃的场面。同时，文人常用的蟠桃形制的砚台也借用了西王母神话的意象。此外，将“仁义礼智信”五字进行形象化的《文字图》中，“信”字的形象化便是人面鸟和青鸟。

舞蹈方面与西王母相关者是在宫中演出的唐乐呈才，好比说，祝祷君王长寿的“献仙桃”和“五羊仙”。正如前文所述，这些乐舞是高丽王朝从宋朝传至朝鲜半岛的舞蹈艺术。其中，“献仙桃”在有的地方被叫做“献蟠桃”，这一乐舞在民间深受欢迎③。

（三）小结

到了朝鲜王朝，人们在文学、艺术各方面对西王母的认识不断扩大，接受程度不断加深，可以说达到了运用自如的地步。如前所述，尽管有儒教的压制，但朝鲜王朝前期的丹学派活动和后期民间道教的流行形成了受容西王母神话的背景，又因16、17世纪受唐诗风影响而兴起的游仙诗体奠定了相应的基础，同时《山海经》《西游记》《东游记》《封神演义》等明代神魔小说的影响也产生了更直接的推动。但从根本上看，这由于从三国时代即已开始了对西王母文化的持续积累，一直到朝鲜王朝就具备了广泛和深入的受容条

---

① ［朝鲜］肃宗：《题瑶池大会图》，见《列圣御制》卷十二。

② ［韩］郑秉模：《西王母信仰与朝鲜后期〈十长生图〉的演变》，韩国民画协会《韩国民画》2011年2辑，第29页。

③ ［韩］崔真娥：《朝鲜时期唐乐呈才所见之‘西王母’及其文化意义》，《中国小说论丛》2013年41辑，第85—88页。

件。随着韩国文化对西王母神话受容的加深，产生了不同于中国的独创性运用。在三国时代和高丽王朝由于资料有限很难察觉其鲜明的特点，及至朝鲜王朝就明显地感受到这样的变化趋势。例如，在诗歌方面，郑斗卿对金刚山的吟咏中，他从丹学派的民族仙道的立场上表现出与以往受容西王母神话的不同见解。

东海三神在，
中原五岳低。
群仙争窟宅，
王母恨居西。①

在丹学派后裔郑斗卿②的心目中，金刚山是东方的三神山，比中国的五岳更加神圣。因此，“王母恨居西”则表达了韩国仙道文化的主体性意识，别具特色。

“献仙桃”虽是中国乐舞，在高丽王朝之际传入朝鲜半岛，并由武人政权时期的崔忠宪改编③。在高丽王朝，“献仙桃”已经根据朝鲜半岛的实际情况进行诸多变化。与中国不同的是，大众化、通俗化是韩国“献仙桃”的特色。自南宋后期至明清时期，中国的《八仙过海图》《群仙庆寿蟠桃会》等图像传入陆续朝鲜半岛，受此影响，“瑶池宴图”作为一种绘画题材在朝鲜王朝后期盛行一时，但在画面人物、构图、宗旨寓意等方面都有变化，这自然就体现出本土文化的固有特性。

值得注意的是，在有关西王母的诸多意象中，青鸟的意象大多运用在文学方面，尤其是小说中；而在艺术方面，往往出现的是蟠桃意象。窃以为，这是因为在文学领域书写爱情的题材较多，而青鸟被当作是爱情的信使；而在艺术上，因为颂祝与辟邪的目的，蟠桃则是比较合适的选择。

---

① ［朝鲜］郑斗卿：《金刚山》，见《温城世稿》。

② 郑斗卿是被尊为朝鲜丹学派泰斗郑磏（号北窗）的后人。郑磏是撰作内丹修炼书《龙虎秘诀》的道人。

③ ［朝鲜］《乐考·本朝乐》，见《增补文献备考》卷一百七。

五、韩国受容西王母神话的原因

虽然以上论述有些简略，但是通过爬梳韩国历史之后，自然就会提出西王母神话为何能够被韩国文化受容的疑问。这不是依靠读读《山海经》，或者研究道教在朝鲜半岛的流传就能轻易回答的问题，而是需要从文化的深层根源去寻找背后的原因。正如前文就已提到的那样，在韩国传统文化中，西王母在历史上已经形成了一个“潮流”。对这一潮流的把握显然非常重要。吉尔伯特·杜朗（Gilbert Durand）将一种文化或思想的形成、发展形象地阐述为一系列过程，借用水和河流的隐喻把这个过程描述为从源头渗出到流入三角洲的情形，并将这种情形称作是“意义的水流”①。正如持续奔流的水体有着不竭的泉源一样，作为文化潮流的西王母神话其背后也有着不变且普遍的根源。那么，西王母这一“潮流”背后所潜藏的深层根源是什么？窃有以下看法。

首先，西王母的神格与其说是刑神一类的职能神，不如说是地母神更为恰当②。包括仙桃山圣母在内的古代韩国女神，诸如智异山圣母、伽耶山政见母主以及各地的老姑身上都能找到相同之处③。因为这些韩国女神和西王母一样都是山神，本来就是具有地母神性质的存在。在这种民间信仰的基础上，西王母可能就很容易为韩国文化所接受。后来在儒家父权家长制的压制下，本土的女性山神被斥为淫祀，较这种情况来说，从中国传来的西王母信仰就有一定的空间，从而有代替了朝鲜半岛本土地母神角色的可能性。

第二，人类心理深处的根柢上存在着回归母胎的本能意识，由此产生了将女神作为根源性力量来源的崇拜观念。在父权制社会建立之后，神谱中最

---

① ［法］吉尔伯特·杜朗著，［韩］俞平根译：《神话批评与神话分析》，首尔生活出版社，1998年，第122—124页。

② 对此，早先［日］森雅子曾通过与Inanna、Cybele等中东地母神的比较，认为西王母与她们一样都有山之女神、百兽的女主、两性兼具、圣婚等特征。森雅子：《西王母の原像——中國古代神話における地母神の研究》，《史学》56卷3号，1986年。森雅子的比较神话学研究虽然有不少值得商榷的地方，如将中东地母神的标准片面地运用于西王母、把古代中国误认为一元论下的统一整体，无视西王母的历史性，只从共时的结构层面来把握等问题，但不得不承认的是，即便如此，也为西王母作为地母神的特征提供了依据。

③ 以智异山老姑为代表，首尔麻浦区的老姑山、高阳市的老姑山等都是体现了古代女神崇拜痕迹的地名。当然，各地的老姑传说也是很好的例子。

高位阶的至上神无疑皆是男性所居。即便在这样的社会文化背景下，人们依然对女性神有所期待，希望通过女性神的庇佑获得信仰层面上的满足和幸福感，以此达到最高境界。正如歌德在《浮士德》的末尾所言："永恒之女性，引领我们向上。"基督信仰中的圣母玛利亚、佛教所尊奉的观世音菩萨皆是如此。在男性作为唯一神或者最高神的背景下，这些具有女性形象特征的神明信仰至今对信众都有普遍而强烈的吸引力。换句话说，西王母在古代东亚社会里具有像圣母玛利亚、观世音菩萨那样的女神特性和地位。周穆王为了复兴衰落的王权去寻求西王母，汉武帝为了获得不朽之躯而延请西王母，不计其数的人们为了长寿和幸福向西王母祈求，因为作为女神的西王母被认为能够帮助人们实现一切愿望，是根源性力量的来源①。在神话的叙述中，这些超凡力量通过不死之药或者蟠桃表现出来。西王母神话正是因为满足了人们普遍崇拜女性神的本能，所以才能够在朝鲜半岛受到长久的欢迎。

与上述两个原因不同，还可以基于神话和地理两个层面进行考量。在神话时代，中国的版图比现在狭小。《山海经》的原始西王母出现之时，其时空至少不出于殷商文化与东夷族文化圈。这是因为殷商甲骨文中已经出现了指称西王母的"西母"文字。然而，从地母神产生的时间点来看，应该是殷商以前的新石器时代，如果是这样的话，就可以追溯到龙山文化和大汶口文化以及更早的红山文化，这在地域上就涵盖了从河南到山东还有辽宁等东夷的活动范围。中国学界曾经有学者将西王母视为东夷的刑神，并将其地望推定为山东，但是并没有受到过多的关注②。结合上述看法，这种观点就有讨论的余地③。从西部兴起的周族灭商建立周朝以后，中国的疆域延伸到了现在的西部，而西王母随之被设想为黄河源头的极西之地。将原始西王母看作东夷女神时，山东的大汶口文化、渤海湾沿岸的红山文化和具有亲缘性的朝鲜半岛

---

① 基于这个目的，［俄］李福清（B. Liftin）推测《穆天子传》是战国时代为恢复周王朝的权力所作。请参阅李福清（B. Liftin），《从文学角度看穆天子传》，见《中国神话故事论集》，中国民间文艺出版社，1988 年，第 1—10 页。同时，［美］D. L. Porter 认为《穆天子传》是虚构的叙事，展现的是周穆王个人或是周王朝集体的自我意识。请参阅 Deborah Lynn Porter, *From Deluge to Discourse: Myth, History, and the Generation of Chinese Fiction*, Albany: State University of New York Press, 1996, pp. 16—18。

② 翁银陶：《西王母为东夷族刑神考》，《民间文学论坛》1985 年第 12 期。吕继祥：《关于西王母传说起源地的探索——也说西王母传说起源于东方》，《民间文学论坛》1986 年第 6 期。

③ 如果以此审视红山文化中出现的作为地母神的女神像，这与西王母之间就有更多的讨论余地。

上古文化中的地母神，可能与西王母在某些方面有着共同的特性。考虑到一些学者认为“豹尾虎齿”的西王母是虎图腾或虎神的观点[①]，这跟韩国山神图像中与虎为伴的经典构图就有比较研究的空间。如果男性山神的原型可以推定为母权制下的女性山神，韩国山神图在上古时期的实际情况就应该是与虎相伴的女性山神。那么，带有老虎形象的西王母神话在朝鲜半岛民众的集体无意识中就并非什么陌生的存在。这也是韩国文化毫不排斥地受容外来女神西王母的深层原因。

图 6　朝鲜《山神图》（作者和日期不详）

六、结语

本文将西王母神话在朝鲜半岛的受容看作是一种文化潮流，并对此进行了初步研究，考察了西王母神话的形成、转变以及其在朝鲜半岛受容的概况

① 启良：《西王母神话考辨》，见《西王母文化研究集成论文卷·中卷》，广西师范大学出版社，2008 年。陆思贤：《西王母善‘虎’啸是秋天季候风神话—新石器时代人虎纹图形探讨》，见《西王母文化研究集成论文卷·中卷》，广西师范大学出版社，2008 年。

和原因。在第二部分指出，西王母的神格由死之女神转变为生之女神是源于殷周之际大变革而引发的文化剧变。在乐浪以及三国初期，由于《山海经》和道教的传入从而展开了朝鲜半岛的西王母信仰。接着，第三部分考察了三国时期到高丽王朝的西王母受容。通过高句丽龛神冢的西王母壁画、新罗仙桃山圣母、高丽文人的汉诗以及献蟠桃的乐舞等可以了解，在仙佛习合、上清派道教传入、福源宫建立等背景下，这一时期的西王母受容非常活跃。第四部分介绍朝鲜王朝的西王母受容现象。丹学派的成立、民间道教的兴起以及明朝神魔小说的传入都为西王母神话的受容创造了有利条件。在文学方面，尤以十六七世纪盛行的游仙诗为代表，而小说中多见对西王母神话的活用。在艺术方面，《瑶池宴图》《十长生图》《神仙图》等广为流行，由此可知，西王母的受容从王室到民众中都得到了广泛的普及。这应该看作是自三国时代始，朝鲜半岛对西王母文化的持续积累的结果，而到了朝鲜王朝之时则展现出广泛和深入的受容情况。

以上述的整个过程作为研究基础，本文在第五部分试图解释韩国文化缘何对西王母神话的受容会如此持续、广泛且深入，其深层原因究竟是什么？对此，本文提出了如下看法：第一，西王母和朝鲜半岛本土的上古女性山神都有着地母神的神格特征，这就使得西王母信仰能够顺利地在朝鲜半岛上流传并落地生根，还在一定程度上替代了受儒教思想压制的本土女性山神的地位和作用；第二，基于将女神视为根源性力量来源的普遍心理，不死女神西王母被赋予了同圣母玛利亚、观世音菩萨等女神相似的救度神格，从而成为祈福对象的可能性；第三，原始西王母产生的时空背景是在新石器时代东夷文化圈以西，周代以后随着中国疆域的扩大才转移到极西之地。西王母的虎图腾性质可和朝鲜半岛与虎相伴的男性山神之原型——上古女性山神相参照。从集体无意识的层面来看，韩国文化对西王母神话有着亲缘性。这些看法之间并不冲突，或许可以综合这些观点来全面地解释西王母在韩国历史上受到欢迎的理由。

开篇既已强调，本文试就韩国文化对西王母神话的受容情况展开初步研究。是故，在研究的过程中，难免会有挂一漏万的疏失，抑或有不甚恰当的误解，希望就教于方家。藉此抛砖引玉，期待今后有更多关于韩、中西王母神话的比较研究，对二者之间的变异性和固有性展开更丰富的分析。

古埃及神话文献《门户之书》译注与研究

中国社会科学院外国文学研究所　李　川

摘　要　《门户之书》和《冥灵行状》（简称《冥书》）为同一类型的丧葬文献，以死者追随日神的幽冥之旅为叙事线索。《门户之书》所处时代及其内容的特殊意义，它对日神的描绘、对冥府的摹状、对人类起源神话的设想皆具有极高的史料价值和文学意义。《门户之书》以及《冥书》文本和图绘浑然一体，且为首尾完整的叙事，在埃及文学史上这是第一次以文字和形象的方式详细描绘了死后的世界。《门户之书》全书划分为一百个场景，每个场景包括神明之间的对话和行为动作，对话和动作是推动叙事进展的要素。《门户之书》的意图自然是亡灵追随拉神之旅，拉神的旅途是其表象，暗线则是亡灵（主要是王者，偶尔也会有贵族）通往来世的旅程，书中并未给出来世的具体所在，这是一个循环往复没有尽头的过程。《门户之书》将民族起源的政治神话和日神的幽冥之旅的经典叙事糅合为一，从而赋予其不同寻常的政治神学内涵。

文中所选为其前三个时次的内容，为方便理解，对其内容做了初步研究和介绍，不当之处，请方家指正。

关键词　《门户之书》；日神；政治神学

古埃及《门户之书》译注（节录）

小引：《门户之书》是类似于《冥书》一样的丧葬文献，也是研究古埃及神话的第一手资料。全书共分十二时次、一百个场景，此处选录为其前三个场景。研究《门户之书》成就最卓著的是埃里克·霍荣格（Erik Horung），除其德文翻译及评注之外，他还有一些对丧葬文献的介绍性作品。此外泽德勒（J. Zeidler）也出版有转写本及译文。本书主要采用的是塞提一世大理石棺上的版本，现存于伦敦的约翰·索恩（Join Soane）勋爵博物馆，参校其他的版本。［Erik Hornung &Theodor Abt (trans.), The Egyptian Book of Gates, Surize: Living Human Heritage Pubilications, 2013, p. 9.］这里翻译主要依据特奥多尔·阿布特（Theodor Abt）的版本，书中有圣书体原文、拉丁字母转写以及英译，译文尽可能遵从原文翻译。译文中的宋体字为《门户之书》正文，仿宋体是整理者的说明性文字。为了便于读者理解，在译文之后对其日神神话内容做了初步介绍与研究。

第一时次

上　篇

第一场

沙漠中的山脉之上有十二位神明，无象征物。他们全体被称作“西极流沙之诸神”，代表了幸福的死者。其铭文云：

西极流沙之诸神

彼其显象于拉神者，于拉神的灵明者①

那出自于他的眼睛者

他乃颁赐诸神幽窈之所

离弃他们，民萌、诸神

① ꜣḫt. f—定符省略，第二、三场景皆有“灵明之目”的字样，此处或然。不过鉴于下文有“眼睛”字样，此处在抽象意义上理解为“灵明”，当亦可通。

与夫一切畜群①、一切灵介②，这大神所创造者

这位大神，他乃创设制度③

在他靠近之后，于大地上——他为其右眼创造者

中　篇

第二场

日神之舟在中心航行。日神被描绘为日轮中的圣甲虫形象，而蛇自身蜷曲以环绕日轮。在舟头站立着思雅神（悟性），船尾站立着赫卡神（巫术）。上方，一豺首立柱置于沙漠中的山间，两侧乃跪拜的神明，幽冥神和沙漠神。其说明文字为：

拉神言于流沙神云：

闪烁起来，流沙！你照耀那在我之中者

庶民已然离弃那满盈（之目）

诸神却不会离弃你的眼睛④，为了你

呼吸属于你们，而我在其中

光耀属于你们，居幽冥者

我的灵明之目属于你们，我已命令他们远离⑤

一切诸物皆为之离开

我已闭藏你们，那些在大地上者

顶戴包头巾，那些在流沙间者

这些大神说道：

这颈项乃大神布命之词，当他举起身躯时

---

① 以羊为定符，有“羊群”的含义，此处或亦取此含义。

② 此字以蛇形符号为定符，复数，似乎指爬行类动物。

③ wḏf. sḫrw—后词含义丰富，有诸如“计划、排列、制度、关心”之类的含义，从上下文语境看，这里可能指自然法则的成立，所谓“天经地义”之类。英译文 he takes care of them 说的是他关心死者，亦可通。

④ nn sṯp n. t nṯrw jrt（. ṯ）—见前。此数句含义不甚清楚。

⑤ 3ḫt. j n ṯn wḏj. j sṯp. sn—揆上下文意，似乎指的是幽冥的恶害远离灵明之目。“灵明之目”的翻译，因第三场景的圣书字以作为定符。

到我们这里来，那出自于其①中者
致意于那位在日轮中者
伟大的神明，取象多方者
他们的祭品：面包及奠酒

第三场

一羊首立柱置于沙漠的山间，对应于第二场中的豺首柱。同样，有两尊跪拜的神明，幽冥之神和沙漠神在立柱的两侧。文本在很大程度上和第二场的相似（接下来的七行反向书写）。

光耀属于你们，居幽冥者
我的灵明之目属于你们，我已命令他们远离
一切诸物皆为之离开
我已闭藏你们，那些在大地上者
顶戴包头巾，那些在流沙间者
这些大神说道：
这头颅②乃大神布命之词，当他举起身躯时
那些在流沙中者对拉神言道
噫！你闭藏我们者，你到我们这里来
拉神，我们自其身体而出者
致意于那位在日轮中者
伟大的神明，取象多方者
他们的祭品是面包，他们的奠酒是杰赛尔特③
他们的澡雪物为水，他们献祭于流沙
奉承祭品于那些在其中者④，是那在其中者的一员

---

① prjw n. n jm. f—f 当指前文的 ḥˁw. f “他的身躯”，意即日神的身躯。这里说的是众神由拉神身体而出。

② 第二场景为豺头，此处为羊首。

③ ḏsrt—点出了酒水的名字，与第二场景的泛指有所不同。这说明对羊首神的崇拜略与豺首之神不同。

④ ddw ʒwt n jmyw. s—s 当指上文的 zmjt（t）n “这流沙”，说的是流沙中的神明。

下　篇

第四场

这一场和中篇第一场的完全一致，铭文亦相同。

第一道门

相较于其他门而言，此门以简约形制呈现。只有一道门页可见，且完全充满图面的高度。该门由一条巨蛇守护，名曰“看守流沙者”。书写于门户上文字开首，指的是这位蛇形护卫。

他在阖扇①之上，他为拉神开启（门户）
思雅神说与看守流沙者②
敞开你的大门，为拉神
启开你的门户，为阿克提神③
幽隐之域，于冥暗之中
直至这位神明诸象显象之时
封锁这门户④，在这位神明进来之后
而那在流沙中者哀吟
当他们听到关门落锁⑤之时

第二时次

上　篇

第五场

十二位持有标志物的集合神，文字被书写于十二位神明之间，“备有供物者，供奉拉神者”。场中的文字指的是向这些神明（意即有福的死者）献祭必要的祭品。

---

① 《吕氏春秋·仲春》：“是月也，耕者少舍，乃修阖扇，寝庙必备。”高诱注：“阖扇，门扇也。”

② 流沙的看守，指蛇。

③ wn sbꜣ.k n rˁw | znˁꜣ.k n ꜣḫty—用词不同。上联的 wn sbꜣ.k 指的是“大门”，下联的 znˁꜣ.k 指的是庭院内的“门户”。ꜣḫty 为司掌太阳升降之神，若《封神演义》中的申公豹一类。

④ ḫtm jnˁꜣ pn—ˁꜣ 指“门户”，ḫtm 以（印章侧视图）作为定符，表示封缄、封存之义，这里用为封门闭户。闭有掩藏义，《史记·赵世家》“主父开之”《索隐》：“谯周及孔衍皆作‘闭之’，‘闭’谓藏也。”

⑤ sḏm. sn hꜣꜣˁꜣ pn—此处关闭 hꜣꜣ 呼应上文的ḫtm，表示听到关门的声音。

他们敬拜过诸神，于大地之上
他们蛊惑了阿佩普
他们已进呈过供物
他们进香于诸神明
他们随其供物之后
他们掌握有澡雪（之源）
他们受纳祭品
他们以其供物获滋养
于“隐秘的名字”之神的阊阖前[①]
他们的供物“彼在其中者”
拉神告知他们：
你们享用供物，你们掌握澡雪（之源）
你们的魃魂不会分离，你们的祭品不会腐坏
你们乃敬拜我者，你们为我禁约阿佩普

第六场

十二位神明无标志物，“在幽都经历检验者”。他们亦是依循玛阿特之法的有福死者，于大地上。

那些言说玛阿特者，于大地上
勿使他们接近恶行
他们被召唤此阊阖前
他们依玛阿特而生活
他们的澡雪物为湖泊

拉神说与他们道：
玛阿特属于你们，你们藉以生者
供物归于你们，因玛阿特之故
他们掌握其澡雪（之源）

---

① r sbḫt nt jmn—rn. f—为区别前文“大门”、“门户”，翻译为“阊阖”。[唐] 王维《和贾舍人早朝大明宫之作》“九天阊阖开宫殿，万国衣冠拜冕旒。”第六场景开端亦使用该词，取象于，符号与（O13）通用，乃雉堞之象，sbḫt 源自于动词 sbḫ“筑墙包围”，意思为“大门，门径”。

然这些水就是火
于那些作恶的罪犯

诸神言于拉神：
永矣拉神，以其日轮
壮哉龛室，彼其所居
魔痕之蛇，为之卫护
阿克提的火炬，释放那些在舍泰特①的阛阓中者

彼其奉祀祭品于他们的
及其驻栖于他们的窟穴者

中　篇

第七场

自今以往，日神之舟取其永久的形象：在祠堂中央站立着一位羊首之神，手持瓦斯杖及生命环。魔痕之神的护卫状态之蜷曲绕祠堂四周。思雅神立于舟首，乃日神的代言人；舟之樯橹之前站立着赫卡神。夜间的日神舟之象被称作“拉神之肉”。

四名有福的死者把持舟之纤绳，集体名字为“那些在幽都者”。一行十四位神明迎面而来，其中三位可以标志物辨明：第三位乃羊首神，第四位乃鹰隼首，最后一位手持长杖以为身份的标志。

只有前七位神明有专名：

1. 谷物神
2. 无臂之神②
3. 羊神
4. 荷鲁斯

① št3yt—定符为ጠ，取象于绑缚牛腿的桎梏。可音译舍泰特，指的是冥间，俗语所谓“那边儿”。

② 《山海经·大荒西经》：“有神，人面无臂，两足反属于头上，名曰嘘。”此神容貌与埃及神明暗合。

5. 灵敏神[①]

6. 克奴姆

7. 孩童神[②]

而接下来的六位神明共有一集体名称：

那些在（幽都）门径者

文字最后持杖的神明似被称作 mdwj “持杖者”。

关于全部文献的说明文字：

这位大神沿着幽都之路前行
此神由幽都诸神牵挽
以作为分配于大地之上
以为之谋划，在其中者
以颁布决断[③]于西冥
以拔擢其卑微者
于幽都之诸神
以使众阿克各就其位
彼死者以其决谳[④]
以消泯受惩者的尸体
以拘禁其魃魂

拉神言道：
瞧，我已经戴上包头巾[⑤]
我已居于大地上的龛室
思雅、赫卡偕同于我
以关照你等，以筹划你等之所行

---

① wḥˁ-jb—英译为 The Sensible One “理智者”，wḥˁ 意思是“调查”，此处含义或许是“有一颗调查研究之心的人”。

② sḏtj—孩童，用词区别于ḫrd。

③ wḏ3-mdw—关于判决的命令，第二、第三场景出现过 wḏ-mdw “布命之词”，彼处语境指的是豺头神和羊首神，此处语境于西冥的判决有关。

④ mtyw r wḏ3t. sn—他们的决谳，指死后审判，参上注。

⑤ 第三场景中，沙漠诸神头戴包头巾。

他未曾闭塞其气息，于你们
与夫供物之在其时次者
死者不曾进来，随你之后
在你属从中的诸神

诸神告知拉伸：
冥冥也，于幽都之路
敞开那封闭的大门，启地者①
诸神所挽舟者，自我创制者②

其祭品乃呈贡，其酒水为澡雪（之源）
凡供奉祭品者皆入于西冥之伊戈列特③

下　篇

第八场

神明阿图姆，倚其杖，守卫其面前四位舒臂者的形象，名曰 nnyw“死气沉沉者”，乃世界四方的具象化，存于幽冥者。剩余地方被二十个敌人形象充满，反缚双手于背后。

二十名敌人之间的文字，整体描述他们云：
拉神殿中的流沙居民
彼在大地上争吵，以拉神之故
他们召唤恶灵，以拒“彼其在蛋中者”
冒犯阿克提神的见证者④

关于文献记录：

---

① wn sb3 ḫtmyw wpw-t3—此处的设想，是将大地视为可开合的居所。《冥书》82 号神名为“开启大地者”，和此处的 wpw-t3 语义相当，对应于前文的ḫtmyw“封闭的”。《楚辞·招魂》“土伯九约”之职司庶几近之。

② 这里显然指的拉神，保留有拉神创世的痕迹。

③ jgrt—伊戈列特，关于冥府的另一称呼，参《冥书》。

④ 此句依据英文本翻译。

阿图姆为拉神所为之事
扬灵此神，崇奉其魃
施祸患于其敌人

阿图姆语与拉神：
言出必践，吾父拉神，于你等
言出必践，我，于你等
余，其子也，出于其父者
余，其父也，生其子者①
你们被捆缚，捆缚以紧绷的绳索
我颁令拘禁你们，你们双臂不得展开
拉神之灵明反对你们，其魃魂命中你们的要害②
强矣哉，我父之于你们
雄矣哉，其魃之于你们
祸祟属于你们，屠戮③归于你们
惩罚归属你们，你们召唤的是厄运
你们受拉神刑戮
你们的见证者毁灭你们，以其邪曲
你们中伤于你们，以其恶毒
你们被我父判刑
你们这帮作恶之徒
你们在大殿中被屠戮
你们的尸身被枭首
你们的魃魂不复存在
你们将看不到拉神所为

---

① jnk zꜣ pryw m jt. f | jnk jt pryw m zꜣ. f—联句中的 pryw 用词相同，含义相对。有“生育”和“所生育”两种含义，这是埃及词语中反训之例。

② ꜣḫ rˤw r ṯn spd bꜣ. f r ṯn—spd 取义于“尖利，明锐，光亮”，此处指魃魂所施加的影响力，翻译为“命中要害”。

③ ḏwt. ṯn n ṯnˤḏt. ṯn n ṯn—屠戮，比勘《冥书》第十一时次中 815 号神明，“断蛇者”。

及其航行于舍泰特
嘿，拉神！伟哉，神拉
你的敌人将入于隳颓之境

第二道门

在黑夜中各个时次之间的大门，自今已往拥有其完整形式。在大门门页的后面（如第一道门，如上），乃两面墙其上装饰有直竖的海克尔（ẖkr）饰棘。每面墙由一条昂首的虺蛇以及木乃伊状的卫护守卫。大门之内为九个木乃伊，一个在另一个之上，此处指的是“第二群落之九神”“第二九神团”。他们实际上可能被视为并排而立。

门户之前的文字：
这位大神航行至此闾阖
且进入这闾阖之中
在其之内的诸神欢呼这位大神

此门之名：
炽灼之燎焰

墙上的两条虺蛇：
她燃烧，为拉神故

两个护卫：
“吞噬彼不存在者”，他弯曲双臂向着拉神
“啜饮鲜血者”，他弯曲双臂向着拉神

九个木乃伊：
第二个九神团

九木乃伊前方的文字：
敞开大门为阿克提

开启门户，为那在天空中者

嗨！来吧，移动者，那穿越西冥的

在门户上的蛇：

蜷曲者①

他在门户之上

他开启，为拉神故

思雅告诉蜷曲者云：

敞开大门，为拉神故

开启门户，为阿克提故

他照亮了大冥

他赐予光线于幽隐之域

门户遂封闭

在这位大神进入之后

那些在阊阖中者哀吟②

及他们听到关门落锁之时

第三时次

上　篇

第九场

十二个龛室，穹窿顶，红色（后为黄色），为开启状。每龛站立一木乃伊，图画成黑色。无名大蛇盘踞于所有龛室之上，然文字之中称为 sty“灼烧者”。

禁御诸神之在幽都者

在他们的龛室之中，神圣的躯体

“灼烧者”守护其龛室

拉神告诉他们说：

① 对门上之蛇的说明与第一道门相同。

② hwtḫr jmyw sbḫt. tn—此处和第一道门表达不同，jmyw 表示在“其门中者”，然为具体表明其身份，当为泛称。第二、三、四的表达全同，至第五道门，始具体指称在门中之“诸魃”。

开启你们的龛室
以便我的光明照亮你等的黑暗
我已见到你们，你们在哀悼
你们的龛室已然封闭，为你等故
我将赐予气息，于你等之鼻孔
我将颁赐福境于你等

他们告诉拉神
噫！拉神，到我们这里来
伟大之神，不知消泯为何物者
那些在其之前或随其之后的①
诸扈从，致敬于你
乐甚乐甚，拉神穿过大地时
逮大神经过舍泰特之后
他们的祭品，乃是面包
他们的奠酒乃杰赛尔特
他们的澡雪物乃水源
他供给于他们者，他们生存
以他及“灼烧者”所以生者
他们的门户为其封闭
在这位神明穿越之后
尔后他们哀吟，于他们听到关门落锁之后

第十场

“火之湖泊”（较古旧的抄本中，有水，图绘为红色），环绕以十二个木乃伊装裹者，有首，每位之前有一巨大的麦穗（图绘为绿色，后为黄色）。他们的圣书字名字，被分配给十二个躯体：

“诸神之在火湖内者”

① 此句含义指日神的随从。

其文曰：
此湖位于幽都之中
由这些神明环绕
他们在缠束之中，而其头部裸露在外
湖中充满了大麦①
湖中之水却是燎焰
众鸟飞离，他们见到这水时
抑或闻到味道之在其中者

拉神对诸神道：
你们之神圣所有物
包含大麦之在湖中者
解缚，于你等之首领
遮挡，于你们的四肢
呼吸，归于你们的鼻孔
供物，归于你们，正是大麦
祭品属于你们，彼其在湖中者
其水属于你们，水之炙烤无关汝等
其热浪无碍于你们的尸身

他们乃告知拉神：
到我们这里来，那位以其舟航行者
彼燃烧者，其目，火炬也
他的灵明之目照灼那些在幽都中者
噫嘻！当你临近，裨益我等
大神，以其目燃烧者

---

① š pn mḥ w m k3mwtt—此乃一怪异景象，火湖中何以能生长大麦，其神异处不减《后汉书·西域传·大秦国》、《三国志·少帝纪》以及《列子·汤问》等典籍所记载之“火浣布”，然后者多以为石棉，有科学依据。前者则纯然神话叙事，k3mwtt 定符为而非，阐释为大麦是否合理，确实乃一个问题，今故仍之。

他们的祭品为大麦面包
他们的奠酒以大麦（酿制）
他们的澡雪物乃水源
但凡供奉他们以其祭品者
即为更生①之主，于此湖中

中　篇

第十一场

日神之舟全同于第二时次，亦被四位“幽都神明”挽舟而行。纤绳穿过一拉长的、名曰“大地之舟”者，舟首尾饰以牛首。它由八名木乃伊形状的“托举者”托起。在此“大地之舟”上、两牛首间置有七名“神明之在其中者”。另外四名“有毒神明”挽舟纤绳而出。

此一场景有以下说明文字：

这位大神由幽都之神挽舟
这位大神临近
于“大地之舟”、“诸神的船舶”

拉神说与诸神：
嗟尔众神！从属于“大地之舟”者
托起这幽都的船只②
高举，乃你等之施为
照耀，为你等的船只故
护持，彼其在中者
“大地之舟”在我面前撤退

---

① nb-m3（wt）—此词有歧义，一说为“新事物，更生物”；另一解为“麦穗”。今取前说。

② f3yw dpw dw3t—此居中的 dpw 似当指前文的 wj3-t3“大地之舟”。dpw 的定符为，乃埃及船只形象，这也是“大地之舟”之“舟”的象形字。

幽都之舟，乘载我所施为者①
瞧！我已穿越舍泰特
以为之筹策，彼在其中者
大地震动，大地震动②
豫矣其魃，奋矣双牛③
神明休憩于其所创制者

诸神言于拉神曰：
伟哉拉神，利矣其魃，与地偕同
荣矣诸神，以拉神故，及其休憩之时
壮哉幽都之舟，美哉此舟

他们哀吟，逮拉神通过之后
他们的供物乃新鲜的绿植
但凡供奉他们以其祭品者
会听到那些（幽都）存在者的声音

第十二场

四名缠束的神明，膀臂不可见，面向日神之舟及其扈从。他们乃“大地之上的缠束者众”，其文曰：

这位大神由那些在幽都者众挽舟
彼其在禁御之舟者，彼在大地上者

布命之词，于那些隐藏其臂的缠束者众
你们的所属物归于你们：“大地之缠束者众”

---

① dpw-dw3t wṯz.（f）jrw. f—幽都之舟，当系前文的“大地之舟”。所为，所创造，用语略似《山海经·海内经》“建木……太皞爰过，黄帝所为”之为。

② nwr t3 nwr t3—震动，与《冥书》之 nhp 是否相关，未详。

③ w3š b3 njm k3wj—w3š 此处以为定符，下文再次出现，定符为，含义更为醒豁。定符为赞拜之象，故有赞叹之义。凡被赞者，为荣誉者，为强装者，因又引申有荣耀义、强壮义。下两行之“伟哉”“荣矣”与此为一词。

如雷贯耳的肯提门特夫
解缚，于你们的首领
隐藏，于你们的双臂
呼吸，归于你们的鼻孔
抖开你们的裹尸布
愿你等支配你们的祭品
及你们休憩于我所创制者时

他们的祭品乃面包
他们的奠酒为杰赛尔特
他们的澡雪物为水源
但凡供奉以其祭品者
即入于那些衣着光鲜者，于幽都

下　篇

第十三场

阿图姆，倚靠其杖，面向多重蜷曲的阿佩普，其前方为九个幸福的死者，其名曰：

抵御阿佩普之会众

文字曰：
阿图姆所为之事，为了拉神
荣耀其神，击垮叛逆

阿图姆言于阿佩普曰：
你已经被击垮，不得站起
你已经被蛊惑，不能找到自己
我父言出必践，于你
我亦言出必践，于你

我已驱除你①，为拉神故
我已惩戒你，为阿克提神故

他们说道，拉神之九神团
他们抵御阿佩普，为拉神故
你的头颅被割取，阿佩普，你的蜷曲被截断②
你不会靠向拉神之舟
你不能临近诸神之船
舍泰特的热浪喷涌，向你③
我们已判刑你于隳颓之境④

他们赖拉神的祭品生存
与夫西冥之首的供物
但凡祭奠他们者，于大地上
供奉他们以澡雪之物
即为祭品之主，于拉神

第十四场

第二个相似的阿图姆形象，面对九位持生命环及瓦斯杖的神明，名为“储蓄之主”。

---

① dr. j ṯw—该词以为定符，象手持棍棒之形，表示“驱遣，赶走”。诸神之于阿佩普的程度不同，前文诸神“抵御阿佩普”，阿图姆“击垮”阿佩普，此处表示驱离。要之皆表示应对方式。第十四场景有“崇奉拉神，驱离其敌人”的说法，“崇奉”为“驱离”之反义。

② znjt（w）tp. kˤ3pp znjt（w）q3bw—两个 znjt 表示分裂、离析等含义（凡 z 音皆有此取义），正文分别翻译。《淮南子・本经》“断修蛇于洞庭”，“断”乃除蛇害的方式。q3bw 翻译为“蜷曲”，参《冥书》347 号神已降。《庄子・徐无鬼》：“奎蹄曲限，乳间股脚，自以为安室利处。”曲限云云，语义相若。

③ pry hh r. k n（j）št3yt—第十场景提及热浪，为火湖所发。《冥书》356 号神明已降亦言及。热浪为幽冥的攻击性武器之一。

④ jw. n sjp. n ṯw（n）ḥtmw. k—关于词语 sjp“判刑”，参第八场景，用于拉神对其敌人。ḥtmw 表示绝境、灭亡之地，翻译为隳颓之境，乃取其前两个音节相谐。《尚书・尧典》“流共工于幽州，放驩兜于崇山，窜三苗于三危，殛鲧于羽山”；《左传・文公十八年》“流四凶……投诸四裔”，可与此处语境相参看。另参《冥书》相关注释。

阿图姆告诉这些神明
嗟尔诸神，持生命环及瓦斯杖者
及彼等支拄“嘉木”杖者
抵御叛逆于阿克提
碎裂其肉，于凶邪之蛇①

这些神明乃言，及其蛊惑阿佩普之后
开启大地，为拉神故
封锁大地，因为阿佩普
你们幽都诸神，属西冥之首者，在舍泰特
崇奉拉神，驱离其敌人
营救那“煊赫者”，于凶邪者之肉的掌握
噫嘀，因拉神而倾覆，这位拉神之敌

他们赖拉神之祭品而生存
与夫西冥之首的供物
但凡献祭他们者，于大地之上
供奉他们以澡雪之物
则成为言出必践者，在西冥中
有圣洁的臂膀，在幽隐的座位上
他们哀吟，以拉神之故
他们悲悼，因这位大神之故
在其越过他们之后
当他渡越之后，冥暗包裹诸神
他们的洞穴为之封闭

① wdy š^{ʕ}t n jwf ḏwy-qd—qd 若以为定符本有“环绕”的意思；若以为定符，则表示“外形，轮廓”进而“性行”，亦由“环绕”而引申；此处以蛇形为定符，表示蜿蜒盘曲的蛇，与“环绕”含义一脉相承。

第三道门

这位大神至于此一闾阖
并且进入该闾阖
诸神之在其中者，盛赞这位大神

闾阖之名曰：
“滋养物之女主”

墙壁之上的两条虺蛇：
“其女燃烧，为拉神故”

两个门卫：
“大地震动”，他屈曲其双臂向拉神
“大地颤抖”，他屈曲其双臂向拉神

九个木乃伊：
第三个九神团，大神在其中

九神团之前的文字：
开启矣，为你们，大地；敞开矣，为你们，幽都
其在上天者——你们突破了冥暗
嘿，拉神！到我们这里来

在门口的蛇：
穿透者①
他在门户之上
他开启，为拉神故

---

① d̲dby—该词似源于d̲db（以为定符）“绳子，丝弦，刺激”，故该词可理解为“绷紧者，刺穿者，穿透者”。

思雅言于“穿透者”
敞开你的大门，为拉神故
开启你的门户，为阿克提神
他将照亮大冥
他会赐予光亮于幽隐之域
然后这道门就封闭了
等这位大神已经进入之后
尔后那在这闾阖中者哀吟①
在他们听到这门落锁之后

《门户之书》研究：埃及日神拉的神话

一

《门户之书》和《冥灵行状》（简称《冥书》）为同一类型的丧葬文献，以死者追随日神的幽冥之旅为叙事线索②。《门户之书》是新王国时期此类文献中第二部重要典籍，其中日神拉和冥神奥西里斯的神话传说尤其引人注目。《门户之书》是埃及“冥府文学”类的代表，这类以冥府为题材的专门之作，其他文化中并不多见。在苏美尔、巴比伦、希腊、印度等文化的史诗（比如《印南娜下冥府》《伊士塔尔下冥府》《奥德赛》《摩诃婆罗多》等）以及基督教、佛教、伊斯兰教经典中，地狱或冥府（地狱折射的是审判观念，冥府则为中性词）皆是一重要的文化空间，意大利诗人但丁所铺陈地狱种种惨状（《神曲·地狱篇》）更是脍炙人口，其“论地狱幽酸，特为痛切”③处唯佛典堪与之相比。中国早期文学《楚辞·招魂》“土伯九约”“三目虎首”等幽都意象古朴瑰奇，不过叙事性不强。敦煌文学《大目乾连冥间救母变文》《唐太宗入冥记》等赓续佛教的冥府文学传统，直接启发了《西游记》的地府想象。然以上例子中，冥府只是全部作品的一个组成部分，未有如《门户之书》或

① 文字与第二道门同。

② 关于《冥书》，参拙译《古埃及的〈冥灵行状〉》，《世界文学》2019年第一期；《古埃及神话文献〈冥书〉节译》，《神话研究集刊》第三集，巴蜀书社，2020年。

③ ［唐］释道世著，周淑迦、苏晋仁校注：《法苑珠林校注》，中华书局，2003年，第227页。

《冥书》那样通篇以冥府为题材者。

《门户之书》大略成书于西元前1400年稍晚，其内容已显示出埃赫那顿时代（前1352—前1336年）阿玛尔纳时期的影响。埃赫那顿为阿蒙霍太普四世改名后的称呼，取“有益于阿顿者”（阿顿是日轮之神）之义，其妻便是著名的奈芙尔提提。这对夫妻抬出阿顿神，并赋予其特殊的神格形态（从日光中伸出若干小手的日轮），意在对抗卡纳克的阿蒙祭司过大的权力。这场改革大大打击了阿蒙神祭祀集团，进入所谓“太阳圆盘的专制主义”时代[①]。《门户之书》拉神是“西极流沙之诸神”“民萌、诸神与一切畜群、一切灵介”（第一场）和人类的创造者（第三十场），是幽都的设计者（第四十五场、第五十六场），俨然是创世大神的形象，其中单数的“神”（第二十八场）之类的观念带有一神教的特征，这个特征和“太阳圆盘的专制”相应。日神阿顿的一神教崇拜对后世影响极大，有学者将《圣经》传统和阿顿颂诗相联系，精神分析学说的创建者弗洛伊德甚至将埃赫那顿等同于摩西，尽管二者相差甚远[②]。不过，这也足以显示出《门户之书》所处时代及其内容的特殊意义，它对日神的描绘、对冥府的摹状、对人类起源神话的设想皆具有极高的史料价值和文学意义。

《门户之书》最初的标题并不确定，今题为现代埃及学学者所拟。从现存文献推测，其原题可能为审判大厅所提及“救护奥西里斯，他在那些幽都者之中”（第五时次第三十三场）。若真如此，此书本当以保护奥西里斯为主题之一。奥西里斯是埃及金字塔时代以来的重要神祇，他的崇拜地在阿拜多斯，《金字塔铭文》中他的势力堪比日神拉[③]。《冥书》、《门户之书》中奥西里斯称作“生命的赐予者”“西冥的首领”，这个称呼是相当于印度之阎摩、希腊之哈德斯一类的角色。除了《冥书》《门户之书》外，关于奥西里斯故事的主要文献为第十八王朝时期的《奥西里斯颂》及《荷鲁斯与塞特之战》以及

---

① 刘文鹏：《古代埃及史》，商务印书馆，2010年，第437页。

② ［英］Ian Shaw著，颜海英译：《重构古埃及》，外语教学与研究出版社，2007年，第211页。

③ R. O. Faulkner, *The Ancient Egyptian Pyramid Texts*, Stilwell: Digireads. com Publishing, 2007, pp. 2, 248, 291.

第二十五王朝的《沙巴卡石碑》[1]，不过最富赡的叙事出于普鲁塔克（Plutarchus，约46—120年），他被兄弟塞特杀害且碎尸，儿子荷鲁斯为之复仇，并重新夺回王位[2]。普鲁塔克的记述为后世流行的奥西里斯故事诸多版本的来源和依据。和《冥书》的故事相同，《门户之书》既是日神穿越冥府之旅，同时也是奥西里斯逐渐向旅行者呈现的过程。这个旅途危机四伏，有诸如阿佩普怪蛇之类的妖物，故需要诸多神明的保护和陪伴。书名之所以采用今题，乃因此书对夜间每个时次的大门作了浓墨重彩的描绘[3]。门户作为文学和文化意象，中国读者并不陌生。门神乃住宅内外五祀之一，从经书类的《礼记·月令》、子书类的《论衡·祭意》到清代笔记《燕京岁时记》等文献的记载来看，对门的崇拜史不绝书，现在逢年过节粘贴门神仍是不可或缺的风俗之一。不过，冥府中的门之意象，汉语典籍则罕见，《山海经》逸文（《论衡·订鬼》引）有所谓“鬼门”的记载，“度朔山上有大桃木，其曲蟠三千里。其之间东北曰鬼门，万鬼所出入也”[4]，《神异经·中荒经》之“东北有鬼屋石室，三百户共一门，石榜题曰鬼门”[5]，大概皆是类似于《门户之书》中的冥府之门，然仅存梗概，不及后者细腻丰赡。

《门户之书》全书总共划分为十二个时次，这和《冥书》的设想相同。拉神之旅按照十二个时次依次展开。每个时次根据对话内容又分为若干场景，日神之舟仍居中央，乃画卷和叙述的核心，其阵容较之《冥书》有所削减。全书总共划分为一百个场景，逐次分配到十二时次之中。与此相应，日神之旅总共需穿越十二道门，每个时次一道门槛。从这个意义上说，门代表时间的分割和空间的划分。《冥书》中每个时次亦有其相应的门户之名，唯不曾展开对这些门户的描绘。比如第八时次之门，名曰“矗立而不殆”。在这一区域

---

① E. A. Wallis Budge, *Book of the Dead*: *The Hieroglyphic Transcript of the Papyrus of Ani*, Literary Licensing, LLC ; 2014, pp. 59—61；郭丹彤：《古埃及象形文字文献译注》，东北师范大学出版社，2015年，第945—961页；第585—592页。

② ［古希腊］普鲁塔克著，段映虹译：《论埃及神学与哲学：伊希斯与俄赛里斯》，华夏出版社，2009年。奥西里斯故事的早期中文译本，可参黄石《奥色里斯和爱西斯》，载其《神话研究》，开明书店，1927年，第82—91页。

③ Erik Hornung &Theodor Abt (trans.), *The Egyptian Book of Gates*, Surize: Living Human Heritage Pubilications, 2013, pp. 7—9.

④ 黄晖：《论衡校释》，中华书局，1990年，第939页。

⑤ 袁珂：《中国神话传说词典》“鬼门”条，上海辞书出版社，1985年，第283页。

五个“洞穴”或“穹窿”之外，都设有木门。这些木门平时锁闭，只有日神发出咒语方可开启；最为特别的是，这些门又被呼作“刃”，之所以有如此称呼，大概基于形象和功能的相似。刃用于切割事物，而门亦有划分时空的功能。《门户之书》和《冥书》的侧重点不同，它在时次之间以几乎相同的笔触描写冥府中的门，门成为推动《门户之书》叙述节奏的核心意象。但需要注意的是，此书中门户之名和《冥书》并不相应，说明埃及“冥府文学”的传统并非一成不变。在继承《冥书》日神幽冥之旅的题材、十二时次划分的叙事结构及图文相间的表达形式外，《门户之书》和《冥书》亦有诸多不同。《冥书》侧重于冥府诸灵、诸物之“行状”；而《门户之书》的叙事重点则是如何穿越每一时次之门，出入门户是宗教权力的象征，唯有追随日神拉和冥神奥西里斯，才能真正出入无碍。《冥书》开端以排比句“九知”交代了该书的内容，强调“少数人”的知情权，是一种奠基于知识论基础上的精英阶层的神话图景；而《门户之书》的核心观念则是是否“依循玛阿特而生存”，只有通过审判方有资格踏入奥西里斯的圣地，人只要通过道德自省就可以获得复活的资格，这就为沉默的大多数打开了救赎之门。选择何种道路，通过那个门径，对于埃及亡灵而言事关重大。门户意象可谓源远流长，从埃及墓葬中的“假门”到丧葬文献《棺椁文》《亡灵书》等皆有所呈现。《亡灵书》由若干独立的祝祷词组成，无固定之序列。如第 147 篇列举了通往幽冥的七道关卡，每道关卡皆有两个门卫和一个信使守护①。《亡灵书》的七道关卡不同于《门户之书》的十二道门，不过皆可视为表达圆满含义的圣数。至于门口的有护卫和信使守卫的情节设计，则与《门户之书》有几分相似。

《门户之书》从第二道门开始，基本遵循如下的叙事模式：首先是大神拉在众随扈的陪同下进入该门，在这一区域中的神明赞颂拉神，拉神对他们颁布号令或者赐予恩典；尔后逐次交代门户之名、虺蛇之名（上下两条蛇共名，守护者）、两位门卫之名、开启门户之蛇的名字，最后则是日神之舟上的神明思雅（智慧之神）对开启门户之蛇的训诂，大神及其随从通过此门，然后门户关闭，诸神听到关门落锁之声后发出哀吟。此后又开始进入下一道门之中，一道一道又一道，直至第十二道门，日神从努特腹中升起。

---

① 金寿福：《古埃及〈亡灵书〉》，商务印书馆，2016 年，第 207—208 页。

相较而言，《门户之书》以及《冥书》文本和图绘浑然一体，且为首尾完整的叙事，在埃及文学史上这是第一次以文字和形象的方式详细描绘了死后的世界。埃及人对于未来世界的热情，远逾其他的民族。从第五王朝的乌纳斯开始，到第六王朝的特悌、珀辟一世、麦然拉一世、珀辟二世以及珀辟一世、珀辟二世的王妃的金字塔内壁中都发现丧葬铭文①。这些铭刻汇集起来就是《金字塔铭文》，《金字塔铭文》可视为丧葬文学的鼻祖。中王国时期，《棺椁文》取代了《金字塔铭文》；新王国时期，《亡灵书》又取代《棺椁文》，其衍化嬗变之迹甚明，兹不赘。《冥书》《门户之书》亦是《金字塔铭文》《棺椁文》类的丧葬文献。据知，自第十八王朝时期的哈特谢普苏女王开始（前 1470 年）已开始用《冥书》作为王室墓室墙壁上的装潢。在拉美西斯时代（第十九至第二十王朝），除却其余的《幽冥诸书卷》外，《冥书》仍为王室坟茔的经典装饰。《冥书》亦用于非王室成员的墓冢者，比如哈特谢普苏至图特摩斯三世其间秉政的维齐尔（相当于古代政治体系中的丞相）乌瑟尔拉姆恩，托勒密埃及时期仍有发现②。《门户之书》影响力虽略小于《冥书》，然亦是丧葬文献中不可小觑的重要作品。第一个完整的版本由塞提一世（约前 1294—前 1279）刻镂于其大理石石棺上，并且饰以绿松石之图绘；然其中某些时次已被其前的赫仑海布（约前 1323—前 1295）用于其墓室的墙面之上，这位赫仑海布是使用《门户之书》为墓室装潢的第一人。塞提一世之后，几乎在帝王谷的所有拉美西斯家族统治者的王室墓葬及石棺都会以《门户之书》作为装潢，非王室成员则有拉美西斯三世治下的祭司坦杰夫（Tjanefer）之墓（在底比斯）。在阿拜多斯的奥西里翁，发现一完整（局部残泐）版本，使用者为美伦普塔（约前 1213—前 1203）。新王国末期（前 1070 年）已降，于数件棺椁及纸草上可见《门户之书》的引文，而塞特（Saite）时期（第二十六王朝，前 664—前 525）在某些墓葬又见到有整段文字③。据此可知，在长达七百年之久的流传中，《门户之书》的使用者主要为王室或者贵胄。

---

① 刘文鹏：《古代埃及史》，商务印书馆，2010 年，第 260 页。

② David Warburton（trans.），Erik Hornung and Theodor Abt（rev. and ed.，*The Egyptian Amduat*：*The Book of the Hidden Chamber*，Surize：Living Human Heritage Pubilications，2014，p. 7.

③ Erik Hornung &Theodor Abt（trans.），*The Egyptian Book of Gates*，Surize：Living Human Heritage Pubilications，2013，pp. 7—9.

二

《门户之书》全书划分为一百个场景，每个场景包括神明之间的对话和行为动作，对话和动作是推动叙事进展的要素。《门户之书》体裁上与戏剧多有相似，动作和对话可比拟为中国古典戏剧中的科白，而每个场景可比拟为明清戏剧中的“出”（比如，《牡丹亭》共有五十五出，而《桃花扇》的五十出）。换言之，《门户之书》就相当于一部百“出”的长篇剧目。其实，古埃及人在荷鲁斯的节日会上演塞特与荷鲁斯之争的戏剧，在奥西里斯节上会上演奥西里斯神秘剧，这些剧目中祭司往往扮演神明①。《门户之书》兼具戏剧的特点，无非只是埃及戏剧传统的体现，就形式和内容上来说，它们当然不及希腊戏剧、印度梵剧和中国元杂剧、明清传奇之成熟，却毫无疑问是后者的先驱。

《门户之书》中的诸神都是“言出必践”的，神明的语言本身就是行动，话语不仅是权力的展示，同时也是力量的象征。埃及人大略是世界上首先注意到语言的威力的民族，语言在神明世界中扮演了极其重要的角色。他们通过咒语、指令、对白来影响宇宙秩序和人伦秩序的运转。除了关注语言的威力之外，埃及人或许也是世界上较早注意到图像之威力的民族。《门户之书》自始至终皆配有图像，文字和图像互相印证。图像绝非虚设之物，而是和语言文字一样，直接对现实世界施加影响。被锁住的阿佩普、被捆缚的敌人、被蝎子女神镇压住的怪蛇，这些形象不仅仅是图画，而是指涉幽冥旅程中的发生的“现实”。拉神和奥西里斯神作为一边，阿佩普作为另一边，两大阵营的图像表现不同，前者往往通过手中持有法物以控制对方，而后者往往呈现被束缚或被征服的形象。

拉神的冥界之旅，就是一个不断地说话、不断地发出指令的过程，就是不断地衍生出形象的过程。这个展示语言力量和图像威力的原则，埃及人谓之“玛阿特”：

拉神言于他们曰：

① 李模：《古代埃及祭司研究》，中国书籍出版社，2019年，第141页。

噫！审判团，彼其在幽都者
储资之主，在西冥者
你们为我裁断，以你们之判决
愿你们遣令凶险于我之敌人
如同我赐予你们我的玛阿特
你们施令，依照你们的判决
我所曾为者，如同诸神（第八时次第五一场）

玛阿特贯穿于《门户之书》及其他丧葬文献《冥书》《亡灵书》的叙事之中，是宇宙运行的根本大法，是神明世界和人类世界的基本准则。拉神的幽冥之旅就是一个循玛阿特而动的过程，他所发出的指令、赐予的恩典，是宇宙和谐的保障。玛阿特是有福的死者“藉以生者”，保证他们不会“接近恶行”（第二时次第六场），是人类敬神的依据，“敬畏神之所以为神”（第五时次第二十八场）的尺度；遵循玛阿特之道的，会和拉神以及奥西里斯大神在一起（第五时次第二十九场、第七时次第四十三场），也就意味着他们存在的正义性。要言之，玛阿特实实在在是《门户之书》、也是埃及文化中的关键词。理解了玛阿特，就抓住了这个文化的根本。

就玛阿特之为关键词这一点而言，它可比拟为华夏文化之“道”。不过，从功能论、价值论的角度看，二者却迥然不同。无论儒家之道、墨家之道还是道家之道，皆建立在天人之际、神人之辩的文化体察上。“君子务本，本立而道生”（《论语·学而》）是基于人伦日常，“大道泛兮，其可左右”（《老子》三十四章）是基于自然万物的关系，墨子“天志”“明鬼”之道不出“神道设教”的三代文教体系。华夏先民自文明之初，即将文化根基牢牢铸造于日常生活的现实土壤之上，“人事迩天道远”“敬鬼神而远之”等观念浸润到民族文化的血脉之中。体道的路径是由人事而推阐，“与天地合其德，与日月合其明，与四时合其序，与鬼神合其吉凶”（《周易·系辞》）的钤键乃是“大人”或“圣贤”而非“神明”，“君子以为文，百姓以为神”（《荀子·天论》）。古埃及文化传统与华夏文教同工异曲，神明而非圣贤是价值和源泉的来源，其文学作品也往往围绕此展开。玛阿特本身就是神明，她是拉神之女，通常头上插一根鸵鸟羽毛。在死后的审判场景中，玛阿特是衡量人生存的标尺，在天平托盘一端置放玛阿特（以物格化的鸵鸟羽毛或神格化的女神表示），另一端置放被审判者的心脏，如果受审者之心沉下去，此人就是违背玛阿特的，会被冥府中的怪物吞噬[①]。围绕玛阿特的，则是由众神组成的审判团，现实生活的诸多原则，与死者之审判密切相关。人之所以“依循玛阿特之道”而生存，为的就是死后能够顺利通过审判，以便获得新生进入到被称为“芦苇之野”的来世乐园。

从政治神学的立场看，国王即神明在人间的代表，宇宙秩序和人王之间有着密切关联，宇宙是否和谐取决于人王是否忠实践履玛阿特[②]。玛阿特在世俗生活中的践履程度，见于中王国时期的训诫作品《卡格梅尼之父的训谕》及《普塔霍太普的训谕》之中。这些训谕埃及人谓之“嘉言”，指富于教训意味而非精心结撰的言辞。普塔霍太普以“轨范”和“藏匿的”两个词描述之，这两个词也被《能言善辩的农民》用于修饰玛阿特。从这个角度看，“嘉言”是和玛阿特品性一致的言辞[③]。进言之，埃及人所谓“嘉言”为遵循玛阿特之言，类似于汉语所说“见道之言”或者“文以载道”。埃及人没有文学作品之类的概念，“嘉言”的观念可以用于指谓现代文学概论所称的文学作品之类[④]。就此而言，玛阿特是语言的尺度，类似于汉语“言必有中”“言必及义”之类的观念。

《普塔霍太普的训诫》88—98 有云：

> 88、大哉玛阿特，久矣耿耿者
> 89、其未尝乱，自奥西里斯时代以来
> ……
> 97、最终，玛阿特仍存在

① Richard H. Wilkinson, *Reading Egyptian Art*, A Hieroglyohic Guide to Ancient Egyptian Painting and Sculpture, Thames & Hudson Ltd, 1992, p. 103.

② Roland Enmarch, *A World Upturned: Commentary on and Analysis of The Dialogue of Inpuwer and the Lord of All*, Oxford University Press, 2008, p. 92.

③ James P. Allen, *Middle Egyptian Literature: Eight Literary Works of the Middle Kingdom*, Cambridge: Cambridge University Press, 2015, p. 161, p. 172.

④ James P. Allen, *Middle Egyptian : An Introduction to the Language and Culture of Hieroglyphs*, Cambridge: Cambridge University Press, 2014, p. 284.

98、人不应该说："彼，我父之域"

玛阿特是"耿耿者"，耿耿之光，类似于汉语表达"昭昭若日月之明，离离如星辰之行"（《文心雕龙·宗经》），玛阿特是真理之光，是永恒的存在。它从奥西里斯时代以来就未尝紊乱，并且永远也不会紊乱，因为它祖述前人彝训，有祖宗之法不可变的权威保障。

这种神人不扰、天地有序的和谐体现于《门户之书》之中，拉神的幽冥之旅通过发号施令和赐予恩典，日神之舟周而复始地运行，亡灵通过审判而进入来世乐园、俗世通过祭祀而敬畏神明，这些景象皆表明宇宙的和谐运行。冥府既是生命的终点，也是生命的起点，是天地宇宙循环的中枢，冥神奥西里斯和玛阿特的关联，正是天地之道的表征：

奥西里斯言于他们：
玛阿特在于你们，"依循玛阿特之道"者
你们满意于你们所曾为者
乃成为我之随扈（第七时次第四十三场）

追随奥西里斯神和追随拉神一样，表明死者参与到玛阿特所支配的天地秩序之运转中来。评判能否跟随拉或奥西里斯的标尺只有一个，就是其生前是否"依循玛阿特之道"。这个玛阿特之道，既是大地上人类的准则（第七时次第四十三场），同时也是诸神的轨范（第八时次第五十四场）。在玛阿特面前，神明并不拥有较之人类更高的特权，它因此从超越人神的更高的视角，率先质疑了神明的权威性，也因而顺带冲击了诸如"神正论"的观念（尽管"神正论"的观念发展到一神教才登峰造极，埃及人对此并无特别的强调）。

三

神话内容是《门户之书》主要内容，创世是其重要内容，而拉神则是创世神话的主角。《门户之书》的创世图景中，世界万物乃伴随拉神的幽冥之旅而生灭不已。民萌、诸神、畜群、麟介，都是大神拉的创制物。拉神不仅造出了大地上的一切，同时还是制度的设计者（第一时次第一场）、是时间的制定者（第四时次第十九场）、同时也是空间（幽都）的创造者（第七时次第四十五场）。《门户之书》中的拉神分明具有创世大神的神格，这是日神创世神话的一个绝佳版本。这些创世神话中最值得关注的是，拉神创造人类的故事（第五时次第三十场）。在这一场景的图画中，鹰隼首的荷鲁斯倚于一杖旁，站立在四位代表之前，每位代表象征一个族群。旁边的文字标示这四类族群分别为埃及人（人民）、叙利亚人、努比亚人和利比亚人。后三者在当时是和埃及人有密切关联的族群，统合于拉神的造人叙事之中，其文曰：

> 荷鲁斯对这些拉神的牧群道①：
> 那些在幽都、在黑土地及赤地者
> 灵化属于你们，拉神之牧群
> 其显象也，以那“煊赫者”——在天宇者②：
> 呼吸属于你们的鼻孔
> 抖开你们的裹尸布
> 你们乃我之灵目的眼泪
> 得你们的名字“人民”③
>
> 伟哉！那位“令显象者”之水

---

① 牧群或体以为限定符号（抑或以其复数形式），表示“羊群，牛群”等，此处“拉神的牧群”指民众。这个比喻对后世沾溉极深，如《圣经》耶稣为“群羊之大牧”（《希伯来书》13.20）、为牧长（《彼得前书》5.4）等。华夏文献治理民众亦多以牧为喻（如《管子·牧民》篇）。此类观念极可能来自于游牧民族。

② “煊赫者”可用于奥西里斯，这里语境显然指大神拉。

③ 此处“人民”确切指的是埃及人。“眼泪”（rmyt）和“人民”（rmṯw）构成语音上的谐声关系，此处是一推原神话。它不仅阐释了“人民”的起源，而且强化了人民与拉神的联系。从神话学视角看，这是马克思·缪勒“语言疾病说”的一个例证；从跨文化比较研究看，它是赫西俄德《神谱》等典籍中对神灵“释名”学和柏拉图语言哲学（《克拉底鲁》）的先驱。从思想史的角度分析，人的神圣性起源为诸如“天棐忱，辞其考我民”（《尚书·大诰》文。于省吾《新证》谓“辞”本作“辝”，读为《汤誓》“非台小子”之“台”。言天非信，我其考之于民也）打开了缺口。《诗经·大雅·烝民》“天生烝民”、《圣经·创世纪》亚当、夏娃的创造亦此类观念之流衍。由天民可进一步推论到天子，《尚书·召诰》“皇天上帝改厥元子”孔疏引郑康成：“言首子者，凡人皆云天之子，天子为之首尔”，这为“四海之内皆兄弟”（《论语·颜渊》）提供了神话学依据。拉神创造人类的说法，对于传统观念法老系“拉神之子”是个挑战，《门户之书》的这则神话，改变了《冥书》等前赋文献的精英论神话观，透露出一种人文主义关怀，尽管昙花一现。

你言以其名，曰“叙利亚人”①
为了他们，塞赫迈特②显象；此女也，救护他们的魃魂
他们乃其人，我所打击者众

我满意于那“无数”，出自于我者
以他们的名字“努比亚人”③
他们之出现因荷鲁斯；是人也，救护他们的魃魂

我索求我的眼睛，当你们成形时
以其名曰“利比亚人”④
为了他们，塞赫迈显象；此女也，救护他们的魃魂

这是埃及人所理解的世界，他们将自己所生存的土地称作黑土地。黑色是生命之色，是丰穰之色，也是文明的象征，而将死亡的、贫瘠的、未开化的地方称之为红土地，红土地的称号仿佛汉语所谓“化外之地”，乃野蛮民族的居所。这里列举了四种人，人民和叙利亚人、努比亚人和利比亚人，后者构成埃及人的外围世界。排在第一位的“人民”出自于“煊赫者”拉神的眼泪，构思相当奇特。“眼泪”和“人民”语音相谐，如汉语之“人”“仁”之比。谐声手法不仅是为了修辞，而且有思想上的意义。它暗示埃及人和大神拉之间的特殊关系，这种特殊性可比拟为耶和华与犹太人的关系。眼泪的意象犹言“水做的骨肉”，或许象征了神圣与纯洁。《门户之书》于“人民”着墨独多，而其他几个族群则寥寥几笔带过。其中“叙利亚人”特别点明为“我所打击者众”，他们是埃及人的北方强敌，犹如商之与土方、周之与玁狁、汉之于匈奴、唐之与突厥等等。拉神何以会打击自己的造物，这种疑惑只需参照希伯来人的神话便可涣然冰释。四个民族皆有其救护者，无论人类建立

① 叙利亚人，埃及人称之“阿姆人”（ʕ3mw），该名称与“大哉，水也”（ʕ3 mw，属于“使之形成者”即拉神）谐音。

② 狮首神女，其性凶暴，亦见于《冥书》701 号神明。

③ 语音语义关系不详。

④ 语音语义关系不详。“搜寻眼睛”等情节亦甚诡异，待考。

了何等丰功伟业，也不得不面对死亡，在死神面前人类不过“渺沧海之一粟”而已。造人叙事之所以置之于拉神的冥府之旅，其缘由或许在此。埃及人所建构的冥灵世界，将死亡视为永生的起点。《门户之书》的意义便在于，其通过编织死后的幽冥之旅，缓解了“民生之多艰”的现实压迫。《冥书》的色调是平和中透露着几分热烈，而《门户之书》的格调则是激越中带着几分冷峻。日神之舟被裁员，没有了《冥书》中的热闹场面，诸神对话充满对日神布命的期待。然而每一时次大神越过时，留下的却是诸神的悲吟。清冷的幽冥之旅，悲凉的人生景象。

《门户之书》的意图自然是亡灵追随拉神之旅，拉神的旅途是其表象，暗线则是亡灵（主要王者，偶尔也会有贵族）通往来世的旅程，书中并未给出来世的具体所在，这是一个循环往复没有尽头的过程。这条通往来世之路危机四伏、有陷阱、火塘、湖泊等各种机关，充满危险和恐惧。在埃及人的构想中，君主之死就是到日没之处，如《辛努海的故事》（B36—37）“斯霍太普—易卜—拉已升至日没处”。埃及人之认为帝王之死至于日没处，如同华夏以为天子“殂落”（《尚书·尧典》“帝乃殂落”）或“登遐”（《礼记·曲礼》“天子崩，告丧曰‘天王登假’。”郑注：“登，上也；假，已也。上已者，若仙去云耳。”《释文》云：“假，音遐。”），皆透露出神道设教的思维观念。死亡既然被认为是到日没之处，则复活或更生理所当然就是在日出之地，太阳的运行也就是生死轮回的象征。职是之故，无论《冥书》也罢，还是《门户之书》也好，皆从日神没入地下开篇，而以日神穿越地下再次从努特出生为结尾，《门户之书》尾声云：

（奥西里斯）
此奥西里斯也，他司掌幽都
（努特）
此努特也，她接受拉神
（于日舟）
大神栖止于昼行之船①，诸神之所在处

① 昼行船和夜行船乃是日神昼夜航行的工具，此处表明其完成夜间之旅，开启白昼之旅。

(日舟之中)
守门人—奈芙提丝—伊西丝—盖布—舒—赫卡—忽[①]—思雅
(努恩托举日舟)
双臂从水中出现
它们托举这位大神

日神再次升起，不仅是宇宙论、自然论意义上，更是神话学意义上的。它是一个意象，是神明“苟日新、日日新、又日新”（《礼记·大学》）的不断焕发生机的寓言，也是君主死亡之后重新复活并且获得永生的象征。《门户之书》将民族起源的政治神话和日神的幽冥之旅的经典叙事糅合为一，从而赋予其不同寻常的政治神学内涵。它不再单纯地仅仅属于法老的世界，而是试图将“尼罗河的赠礼”散布到更远的异域，开始了打造“人类命运共同体”的漫长之路。

① 此神职司未详，《门户之书》仅此一见。

荷马史诗：万物所曾是的世界①

陕西师范大学　戴　晖

摘　要　荷马评判人的行动，而不是叙述事情的经过。是人的行动打开了世界的可能性，让所发生的一切都置身于行动的根据之上，分清楚“如其是”与“如其不应是”之间的整体界线，最终指出，实现“如其应是”并非不可能。“如其应是”即对行动的根据的知。对根据的知并非来自诗人自己，而是归功于缪斯女神。

关键词　亚里士多德；缪斯的智慧；公正；记忆

在欧洲历史中，时代和时代之间的原则危机确实是每一个时代的思想家和诗人的两难选择。尽管如此，不同的时代并不相互推翻，只是每一个自认为现代的新历史时代不再把从前的思想规范当作建立自己的生活秩序的尺度。公民时代是人的人性和理性的人文时代，虽然古代希腊并不以人为本，但是文艺复兴开启的新时代高度承认古代希腊文明。古希腊不仅是西方文明的发

---

① 本文的主要思想来源有：［德］贺伯特·博德：《形而上学的拓扑学》，卡尔·阿尔贝出版社，弗莱堡/慕尼黑：1980 年（H. Boeder, *Topologie der Metaphysik*, Verlag Karl Alber, Freiburg/München 1980）；［德］贺伯特·博德：《在理性关系建筑学思想中的第一时代智慧与哲学》，1996 年夏季学期的讲义，奥斯纳布吕克大学（H. Boeder, *Die Weisheit und Philosophie der Ersten Epoche im Lichte des logotektonischen Denkens*, Vorlesung im Sommer 1996, gehalten in Osnabrück）；［德］贺伯特·博德：《亚里斯多德与荷马》，2000 年至 2001 年冬季学期研讨课记录，奥斯纳布吕克大学（H. Boeder, *Aristoteles und Homer*, Seminar im Winter 2000—2001, gehalten in Osnabrück）。

源地，而且一直被西方人奉为古典——永恒的典范。时代精神在内容上有原则的不同，但是它们都承认原则作为原则自身，也就是中国人说的道之为道。正因如此，历史上西方有文艺复兴，中国有治隆唐宋。不同历史时代之间并非如我们所经历的流行风尚，后来者居上，把先前的贬低为过时的，相反，它们可以彼此宽容，相互衡量和激赏，在优胜的意愿之中不失对尺度的共通性的赞同。

在整个历史结束之后，古典与新时代的积极较量在现代世界也中断了，显然，承认共同的尺度是一场富有成效的较量的必要前提。我们经历了独一无二的现代，这个现代的视域无论怎样标新立异都只是人的生活世界，它推翻哲学的理性传统，毫不留情地拆除美的艺术所传达的知。在时间叙述上也许每一个时代的生活都叫做现代，而把历史当作迄今的世界加以破坏的现代，则是前所未有的。

一、荷马是希腊人的老师

就像孔子是中国人的老师，荷马是希腊人的老师。希腊哲人克塞诺芬尼（Xenophanes）曾说：我们所有人都向荷马学习过。学习什么呢？2000 年冬天在德国奥斯纳布吕克大学参加《亚里士多德与荷马》的研讨课，听博德先生说，在弗莱堡大学的古老大门前矗立着亚里士多德与荷马的雕像——为什么恰是亚里士多德和荷马呢？对此，雕像基座上的铭文有所指示。

在荷马的这个雕像基座上刻着这样一句话：永远是最好的并且超越其他（Aien Aristeyein Kai Hypeirochon Emmenai Alloon）。这是引自荷马史诗《伊利亚特》第六卷，第 208 行。你看，希腊人但凡棋逢对手，理应证明自己就是优胜的，每一个人都应该在生命中证明他的美德。希腊人的品德和功行是一致的，而不像我们今天说到美德好像是虚无缥缈的希望，对于古人不是这样。在亚里士多德的雕像基座上，镌刻的是他的《形而上学》的开篇，这就是：所有人天生地求知（Pantes Anthropoi Tou Eidenai Oregontai Physei）。在亚里士多德视线里的人与今天的人似乎不是一个类型。人是有理性的生命（animal rationale，有理性的生灵），今天已经遗忘了西方古老的对人的规定。

古希腊人从来就不可能对荷马无所谓，因为他是有智慧的人（Sophos），精通希腊人的所有教养。在希腊人的教育中，荷马始终都起着主导作用，这种状况一直延续到亚里士多德。荷马在公元前五世纪才作为诗人（Poiaetaes）受到尊敬，公元前五世纪文学已经比较发达，诗歌在形式上也非常成熟，比如出现了大诗人品达（Pindar，前522/518—前442/438）。但在公元前五世纪之前，荷马并不是作为诗人，而是作为有智慧的人受到尊敬。所有的希腊年轻人都在他的诗教中成长起来，荷马是他们的老师。

在哲学内部，克塞诺芬尼（Xenophanes）是第一个对荷马做出评价的哲学家，接下来是更有影响力的柏拉图。柏拉图在荷马这位老师身上看到一种危险，涉及青少年的道德教化。当然，柏拉图也称荷马为诗人，但是他眼里所看到的诗人其实是一位智慧的教导者。这种诗人和哲人的争执，到了亚里士多德的思想当中才完全平息下来。亚里士多德心平气和地对待诗和诗人，他甚至是荷马的爱好者，总是把荷马的书带在身边，晚上就放在自己的枕旁。亚里士多德为什么能够这样平和呢？作为思想家，他唯一的途径是在他的科学建筑里承认和赞同荷马，把诗人放在恰当的合理位置上。

亚里士多德在《诗学》中向荷马致敬。《诗学》是关于诗艺的科学。在希腊人那里，艺术和技术是合二为一的，谈到技术总是非常具体的一门技艺，而不是像今天所认为的那样，技术是第一生产力，它以单数的形态作为抽象概念而出现。亚里士多德说没有人能够像荷马那样懂得诗的关键在哪里，荷马从来不谈论自己，而是全副身心投入到他的使命当中。荷马的眼里只有诗的使命，那么，诗拥有怎样的使命呢？用亚里士多德的话来说，诗的任务是Mimaesis（摹仿，如真呈现）。关于什么是摹仿，不可望文生义。摹仿的关键在于像真的一样去呈现，“真”在这里是理解摹仿的关键，蕴含着逻各斯的推演，是逻各斯的行动所呈现的真理。如真呈现，这是亚里士多德论述荷马的关键，诗的创制性由此而来，“诗人的职责不在于描述已经发生的事，而在于描述可能发生的事，即根据可然或必然的原则可能发生的事。历史学家和诗人的区别不在于是否用格律文写作……而在于前者记述已经发生的事，后者描述可能发生的事。所以，诗是一种比历史更富哲学性、更严肃的艺术，因为诗倾向于表现带普遍性的事，而历史却倾向于记载具体事件。”①

---

① ［古希腊］亚里士多德著，陈中梅译注：《诗学》，商务印书馆，2003年，第81页。

西方的逻辑学起源于亚里士多德。在亚里士多德那里，逻辑在整个科学体系里面是一个开端，作为工具，还没有上升到科学的高度。阿拉伯的亚里士多德翻译和注疏传统曾经将修辞学和诗学放在紧随逻辑学著作之后的体系位置上，甚至将之视作逻辑学的部分。辩证术和修辞学都有相当重的实践导向。它不是把言辞作为言辞自身来研究，而是要它服务于辩论，尤其是法庭辩论。下面介绍古希腊的世界秩序时，我们会发现他们非常重视世间的公正秩序。与修辞学相区别，把语言作为语言自身来呈现的则是诗学，即诗艺科学。在此，语言在谈话当中呈现自身。亚里士多德关注的诗的门类主要是史诗和戏剧，戏剧里面又分悲剧和喜剧。在诗学之上是各种实践科学，比如说政治学、伦理学，这也是今天在学术界讨论得比较多的。亚里士多德的整个科学建筑的最高部分是理论科学，作为第一流的科学，它包含物理学、神学科学。在神学科学里面会谈到理性，理性的行为，理性的令人愉悦的本性，也谈到哲学的智慧。哲学的智慧和智慧作为智慧形态——一种独立的思想——还是有区别的，关键是思想的主旨不一样。

荷马自身是智慧形态的思想。所谓的荷马自身只能体现在他的作品当中。荷马史诗包含《伊利亚特》和《奥德赛》。《伊利亚特》情节的焦点是阿基琉斯的怨恨——并非愤怒。有些翻译是用愤怒二字。愤怒这种情绪爆发得强烈，但就像暴风骤雨一样过去得也快；而怨恨是持久的。阿基琉斯是希腊军队里起关键作用的将领，他和地位显赫的阿伽门农处在争执和对立当中，这种内部的争执会导致整个希腊军队的毁灭。毁灭是荷马的两部史诗的共同主题。史诗的主题后来在希腊悲剧中也继承下来，毁灭也是希腊悲剧的主题。

阿基琉斯是集雄伟与优美于一身的英雄。荷马很少让阿基琉斯出场，也许正是为了保护他的英雄不在特洛亚战争的混乱中变得世俗化，从阿基琉斯的怨恨到他捐弃怨恨而出战，这是《伊利亚特》情节的转折点。就此荷尔德林这样评价荷马的诗艺：

希腊人的每一个失败，从缺少这独一无二的人的那一天起，都在提醒他的超绝于这庞然的主仆一群之上的力量，而诗人让他出现在我们面前的那些罕见的瞬息，由于他的缺席就更加光彩。这些场面也用神工鬼斧加以刻画，安排错落有致，时而喊冤复仇，时而不可言传地令人感动，转而又变得可怖，直到最后，他的痛苦和怨恨上升到极至，在凶猛的爆发之后，雷雨骤息，而众神之子，面临他所预知的死亡，与所有人和解了。①

《伊利亚特》结束于阿基琉斯在为好友复仇之后，宽宏大量地对待赫克托尔的父亲，让赫克托尔的尸体回到特洛伊城并且得到合乎礼仪的安葬。荷马并没有平铺直叙特洛伊战争的可怕结局，事情并没有结束，但是人们心中都已经明白将发生什么。什么是好的？什么更加优胜？希腊人尊重众神的权衡和思量，公正的答案总是源于宙斯理性的深思熟虑。因此，荷马的言说首先重视评判，而非叙述。荷马评判人的行动，而不是叙述事情的经过。是人的行动打开了世界的可能性，让所发生的一切都置身于行动的根据之上，分清楚“如其是”与“如其不应是”之间的整体界线，最终指出，实现“如其应是”并非不可能。诗人的态度是谨慎周到的。“如其应是”即对行动的根据的知。对根据的知并非来自诗人自己，也不源于个人的苦思冥想或者观察力，而是归功于缪斯女神。

荷马把阿基琉斯的怨恨在《伊利亚特》开始的第一句话里就说出来了。在伊利亚特诗篇第一卷的第一段，诗人开口向女神祈祷，就提到了阿基琉斯的怨恨。《奥德赛》的开始则不一样。在《奥德赛》的开始，诗人说：“请为我叙说，缪斯啊，那位机敏的英雄，在摧毁特洛亚神圣的城堡后又到处漂泊。”② 这位精明睿智的男子是指奥德赛，这位英雄因为想回家而碰到了种种的阻碍和危险，不得不四处流浪，但是他始终惦记着回家，最终也回到家。奥德赛非常睿智，精通人的心思，知道用什么样的心念来引导人，但是他的成功远没有他所遭受的磨难广为人知。

奥德赛的称号是忍者，忍耐仿佛和英雄气概没有关系，但是对目标的坚持却是圆满归途的必要条件。在《奥德赛》当中，奥德赛的伙伴们因为愚蠢的过失和罪责把自己带入毁灭之境，令其丧生的主要事件是，他们为了口腹之欲而杀死太阳神的牛。侵犯财产，这是对明察一切的阿波罗的莫大挑衅。

---

① ［德］荷尔德林著，戴晖译：《荷尔德林文集》，商务印书馆，2021 年，第 210 页。

② ［古希腊］荷马著，王焕生译：《奥德赛》，上海人民出版社，2013 年，第 13 页。

荷马特别强调这些人的愚蠢，突出什么是首先须学习的，这就是法度，无条件地遵守宙斯所奠定的法秩序。这个思想在《奥德赛》后半部分同样体现在那些所谓求婚者的毁灭上。求婚者侵犯了佩涅洛佩（Penelope）的财产，她的似乎下落不明的丈夫奥德赛的财产。

同伴肆无忌惮的行为也把奥德赛卷入种种危险当中。在这样的情节发展当中，荷马树立了一种为人处世的态度的对照：奥德赛通过理性的谨慎，把自己从毁灭当中拯救出来，最终回到了故乡；其余人则因为狂妄和鲁莽而死于回家的途中。对这些鲁莽的人而言，归途没有成为一条路，因为没有达到目标，也就是回到故乡。道路和目标紧密结合。回家的路显现为迷途，遭受的困厄必须得到透彻的思考，才能在苦难中学习，把握住人生的使命。这里没有现代人追求的冒险刺激和技巧学习，而是在形形色色的历险中不忘记故乡——做人的来源。回家象征着回归自身和相应的法秩序，奥德赛经受住考验，始终坚持做完整的人，从而得到众神的爱护和人们的尊敬。忍者在忍辱负重的同时保持了英雄本色。

其余的同伴丧生失命，他们并非真正的伴侣，而是象征着岔路或者说非理性的不归路。愚蠢不是指智商低下，而是指对神圣的法度无知或者说不敬。这种无知并不妨碍人有许多知见，或者正因为对正路无知，人随时在为自己安排岔路。在此又体现了史诗的主题——毁灭（Olethros）。毁灭分两种，一种是英雄的毁灭，一种是不谨慎者的毁灭。死亡在这两种情形下具有完全不同的性质。英雄的毁灭，是指伊利亚特的英雄，也就是英武而质朴的阿基琉斯捐弃怨恨而实现命运。不谨慎者的毁灭指沉陷于盲目的欲望，妄想迫促他们固执己见，乃至肆意挑衅神的法度。所以，同样是死亡，也要具体地看它表现在哪一种生命当中，一种流芳百世，一种沦为欲望的虚无。

二、荷马的思想尺度

1. 众神本具的权力统治的万物（全体·语言性）

首先是尺度的全体性。全体性在这里表现为希腊人所把握的万物，所曾是的世界现身于记忆，经缪斯的传授而载入诗篇。请大家注意，万物，它不是一个观察的量的结果。即使大家有足够的耐心去数，数到最后永远都是无止境的 n 加 1，无法得出全体性。在荷马史诗里，万物指什么呢？万物是众神所本具的东西，希腊人把它归功于神。这里万物是权力统治的万物，这也是值得注意的地方。

希腊思想——或者说西方最早的思想——在起源上，它直接关乎权力统治。我们换一个词也可以说法的秩序。荷马的思想是必须均分统治权，不是一位主人，而是克洛诺斯的诸子平分统治权。他们每一个人具有同等的尊严，因而也具有同等的权利。“万物分为三”，这是三重统治。首先是苍茫的大海，波塞冬是海神；第二是幽冥界，顾名思义是死者生存的地方。幽冥界用了神的名字来命名，叫作哈德斯；第三是天界，天界的基本元素是云和气，就像中国人说云气是龙的元素一样，表现龙的时候总是和云和大气有关。天界是宙斯所统治的区域。

这三个国度的主人也有共同的财产，这就是大地，大地是众神共同统辖的区域。大地的特点在于它是有划分的。奥林波斯是众神居住的地方，与奥林匹亚山隔开的是人居住的地方。人并非大地的主人，只是众神让人居住在大地上而已。这里也可以看到，人在西方思想发源的地方并没有独立的地位。当然，这并不妨碍人在大地上做出一番英雄事业，这是后面要讲到的。

和全体性共生的是语言。一方面语言是三位统治者具备的同等尊严和同等权利的表达，宙斯、波塞冬和哈德斯三兄弟之间要相互协商，他们相互承认对方的权利和自己的界限，这种协商需要语言来表达。另一方面语言是众神对人说的话（Thesphaton），这种语言对于人具有规定作用，更具体地说，神的法和神的正义的传达是靠女神忒弥斯（Themis）。忒弥斯是正义女神，她体现着法的基础，也是所有合法行为的基础。

2. 忒弥斯（Themis）和狄刻（Dikai）（多·历史性）

现在到第二个因素——多样性。多，表现为丰富多彩的风俗习惯，Themistes（风俗）。Themis 表示法的基础，是正义女神的名字，Themistes 是这个词的复数。风俗习惯当然含有不同的职能以及各自职权所做出的决定，它的多样性表现在此。

一方面是已经做出的决定的多样性，就是说固定的风俗习惯，被这个老百姓当作法，依照它们来生活。这里可以举个例子，奥德赛在他的归途中，曾经到牧猪人那里去。奥德赛衣衫褴褛如乞丐。而这个牧猪人呢？他尽管一贫如洗，但是出于对法的尊重，他非常友好地接待奥德赛。两人之间甚至以“亲爱的朋友”这样一个词来称呼。“亲爱”并非是个人情感的表达，这种人和人之间友好的表达的依据就在于风俗习惯。这儿有好感，这个好感不是个人的感触，而是“法”对待陌生人的不成文的规定。

另外一方面，就是每一次有待重新决定的事情。在希腊，这类事情都是在议事会（Agora）上协商，在这一议论他们共同关心的事情的集会上来做出决定。议事会上国王是主席，他来规定权利和义务。与希腊城邦的法权关系相对照，荷马也指出了一种非正义的统治，或者说不法的统治。比如还是在《奥德赛》中，第九卷第105行出现了库克洛普斯们，独眼巨人。独眼巨人不认得Themistes（风俗），他也不晓得什么是议事会，什么是咨询和商议。独眼巨人是不折不扣的野蛮人，他们没有文化，只是靠众神的恩赐来生活，大地上长什么，他们就以此充饥，也吃动物，没有种植以及其他如造船等文明活动。因为没有这些文明的活动，他们也不懂得与别人共同协作。既然没有协作，就也没有相互沟通的语言。所以，他们是孤立的野蛮人。什么事情也不共同商议，这种地方就是野蛮的缩影，这是荷马告诉我们的。

所谓在法律程序当中的有待决定的各种事物，这样一种决定跟已经决定的风俗习惯不一样，希腊人会用另外一个女神的名字来表示，叫狄刻（Dikai）。狄刻（Dikai）有传达神的旨意的职能，即从忒弥斯而来的指示。根据忒弥斯（Themis）——神性的法的基础，人们共同商议有待决定的具体事情。相关的法律程序和决议如法执行与否，这得靠狄刻女神来管。狄刻女神的“管束”并非指手划脚地发号施令，但是人的任何不义行为和不诚实的心念都会让狄刻女神发现。即使在狄刻的沉默中，每一个恶行都会有它自己造成的后果。这就像中国人相信的善有善报，恶有恶报一样，天网恢恢疏而不漏。

这种法的风俗习惯，法的关系的多样性，是和历史因素联系在一起的。不是所有的协商都是成功的。如果协商不出一个合理结果来，往往就会导致武力纠纷，在战争中解决问题，征服持反对意见的那一方。这样一种出路，我们往往也称之为自然的出路，就像近代的霍布斯所说的那样，这必然导致一切人对一切人的战争。众神之间甚至也会发生战争。

3. 至上者公正的知（一·世界性）

因为各种各样的纠纷，甚至是战争，所以就有了第三个因素，它是一。

一，不是任意的某一个，而是一位至上者。至上者是谁呢？这个人必须既获得了权力，又具备对法度的了解，而且是透彻的了解，可称之为知。这种知，一方面总是已经知道什么适合一个人，把这个作为已经决定了的放在心上；另外一方面，也知道什么是更好的，甚至是最好的，这就是权衡一件事情。权衡，在希腊语里面叫 DIOS BOYLAE。权衡当然总是导致一个具体的决定。

在这个地方，我们要区分：

1）什么是已经决定了的，作为法的基础忒弥斯（Themis）巩固下来的；

2）每一次有待决定的；通过权衡利弊来决定的。就像中文里说“两害相权取其轻”，表达的就是权衡的思想。希腊人的权衡要求一位至上者，人神之父宙斯，因为宙斯体现了公正的知。我们必须注意，权衡总是处在法度之下，忒弥斯（Themis）作为法的基础是已然的，已然不需要权衡，不需要再加以考量。

与“一”相联系的是世界性。事情既然决定了就要求贯彻下来，正义秩序必须落实到世界上。贯彻众神的决议，使它成为现实，其中包含使用武力，这也是我们应该注意的地方。因为在后现代，好像武力一定就是非法的，但从最古老的思想上来看，就没有不带武力的法，没有不带武力的公正。而法和武力，在这里又是可分的，对此要加以辨别。

在衡量和判断中，也会发生行权的不合理。这样一种强暴在此就是非法，不公正的决定往往也出现在世界的法秩序当中，荷马称之为跛脚的决定。跛脚的决定也是由议事会做出的，因而具有约束力。一旦发现其偏颇之处，确认它的不合理的地方，就必须收回跛脚的决定。大家可以看《伊利亚特》第十六卷《帕特罗克洛斯代友出战阵亡》的第 387 行：

> 因为人们在集会上恣意不公正地裁断，
> 排斥公义，毫不顾忌神明的惩罚。

4. 理性本身的区别

我们刚才讲了希腊世界的法秩序，讲了它的统治的三重性。涉及众神，也涉及人和死者，我们最后来看一下合理性的尺度在人、神和死者当中的区别。

神始终在理性当中，因而他是不朽的，他和万物合一，他可以无处不现身。而人呢，他也有理性。如果人没有理性，他怎么和神沟通？怎么听得懂神的话？但是人有时候有理性，有时候没有理性，有时现身于神性的法秩序，有时盲目昏聩。所以他不是不朽，而是可朽，人会死亡。而人和动物的区分，是通过人思考死亡并且把握死亡而开始的。思考死亡意味着把生命作为一个整体来加以思想。人如果不考虑到他自己的一生的终点的话，人跟动物就无法区别。正是因为人把生命思考成一个整体性的，他会考虑到子孙万代，流芳百世。这样他才诚心听从神的劝告，有力量按照神的法律行事。因为思考死亡，人离开了先行的与动物的共性。在古人那里也知道，人和动物是具有共性的。那么，人怎样从这个共性当中走出来呢？成为可朽者——这是成为人的必备的前提条件。要成为可朽者，就意味着把握死亡，思考死亡。

死者生活在幽冥界，死者的特点是他无法现身。既是出现在梦里，也犹如一团烟雾，没有生命，只能再现，无法亲临，就像阿基琉斯伸出双手，也没有抱住梦中的帕特罗克洛斯①。我们刚才说，人有时有理性，有时无理性。那么，他在具体表现上就是有时候在，有时不在；有时候现身，有时候不现身。而死者永远没法现身，死亡夺走了理性，因为没有理性，所以死者也没有思想的任务。大家不要觉得没有思想的任务，那么也不用学习也不用考试了，很好！但是，这意味着进入死者之域。那么，死者既然永远不现身，为什么还属于古希腊人的世界呢？死者作为和人非常亲近的存在，他在这个希腊世界中要求自己特殊的待遇。比如说死者需要合乎哀荣的安葬和永久的纪念，这在荷马史诗里面多次出现，尤其在《伊利亚特》的最后两卷《为帕特罗克洛斯举行葬礼和竞技》《普里阿摩斯赎取赫克托尔的遗体》。为争夺阵亡的帕特罗克洛斯的遗体，两军曾激烈鏖战。而英雄赫克托尔的遗体是在宙斯安排之下赎回去了。赫克托尔杀死了阿基琉斯的好友帕特罗克洛斯，阿基琉斯有理由扣住他的遗体，但是他仍和赫克托尔的父亲取得了和解。死者甚至会主动出现在他的朋友或者亲属的梦中，提出一些要求或忠告。这不仅在荷马那里有，在中国的艺术里也有这样的现象。

由此可见，希腊的世界是一个多重的世界。

---

① ［古希腊］荷马著，罗念生、王焕生译：《伊利亚特》，上海人民出版社，2017年，第1177页。

三、各个份额的秩序

尺度也叫法度，法度总是在具体的事情上显示出来，在事情上发挥作用，法度成为真实的法度，成为真理。在介绍荷马的法度时，本文遵循的顺序是全体、多、一。现在从上一个顺序的终端开始，也就是从“一”开始，按照一、全体、多这样的顺序。

1. 国王（一·世界性）

第一个因素是一。荷马思想尺度之下的事首先被理解为每一个人所依赖的定数，他的份额（Moira）。不可能有一种无法区分的财产总体，而只有各个份额的秩序：人人皆有属于他的一份。这里发生了具体的职权分配，宙斯把他的权力委派给国王，国王从宙斯那里获得职权，于是国王们既有天赋也有职权，在城邦议事会议上有最后的决定权，发挥着组织秩序者的作用。这个KOSMAETOR（组织秩序者）是他统辖的人民的一，只有一个国王。就像在《伊利亚特》第九卷第97—100行所说的那样，涅斯托尔（Nestor）对阿伽门农（Agamemnon）说：

> 阿特柔斯的光荣儿子、人民的国王阿伽门农，
> 我的话从你说起，也到你结束，你是
> 大军的统帅，宙斯把权杖和习惯法赐给你，
> 使你能够为你的人民出谋划策。

负责议事会正是国王的任务，他绝不可以像暴君那样专断，而是听取意见和建议。在议事会里他只是第一。

与之并行的是世界性因素，国王在城邦（Polis）里体现最高尊严，Timae这个词是尊严，国王是Timiootaton，最须予以尊敬的人。同样，世界性因素还表现在按照城邦成员的功绩分配奖赏上；完成了国王分配的任务才有功绩，奖赏使得功绩变得醒目，在财产的占有上看得出城邦成员的功劳。分派任务和依法封赏是国王的职责，同时国王们必须经受住考验，来证明自己配得上做国王；否则他们将会遭受驱逐。

2. 城邦（全体·语言性）

接下来是所有人这个因素。这个全体是民族，是城邦（Polis）。正如我们在亚里斯多德那里还听到的，Kosmaetoor，也就是上面说的秩序的组织者，他属于城邦，是城邦秩序的维护者。国王属于城邦，所有人都属于城邦，他们构成一种 Aethos（伦理习俗），也就是伦理风俗。必须按照这种伦理风俗来评价城邦里的每一个人，同时也考虑到他们的种种需求。例如，国王必须为人民操心负责，否则就丧失了国王的职权的合法性。他生来应为“善”而操劳，照管万物，照顾到城邦的最后一个人，即使是不自由的人。这里要说的不是废除社会等级，而是像在《奥德赛》中所说的那样，宙斯考虑到乞丐也得获得一些生活来源。所以城邦的成员就提供给他们生活必需品，不让他们没有着落。这意味着没有功绩的人，什么功劳也没有的人，比如说流浪者、乞丐，他们也拥有城邦的保护。如果不是城邦法令的保护，也是风俗习惯的保护。

在论功行赏之外，有一种份额是天赋。天赋是众神的赐予。比如说有些人有音乐舞蹈的天赋，有些人有战士的天赋，能够成为将领，有一些人擅长精湛的手工艺，而希腊人认为最高的天赋是拥有杰出的理性。荷马说，若一位理性者现前，那么很多人因此获益。

全体性的另一面是语言性。在依法组织的共同体之中，言说有约束力，尤其是誓言、盟约。在《伊利亚特》中我们已经听到庄严的誓言，比如说在第三卷《阿勒珊德罗斯同墨涅拉奥斯决斗》的第 86 行以下，特洛亚城下两军盟誓，以一场决斗决定战争胜负。誓言总是说，如果没有实现誓言，就请种种惩罚降临到发誓人的身上，可以参见第三卷第 277 行、第 298 行、第 320 行。即使没有吁请众神来作证，语言也有承诺的作用；假誓或伪证也有相应的耻辱。对违背诺言的惩罚，掌握在众神的手中，而众神他们也会盟誓，众神之间的誓言可以参见《伊利亚特》第十四卷第 271 行和第十五卷第 36 行，冥河斯梯克斯（Styx）作为最古老的一位女神是神明们敬畏的誓物，对她起誓是重誓。在赫西俄德《神谱》中这样说：

> 不朽的斯梯克斯在其亲爱的父亲的劝告下，带着孩子们最先来到奥林波斯山。宙斯称赞她，赠予她伟大的礼物，任命她监督诸神的重大誓

言，并让她的子女永远与自己住在一起。[①]

宙斯派使者把众神伟大的誓言送到斯梯克斯那里，众神若发了伪誓，所受到的惩罚，可以参见赫西俄德《神谱》第775行至805行。

3. 僭越（多·历史性）

第三个因素是多，也就是说发生了这样的情况：已经确定的权利要求为后来不断滋长的权利要求所扰乱。人们对所得到的份额不满意，每一个人都要求有新的权利，这样就产生了争执，和争执相应的一位女神叫Eris（不和女神）。这位不和女神成了人们日常工作和追求中的元素。这意味着人们总是处在斗争和争执当中。

我们看到伊利亚特就开始于这种斗争，并且是在英雄们甚至首领们中间。他们也是为了占有而争斗，尤其是在扣留或者剥夺了他们的某项财物的情况下。他们无视正义的基础忒弥斯（Themis）和城邦的法令狄刻（Dikai），将斗争进行到底。这样一种狂妄带来死亡的后果，最清楚地表现在阿基琉斯和帕特罗克洛斯的故事上。我想大家应该读一读这个故事。阿基琉斯虽然把自己精美的铠甲交给帕特罗克洛斯，但是源于神明之手的惊人铠甲没有保住他的性命，他死在特洛伊的首领赫克托尔的长枪下。临终前帕特罗克洛斯清楚地知道是宙斯和阿波罗把胜利给了赫克托尔[②]。

另一方面，这种斗争的历史性表现为众神受到了冒犯和挑衅。人们甚至肆意地对法的基础进行挑衅，比如说奥德赛的同伴杀死了太阳神赫利奥斯的牛，亵渎神明；比如说那些所谓的求婚者赖在奥德赛的妻子佩涅洛佩的宫殿里挥霍财产。这种违法行为威胁共同体的整体秩序，所以杀死参与破坏秩序的人，才能重建正义秩序。这些犯法人的狂妄僭越（Hybris）受到了应有的惩罚。

---

① ［古希腊］赫西俄德著，张竹明、蒋平译：《工作与时日 神谱》，商务印书馆，1996年，第39页。

② ［古希腊］荷马著，罗念生、王焕生译：《伊利亚特》，上海人民出版社，2017年，第879页。第十六卷，第845行。

四、值得言说和思念的当下

前面讨论荷马思想的尺度和与尺度相应的事情，现在来讲与尺度和事情相应的思想。紧接着前面所谈的多样性和历史性，我们用它来把握住思想在整体关系中的开始。

1. 多重蒙蔽（多·历史性）

关系到思想，这里出现的关键词是：思想受到了蒙蔽，或者说受到迷惑。这种迷惑是两个方面的。首先是由神或者众神引起的迷惑。某人稀里糊涂地做事，对行为后果没有思考。用荷马的话，可以说他被抛入了迷途。这种由众神引起的盲目，在事情过后，当事人才认识到。这种行为在希腊文里面叫阿特（Atae），糊涂/盲目，众神用阿特蒙蔽了某人。而阿特以一个女神的形象出现，这位女神不仅能够迷惑人，甚至也能够迷惑神。这是第一种迷惑。

如果被女神阿特所迷惑，那么人对此是无可奈何的，这是《伊利亚特》里的一个中心概念。当事人为诱惑女神被阿特所击中，例如，在《伊利亚特》第九卷当中，当希腊军队因阿基琉斯拒绝出战而陷入困境之后，阿伽门农清楚地对涅斯托尔（Nestor）说过，当他夺走阿基琉斯的姑娘时，他当时一时糊涂，他承认自己的思想能力受到了损害，这是伊利亚特第九卷第115行和第119行。后来在第十九卷当中，阿伽门农又一次承认自己的盲目：

> 是宙斯、摩伊拉和奔行于黑暗中的埃里倪斯，
> 他们在那天大会上给我的思想灌进了
> 可怕的迷乱，使我抢夺阿基琉斯的战利品。
> 我能怎么办？神明能实现一切事情。
> 宙斯的长女阿特能使人变盲目，
> 是个该诅咒的女神；她步履轻柔，
> 从不沾地面，只在人们的头上行走，
> 使人的心智变得模糊，掉进她的网罗。
> 甚至宙斯也受过她愚弄，尽管认为

他在所有的神明和凡人中至高至尊。[①]

另一种情况是由自己的过失而引起的对法度的盲目。错误是由于自己的不谨慎所造成的，所以自己要承担这个罪责。如果人只思考一天之所得，从昨天到今天，他们的思想只能考虑到朝暮的变化，那么在这样的思想当中不可能有对正义秩序的觉悟。法建立恒久，假如人的思想只是朝生暮死，那么他就像没有成年，像小孩子一样，把所有警告只当耳边风，没有能力弄清楚事情的后果，所以说更没有先见之明。《奥德赛》中那些求婚人就是这一类人。

2. 使人达到洞见的理性（一・世界性）

思想在两个方向上都表现出消极的特征，具体说，由于众神而糊涂或者由于自身的过失而盲目。思想的第二个因素才突出了富有理性的主题——思想的应然的一面。

这里首先看到理性中的“一”。这个一可以理解为统一，具体说，理性作为与居住融为一体的思想，因而已经形成某种性情和品质。理性使人能够达到洞见。我们一般说先见之明，或者说胸有成竹等。

Noys（理性）这个名字源自 Neomai——拯救自己。《奥德赛》的主题是回家，Nostos 这个词意即回家，痊愈，抵达本具之性。理性知道隐藏着的人的故乡。这就是说，眼睛看不见，但是内心是明白的，这是一种理性的成熟。具有理性的人能够把“这个”看作整体，所谓的“这个”就是某个特殊的人或者特殊的事件，把“这个”时间中的当下看作整体，人的思想就超越时间，具备了整体前瞻性。这样一种前瞻性的要求，整体性的要求，在《伊利亚特》里面有许多例子。比如说阿伽门农要抢夺阿基琉斯的战利品，阿基琉斯克制了要和他决一死斗的这样一种冲动。在阿伽门农派人来接走他的女仆的时候，阿基琉斯还是说了很多愤怒的话，他说阿伽门农疯了，他缺乏瞻前顾后的睿智，“不知道同时向前看向后看”[②]，作为一个首领，他没有理性。理性意味着整体上的一目了然，整体有特定的开端和结束及其中项，中项既是危机也

---

① ［古希腊］荷马著，罗念生、王焕生译：《伊利亚特》，上海人民出版社，2017 年，第 1008 页以下；第十九卷，第 87 行以下。

② 同上，第 37 页。第一卷，第 343 行。

是转折，把主题推向高潮。

与此相应的是思想实现过程的世界性。这种理性的特点是谨慎周到，表现在世界上就是完全了解一件事情的情境，这种完全了解（Sapha EidenaiI）正是理性的完美。在荷马这里，人能够做到在首尾统一中清楚地知道某事的整体。当然，前提是他得到众神的帮助。在《伊利亚特》第一卷第70行中就提到先知卡尔卡斯（Kalchas），他和缪斯一样，知道所有当下的事的前因后果，也就是说，“他知道当前、将来和过去的一切事情”①。在特洛伊人方面有波吕达马斯（Polydamas），“他们中只有他一人洞察过去未来”②，可惜赫克托尔没有听取他的撤回城里的建议，以致两人第二天先后倒在阿基琉斯的长枪下。荷马评判道：

> 愚蠢啊，帕拉斯·雅典娜使他们失去了理智。
> 人们对赫克托尔的不高明的意见大加称赞，
> 却没人赞成波吕达马斯的周全主意。③

3. 记忆和思念的当下（全体·语言性）

全体性把我们带往思想的最后一个要素，从个别的理性行为回到记忆的万物，即从上面强调的理性的统一到记忆的全体性。

荷马所谈的记忆和日常的语言习惯不一样，我们说的记忆好像只回忆过去。荷马的记忆则不局限在过去，对于记忆更重要的是关涉到将来。记忆是一种思念（Mimnaeskesthai），思念属于这种记忆的当下。要判断思念的所作所为，过去不是特别好的着眼点，比如说是回忆过去的某事或者某人，这不是富有成效的着眼点。阿基琉斯回想阿伽门农依仗权势剥夺和他同等的人的光荣时，仿佛要永远满怀怨恨地坐在帐中；在他的痛苦僭越了忒弥斯的界线，从而收获了更大的痛苦之后，对死去的朋友的思念和作为将领的责任占据了生命的整个当下。他在母亲忒提斯的叮嘱下召集会议，公开地和阿伽门农和

① ［古希腊］荷马著，罗念生、王焕生译：《伊利亚特》，上海人民出版社，2017年，第17页。第一卷，第70行。

② 同上，第965页。第十八卷，第250行。

③ 同上，第969页。第十八卷，第311行。

解释怨：

让既成的往事过去吧，即使心中痛苦，
对胸中的心灵我们必须学会抑制。[①]

他接受了阿伽门农的赔礼道歉，随即考虑扭转战局的行动：

……现在我们应该考虑
出战的事情，不能在这里空发议论，
把时间耽误：伟大的事情还未完成。[②]

阿基琉斯跳上战车，辕马就预言他心中久已知晓的命运。阿基琉斯再度清楚地觉知自己将如何死亡，大喊着驱驰战马，奔赴即将到来的终点。

我们来看一看希腊语对思念的使用。“思念”这个词如果作为名词 MNAESTAER 来用的话，它是指求婚者。求婚的人的思想是怎样的呢？他总是思念自己的妻子，自己将要娶的那位妻子。我们也许把它理解为爱情，可是在希腊人那里，它不是诸如感情之类的行为，而是这样一种思想，它关系到缔结一个人由此而进入的法律关系。关键正是在这儿：自我约束力。如果缔结了婚姻，他就终其一生守护这种关系，他在缔结婚姻关系之前就瞻前顾后，念念不忘，做了谨慎的衡量，对不对？缔结婚姻本身是建立法律关系，也就是合乎正义的关系，投身于法秩序。法秩序具有稳定性，在希腊人那里具有神圣性，因此它是不可以破坏的，必须终身维护它。

思念的反面是向自己隐瞒某事：Laethesthai。这个词通常翻译为“忘记”。在希腊人那里，也只有值得思念和言说的当下能够被忘记。希腊人在用“忘记”这个词的时候非常谨慎，不是随随便便地忘记琐事，例如忘记了自己的帽子丢在哪里。忘记总是忘记了一个值得思念的东西。而思念，它是具有整体性的思想，能够在我们的生活中造成一种整体的划分。我们总是思念值得

① ［古希腊］荷马著，罗念生、王焕生译：《伊利亚特》，上海人民出版社，2017 年，第 1005 页。第十九卷，第 65 行。

② 同上，第 1013 页。第十九卷，第 148 行。

我们终生守护的那样一种关系。一个人若忘记了在自身关系和亲友关系、同事关系中造成区分的东西，这样的忘记可能就是对法的冒犯。我们设想一个已婚的人，在某一种情境下他意识到自己忘了自己是一个已婚的人。虽然已婚的身份并不需要特地想起，但是如果遗忘了，这是不是值得他好好反省呢？

经常提及的范例是奥德赛回家，祖国（Patris）对于他就是一个要求获得当下的思想——思念。他念兹在兹。无论碰到怎样的艰难险阻，无论陌生人如何诱惑他，奥德赛都记住要返乡，要归来。在《奥德赛》这部作品当中，什么作为“理性的”经受住了考验，什么就是“理性的”。正是这保留在记忆当中，始终在思想的注意力之中。这里，在理性的使命面前，记忆的杰出地位显示出来。换句话说，如果奥德赛忘记了家乡，那么他就没法完成回家重建法的秩序的这样一个理性的使命。这样一个理性的使命，也是得到众神的支持的，尤其是雅典娜和宙斯。

现在关于全体性的思想，把我们引向语言性，也就是荷马主题的最后一个要素。荷马的主题表现的其实是缪斯智慧的独特使命。缪斯的使命在于能够传授对万物的知，为此，人们特地向她们祈祷。可朽者依赖缪斯的知，那么所传授的知的内容是什么呢？这个知的内容就是正义的秩序。而正义秩序的思想体现在忒弥斯（Themis）和狄刻（Dikai）两位正义女神身上。忒弥斯是法的根基，狄刻是法的宣谕官，她管法的具体执行。

荷马告诉我们，面对不正义的事件，换句话说，在“如其不应是”的状况当中，人们总是已经知道与之相关的真理。人们是有智慧的，知道什么应该是。但是，人的弱点在于，他只顾眼前的利益，通常排斥在纯粹意义上的真理。正义女神的思想遭受蒙蔽，所以，向缪斯学习获得整体的知才是重要的。而缪斯并非下命令，而是用诗的方式，用悦可人心的方式来传达真理，让荷马建造了首尾连贯的情节之万有，一个全体性的世界作为曾经是的已经完满的世界。荷马的“叙述”（Katalexai），这个词的准确的希腊意义就是言谈的全体性，并且是连贯而有条理的。荷马的诗证明了创制性逻各斯（Logos）的精湛技艺，这是建筑的艺术。在荷马的建筑艺术当中，缪斯需要做什么呢？她们给予的不可或缺的知是在语言的规定性中的思念的万物。

荷马的世界是一个现在完成时的世界。这个现在是语言的当下，在史诗的言辞中。记忆知道，缪斯的父亲的决定是如何履行的，如何最终圆满实现的。所有的事情都从宙斯的意愿出发，在这样一个终极目的（TELOS）上来理解。谁身在其中，就不会忘记宙斯的意愿。宙斯的意愿是正义的秩序。谁身在其中，就会始终思念既定的目标。缪斯从父亲那里知道，值得她们言说的每一件事情是如何圆满的，她们是知与真理的女神。

4. 知与真理的女神

关于宙斯的女儿缪斯，关于记忆和思念，《伊利亚特》的第二支歌特别值得推荐。荷马的知依赖缪斯，缪斯的独到之处是什么？我们起初看到多样（Vielen）的知。注意，这其实不是知，但这种思想占据了知的位置，接着达到对一（Einen）的知和对全体（Alles）的知。一，也就是理性的知，最后回到记忆的全体性。

对全体的知是对曾经之所是（Gewesenen）的知，在这个意义上依赖于记忆，也是对在记忆中的现身者（Anwesenden）的赞颂。而在诗人的作品中，荷马让在言辞中现身的世界成为值得思念的当下。这是诗人的不同寻常的贡献，现身者现身于言说。

我们再一次强调万物所曾是的世界现身了。人们看到的是什么呢？看到很多智能和体力的斗争和仇杀，或者琳琅满目的珍宝，稀奇的物件，从未游历的国土乃至冥府等等，不仅如此，经过学习我们在所曾是的世界的全体性当中，看到宙斯的意愿圆满实现了。最缜密的理性意愿与诗人的创制性使命是不可分割的。换句话说，法和正义实现了，它们真实地发生了。

神荼、郁垒神话来源的追索

枣庄学院文学院　史大丰

摘　要　神荼、郁垒神话不出自于《山海经》，与先秦的门户之祭无关。《括地图》应和《风俗通义》一样是作“一名荼，一名郁垒”，因为传抄中“荼”字残缺了，就把“郁垒”二字拆开变成了“一名郁，一名垒”，而《玄中记》的“隆”“突”盖即“垒”“荼”的音转，“隆”与“垒”、“突”与“荼”并双声字。神名“郁垒”亦取义于“绩絫”或“绩累”，本是指缉绩丝麻为绳索，也有聚集、郁结义，以代指苇索，其义与藤条无关。盖古人以虎、苇索有驱鬼辟邪功能，故神化虎为神名“神荼”，即神虎、虎神；神化苇索为“郁垒”，是由绩絫为绳索而用为名词，谓苇索之神。

关键词　神荼；郁垒；神话；来源

汉代人根据虎和苇索演化出来神荼、郁垒这两个神，并不能取代虎和苇索，而是仍然把虎和苇索作为他们对付恶鬼的工具一并出现。所以，关于神荼、郁垒的神话，是东汉时期才创作完成的，它是一个比较晚出的神话，非先秦就有者。

神荼、郁垒的神话，在民间流传很广，影响也很大，也是民俗学中一个很重要的命题，很多学者也作了相关研究，考索其来源和含义，可感觉里面有很多误解，需要进一步辨析。

一、神荼、郁垒神话不出《山海经》

关于神荼、郁垒的神话记载，很多学者认为来源很古老，甚至联系到先秦的一些风俗，可仔细梳理一下典籍记载，就会发现这种看法很成问题。在西汉时期的典籍里看不到，更别说先秦，目前能见到的最早的传世文献，是东汉时期卫宏写的《汉旧仪》，这个书已经佚失，《四库全书》从《永乐大典》中辑出二卷，又有孙星衍《补遗》二卷，收入《平津馆丛书》。《太平御览》卷九六七《果部四·桃》引《汉旧仪》（又见孙星衍《补遗》卷下）曰：

> 《山海经》称："东海之中度朔山，山上有大桃，屈蟠三千里。东北间，百鬼所出入也。上有二神人，一曰神荼，二曰郁垒，主领万鬼。恶害之鬼，执以苇索，以食虎。黄帝乃立大桃人于门户。画神荼、郁垒与虎、苇索，以御鬼。"

此后，就是比卫宏稍晚的东汉王充的《论衡》，其《乱龙篇》云：

> 上古之人，有神荼、郁垒者，昆弟二人，性能执鬼，居东海度朔山上，立桃树下，简阅百鬼。鬼无道理，妄为人祸，荼与郁垒缚以卢索，执以食虎。故今县官斩桃为人，立之户侧；画虎之形，著之门阑。夫桃人，非荼、郁垒也；画虎，非食鬼之虎也，刻画效象，冀以御凶。

其《订鬼篇》云：

> 《山海经》又曰："沧海之中，有度朔之山，上有大桃木，其屈蟠三千里，其枝间东北曰鬼门，万鬼所出入也。上有二神人，一曰神荼，一曰郁垒，主阅领万鬼。恶害之鬼，执以苇索，而以食虎。于是黄帝乃作礼，以时驱之，立大桃人，门户画神荼、郁垒与虎，悬苇索以御。"

王充在《乱龙篇》里说到神荼、郁垒，没说明出处；他在《订鬼篇》里所引的《山海经》，和《汉旧仪》所引相比，大致相同。现在我们看到的《汉旧仪》的引文比《论衡》要简略一些，那是后人在引述《汉旧仪》的时候作了节略，并不是原文，《论衡》所引者才是比较全的文字。

可问题在于，卫宏、王充的时代，《山海经》一书已经由刘秀（刘歆）等人写定校上，是《五臧山经》五篇，《海外经》《海内经》各四篇，共计十三篇，这是刘歆写进《七略》里的，班固《汉书·艺文志》是在《七略》的基础上删订而成，所以其所载《山海经》也是十三篇，在世间流行，但是这十三篇中没有神荼、郁垒的记载。到了晋代郭璞给《山海经》作注，又把一个更古老的《海经》残本收入注本中，就是《大荒经》四篇和《海内经》一篇（本来应该也是四篇，因为过分残缺被合并成一篇），到此，《山海经》文本和内容已经定型，后世所传《山海经》均为郭璞注本，再无其他异本，而郭璞的注本中也没有神荼、郁垒的文字。特别是这条文字的风格，也完全和《山海经》的文字风格不同，说是出自《山海经》是不能让人相信的。

另外的旁证，是比王充晚的应劭的《风俗通义》和蔡邕的《独断》，也记录了神荼、郁垒的故事。

《风俗通义·祀典·桃梗、苇茭、画虎》：

> 谨按：《黄帝书》："上古之时，有荼与郁垒昆弟二人，性能执鬼，度朔山上章（按：'章'乃'立于'二字之误合）桃树下，简阅百鬼，无道理，妄为人祸害，荼与郁垒缚以苇索，执以食虎。"于是县官常以腊除夕饰桃人，垂苇茭，画虎于门，皆追效于前事，冀以御凶也。

《独断》卷上：

> 疫神：帝颛顼有三子，生而亡去为鬼，其一者居江水，是为瘟鬼；其一者居若水，是为魍魉；其一者居人宫室枢隅处，善惊小儿。于是命方相氏黄金四目，蒙以熊皮，玄衣朱裳，执戈扬楯，常以岁竟十二月，从百隶及童儿而时傩，以索宫中，驱疫鬼也。桃弧、棘矢、土鼓，鼓旦射之，以赤丸、五谷播洒之，以除疫殃，已而立桃人、苇索、儋牙虎、

神荼、郁垒以执之。

僬牙虎、神荼郁垒二神：海中有度朔之山，上有桃木，蟠屈三千里，卑枝东北有鬼门，万鬼所出入也。神荼与郁垒二神居其门，主阅领诸鬼。其恶害之鬼，执以苇索食虎。故十二月岁竟，常以先腊之夜逐除之也，乃画荼、垒，并悬苇索于门户，以御凶也。

这两种东汉末的著作中都说到了神荼、郁垒的故事，可一个说出自“黄帝书”，一个没说出处，总之都不说是出自《山海经》。

其中《风俗通义》中引了两次“黄帝书”，但是这两个“黄帝书”都很可疑，第一个“黄帝书”见于其《声音·瑟》篇：

《世本》：“宓羲作，八尺一寸，四十五弦。”《黄帝书》：“泰帝使素女鼓瑟而悲，帝禁不止，故破其瑟为二十五弦。”

先秦有黄老学派，所谓道家，其中有种著作叫《黄帝》，又称《黄帝书》，有学者怀疑就是《汉书·艺文志》中著录的《黄帝四经》四篇，应该是一种道家言的作品，怎么会记录制作乐器的故事？显然是有问题的。我们认为所谓的“黄帝书”是“黄帝时”之误，因为汉代时人常把“时”写作“旹”，和“書”字形近致讹了，“黄帝时”这种话汉代的书里习见，如《史记·孝武本纪》里就很多：

齐人公孙卿曰：“今年得宝鼎，其冬辛巳朔旦冬至，与黄帝时等。”

黄帝时万诸侯，而神灵之封居七千。

公孙卿曰：“黄帝时封则天旱，干封三年。”

济南人公玊带上黄帝时明堂图。

方士有言“黄帝时为五城十二楼，以候神人于执期，命曰迎年”。

公玊带曰：“黄帝时虽封泰山，然风后、封钜、岐伯令黄帝封东泰山，禅凡山合符，然后不死焉。”

《风俗通义》里也有此类的话，如其《正失·东方朔》：“俗言东方朔，太白星精，黄帝时为风后。"《声音·瑟》里的"黄帝书"也当作"黄帝时"，那段话都是出自《世本》，是说宓羲时作了瑟四十五弦，到了黄帝时泰帝（当指黄帝）又作了改进，破为二十五弦。《祀典》里的所谓"黄帝书"也当作"黄帝时"。看看《论衡·订鬼》里引的《山海经》的说法，说"于是黄帝乃作礼，以时驱之"，是黄帝时的事情，《风俗通义·祀典》开始说"黄帝时，上古之时有荼与郁垒昆弟二人"云云，其实就是说以神荼、郁垒避鬼是黄帝时才有的事情，黄帝用的就是上古之时能捉鬼的神荼、郁垒来驱鬼，并不是出自《黄帝书》。

裴骃《史记·五帝本纪》集解中引此文作《海外经》，这是因为传本《山海经》的《大荒北经》中有"有先民之山，有槃木千里"的话，后人把《汉旧仪》《论衡》所引的那段所谓的《山海经》文和此条相比附，而《大荒经》就是《海外经》的另一个版本，自然也可称《海外经》，所以裴骃就直接说是《海外经》。其实《大荒北经》说先民之山有槃木，和度朔山上有大桃树本不是一回事，是不能相提并论的。

总之《风俗通义》《独断》里说到神荼、郁垒的故事，都不说出自《山海经》，可见卫宏、王充所引的这条《山海经》当出于误记，它并非是所谓的《山海经》佚文，它应该是出自汉代的某种书，而且很可能是东汉时期才有的。后世传注类书所引《山海经》的这条文字，都是本自《汉旧仪》和《论衡》，并不是真的出自《山海经》原书。这条文字也为近世诸多学者所笃信不疑，认为真的是《山海经》的佚文，恐怕这是不可靠的。

神荼、郁垒本是为驱鬼所用，而驱鬼本是方术士的职责，汉代自武帝开始方士和儒生合流，尤其是东汉时期，产生了大量的谶纬之书和一些类似的著作，自然神荼、郁垒的神话也被写入书中，只不过是卫宏记错了书，王充可能又是抄了卫宏的说法，就这么以讹传讹，流传至今。

二、神荼、郁垒的神话与先秦的门户之祭无关

神荼、郁垒是民间传说中的"门神"，《荆楚岁时记》里说，"正月一日……绘二神贴户左右，左神荼，右郁垒，俗谓之'门神'"，所以人们很自然地把神荼、郁垒的产生和先秦的祭门、祭户的风俗联系起来，比如谭力铭

先生就认为神荼、郁垒作为门神就是起源于对门的祭祀①，但是这种看法是有问题的。

从《汉旧仪》《论衡》等东汉的书籍记载可知，神荼、郁垒的主要作用是捉鬼、驱鬼，涉及到的东西还有桃人、苇索、虎。而先秦时期人们对于门户的祭祀，并没有驱鬼的意思，这种观念，直到东汉时期犹然，《说苑·反质》里说：

> 天子祭天地、五岳、四渎，诸侯祭社稷，大夫祭五祀，士祭门户，庶人祭其先祖。

可见先秦时期士级的贵族祭祀门户，和天子祭祀天地、五岳、四渎，大夫祭五祀，庶人祭祀祖先一样，只是一种求康泰平安的祭祀，与驱鬼无关。

《白虎通义·五祀》云：

> 祭五祀所以岁一遍何？顺五行也。故春即祭户，户者，人所出入，亦春万物始触户而出也。夏祭灶者，火之主人，所以自养也，夏亦火王，长养万物。秋祭门，门以闭藏自固也，秋亦万物成熟，内备自守也。冬祭井，井者，水之生藏任地中，冬亦水王，万物伏藏。六月祭中溜，中溜者，像土在中央也，六月亦土王也。

古人祭祀户、门，也是一种祈求平安的祭祀，祭户祈求出入平安，祭门祈求闭守坚固，自然也是求平安之祭，并非是驱鬼，所以，把先秦的祭门、祭户和神荼、郁垒的门神联系起来，恐怕是不适当的。先秦两汉还有“九门磔禳”的风俗，有御除凶祸的意思，《风俗通义·祀典》云：

> 《月令》：“九门磔禳，以毕春气。”盖天子之城十有二门，东方三门，生气之门也。不欲使死物见于生门，故独于九门杀犬磔禳。犬者，

① 谭力铭：《从中国门神信仰的功能分析“神荼”、“郁垒”的名称含义》，《汉江师范学院学报》2018 年第 1 期。

> 金畜；禳者，却也。抑金使不害春之时所生，令万物遂成其性。火当受而长之，故曰“以毕春气”。功成而退，木行终也。《太史公记》：“秦德公始杀狗磔邑四门，以御蛊灾。”今人杀白犬以血题门户，正月白犬血辟除不祥，取法于此也。

“九门磔禳”虽然是为御除凶祸的祭祀，但是仍和驱鬼没有直接关系，是不好强行联系在一起的。

先秦时期的确有专门驱鬼的做法，称为“难”，后世书写作“傩”，《礼记·月令》里说季春之月“命国难”，郑注：

> 此难，难阴气也。阴寒至此不止，害将及人。所以及人者，阴气右行，此月之中，日行历昴，昴有大陵积尸之气，气佚则厉鬼随而出行，命方相氏帅百隶素室殴疫以逐之。

这个“难（傩）”就和驱鬼有关了。先秦时期具体做法很少记载，见于《庄子》佚文。涉及到的事物有鸡、苇索（或苇茭）、桃、灰，和神荼、郁垒的情况就很类似了，这应该是先秦时期楚人的风俗习惯，确乎流传很久，但是这时候还没出现神荼、郁垒的名称，虎也没有。最早能考察到的神荼、郁垒的记载，就是东汉的典籍，此前无有。

三、神荼、郁垒神话的另一个版本

东汉时期，关于神荼、郁垒神话的记载还有另外一个版本，兹择要者录于下：

> 《括地图》曰：桃都山有大桃树，盘屈三千里，上有金鸡（原注：《玄中记》云“天鸡”），日照入，此鸡则鸣，于是晨鸡悉鸣。下有二神，一名郁，一名垒（原注：《玄中记》云“左名隆，右名窦”之也），并执苇索以伺不祥之鬼，得而煞之。（《玉烛宝典》卷一引。又《太平御览·时序部十四》引，个别字略异）

《玄中记》：东南有桃都山，上有大树，名曰桃都，枝相去三千里。上有一天鸡，日初出，光照此木，天鸡则鸣，群鸡皆随之鸣。下有二神，左名隆，右名窔，并执苇索伺不祥之鬼，得而煞之。今人正朝作两桃人立门旁，以雄鸡毛置索中，盖遗象也。(鲁迅《古小说钩沉》辑)

《郡国志》曰：台州桃都山，上有大桃树，上有天鸡，日初出桃树，天鸡即鸣，下鸡闻之而鸣。树下有两鬼，持苇索取不祥之鬼食之。(《太平御览·地部十二》引)

《金楼子》卷五曰：东南有桃都山，山有大桃树，上有天鸡，日初出照此桃，天鸡即鸣，天下之鸡感之而鸣。树下有两鬼，对树持苇索，取不祥之鬼食之。今人正旦作两桃人，[垂] 以索，中置雄鸡，法乎此也。

其中《括地图》是东汉时期一种纬书类的著作，应该相对较早，《玄中记》传为郭璞作，《郡国志》可能是某家《后汉书》的《郡国志》，《金楼子》是梁元帝萧绎撰，都稍晚。这些记载，不用说就是神荼、郁垒神话的另一个版本，不同的在于，这里面“度朔山”变成了“桃都山”，而且和《庄子》佚文记载的一样出现了“鸡”。同时神荼、郁垒或叫“郁”“垒”，或叫“隆”“窔”，后者是“突”字的异体。怀疑《括地图》本也是和《风俗通义》一样是作“一名荼，一名郁垒”，因为传抄中“荼”字残缺了，就把“郁垒”二字拆开变成了“一名郁，一名垒”。而《玄中记》的“隆”“突”盖即“垒”“荼”的音转，“隆”与“垒”、“突”与“荼”并双声字。

四、“度朔”与“度索”释义

下面我们来分别考察一下与神荼、郁垒神话有关的事物的名称和含义。

《汉旧仪》《论衡》中的“度朔山”，裴骃《史记》集解中引作“度索”，“朔”与“索”是音近的字，一声之转。但是“度朔”是什么意思？它显然就是《括地图》中所说的“桃都山”，“度朔”“桃都”有什么含义上的联系？

宋代《云笈七籤》卷一百《轩辕本纪》里有过这样的解释：

《黄帝书》说东海有度索山，或曰度朔山，讹呼也。此山间以竹索悬而度也。

《云笈七籤》中的《轩辕本纪》是唐代王瓘《广轩辕本纪》的一个节略合并本，王瓘认为作“度索”是正字，“度朔”是“讹呼”，“度索”的意思是山间要用竹索当索桥来通行，这分明是望文生义。从出现的时间上看，“度朔”要比“度索”出现得早，怎么可能成了“度索”的“讹呼”？

“度朔”应是“廜廯”的音转或别写，东汉服虔《通俗文》云：“屋平曰廜廯。”① 《广雅·释宫》：“廜廯，庵也。”《广韵·上平声·模韵》：“廯：廜廯，草庵。《通俗文》曰：‘屋平曰廜廯。’”又《苏韵》：“廯：廜廯，草庵。又廜廯酒，元日饮之，可除瘟气。”后世多写作“屠苏”。

这样就可以明白，其山名“廜廯”，盖谓大桃树屈盘三千里，覆盖如草庵之状，故名，就像王屋山“山有三重，其状如屋”（《山西通志》卷二十三引《方舆胜览》）所以才称“王屋”一样。那么，“桃都”之名也就可以理解——“都”其实就是“廜廯”的促音，“桃都”即“桃廜廯”，谓大桃树所覆盖如草庵也。

五、天鸡与桃梗

古人认为鸡和虎都能驱鬼，虎是因为凶猛能食鬼魅，《风俗通义·祀典》里说：“虎者阳物，百兽之长也，能执搏挫锐，噬食鬼魅。”就是这个意思。到了东汉的时候，人们不满足于一个虎能吃鬼魅了，而创造了“十二神”，又称“十二兽”，根据《后汉书·礼仪志中》的记载就是甲作、胇胃、雄伯、腾简等十二个，这当又是虎食鬼魅的扩大演绎了。

《庄子》佚文里说驱鬼要挂鸡，《括地图》等书里恰好说到桃都上有金鸡或天鸡，显然就是根据民间驱鬼挂鸡之举演绎出来的。驱鬼为什么要挂鸡，这种事看看《括地图》等书的记载就应该比较好理解，古人认为“鬼，阴类”（《通典·边防五·序略》注），一般是晚上才出来活动，《朱子语类·鬼神》里有这么一段对话：

---

① ［东汉］服虔：《通俗文》，《丛书集成续编》73 册，台湾新文丰出版公司，1988 年，第 356 页。

叔器问："先生前说：日为神，夜为鬼，所以鬼夜出，如何?"曰："间有然者，亦不能皆然。夜属阴，且如妖鸟皆阴类，皆是夜鸣。"

这种观念很古老，《太平御览》卷八八三引《神异经》曰：

东北方有鬼星石室，三百户而共一门，石榜题曰"鬼门"。昼日不开，至暮即有人语，有火青色。

这条记载，怀疑和桃都有关，看看《论衡·订鬼篇》所引的所谓《山海经》里说"（大桃木）其枝间东北曰鬼门，万鬼所出入也"，和《神异经》说的东北方有鬼门是一样的，《太平御览》引的这条《神异经》应该是节录，它前面很可能说的就是桃都，此中说的"东北方"应该就是指桃都卑枝间的东北方。它特别说这"鬼门"白天不开启，到了晚上才有人语，说明是晚上开启，有人语就是鬼们在说话，"有火青色"显然就是指鬼火。后世民间传说中说妖魔鬼怪都怕见太阳，都是晚上出来，天亮返回巢穴，也是这个意思。而古人以鸡司晨，公鸡打鸣就表示天要亮了，这时候鬼就要赶快躲避回归，自然，公鸡就具有驱鬼的功能，所以驱鬼要在门上挂鸡，就很容易理解了。

桃这种树木能驱鬼的观念，实在无从查考其源头。《淮南子·诠言训》："羿死于桃棓。"许慎注：

棓，大杖，以桃木为之，以击杀羿。由是以来，鬼畏桃也。

《淮南子·泛论训》云："羿除天下之害而死为宗布。"孙怡让云：

窃疑（宗布）即《周礼·党正》之祭禜，《族师》之祭酺。郑注云："禜谓雩禜，水旱之神。酺者，为人物灾害之神也。"（原注："禜、宗，酺、布，声近字通。《礼记·祭法》'雩禜'，禜亦作宗。"）禜、酺并禳除灾害之祭。羿能除害，故托食于彼，义亦正相应也。①

① 何宁：《淮南子集释》，中华书局，1998年，第986页。

古人认为能引起灾害的就是鬼神，羿能除灾害就是能除鬼，类似后世民间传说中的钟馗，羿比鬼厉害，而桃棓杀了羿，说明桃棓比羿还厉害，所以鬼也害怕桃棓，大概就是这么个理念。羿是夏朝初年的人物，如果此说可信，那么鬼怕桃棓之说应该是很久远的传说了。当然这只是古代传说如此，可能民间的理由并没有多么复杂，“桃”与“逃”音同，可能就是取其谐音，认为鬼见之而逃这么个意思。还有从方术的角度来解释的，比如《本草纲目·服器部》第三十八卷《服器之一》引《典术》云：

桃乃西方之木，五木之精，仙木也。味辛气恶，故能厌伏邪气，制百鬼。今人门上用桃符辟邪，以此也。

这大概是比较晚出的说法了。总之，古代民间插桃枝驱鬼是有根据的，而桃都又是桃枝的神化。

古人由插桃枝改成大桃人，又称“桃梗”。《风俗通义·祀典》中指出，先秦时期的“桃梗”是用桃木刻的人像。后来大概是因为刻人像不那么好操作，所以改成了桃木版。为什么叫“梗”，古说不一，宋代王观国在《学林》中认为“梗”就是“梗概”的意思，古人为了驱鬼，用桃木刻成个人的形状，但是没有很细致的刻划，只是粗具个人形的梗概，所以才叫“桃梗”。

六、神荼、郁垒的由来

从上面的引述资料看，先秦时期人们驱鬼辟邪，主要是用鸡、桃梗和苇索，汉代出现了虎、神荼、郁垒，这说明神荼、郁垒这两个神在先秦是没有的，这两个神很可能是汉代人的发明，那么它们是怎么来的呢？

关于“郁垒”一词，萧旭先生曾经做过比较详细深入的探讨，在古书中有许多不同的写法，如“掘律”“屈律”“崫礨”“堀礨”“崫嵂”“郁垒”“郁律”“郁峍”“郁葎”“蔚律”等等，本义是“屈曲郁结也”，由此义又引申出“不平”“郁结”等诸多相关联的义项。至于神名“神荼”“郁垒”之名，萧先生认为：“二门神名神荼、郁垒者，其得名之由，罗泌解为‘伸舒、苑结'，甚为精审。"[1] 但是门神为什么要以"伸舒""苑结"为名，还是不太清晰的，仍需要进一步讨论。

对于"神荼""郁垒"二神的得名，神话研究的学者有新的解释，如何新先生认为"神荼"就是"於菟"，即虎；"郁垒"即"偶偏""傀儡"[2]；杨琳先生赞同"神荼"为虎之说，但认为"郁垒"是藤条[3]；谭力铭先生赞同杨说，认为"'郁垒'的含义便是茂盛的藤条植物或者香味浓郁的藤条植物"[4]。

看看《风俗通》《论衡》《独断》里的记载，《风俗通义》里说"以腊除夕饰桃人，垂苇茭，画虎于门"，就这三样，而且专门对"桃梗""苇茭""虎"作了详细的解释，却没说门前要设神荼、郁垒的事情。《独断》里则说"乃画荼、垒并悬苇索于门户"，只有神荼、郁垒和苇索，也是三样，没有虎、桃梗（桃人）。《论衡》里就比较全了，神荼、郁垒、虎、苇索、桃人一样不少。

这样一对读就会发现一个问题，实际上古人认为可以驱鬼辟邪的本是四样事物：鸡、桃木、苇索、虎，其中前三样最重要，明代顾起元《客座赘语》卷四里说：

> 案魏、晋制，每岁朝设苇茭、桃梗、磔鸡于宫及白寺之门，以辟恶气。自夏后氏以苇茭，商人以螺首，周人以桃为梗。汉兼用三代之仪，以苇茭、桃梗。五月五日，朱索五色印为门户饰，以傩止恶气。后汉又以朱索、连荤、菜弥、牟朴、虫锺，以桃印长六寸方三寸，五色书文如法，以施门户。魏、晋乃杂用于岁旦。[5]

到了魏晋的时候，人们主要使用的是前三样，连虎都省了。其中桃人是桃木的人形化，大概代表桃木之神，而神荼、郁垒则当是虎、苇索的神化，

---

① 萧旭：《淮南子校补》，台湾花木兰文化出版社，2014 年，第 550—555 页。

② 何新：《诸神的起源》，光明日报出版社，1996 年，第 277 页。

③ 杨琳：《门神的祭祀及演变》，《民族艺术》2000 年第 2 期。

④ 谭力铭：《从中国门神信仰的功能分析"神荼"、"郁垒"的名称含义》，《汉江师范学院学报》2018 年第 1 期。

⑤ ［明］顾起元：《续修四库全书》第 1260 册，上海古籍出版社，2002 年，第 147 页。

分别是虎神和苇索之神，也就是说，桃梗、虎、苇索三样东西被演化成了三个人形的神，他们表示的含义彼此是一样的。所以笔者赞同“神荼”是虎的说法，“荼”是“於菟”之“菟”的假借字，“神荼”就是神虎，也就是《独断》里说的“偖牙虎”，“郁垒”则是代表苇索。

苇索，《风俗通义》里称为“苇茭”，《史记·河渠书》：“搴长茭兮沈美玉。”集解引臣瓒曰：“竹苇絙谓之茭。”索隐：“茭音交，竹苇絙也。”“茭”即竹或苇拧成的绳子，与藤条无关。这种东西可以辟邪，据顾起元的说法，是夏代就有的风俗，《风俗通义·祀典》引《吕氏春秋》曰：“汤始得伊尹，祓之于庙，薰以萑苇。”其中“薰以萑苇”句今本作“爝以爟火”，盖“爟”本或作“藋”，同“萑”，“藋火”即萑苇所燃之火。古人的祓祭是禳除凶恶之祭，用萑苇燃火熏之，即有辟邪之意。秦汉之际人们用桃、苇作成弓矢，认为可以辟除邪魅不祥，《后汉书·礼仪志中》李贤注“大傩”云：“《汉旧仪》曰：‘方相帅百隶及童子，以桃弧、棘矢、土鼓，鼓且射之，以赤丸、五谷播洒之。’谯周《论语》注曰：‘以苇矢射之。’”《古今注·舆服》云：“辟恶车，秦制也，桃弓苇矢，所以祓除不祥。”在《后汉书·礼乐志中》里还记载大傩的时候还有两种辟邪的用器是“苇戟、桃杖”，也是以桃、苇制作而成。大概是认为桃弓、苇矢、桃杖、苇戟能杀死恶鬼，而苇茭则可以用来绑缚住恶鬼，即所谓“缚以苇索”也。

用“郁垒”为苇索之名，是取其集结、聚集义。“郁”是积聚义，《诗经·晨风》：“郁彼北林。”《毛传》：“郁，积也。”《汉书·扬雄传上》“郁移杨”颜注：“郁，聚也。”意略同“绩”，《说文》：“绩，缉也。”段注：

> 《豳风》“八月载绩”，传曰：“载绩，丝事毕而麻事起矣。”绩之言积也，积短为长，积少为多。

《说文》又曰：“缉，绩也。”段注：

> 凡麻枲先分其茎与皮曰“朩”，因而沤之，取所沤之麻而林之。林之为言微也，微纤为功，析其皮如丝而捻之、而剿之、而续之，而后为缕，是曰“绩”，亦曰“缉”，亦絫言“缉绩”。

“垒”则是“絫”或“累”的通假字，《说文》：“絫，增也。”段注：

增者，益也，凡增益谓之“积絫”，“絫”之隶变作“累”，“累”行而“絫”废。古书时见“絫”字，乃不识为今之“累”字。从厽、糸会意。糸，细丝也，积细丝成缯，积坺土成墙，其理一也。

用丝麻索绳，由单根的丝积成紨，再由两股以上的紨绩成绳，即“絫”也，有不断增加之意，故训“增”。神名“郁垒”即“郁絫”亦即“绩絫”，谓绩絫丝、麻、草而成的绳索，因有丝绳、麻绳、草绳等名称，因索绳要拧结曲绕，故亦有“苑结”之意。所以“郁垒”其实就是暗指“苇索”。

也可读作“郁累”，谓绩成绳索。《说文》又云：“累，缀得理也。一曰大索也。”段注“一曰大索”云：

《论语》作“缧”，字之误。注云“黑索也”，亦误作“累”。如《孟子》“系累其子弟”是。亦作“羸”，如《易·大壮》“羸其角”，马云：“大索也。”郑、虞作“累”。

用为“黑索”义的字也作“纍”，《广韵·上平声·脂韵》：“纍，网络。《论语注》云：‘黑索也。’亦作缧。”其实“垒”“累”“纍”“絫”“缧”都是音同的字，可以通假，古书中每互用无别，难以明晰区分。“黑索”当即“纆”（“黑”“纆”可能是古今字或通假字），也作“纆”①。《说文》：“纆，索也。”段注：

《易》：“系用徽纆。”刘表曰：“三股曰徽，两股曰纆。”《字林》曰：“两合曰纠，三合曰纆。”按从黑者，所谓黑索拘挛罪人也。今字从墨。

“纆”大概是用麻、草经过沤制三股拧成的绳子，颜色较深，才有“黑

① 王宁：《释〈庄子·在宥〉的“炊累”——兼释神名“郁垒”的含义》，复旦大学出土文献与古文字研究中心网，2019/1/29，http：//www. gwz. fudan. edu. cn/Web/Show/4377。

索”之名，可能字本作“黑”，因为是绳索，故加纟旁。苇索是用苇子经过沤制而拧成的绳子，当属于“黑索”，故后人写神名“郁垒”时或从“黑”，《康熙字典·亥集下·黑部》引《郭太乙正误》：“鬱垒，沈休文作‘黬黮’。”《玉篇·黑部》：“黬，黑貌”“黮，黑也”，据萧旭先生考证，此义先是用“郁律”表示凝结聚集不散的烟气，又引申出“黑盛貌”[①]，故而有“黑”的意思，而郁垒为黑索，故假从黑之字书之。

神名“郁垒”亦取义于“绩纍”或“绩累”，本是指缉绩丝麻为绳索，也有聚集、郁结义，以代指苇索，其义与藤条无关。盖古人以虎、苇索有驱鬼辟邪功能，故神化虎为神名“神荼”，即神虎、虎神；神化苇索为“郁垒”，是由绩纍为绳索而用为名词，谓苇索之神。

正因为“郁垒”是绳索，故又有连续不断之意，《汉书·扬雄传上》：“雷郁律而岩突兮，电倏忽于墙藩。”颜注：“郁律，雷声也。”“郁律”就是“郁垒”，此为连续不断之意，《论衡·雷虚篇》里说：

> 图画之工，图雷之状，累累如连鼓之形。又图一人，若力士之容，谓之雷公，使之左手引连鼓，右手推椎，若击之状。其意以为雷声隆隆者，连鼓相扣击之意也。

古人认为雷声隆隆连续不断，故曰“郁律”，其实是由绳索之意引申出来的义项。

可注意的是，汉代人根据虎和苇索演化出来神荼、郁垒这两个神，并不能取代虎和苇索，而是仍然把虎和苇索作为他们对付恶鬼的工具一并出现。所以，关于神荼、郁垒的神话，是东汉时期才创作完成的，它是一个比较晚出的神话，非先秦就有者。

---

① 萧旭：《淮南子校补》，台湾花木兰文化出版社，2014 年，第 555 页。

神话的象征与潜意识的投射

——论大观园的生成及其意义

吉林师范大学博达学院　杨　朴
航天大学基础部　杨　旸

摘　要　曹雪芹通过象征和潜意识投射的方法，把女娲补天神话和大观园联系起来。贾宝玉来源于女娲补天所炼"宝玉"和贾宝玉衔玉而生，象征了贾宝玉带着补天原型进入现实世界。"女儿棠"和"女儿国"象征了大观园是独立于贾府的理想世界；"女儿棠"与"海棠春睡图"有着象征性的内在联系，"女儿棠"是"海棠春睡图"的变形，而"海棠春睡图"在贾宝玉潜意识中是女娲原型的置换。由于"女儿棠"是象征大观园青春女儿的，这就使大观园青春女儿与女娲原型有了象征性的联系。就像贾宝玉来源于女娲补天神话的"宝玉"一样，曹雪芹也给大观园众多青春女儿以一种神话元素。曹雪芹还通过贾宝玉给大观园赋名的方式，把贾宝玉潜意识原型投射到大观园之中，从而使大观园成为青春女儿的理想家园。

关键词　补天神话；原型；大观园；象征；潜意识投射

大观园在《红楼梦》中是一个独立的王国，一个诗意栖居的所在，一个美丽的世界。那里没有仕途经济、功名利禄，没有肮脏龌龊、男盗女娼，没有阶级压迫、等级制度。毫无疑问，大观园是青春女儿一种理想的生活，它的存在与贾府的现实生活形成一种强烈的对比，在大观园的强烈对比下，贾府的现实生活是那样的肮脏龌龊，那样的丑陋不堪，那样的扭曲人性。当然，在贾府的强烈对比下，大观园的理想生活是那样的纯洁诗意，那样的浪漫欢愉，那样的美丽无比。然而，大观园是如何形成的呢？

《红楼梦》是由女娲补天神话开篇的，大观园是《红楼梦》描写最重要的内容，大观园与女娲补天神话肯定有重要关系，这是一种什么关系呢？大观园是女娲补天神话所包容的女性主义时期理想生活的象征，而大观园青春女儿形象和大观园的文化意义则是通过贾宝玉潜意识投射表现出来的。神话、象征和潜意识投射，是理解大观园的关键，也是理解整部《红楼梦》的关键。

一、“通灵宝玉”：补天原型的转化象征

大观园对于《红楼梦》是如此的重要，但是，大观园是如何创造出来的呢？曹雪芹创造一个大观园的目的究竟是什么呢？关于这两个问题，有很多学者进行了富有启发性的探讨。最有影响的是著名学者余英时的研究，他的著作《红楼梦的两个世界》是大观园研究最有影响的著作，他的观点被许多学者所接受和采纳：“曹雪芹在《红楼梦》里创造了两个鲜明而对比的世界。这两个世界，我想分别叫它们作‘乌托邦的世界’和‘现实的世界’。这两个世界，落实到《红楼梦》这部书中，便是大观园的世界和大观园以外的世界。”① 关于“乌托邦的世界”即大观园的世界是如何产生的，他采用了宋琪的说法：“他强调大观园决不存在于现实世界之中，而是作者为了迁就他的创造企图虚构出来的空中楼阁。”② 余英时进一步指出：“大观园不在人间，而在天上；不是现实，而是理想。更准确地说，大观园就是太虚幻境。”③ 在余英时看来，大观园是贾宝玉梦中的太虚幻境在人间的投影，他也论述了贾宝玉对大观园与太虚幻境梦印象的重合，即强调了大观园对太虚幻境的重复。

---

① 余英时：《红楼梦的两个世界》，上海社会科学出版社，2002 年，第 36 页。
② 同上，第 37 页。
③ 同上，第 40 页。

这些论述是非常有道理有说服力的。但是，我们需要在余英时的基点上进一步追问：大观园是来源于太虚幻境的，那么太虚幻境是来源于什么呢？他没有详细解说，但是根据他大观园是理想的世界的观点，太虚幻境也就自然成了理想世界的表现。我们以为，我们还需要在余英时的基础上继续深入探讨。

《红楼梦》是以女娲补天神话开始它的讲述的，又是以贾宝玉的太虚幻境梦作为它的重要内容的。那么，大观园与那个女娲炼石补天神话、贾宝玉来源于女娲补天所炼之石神话，与贾宝玉梦见太虚幻境究竟有没有关系呢？如果有关系，那又是一种什么关系呢？女娲补天是曹雪芹重述的神话，贾宝玉来源于女娲补天所炼之石则是曹雪芹重新创造的神话，贾宝玉的太虚幻境梦也应该看作是神话，因为梦也与神话的心理动力是一样的。著名神话研究大师坎贝尔认为："梦是个人化了的神话，神话是消除了个人因素的梦。在相同的一般情况下，神话和梦都是心灵动力的象征。"① 这样看，大观园与女娲补天、贾宝玉来源和太虚幻境梦就应该是一种现实与神话的结构关系。余英时的"红楼梦的两个世界"和太虚幻境的言说是非常深刻与精彩的，但是，他割断了大观园与女娲补天、贾宝玉来源于女娲补天所炼之石和太虚幻境梦的关系，也就割断了《红楼梦》与神话的关系。而大观园与女娲补天、贾宝玉来源于女娲补天所炼之石和贾宝玉太虚幻境梦的关系，正隐藏着《红楼梦》现实世界与神话世界的最重要最隐秘的内在关系。揭示这种最隐秘关系应该是今天《红楼梦》研究的重要任务之一。

简单说来，大观园与女娲补天和贾宝玉太虚幻境梦的关系是大观园与神话的关系，而神话是集体无意识原型的表现，因而，大观园与女娲补天等神话的关系便是大观园与原型的关系。也就是说，女娲补天神话、贾宝玉来源于女娲补天神话和太虚幻境梦神话式的梦，是为《红楼梦》建构了（诸种）神话原型，而大观园则是这种神话原型的现实性转换象征。因而，要想解开大观园的真正意义，就得首先解开女娲补天、贾宝玉来源于女娲补天所炼之石和太虚幻境梦的原型意义。大观园与女娲补天、贾宝玉来源女娲补天所炼之石和贾宝玉太虚幻境梦是一种神话原型的关系，隔断大观园与女娲补天神话的联系，不弄懂女娲补天等神话的意义，就不可能真正弄懂大观园的意义。

---

① ［美］约瑟夫·坎贝尔著，张承谟译：《千面英雄》，上海文艺出版社，2000年，第14页。

女娲补天神话并非是原始的神话，而是一个改写的神话。这个改写的神话由女娲炼石补天的重点转移到贾宝玉来源于女娲所炼之“宝玉”，也就成了贾宝玉来源于女娲补天所炼之“宝玉”的神话，因而，贾宝玉来源于“宝玉”实际成了曹雪芹重新创造的神话。它不过几百字，但是它却构成了百万字《红楼梦》故事的灵魂。

> 看官：你道此书从何而起？——说来虽近荒唐，细玩颇有趣味。却说那女娲氏炼石补天之时，于大荒山无稽崖炼成高十二丈、见方二十四丈大的顽石三万六千五百零一块，那娲皇只用了三万六千五百快，单单剩下一块未用，弃在青埂峰下。谁知此石自经锻炼之后，灵性已通，自去自来，可大可小；因见众石俱得补天，独自己无才，不得入选，遂自怨自愧，日夜悲哀。(第一回)①

这块“宝玉”后来又经警幻仙子安排为赤霞宫的神瑛侍者，也就是“宝玉”转换成神瑛侍者日以甘露灌溉绛珠仙草，就产生了神瑛侍者与绛珠仙草“木石之恋”的神话。神瑛侍者与绛珠仙草转世投胎成为贾宝玉和林黛玉，“木石前盟”就成为他们现实之恋的原型。

这个贾宝玉来源于女娲补天所炼之“宝玉”转世投胎进入现实世界的神话，之所以成为《红楼梦》的灵魂，就在于在贾宝玉来源于女娲补天所炼“宝玉”的时候，女娲就把补天的原型融进了“宝玉”的灵魂，“宝玉”成为神瑛侍者置换为贾宝玉进入现实界的时候，就自然携带着补天的灵魂，贾宝玉“衔玉而生”，就是它携带着补天原型灵魂的象征。

那么补天原型究竟是一种什么样的原型呢？这就涉及到补天神话的理解。在曹雪芹改写的女娲补天神话中，只是写到了女娲补天一个神话，但是他却隐含着对女娲神话系统的运用。女娲补天神话是女娲神话系统中的一个，只有理解了补天神话的系统性、整体性，才能真正理解补天神话的意义。补天神话的系统是“女娲抟土造人”“共工怒触不周山”和“女娲补天”三个神话构成的一个整体。根据系统性结构的观点，当初很有可能是三个神话成为

① ［清］曹雪芹、高鹗著，启功注释：《红楼梦》，人民文学出版社，2018年，下不更注。

一个结构整体的，只是在流传的过程中把它们分开讲述了。但即使是分开讲述的，在集体无意识层面，也是作为一个系统整体理解的。只是到了后来文字记载阶段，把某个神话从系统的整体中孤立出来了。当我们重新把女娲神话结构成一个系统整体的时候，它们原来的意义就会重新呈现出来。女娲抟土造人神话实质是女神创世神话，女娲是通过创造人类，又创造动物（万物）而成为创世女神的。而共工怒触不周山的神话则是男性神破坏和毁灭女娲创造的世界的神话。到了女娲补天的神话则又是女神把男神破坏的世界重新弥补——实际是重新创世的神话。这三个神话存在一个女神与男神对立斗争的二元结构，正是在这个女神与男神对立斗争的二元结构的整体中，才显示出三个神话的各自意义。在神话中“天”是一种象征，它象征着社会、世界或宇宙。在女娲抟土造人神话中，虽然没有出现“天”的象征，但是它是通过人类的出现、动物及万物的出现来象征的。这通过与满族史诗性神话《天宫大战》的比较可以获得参照的理解：那个创造宇宙的女神阿布卡赫赫被称为“天母”，这就说明了女娲抟土造人等是创造“天”即人类社会。这个“天”的象征，在后面两个神话中得到更直接的表现。在共工怒触不周山的神话中是共工触倒支撑天柱来表现“天”的塌陷的；而到了女娲补天则是通过炼石成玉补天来表现的。这个女神与男神对立斗争的二元结构隐喻着一个十分悠远的文化历史：女性主义文明被男性主义文明替代的文化历史，以及人们对恢复女性主义文明的热烈渴望。女性主义创造“天”隐含的是一种孕育、创造和奉献的价值观，而男性主义毁灭“天”表现的则是自私、贪婪和杀戮的价值观。女神与男神二元对立斗争的结果不仅是女性主义孕育、创造和奉献的价值观被毁灭，而且也使女性沦为男性的支配对象和奴隶，这就造成了女性被男性压迫、奴役和损害的悲剧命运。曹雪芹对女娲补天神话的运用，是在充分理解了这三个神话构成的整体系统意义，包括“互文”性的运用，也就是说，虽然它只是表现了女娲补天的神话，却是基于三个神话整体系统意义的运用。同时，在后面的贾宝玉故事中，又通过贾宝玉的女儿观（女儿是水做的骨肉，男人是泥做的骨肉），使补天神话内涵得到了进一步补充性的象征。

由此看来，女娲补天所“补”的就是这种女性主义价值观的失落和女性沦为男性奴隶的悲剧命运。女娲补天是用玉来补的，因为玉在先民那里是同天的颜色相同的，先民想象的天是以玉构成的，这是叶舒宪的新著所揭示的文化秘密。叶舒宪指出："如果说神话是中国大传统的基因，那么玉石则是中国大传统的原型符号，而对于华夏文明而言，文明发生背后的一个重要动力即玉石神话信仰。以女娲炼石补天为例，这是小传统讲述的流行神话，可谓家喻户晓，可是后人所熟知的神话情节却遮蔽了炼石补天观念的古老信仰渊源：史前先民将苍天之体想象为玉石打造，所以天的裂口要用'五色石'去弥补，之所以用'五色石'，是因为它隐喻了万般吉祥的玉石。由此可见，这种文化特色鲜明的玉石神话由来已久，并非汉字书写的历史所能穷尽。"① 在中国文化大传统中玉是具有一种神圣意义的原型符号，叶舒宪的研究使我们认识到，曹雪芹运用女娲补天神话，就是运用中国大传统的原型符号。女娲炼石就是使石成为玉，使其具有玉的神圣品质，从而使其能够"补天"。贾宝玉是来源于"宝玉"的，大荒山青埂峰无稽崖下的那块石头，经由女娲所炼而成为"宝玉"，就不仅使"宝玉"具有了神圣性的品质，而且还使那块"宝玉"具有了女娲补天的基因、血统和精神，用原型理论观点说，经由女娲所炼的"宝玉"就具有了女娲补天的原型。贾宝玉虽然是贾府中的一个现实人物，但是，曹雪芹给他想象了一个神话的出身，虚构了一个带着"通灵宝玉"即补天原型进入现实社会的人物。于是，"通灵宝玉"便成为女娲补天神话原型的象征，——这也成为《红楼梦》最重要的象征，贾宝玉"衔玉而生"——带着"通灵宝玉"就是带着女娲补天神话原型。曹雪芹就这样通过贾宝玉带着"通灵宝玉"伟大的虚构和奇异的想象，从而使神话原型融入现实之中。正是"通灵宝玉"这伟大的象征，使遥远时空中的神话意义与清代的现实连接在一起。也正是因为贾宝玉有了这块"通灵宝玉"才使他具有了女娲补天神话原型的潜意识，使他在现实生活中把他的原型思想投射到大观园意象之中去。从而通过命名的方式，使大观园成为女性主义的精神家园。

这就是曹雪芹在讲述贾宝玉人生故事、讲述大观园故事、讲述整部《红楼梦》故事之前先讲述贾宝玉来源于女娲补天所炼之石神话的根本用意之所在，他要给贾宝玉安放一颗补天原型的灵魂，要给整部《红楼梦》故事一个原型性的思想精神坐标。

---

① 叶舒宪：《玉石神话信仰与华夏精神》，复旦大学出版社，2019 年，第 18 页。

大观园与这个补天神话息息相关，是这个补天神话所表现的女性主义价值观和女性主义命运的象征性转换。

二、大观园：神话原型的现实转换

大观园是补天神话原型的一种现实表现，是补天原型中所包含的女性主义价值观和女性自由诗意生活状态的现实转换。曹雪芹把女娲补天神话和大观园联系在一起的创作方法，是象征和潜意识表现。曹雪芹之所以在他表现现实生活的巨著《红楼梦》的开篇就讲述女娲补天神话，就在于他要用女娲补天神话所包容的内涵（女性主义世界）给现实生活以一种先例、范式和原型。曹雪芹并没有直接写出那种史前史的女性主义文明的先例、方式和原型，但是，在大观园的描写中是投射出来了的。大观园是女娲补天所包容神话原型的象征，曹雪芹是以象征的方式表现了女娲补天神话所包容的内容。大观园对神话原型的象征，建构了一种现实与神话结构的方式，使神话成为现实的先例、范式、原型的摹本，也使现实成为神话的置换、再现和重演。曹雪芹之所以要以这样的方式结构他的小说，就在于，在他看来，现实就是《好了歌》及其注解所表现的那样，人们“反认他乡是故乡”，被欲望的洪流裹胁向前而迷失了自己的精神家园，失去了灵魂，失去了人的本性。曹雪芹要给失去灵魂的现代人“招魂”。这个魂在哪里呢？在曹雪芹看来在远古神话那里。女娲补天所蕴含的女性主义文明和女性主义创造与奉献的价值观就应该成为现代人的灵魂。他的构思方式，是先把女娲补天神话表现出来，然后又在贾府的现实背景中表现一个大观园，从而使大观园成为男性主义世界中的女性主义世界的象征。这就给黑暗的现实以光明的人性对比与观照。

大观园象征女娲补天中所包含的女性主义神话原型，是以大观园独立于贾府那个世界为主要象征的；而大观园则主要是以“女儿棠”象征“女儿国”的。“女儿棠”是大观园的灵魂，因而需要浓墨重彩加以描绘。在贾政率众人赋名的时候，作者曾这样描写了那个环境和那个美丽无比的“女儿棠”：

> 说着一径引入，绕着碧桃花，穿过竹篱花障编就的月洞门，俄见粉垣环护、绿柳周垂。贾政与众人进了门，两边尽是游廊相接。院中点衬

几块山石，一边种几本芭蕉；那一边乃是一树西府海棠，其势若伞，丝垂翠缕，葩吐丹砂。众人都道："好花，好花！海棠也有，从没见过这样好的。"贾政道："这叫做'女儿棠'，乃是外国之种。俗传出'女儿国'，故花最繁盛，——亦荒唐不经之说耳。"众人笑道："毕竟此花不同，'女儿国'之说，想亦有之。"宝玉云："大约骚人咏士以此花红若施脂，弱如扶病，近乎闺阁风度，故以'女儿'命名。世人以讹传讹，都未免认真了。"（第十七回）

在贾宝玉说的"红若施脂，弱如扶病"处，脂砚斋批道："体贴的切故形容的妙。"而这个以"女儿棠"为主要对象的地方，被贾宝玉赋名为"红香绿玉"，元春则赐名为"怡红院"。

无论在贾政率领众人为大观园赋名中，还是在后来贾宝玉与众多青春女儿的活动中，那个在后来被称为"怡红院"的贾宝玉住所，都是大观园最重要的地方。贾宝玉是被称为"众芳之冠"的，是总领众多青春女儿之花的，也可以说，"怡红院"是大观园的灵魂。正是从这个角度看，"女儿棠"是象征"女儿国"的，也就是象征众多青春女儿及其诗意生活的。贾宝玉将此处命名为"红香绿玉"。无论是海棠花儿美丽无比的客观描写"其势若伞，丝垂翠绿，葩吐丹砂"，还是贾宝玉的体贴的妙喻"红若施脂，弱如扶病"，都是指向灿烂鲜艳清纯明丽的青春女儿的。曹雪芹是以"女儿棠"即海棠花儿象征青春女儿，也象征大观园的。不仅如此，在大观园青春女儿的生活描写中还再三再四地写到海棠花。最典型的是以海棠为题做海棠诗并成立了海棠诗社。海棠花是贾宝玉的"干儿子"贾芸送到大观园来的，但它是在探春召集大家"起诗社"的时候送来的，因而就成了青春女儿作诗的对象。

"秋爽斋偶结海棠社，蘅芜院夜拟菊花题"，既十分精彩地表现了大观园女儿的诗意生活，又十分精彩地以海棠花象征了美丽的青春少女。一群少女要起诗社，并且是以鲜艳的海棠花作为吟咏的对象，那该是一种多么富于诗情画意自由欢乐的景象啊。如海棠花般鲜艳美丽的青春女儿们要用美丽的诗歌表现同样鲜艳美丽的海棠花，那种行为本身不就是一首美丽的诗么?！美和诗构成了一首美丽女儿的青春之歌。这群如海棠花般美丽的女儿所作的海棠诗其实就是她们自己美丽容貌和美丽精神的绝妙写照，美丽少女们是把自己的思想精神对象化到海棠花的意象中去了。

探春的“咏白海棠”写道：斜阳寒草带重门，苔翠盈铺雨后盆。玉是精神难比洁，雪为肌骨易销魂。芳心一点娇无力，倩影三更月有痕。莫谓缟仙能羽化，多情伴我咏黄昏。

薛宝钗写道：“珍重芳姿昼掩门，自携手瓮灌苔盆。胭脂洗出秋阶影，冰雪招来露砌魂。淡极始知花更艳，愁多焉得玉无痕？欲偿白帝宜清洁，不语婷婷日又昏。”

贾宝玉写道：“秋容浅淡映重门，七节攒成雪满盆。出浴太真冰作影，捧心西子玉为魂。晓风不散愁千点，宿雨还添泪一痕。独倚画栏如有意，清砧怨笛送黄昏。”

林黛玉写道：“半卷湘帘半掩门，碾冰为土玉为盆。偷来梨蕊三分白，借得梅花一缕魂。月窟仙人缝缟袂，秋闺怨女拭啼痕。娇羞默默同谁诉，倦倚西风夜已昏。”

史湘云虽然晚来但却写了两首。其一：“神仙昨日降都门，种得蓝田玉一盆。自是霜娥偏爱冷，非关倩女欲离魂。秋阴捧出何方雪？雨渍添来隔宿痕。却喜诗人吟不倦，肯令寂寞度朝昏？”其二：“蘅芷阶通萝薜门，也宜墙角也宜盆。花因喜洁难寻偶，人为悲秋易断魂。玉烛滴干风里泪，晶帘隔破月中痕。幽情欲向嫦娥诉，无那虚廊月色昏。”

探春、宝钗、宝玉、黛玉和湘云的 6 首诗，各自都描绘了海棠美丽的不同方面，但是有一个特点却是极为统一的，那就是对海棠的“玉”精神的表现：“玉是精神难比洁”（探春）、“愁多焉得玉无痕”（宝钗）、“捧心西子玉为魂”（宝玉）、“碾冰为土玉为盆”（黛玉）、“种得蓝田玉一盆”（湘云）、“玉烛滴干风里泪”（湘云）。她们写诗只限海棠花和“门”韵，至于写什么并没有一点儿商量和约定，但 6 首诗都凸显了白海棠花的玉精神，这绝非偶然。诗是诗人精神的对象化，而绝非客观对象的如实描绘，从这个角度看，海棠花的玉精神正是青春少女自己精神的对象化。青春少女是把自己的思想情感用白海棠花来象征了。

为什么这 6 首诗会不约而同以白海棠来象征玉呢？这个不约而同是由她们内心中一种玉精神决定的。贾宝玉是因为带着“通灵宝玉”而具有玉精神的，那为什么青春女儿与他是高度一致的呢？这是因为，玉，在少女们内心中是一种永恒记忆，一种典型意象，一种典范原型。它虽然不具有现实——世俗的功利价值，不会给少女们带来任何实际好处，但却是少女们最基本也是最崇高的精神追求的象征。它的诗意性和超越性显示了少女们精神的超然、纯洁与美好。少女们把白海棠比喻为美玉，这种不约而同是一种原型性的象征。这种原型性象征，在第五回警幻仙姑的描写中得到了证实。贾宝玉神游太虚幻境，梦见警幻仙姑时有这样的象征性描写："羡美人之良质兮，冰清玉润"、"爱美人之容貌兮，香培玉篆"。警幻仙姑的精神品质和美丽容貌都是由"玉"来象征的。由此可以断定，少女们对白海棠玉精神的象征性描写，是与警幻仙姑女神有着内在联系的；或者说大观园少女就是太虚幻境警幻仙姑女神在现实中的置换变形。少女们内心中的美玉般品质同贾宝玉"衔玉而生"的象征一样，是与生俱来的。

但是，"女儿棠"与警幻仙姑的精神联系，并非是与原型的最终联系，而是一个中间环节。贾宝玉梦见警幻仙姑是在看见"海棠春睡图"之后，从潜意识原型表现线索来看，警幻仙姑应该是"海棠春睡图"的置换变形。贾宝玉看见"海棠春睡图"是在秦可卿领着他睡中午觉的时候发生的。秦可卿先是把他领进了挂有"燃藜图"和"世事洞明皆学问，人情练达即文章"对联的房间，贾宝玉很反感，不想在这个屋子睡觉，秦可卿随即把他领到了自己的卧室，那里挂有"海棠春睡图"和摆放着历史著名女性用过的带有浓厚性色彩的文物，贾宝玉非常喜欢这个房间，就在这里睡午觉并做了一个太虚幻境梦。那个警幻仙姑就是紧接着贾宝玉看见这个"海棠春睡图"而在梦中出现的。从潜意识思维前后的内在关联来看，那个警幻仙姑形象正是"海棠春睡图"的置换变形。"海棠春睡图"所画并非海棠花儿，而是像海棠那样美丽的杨贵妃。但像海棠花儿那样美丽的杨贵妃也是一个象征性意象，贾宝玉在她的形象上投射的是他潜意识中的女娲原型。因为贾宝玉是来源于女娲所炼"宝玉"，女娲就相当于贾宝玉的母亲。贾宝玉有两个母亲，他在由生母王夫人生其肉身之前，先由女娲"生"其灵魂。贾宝玉带着女娲母亲的原型形象，因而，他在选择睡觉房间的时候就依据女娲母亲原型的潜意识选择了挂有"海棠春睡图"的房间。这实际上是贾宝玉把女娲原型投射到了"海棠春睡图"意象上，使"海棠春睡图"成了他潜意识原型的象征。

由以上的分析我们可以看出，"女儿棠"象征青春女儿与女娲原型有着一种隐秘的内在联系。这种内在联系由外部象征和内部象征相结合的方法所完成，“女儿棠”和“女儿国”是外部象征形式，而贾宝玉潜意识投射则是内部象征形式。曹雪芹通过“女儿棠”与“海棠春睡图”相连接，使大观园青春女儿与女娲神话即与女性主义时期的理想女性原型有了一脉相承的联系：大观园青春女儿成了女性主义时期理想女性原型的象征。

大观园象征女娲补天神话中女性主义社会即独立的理想世界，首先是以大观园青春女儿象征那个女性主义时期理想女性原型为前提的。青春女儿如海棠花般美丽，又如水一样纯净，如玉一样圣洁。青春女儿在大观园中的自由和欢乐、诗意和美丽、游艺和狂欢、憧憬和梦幻等等，皆是由这群具有女性主义时期理想女性原型特点的青春女儿进行的。曹雪芹的象征是非常复杂的，一方面，他对大观园中青春女儿的描写隐含着神话的象征，使青春女儿在某种程度上是神话人物的置换，就像贾宝玉是“宝玉”的变形一样，带着鲜明的神话性特点。另一方面，他对那些居住大观园内或来到大观园内的青春少女的生活与命运象征又是十分现实的，她们大多无家，象征了她们在男性社会失去家园，失去人的生存环境，失去自由；贾宝玉金陵十二钗正副册的梦又象征了她们绝对的悲剧命运。而青春女儿大观园内短暂的诗意生活恰好与她们无家、悲剧结局形成了两种对比鲜明的象征。

三、大观园：贾宝玉的潜意识投射

从女娲补天神话原型到现实的大观园，贾宝玉潜意识的原型投射起到了决定性作用。曹雪芹既是通过他一出生就带着“通灵宝玉”来象征他带着“宝玉”的文化基因、精神模型、思想原型，又通过他的极为特殊的行为方式表现他的潜意识投射。曹雪芹通过这种方式来表现贾宝玉的心理，通过贾宝玉心理的表现来使神话原型向现实生活转化过渡，比如贾宝玉的“抓周”“摔玉”和与林黛玉的一见如故，都是被他的潜意识支配与驱使的。“抓周”中他只抓取了代表女性的脂粉钗环，而放弃了那些代表功名利禄所有的物件，这就是被他的心理决定的。而他的这种选择代表女性、放弃功名利禄的心理是如何形成的呢？他才一周岁，他的这种选择心理显然不是从现实生活获得，而一定是由他的来源决定的，那就是他是由女娲补天所炼“宝玉”而继承的女娲补天的原型心理。那种补天原型心理就蕴含着对女性价值观的选择和对女性命运的同情与关怀。贾宝玉的出身使其具有了这种心理原型，正是这种心理原型决定了他对代表女性的脂粉钗环的选择即对女性的认同，同时也是对男性价值观的排斥和拒绝。“摔玉”更鲜明地表现了对女性所没有的东西的抛弃和拒绝，它仍然是由贾宝玉从女娲那儿带来的补天原型所决定的。至于与林黛玉的一见钟情，那就更是由他前世与绛珠仙草的“木石之恋”所决定的了。但“木石之恋”并非单指爱情，而是“宝玉”转换为神瑛侍者对女性命运的同情与关爱，那神瑛侍者对绛珠仙草“灌溉”行为里面其实象征着“宝玉”从女娲那里带来的补天原型内容。

曹雪芹通过贾宝玉带着“通灵宝玉”即带着补天原型的潜意识进入现实，从而使女娲补天神话和现实生活紧密地联系在一起。正是靠着贾宝玉心理即潜意识的紧密联系，才使女娲补天神话一步一步地转化为大观园的美丽奇观——成为青春女儿独立自由的王国。大观园的太虚幻境印象是贾宝玉潜意识原型投射的重要方面。这是贾宝玉把神话学出身所携带的补天文化基因投射到现实的进一步发展。补天原型的投射主要表现在大观园与梦中仙境太虚幻境的重合上。在“大观园试才题对额，荣国府归省庆元宵”中，贾宝玉随着父亲给各景点题对额，从“衡芷清芳”（后改为蘅芜苑）一同来到一座玉石牌坊前，“只见正面现出一座玉石牌坊，上面龙蟠螭护，玲珑凿就”，贾政道：“此处书以何文?”众人道：“必是‘蓬莱仙境’方妙。”贾政摇头不语。“宝玉见了这个所在，心中忽有所动，寻思起来，倒像在哪里见过的一般，却一时想不起那年那日的事了。贾政又命他题咏。宝玉只顾细思前景，全无心于此了。众人不解其意，只当他受了这半日的折磨，精神耗散，才尽词穷了”(第十七回)。贾宝玉在哪里见过这种景致呢?那是在太虚幻境梦中看见的“太虚幻境”(第五回)。在太虚幻境梦中，警幻仙姑与贾宝玉说：“此离吾境不远，别无他物，仅有自采仙茗一盏，亲酿美酒几瓮，素练魔舞歌姬数人，新填‘红楼梦’仙曲十二支，可试随我一游否?”宝玉听了，喜跃非常，便忘了秦氏在何处了，竟随着这仙姑到了一个所在。忽见前面有一座石牌横建，上书“太虚幻境”四大字。贾宝玉在大观园中所看见的那个所在使他模模糊糊想起来的就是他在太虚幻境梦中看见的“太虚幻境”。贾宝玉后来给这一处补提了“天仙宝镜”。大观园“正面出现一座玉石牌坊”（贾政明确说：“这是正殿了"）与太虚幻境的正中位置也是高度一致的。

余英时根据贾宝玉的这个印象，判断"大观园就是太虚幻境"①。而太虚幻境就是不同于现实世界的一个理想的世界。这样的判断是富有见地的判断，但却是一个不够彻底说明问题的判断。它的问题是，既然太虚幻境是象征"乌托邦的世界"即理想的世界，那么，直接写出理想的世界就可以了，为什么还要写出一个"太虚幻境"的世界，以"太虚幻境"来象征理想的世界，并且是以贾宝玉的太虚幻境梦的方式写出的呢？"太虚幻境"的世界是贾宝玉梦见的世界，贾宝玉的梦是一个相当于神话式的梦，贾宝玉的梦之所以相当于一个神话，就在于他梦见的是集体潜意识，而集体潜意识是以原型的方式表现出来的。由此看来，贾宝玉梦见的"太虚幻境"其实就是一个原型。贾宝玉是以梦的方式见到了"太虚幻境"神话原型。贾宝玉在大观园那处玉石牌坊之前朦朦胧胧想到在哪里见过的就是梦中见到的"太虚幻境"原型。大观园的意义就在于它是"太虚幻境"原型的现实转化。

如果只是说大观园就是"太虚幻境"而不涉及太虚幻境是一个什么样的所在，更不涉及补天神话，那么大观园的意义就说不清楚。由贾宝玉太虚幻境梦后面的内容我们知道，在太虚幻境中，还有个女儿国，那是由女儿构成的一个独立王国："但见画栋雕檐，珠帘绣幕，鲜花馥郁，异草芬芳，真好所在也。正是：光摇朱户金铺地，雪照琼窗玉作宫。"从房中走出的是几个仙子："荷袂蹁跹，羽衣飘舞，姣若春花，媚如秋月。"见了宝玉，都怨谤警幻道："我们不知系何'贵客'，忙的接出来！姐姐曾说今日今时必有绛珠妹子的生魂前来游玩，故我等久待。何故反引这浊物来污染清净女儿之境？"警幻仙姑又让贾宝玉闻"群芳髓"香、品"千红一窟"茶、喝"万艳同杯"酒。之后又以十二个舞女给贾宝玉表演红楼梦十二支曲子。贾宝玉梦见的这个"太虚幻境"明明确确的是一个女儿国，她们的居处、行为和环境等等都表现出是一个没有污染的"情净的女儿之境"。由此看来，贾宝玉梦见的太虚幻境就是一个"情净的女儿之境"，而贾宝玉把"太虚幻境"投射在大观园上也是把"情净的女儿之境"这个原型投射在了大观园之中。之前我们曾说到太虚幻境是一个神话式的梦，它所表现的是神话原型，现在我们知道这个神话

① 余英时：《红楼梦的两个世界》，上海社会科学出版社，2002 年，第 40 页。

原型就是“情净的女儿之境”。因而，所谓乌托邦的世界即理想的世界就应该是这个“情净的女儿之境”的神话原型。就这样，曹雪芹以贾宝玉潜意识原型的投射把“太虚幻境”与大观园联系起来，从而使“太虚幻境”的“清净的女儿之境”成了大观园的原型。贾宝玉的太虚幻境梦是与贾宝玉来源于女娲补天神话有关的，太虚幻境梦是贾宝玉补天原型的一种变形表现，补天原型很重要的方面就是恢复女性文明价值观和女性自由自在的命运，贾宝玉的太虚幻境梦正是这种补天精神的转换，而贾宝玉对大观园的赋名也正是在这种补天精神驱使下对现实世界的创造。大观园的理想世界正是补天神话的现实延伸，所谓理想正是神话原型的象征性表现。

给大观园各处命名是为了迎接元春省亲，使各个景点都有题额预备，便于元春赐名。但起初给大观园命名是没有贾宝玉的，是贾宝玉到园中游玩恰好遇到，便被父亲贾政强行要求参与给大观园各处命名的，为的是试一试他的才学。但贾宝玉却是根据自己内心所蕴藏的潜意识即从女娲那里继承的补天原型的潜意识给大观园命名的。通观贾宝玉给大观园的各处命名，会很清楚地看到一个很鲜明的女性文化特色。在进山口，众人题的是“叠翠”或“锦幛”或“赛香炉”等，贾宝玉题的却是“曲径通幽”。“通”什么“幽”呢？在后面题名中就显示出它的重要意义了。曲径通幽之后的第一个景点众人命名是“翼然”“泄玉”，贾宝玉拟的却是“沁芳”，所作的七言对是“绕堤柳借三篙翠，隔岸花分一脉香”。第二个景点众人拟的是“淇水遗风”“睢园遗迹”，贾宝玉拟的是“有凤来仪”，又拟一联为：“宝鼎茶闲烟尚绿，幽窗棋罢指犹凉”。第四个景点众人拟的是“杏花村”，贾宝玉拟的是“稻香村”。第五个景点拟的对子是“新绿涨添浣葛处，好云香护采芹人”。第六个景点众人的命名是“武陵源”“秦人旧舍”，贾宝玉拟的是“蓼汀花溆”。第七个景点众人拟的是“兰风蕙露”，对联是“三径香风飘玉蕙，一庭明月照金兰”，贾宝玉拟的匾额却是“衡芷清芳”，对联是：“吟成豆蔻诗犹艳，睡足荼蘼梦亦香”。第八个景点众人命名是“蓬莱仙境”，宝玉命名是“沁芳闸”，第九个景点众人命名是“蕉鹤”或者“崇光泛彩”，贾宝玉题的是“红香绿玉”。贾宝玉给这十个景点的命名“曲径通幽”“沁芳”“有凤来仪”“稻香村”“新绿涨添浣葛处，好云香护采芹人”（第五个景点没有题额）“蓼汀花溆”“衡芷清芬”“沁芳闸”“红香绿玉”，它们一个统一的特点是凸显象征女性文化的艺术符号："芳""凤""浣葛处""采芹人""花椒""红香绿玉"等都是象征女性的花、人和事物。第一个景点的"曲径通幽"所通的就是这些象征女性的文化意味。

在命名的时候，贾宝玉也是打算凭着意识去命名的，但是，在实际的命名过程中又是被潜意识所支配的。比如，当众人为第二个景点命名"泄玉"的时候，他则觉得不妥，其理由是："此处虽云省亲驻跸别墅，亦当入于应制之列，用此等字眼，亦觉粗陋不雅。"他重拟了"沁芳"。而在潇湘馆处，他又说："这是第一处行幸之处，必须颂圣方可。"有学者说，"必须颂圣"是贾宝玉命名的"基本原则"，"绝没有漫无限制地作性灵抒发的自由任性"①。说贾宝玉命名"绝没有漫无限制地作性灵抒发的自由任性"是对的，但所遵循的基本原则却不是"颂圣"而是他的潜意识，"必须颂圣"是为他潜意识表达寻找的意识理由，而绝非真正思想。

这些景点题目在元春省亲时重新"赐名"："有凤来仪"赐名"潇湘馆"；"红香绿玉"改作"怡红快绿"，赐名"怡红院"；"衡芷清芳"赐名"蘅芜院"；"杏帘在望"赐名"浣葛山庄"；正楼曰"大观楼"；东面飞楼曰"缀锦楼"；西面叙楼曰"含芳阁"；更有"蓼风轩""藕香榭""紫菱洲""荇叶渚"等名。匾额有"梨花春雨""荻芦夜雪"等名。即使是由元春重新改过的，其名称及基本意义还是原来的。根据后来林黛玉与妙玉的对话，知道有些贾宝玉当时没有题名的景点是由林黛玉补题的，那么上述如果不是贾宝玉所题的就应该是林黛玉所题的了，比如"大观园"②。

贾宝玉对大观园各处命名意义是极为重要的。命名是属于命名者本质的对象化，它同诗歌创作的道理是一样的。诗歌创作也是利用客观事物创造意象来象征诗人的主观情感，从而使主观情感客观化、客观对象主观化，命名也是通过赋名的方式使主观思想客观化、客观对象主观化了。那个花园是贾府为迎接皇妃元春而建造的，但是却通过贾宝玉的命名方式而使那个花园成了象征青春女性的大观园。那是贾宝玉通过命名方式把自己的思想观念和精神追求赋予到了大观园意象之中，从而使大观园不再是一个由贾府为迎接皇

---

① 欧丽娟：《大观红楼》（2），北京大学出版社，2020年，第424页。

② 参见杨朴、杨旸：《大观园拟名与林黛玉潜意识分析》，《曹雪芹研究》2021年第3期。

妃元春省亲而建的花园，而成了弥漫着女性主义文化基调的大观园。贾宝玉为花园命名的过程，就是贾宝玉（还包括林黛玉）重新创造大观园的过程。通过为大观园的命名——那些名称都是绝对寓于女性文化象征意义，贾宝玉重新创造了一个属于女性独立、自由、欢乐、诗意、幸福的世界。名称女性主义特点与世俗男性主义相区别的强烈特点，就表现出大观园是一个与外面的世界泾渭分明严格区别、封闭、隔绝的世界。

贾宝玉是根据什么思想观念和精神追求为大观园命名的呢？表面看去贾宝玉是根据自己的思想情趣在给大观园赋名的，但是，从深层看，就像他的“抓周”“摔玉”和与林黛玉一见如故一样，是被他的潜意识所规定的。贾宝玉在太虚幻境中看见了“女儿国”，而这个“女儿国”的梦幻想象又是他从女娲那里带来的补天原型起作用的。贾宝玉的梦对贾宝玉的现实行为产生的作用是明显的，他是把梦的意象投射到现实之中了。大观园明显受到太虚幻境“女儿国”的影响，而梦中的“女儿国”意象又是补天神话中女性主义世界的置换。在贾宝玉给大观园命名名称与贾宝玉补天原型之间，存在着一条极为隐秘的潜意识心理联系。贾宝玉的思想情趣是被他的梦和他的出身决定的。贾宝玉从女娲那里带来的补天原型即对女性主义价值观的恢复和对女性悲剧命运的怜悯与关怀的潜意识，规定了贾宝玉对大观园各处的命名，必然表现出女性主义文化色彩与基调。第二节我们谈到的警幻仙姑形象是“海棠春睡图”意象的置换，而“海棠春睡图”则是女娲原型的投射，是贾宝玉最典型的潜意识投射。从曹雪芹创作角度说，在贾宝玉为大观园命名的描写中，隐秘着神话与现实的紧密联系，通过贾宝玉为大观园的命名，曹雪芹使神话意义过渡、转换、移位到现实生活之中，使现实生活具有了神话原型的元素。

大观园是从神话那里延伸而来的“女儿国”，是一个由青春女儿构成的世界，是一个由玉精神构成的纯净的世界，是一个区别于现实世界的独立世界，是一个除了贾宝玉之外没有男人的世界（贾宝玉是众芳之冠，他的价值观属于青春女性，而不属于男性），是一个诗意栖居的世界，是一个自由欢乐的世界，是一个由真善美构成的世界，是一个无忧无虑的世界，是一个没有勾心斗角的世界，是一个远离肮脏龌龊的世界，是一个水一样纯洁透明的世界，是一个花儿一样美丽芬芳的世界，是一个玉一样晶莹本然的世界，是一个由女性纯真本性构成价值的世界。大观园中的众多青春女儿其实就是那个警幻仙姑（上接“海棠春睡图”和女娲）的现实形象，即神话原型的现实置换变形。这个独立于贾府和现实社会的青春女儿世界的大观园，它的核心或者灵魂便是人的美丽与自由。它存在的意义就在于，它是曾经存在过的一个自由世界，——那是由它的女娲补天神话隐喻出来的，但是它不在了，它消失了，它毁灭了。那是一个由女性为主导、以女性价值观为主义、以女性思想精神构成的世界，但是它被另一种世界代替了。这个世界就是“好了歌”及其注解所描绘的世界。女性孕育、创造和奉献的价值观被男性贪婪、争夺和占有的价值观所替代了，由此，一个美丽、自由和祥和的世界被丑恶肮脏龌龊的世界所毁灭和代替了。然而，曾经存在的那个美丽自由的世界是人们悠远的美好记忆。人们挣扎于那个丑恶龌龊的泥淖中渴望那个美丽自由的世界，因而人们就不断讲述那个女娲补天的神话。那是一个女神重新创造宇宙世界的神话。正是在这个意义上，曹雪芹描写了那个神话和由那个神话延展而来的大观园。大观园是一首诗，是一首在没有人性的世界上表现人性光辉的诗；大观园是一曲亮丽的乐曲，是在那个没有欢乐的世界里高扬的欢乐颂；大观园甚至是一颗太阳，在那没有光亮的世界里，以它灿烂的光辉照亮了那黑暗的世界。

汉代应龙神话与形象简论[①]

四川省社会科学院文学研究所　李　昊

摘　要　应龙作为上古神话中的水神，因为具有行云布雨的职能而成为农业社会重要的崇拜对象，形成了一系列有序的祭祀应龙的雩祭制度。从春秋战国至隋唐以前，中国龙的形象基本以应龙为主，在汉代到达兴盛期。汉代图像中应龙大致有四种形态，分别是蛇身、兽身、虹形以及拉车龙的形象，并具有与之对应的时代、地域等不同特征。

关键词　汉代；应龙；形象

在中国龙的形象发展过程中，大概可分为原龙期、夔龙期、应龙期、经典期。应龙是从原始形象向经典龙形象过渡的重要阶段，从春秋战国一直延续到魏晋时，在汉代达到鼎盛。本文试着对应龙神话的源流演变略作考论，对应龙在汉代的多种形态变化进行梳理，探究其与当时社会环境、灾害文化背景的关系。

一、应龙神话的缘起与发展

较早详细记载应龙神话的是《山海经》，共有三处。

① ［基金项目］四川省社会科学院神话研究院2020年科研项目“汉代灾害与神话研究”（项目编号：2020SHYB12）。

大荒东北隅中，有山，名曰凶犁土丘。应龙处南极，杀蚩尤与夸父，不得复上，故下数旱。旱而为应龙之状，乃得大雨。(《山海经·大荒东经》)①

大荒之中，有山，名曰成都载天。有人，珥两黄蛇，把两黄蛇，名曰夸父。后土生信，信生夸父。夸父不量力，欲追日景，逮之于禺谷，将饮河而不足也。将走大泽，未至，死于此。应龙已杀蚩尤，又杀夸父，乃去南方处之，故南方多雨。(《山海经·大荒北经》)②

有人，衣青衣，名曰黄帝女魃。蚩尤作兵伐黄帝，黄帝乃令应龙攻之冀州之野。应龙畜水，蚩尤请风伯、雨师纵大风雨。黄帝乃下天女曰魃，雨止，遂杀蚩尤。魃不得复上，所居不雨。(《山海经·大荒北经》)③

综合《山海经》，应龙本为天上掌管布雨之神，因帮助黄帝杀死蚩尤与夸父，所以不能重返天上，和早期的天女女魃（即旱魃）一样都滞留在人间。应龙居住在大荒东北凶犁土丘山的极南端，故南方多雨。由于天上失去兴云布雨之神，下界常发生旱灾。于是逢旱时，人们就装扮成应龙的样子祈雨，乃得大雨。

图1 《山海经》中记载的应龙④

① 周明：《山海经集释》，巴蜀书社，2019年，第473页。
② 同上，第522页。
③ 同上，第525页。
④ 袁珂：《山海经校注》，巴蜀书社，1993年，第413页。

由此可见，关于应龙神话传说最早出现当不晚于黄帝时期，后世也基本上一直承袭了早期传说，但偶尔会有改动，如《云笈七籤》卷一百中云："蚩尤率魑魅魍魉，请风伯雨师，从天大风而来，命应龙蓄水以攻黄帝。黄帝请风伯雨师及天下女祆，以止雨于东荒之地，北隅诸山，黎土羌兵，驱应龙以处南极，杀蚩尤与夸父。"[①] 就将本是黄帝这方的应龙划归到了蚩尤一方，但应龙擅长"蓄水"这一特性始终未变。

到了大禹时洪水泛滥，传说大禹在治水过程中，也得到了应龙的帮助，应龙以尾画地，大禹便据此划定河道、疏导洪水，从而应龙又为大禹治水立下了辅助之大功。如《楚辞 · 天问》："河海应龙，何尽何历？"王逸注："或曰：禹治洪水时，有神龙以尾画地，导水所注当决者，因而治之也。"[②]《太平广记》卷二二六《伎巧二 · 水饰图经》亦载："禹治水，应龙以尾画地，导决水之所出。"[③] 这也是对应龙神话的进一步补充，但万变不离其宗，应龙传说仍与控水属性紧密相联。

应龙在中国神话体系中属于水神系列，因为先民相信龙为水物，以类相感，故可以行云布雨。尤其是农耕社会，农业生产更多的依赖于雨水、温度、阳光等自然气候条件，作为可以直接"呼风唤雨"的龙也因为具有掌控雨水的职能属性而成为人们崇拜的重要对象。早在战国时期，便已有通过塑应龙形象来求雨的传统，《山海经》中记载的"旱而为应龙之状，乃得大雨"，郭璞注："今之土龙本此。气应自然冥感，非人所能为也。"[④] 自汉以来，应龙常被塑为土龙形象，用以求雨，如《淮南子 · 说山训》："圣人用物，若用朱丝约刍狗，若为土龙以求雨。"[⑤]《淮南子 · 地形训》："云母来水，土龙致雨。"高诱注："汤遭旱，作土龙以象龙。云从龙，故致雨也。"[⑥]

古代先民认为龙是执掌风雨的神灵，向龙神祭拜便能求雨，缓解旱情。"雩祭"是古代极为重要的一种祭祀求雨、攘除旱灾的制度，如《礼记 · 祭

---

① ［宋］张君房：《云笈七籤》，书目文献出版社，1992 年，第 712 页。
② ［宋］洪兴祖撰，白化文等点校：《楚辞补注》，中华书局，2000 年，第 91 页。
③ ［宋］李昉等：《太平广记》，中华书局，1961 年，第 1735 页。
④ 周明：《山海经集释》，巴蜀书社，2019 年，第 474 页。
⑤ 刘文典撰，冯逸、乔华点校：《淮南鸿烈集解》，中华书局，1997 年，第 539 页。
⑥ 同上，第 141 页。

法》："雩宗，祭水旱也。"①《公羊传·桓公五年》："大雩。大雩者何？旱祭也。然则何以不言旱？言雩，则旱见。言旱，则雩不见。何以书？记灾也。"②雩祭上最常见的仪式就是通过祭祀龙来进行求雨，如《左传·桓公五年》："秋，大雩。书不时也。凡祀，启蛰而郊，龙见而雩，始杀而尝，闭蛰而烝。"③《后汉书·礼仪志中》："其旱也，公卿官长以次行雩礼求雨。闲诸阳，衣皂，兴土龙，立土人舞僮二佾，七日一变如故事。"④ 注解引《新论》曰："刘歆致雨，具作土龙，吹律，及诸方术，无不备设。谭问；'求雨所以为土龙，何也？'曰：'龙见者，辄有风雨兴起，以迎送之，故缘其象类而为之。'"⑤ 而祈雨礼仪中除了上述"作土龙"外，还有舞龙的礼俗，西汉董仲舒在《春秋繁露·求雨》中就对两汉时雩祭之法进行了总结归纳，并详细记载了一年四季不同的礼俗。举行雩祭时必须"四时皆以水日，为龙，必取洁土为之，结盖，龙成而发之。"⑥ 依据季节差异，土龙的制作及祭祀方式也有所差别：

春季：以甲乙日为大苍龙一，长八丈，居中央。为小龙七，各长四丈，于东方。皆东乡，其间相去八尺。小童八人，皆斋三日，服青衣而舞之。田啬夫亦斋三日，服青衣而立之。⑦

夏季：以丙丁日为大赤龙一，长七丈，居中央。又为小龙六，各长三丈五尺，于南方。皆南乡，其间相去七尺。壮者七人，皆斋三日，服赤衣而舞之。司空啬夫亦斋三日，服赤衣而立之。⑧

季夏：以戊己日为大黄龙一，长五丈，居中央。又为小龙四，各长二丈五尺，于南方。皆南乡，其间相去五尺。丈夫五人，皆斋三日，服

---

① ［汉］郑玄注，［唐］孔颖达等正义：《礼记正义》，见《十三经注疏》，上海古籍出版社，1997年，第1588页。

② ［汉］何休注，［唐］徐彦疏：《春秋公羊传注疏》，见《十三经注疏》，上海古籍出版社，1997年，第2216页。

③ ［晋］杜预注，［唐］孔颖达等正义：《春秋左传正义》，见《十三经注疏》，上海古籍出版社，1997年，第1748—1749页。

④ ［南朝宋］范晔撰，［晋］司马彪（志）：《后汉书》，中华书局，1965年，第3117页。

⑤ 同上，第3120页。

⑥ ［清］苏舆撰，钟哲点校：《春秋繁露义证》，中华书局，1992年，第436页。

⑦ 同上，第428—429页。

⑧ 同上，第432页。

> 黄衣而舞之。老者五人，亦斋三日，衣黄衣而立之。①
>
> 秋季：以庚辛日为大白龙一，长九丈，居中央。为小龙八，各长四丈五尺，于西方。皆西乡，其间相去九尺。鳏者九人，皆斋三日，服白衣而舞之，司马亦斋三日，衣白衣而立之。②
>
> 冬季：以壬癸日为大黑龙一，长六丈，居中央。又为小龙五，各长三丈，于北方。皆北乡，其间相去六尺。老者六人，皆斋三日，衣黑衣而舞之。尉亦斋三日，服黑衣而立之。③

由此可见，在汉代雩祭时，关于土龙制作及舞龙仪式都有一系列严格的要求，从土龙的颜色、大小、数量、摆放方向，到舞龙人的年龄、身份、数量、服饰等都形成了一整套繁复的祭祀制度。尤其是阴阳五行学说的引入，如春为东方，属木，东方之色为青色，木之成数为八，故春季祭苍龙（青色），凡数举八；夏为南方，属火，南方之色为赤色，火之成数为七，故夏季祭赤龙，凡数举七。以此类推，秋冬皆有各自的五行对应，由此增强了祭祀仪式的严密性与系统性。

二、汉代应龙形象的类型与演变

文献记载中对龙的形象都进行了详细的描绘，如《管子·水地》："龙生于水，被五色而游，故神。欲小则化如蚕蠋，欲大则藏于天下，欲尚则凌于云气，欲下则入于深泉，变化无日，上下无时，谓之神龟与龙，伏暗能存而能亡者也。"④ 又《说文·龙部》："龙，鳞虫之长，能幽能明，能细能巨，能短能长，春分而登天，秋分而潜渊。"⑤ 从特异外形到本领神通，都对龙进行了神化，在古人看来，龙能够随心所欲地变化，可以升天潜渊，行踪莫测，充满了神秘感与神异性。

---

① ［清］苏舆撰，钟哲点校：《春秋繁露义证》，中华书局，1992年，第433页。
② 同上，第435页。
③ 同上，第435—436页。
④ ［清］戴望：《管子校正》，见《诸子集成》，浙江古籍出版社，1999年，第858页。
⑤ ［汉］许慎：《说文解字》，中华书局，1963年，第245页。

根据目前考古学的发现，早期中华文明中的“龙”形象并不一致，一般认为：新石器时代龙图像多为原始形象，特点是较为简单粗糙，线条古朴。在夏商周时代，考古发现多为夔龙图像，其原型为湾鳄或巨蜥，造型多为一足二爪。而从春秋战国到秦汉，一直延续到魏晋时期，这一时期的龙图像则是以应龙形象为主。隋唐以后，龙图像才逐渐朝我们所熟悉的经典龙形象发展定型。

古籍记载中对“龙”的分类描述非常细致，《广雅·释鱼》云：“有鳞曰蛟龙，有翼曰应龙，有角曰虬龙，无角曰螭龙。”① 从先秦一直到汉晋时期，应龙形象在神话体系中都占据了较为重要的地位，郭璞云：“应龙，龙有翼者也。”② 又《淮南子·主术训》：“夫螣蛇游雾而动，应龙乘云而举。”③ 可见，应龙是一种有翅膀的龙。而据《述异记》卷上记载：“水虺五百年化为蛟，蛟千年化为龙，龙五百年为角龙，千年为应龙。”④ 把应龙更进一步神化成了龙中圣物，千年乃成。

应龙形象在汉代最为兴盛，在器物、雕刻、绘画等艺术造型中，早期的应龙形象原始质朴，造型粗犷矫健，最直观的典型特征便是：身长，形似蛇，生有双翼，足多为三爪。笔者大致查阅了汉代各代表地区的画像砖石、壁画、铜镜等⑤，应龙的形象大致可分为四类：

---

① ［清］王念孙：《广雅疏证》，江苏古籍出版社，2000 年，第 369 页。

② 周明：《山海经集释》，巴蜀书社，2019 年，第 473 页。

③ 刘文典撰，冯逸、乔华点校：《淮南鸿烈集解》，中华书局，1997 年，第 280—281 页。

④ ［梁］任昉：《述异记》，中华书局《汉魏丛书》本，第 4 页。

⑤ 笔者大概统计资料包括：凌皆兵、王清建、牛天伟：《中国南阳汉画像石大全》，大象出版社，2015 年。《中国画像砖全集》编辑委员会：《中国画像砖全集》，四川美术出版社，2005 年。张孜江、高文：《中国汉阙全集》，中国建筑工业出版社，2017 年。蒋英炬等：《中国画像石全集》，山东/河南美术出版社，2000 年。杨爱国主编：《中国画像石精粹》，山东美术出版社，2019 年。张道一：《画像石鉴赏》，文化艺术出版社，2018 年。榆林市文物保护研究所：《米脂官庄画像石墓》，文物出版社，2009 年。李应兰、彭川：《长江三峡汉代图文砖》，重庆大学出版社，2015 年。李国新、杨絮飞：《浙江画像砖品鉴》，大象出版社，2015 年。傅惜华、陈志农：《山东汉画像石汇编》，山东画报出版社，2012 年。山东博物馆：《费县刘家疃汉画像石墓》，文物出版社，2019 年。高文：《中国巴蜀新发现汉代画像砖》，四川美术出版社，2015 年。王毅、张燕主编：《四川泸州汉代画像石棺研究》，文物出版社，2019 年。杨絮飞：《中国汉画造型艺术图典·龙》，大象出版社，2014 年。因为龙造型较多，笔者统计对象选择为有典型特征的应龙，其他如交龙、铺首、无明显应龙特征的都暂不列入统计。

（一）蛇身龙

在龙形象的发展过程中，蛇身基本上是龙形象的最主要特征。在汉代各种出土文物中，蛇体应龙的图像也是数量最多，分布范围也非常广。从地域分布看，河南最多，几近200个，山东次之，有70余个，再次之为陕西和西南巴蜀地区，也分别都有30余个，而两湖地区以及江浙安徽一带也有少量应龙图像出土。这些蛇身应龙的造型大多为波浪曲形，呈现出“S”蛇形的流线，线条较为阴柔流动，突出了长身长尾的特征，有的甚至龙嘴里还伸出了长舌，足部爪较细长，类鹰爪。画面主题则多伴有仙人、神兽、祥瑞等，四周围绕有云纹装饰。在东汉早期以前，蛇身应龙多以有翼造型为主，东汉中期以后，有翼龙与无翼龙则并存，但有翼的造型要更多一些。

表1 汉代蛇身应龙图像统计表①

区域	时间	数量	主要特征	来源
河南	西汉中晚期	1	有翼	卜千秋墓壁画
	西汉晚期至东汉早期	7	有翼，长尾	画像砖
	西汉晚期或东汉早期	1	无翼，长尾	唐河湖阳罐山画像石
	王莽时期或东汉早期	15	有翼，长尾	画像砖、画像石
	东汉早中期	3	有翼，长尾	画像石
	东汉早中期	5	无翼，长尾	画像石
	东汉中晚期	10	有翼，长尾	画像石
	东汉中晚期	2	无翼，长尾	画像石
	东汉	10	有翼，长尾	画像石
	东汉	1	无翼，长尾	南阳武侯祠画像石
	汉代	60	有翼，长尾	画像石、画像砖、铜镜
	汉代	26	无翼，长尾	画像石

① 限于篇幅，有关地点、主要内容、具体来源等详细统计资料不逐一列出，只做大致数据统计。表2同。

续表

河南	西汉晚期至东汉晚期	11	有翼，仅龙首	画像石
	汉代	41	有翼，仅龙首	画像石
山东	西汉	2	无翼	画像石
	西汉末年至东汉早期	1	无翼	东安汉里画像石
	东汉早期	1	有翼	孝堂山郭巨祠画像石
	东汉中期	1	有翼	画像石
	东汉晚期	49	有翼	画像石
	东汉晚期	4	无翼	画像石
	东汉	1	有翼	画像石
	东汉	8	无翼	画像石
	汉代	5	有翼	画像石
河北	东汉早期	1	有翼	秦君阙
湖南	汉代	7	有翼	铜镜
陕西	汉代	35	有翼	画像石、铜器、画像砖、瓦当
湖北	东汉晚期	1	有翼	石刻《李翕五瑞碑图》
	东汉	1	有翼	画像砖
浙江	汉代	7	有翼，长尾	画像砖、铜镜
江苏	东汉	6	有翼	画像石
	汉代	2	有翼	画像石
安徽	东汉晚期	1	有翼	曹腾墓画像石
	汉代	11	有翼	画像石
广东	汉代	1	有翼	漆器
四川	东汉早期	1	无翼	王君平阙
	东汉中期	1	无翼	新平镇罗家包墓画像砖
	东汉中晚期	4	有翼	沈府君阙等四阙

续表

四川	东汉中晚期	2	无翼	画像石
	东汉晚期	1	有翼	王晖石棺左侧画像石
	东汉晚期	1	无翼	王孝渊墓碑
	东汉	7	有翼	画像砖、画像石
	东汉	4	无翼	画像砖、画像石
重庆	东汉晚期	1	无翼	乌杨阙
	东汉	6	有翼	画像砖
	东汉	5	无翼	画像砖、画像石

图2　东王公乘翼龙（局部）①

（二）兽身龙

在汉代尤其是东汉时出现了大量的兽状龙形象，有别于经典的龙形象，这是汉代比较特殊的一个图像特例。兽身应龙图像在山东出土最多，大概有80余个，河南和陕西次之，都差不多有近50个，此外，江苏、安徽、四川都分别有10余个。应龙的兽身造型强化了四肢的强健，削弱了蛇形婉转的长身，身躯凸显粗壮感，尾部类似兽尾，整体形象增加了阳刚美和力量性。

① 《中国画像砖全集》编委会编：《中国画像砖全集·河南画像砖》，四川美术出版社，2005年，第42页。

图 3　山东嘉祥东汉画像石（局部）①

表 2　汉代兽身应龙图像统计表

区域	时间	数量	主要特征	来源
河南	东汉中期	1	有翼	东风厂墓画像石
	东汉中期	3	无翼	少室阙、启母阙
	汉代	41	有翼	画像石、画像砖、铜镜
	汉代	4	无翼	画像石
山东	东汉中期	2	有翼	画像石
	东汉中晚期	1	有翼	画像石
	东汉晚期	36	有翼	画像石
	东汉晚期	3	无翼	画像石
	东汉	34	有翼	画像石
	东汉	3	无翼	画像石
	汉代	3	有翼	微山两城镇画像石
陕西	东汉中晚期	5	有翼	画像石
	东汉中晚期	5	无翼	画像石
	汉代	38	有翼	画像石

① 张道一：《画像石鉴赏》，文化艺术出版社，2018 年，第 381 页。

续表

江苏	东汉	10	有翼	画像石、画像砖
	汉代	1	有翼	画像石
安徽	汉代	8	有翼	画像石
	汉代	1	无翼	画像石
四川	东汉中期	1	有翼	冯焕阙
	东汉中晚期	1	有翼	富顺1号石棺画像石
	东汉	3	有翼	画像砖
	东汉	2	无翼	画像石
	汉代	2	有翼	画像石
	汉代	4	无翼	画像石

由于汉代阴阳五行学说的盛行，青龙、白虎、朱雀、玄武四方神的形象也大量出现在各种造型艺术中。在出土的兽身应龙图像中，大部分都是作为四灵出现，或者就是青龙白虎两侧对应的造型，排列有序，对称整齐。尤其是龙虎并列时，为了追求方位形象的总体平衡与统一，除了头部特征以示区别外，龙、虎的身体都十分相似，这应该是促使汉代兽身龙造型出现的一个影响因素。而且，龙翼是否出现，也基本取决于对侧的神虎有翼与否。为了突出表示神性，汉代造型中多以神兽身上的飞翅来强化其神格特征。尤其是东汉中期以前，神虎背上大多有翼，因此，对应的应龙形象也大多有翼。东汉中晚期以后，无翼虎的造型逐渐增多，有翼龙与无翼龙也并存。

（三）虹形龙

虹形应龙一般为弧形双首龙，龙身呈拱桥虹状，两头皆有龙首，有的为双龙。这类龙一般被视为“虹神”，伴随的多为雷神雨师，有的图像中龙首下方还有人持物做接水状。这种虹形龙的内容主题大都与降雨直接相关，图像最早出现在西汉晚期，到东汉晚期时最多，从地域看在河南、山东、江苏出土较多，而山东与河南在汉代都是旱灾的重灾区，东汉中晚期也是旱灾较为严重的时段。

表 3 汉代虹形应龙图像统计表

区域	地点	时间	数量	主要特征	主要内容	来源
河南	南阳	西汉晚期或东汉早期	1	单龙双首半圆拱形	单幅，周围有星象，与河伯驾车图位于同一顶部	唐河针织厂墓画像石
	南阳	汉代	1	单龙双首半环状	与其他拱形、弧形的虹龙略有不同，两龙首回首呈半环	铜镜
山东	肥城	东汉早期	1	单龙双首拱桥状	周围有云气，下方有一仙人正坐，两旁有飞雁六只，伴有飞禽走兽等	孝堂山郭巨祠画像石
	沂水	东汉晚期	1	单龙双首弧形	龙首下方各有一人，托举盆作接水状，中间有羽人、凤鸟等	韩家曲村画像石
	嘉祥	东汉晚期	1	单龙双首呈拱门状	左侧有雷神出行	武开明祠画像石
江苏	徐州	东汉晚期	1	双龙弧形，两头皆有龙首	左侧有雷神扛鼓，右侧有四鱼，下方有一人端坐	铜山大庙画像石
	邳州	东汉晚期	1	双龙拱形，两头皆有龙首	下方有三鱼拉车，雨师出行，伴有云纹	占城画像石
	徐州	东汉	1	单龙双首呈拱门状	伴有风伯	画像石
	徐州	东汉	1	双龙弧形，两头皆有龙首	下方有一人站立，伴有树木	画像石
安徽	萧县	汉代	1	单龙双首呈拱门状	下方站立一人，双手持物	画像石
四川	雅安	东汉晚期	1	双龙拱状，一头有龙首		高颐阙碑额残图

早在甲骨文中，“虹”的形象就像是一条身躯呈拱状的双首龙，由于雨后多彩虹，可能古人便由此将虹与雨联系到了一起，又因为龙的形态多似虹的形状，于是又将虹幻想为吸水于河的龙，如甲骨卜辞中就有“昃，亦有出虹

自北饮于河”[1]。又《释名·释天》：“蝃蝀，其见每于日在西而见于东，啜饮东方之水气也。”[2] 蝃蝀、螮蝀同，即虹之别名。由此，虹便与双首龙建立起了紧密的关系，如《山海经·海外东经》云：“虹虹在其北，各有两首。”[3]《后汉书·五行志》云：“身五色，有头，体长十余丈，形貌似龙。……所谓天投蜺者也。不见足尾，不得称龙。”[4] 一直到汉代，从图像中所见的虹龙形象都是弯曲的双首造型，龙首向下，意为雨后出虹以及吸水降雨。甚至在建筑中，也能看到双首应龙的虹梁造型，如班固《西都赋》：“因瑰材而究奇，抗应龙之虹梁。”李善注：“应龙虹梁，梁形似龙，而曲如虹也。”[5] 此外，古人在观察中还发现彩虹有时是成双成对出现的，于是就将色彩鲜艳的称为“虹”，是雄性，而颜色稍微暗淡的称为“霓”，为雌性，因此虹有雌雄，如张衡《西京赋》：“亘雄虹之长梁，结棼橑以相接。”[6] 在徐州出土的画像石中，还能看到双龙的虹形龙，应该就是代表雄雌“虹霓”。

图4 甲骨文中“虹”的形象[7]

---

① 徐中舒主编：《甲骨文字典》，四川辞书出版社，1998 年，第 1426 页。

② ［汉］刘熙撰，［清］毕沅疏证：《释名疏证》，商务印书馆《丛书集成初编》本，1936 年，第 15 页。

③ 周明：《山海经集释》，巴蜀书社，2019 年，第 375 页。

④ ［南朝宋］范晔撰，［唐］李贤等注：《后汉书》，中华书局，1965 年，第 3351 页。

⑤ ［梁］萧统编，［唐］李善注：《文选》，中华书局，1977 年，第 25 页。

⑥ 同上，第 38 页。

⑦ 徐中舒主编：《甲骨文字典》，四川辞书出版社，1998 年，第 1426 页。

图 5　江苏徐州虹龙风伯画像石①

（四）拉车龙

最后一类应龙图像较为特殊，一般都是作为拉车工具形象出现，固定搭配在雷神出行图中。这类应龙无论是蛇身或兽身，一般都有双翼，数量固定为三龙，所拉雷车多以涡旋状或卷云纹的车轮寓意云雷，车上载雷神。这与古籍中关于雷车的想象是基本一致的，如《淮南子·原道训》："令雨师洒道，使风伯扫尘。电以为鞭策，雷以为车轮。"② 又《淮南子·览冥训》："乘雷车，服驾应龙。"③

在上古神话传说中，龙很早就被作为神仙的骑乘或拉车工具，如《山海经·海外西经》："西方蓐收，左耳有蛇，乘两龙。"④《楚辞·九歌·河伯》："乘水车兮荷盖，驾两龙兮骖螭。"⑤ 而雷神形象之一也是龙身人首⑥，如《山海经·海内东经》："雷泽中有雷神，龙身而人头，鼓其腹，在吴西。"⑦ 又《淮南子·墬形训》："雷泽有神，龙身人头，鼓其腹而熙。"⑧ 古人认为降雨的征兆，都离不开风伯雨师雷神发挥他们的职能，如《论衡·祭意》载："群神谓风伯、雨师、雷公之属。风以摇之，雨以润之，雷以动之，四时生成，寒暑变化。"⑨ 在汉代，人们常常将风伯、雨师、雷公作为一个整体，图像中

① 杨絮飞：《中国汉画造型艺术图典·龙》，大象出版社，2014 年，第 181 页。
② 刘文典撰，冯逸、乔华点校：《淮南鸿烈集解》，中华书局，1997 年，第 9 页。
③ 刘文典撰，冯逸、乔华点校：《淮南鸿烈集解》，中华书局，1997 年，第 208 页。
④ 周明：《山海经集释》，巴蜀书社，2019 年，第 358 页。
⑤ ［宋］洪兴祖撰，白化文等点校：《楚辞补注》，中华书局，2000 年，第 79 页。
⑥ 目前出土的文物图像中，雷神形象比较混乱，有龙身、熊形、人形以及混形等多种。
⑦ 周明：《山海经集释》，巴蜀书社，2019 年，第 432 页。
⑧ 刘文典撰，冯逸、乔华点校：《淮南鸿烈集解》，中华书局，1997 年，第 150 页。
⑨ 黄晖：《论衡校释》，中华书局，1990 年，第 1065 页。

经常同时出现龙驾雷车、鱼驾云车、雷神出行、雨师布雨等内容。作为拉车的应龙图像基本都集中在东汉晚期，以山东出土较多。虽然总体数量不多，但直接代表了应龙与行云布雨之间的紧密联系，反映了当时人们迫切希望消除旱灾的思想。

表4 汉代拉车应龙图像统计表

区域	地点	时间	数量	主要特征	主要内容	来源
山东	安丘	东汉晚期	3	蛇身有翼	三龙拉雷车左向行，雷神出行	画像石
	嘉祥	东汉晚期	1	蛇身有翼	三龙拉雷车右向出行，车上载雷神，伴有羽人骑翼龙、弧形双首龙等	武开明祠画像石
	费县	东汉晚期	1	兽身有翼	三龙拉车左向行，车轮为卷云形，车上有御者一、乘者一，车后有一龙跟随	刘家疃汉墓画像石
江苏	徐州	东汉晚期	1	兽身有翼	三龙驾鼓车左向行，车上载雷神，周围有三鱼驾云车、雨师布雨、转石成雷等图像	铜山洪楼石祠顶部画像石
四川	彭州	东汉	1	兽身无翼，长尾	三龙拉雷车左向行，周围有五星辰，涡轮代表云雷	义和乡画像砖

图6 彭州骖龙雷车画像砖①

① 《中国画像砖全集》编委会编：《中国画像砖全集·四川汉画像砖》，四川美术出版社，2005年，第134页。

综上，蛇身是最常见的应龙形象，兽身龙作为一种变异造型，是汉代出现的特殊现象，这两类形象更多的突出了应龙在升仙、驱邪方面的神化特征。虹形与拉车龙的形象数量相对不多，但却与应龙能“兴云雨”的职能直接紧密联系。河南、山东、陕西是应龙图像出现最多的地方，且主要集中于东汉中晚期，这种时间与地域的分布特征，也与整个汉代旱灾的时空分布特点相符合。作为应龙标志性特征的“双翼”在东汉早期之前较为突出，东汉中期以后有翼龙与无翼龙并存的情况增多，且二者没有特别明显的内容或意象差异，可能这与汉代阴阳五行学说的兴盛与四灵神话的发展有关，神兽的神性不再单纯地通过有翼能飞来体现，由此也促进了龙的形象向经典龙形象的进一步演化。

闽西何仙姑神话传说考述

肇庆学院肇庆经济社会与历史文化研究院　刘　涛

摘　要　围绕流传于闽西、粤东客家地区的何仙姑神话传说，运用历史人类学研究方法深入考察，从其发源地闽西入手，还原闽西何仙姑神话传说的文本流变、考辨闽西何仙姑原型以及创作依据、揭示闽西何仙姑神话传说产生的历史情境。重新书写闽西何仙姑神话传说历史文化，还原闽西何仙姑神话传说应有的历史地位，为新时期何仙姑神话传说研究提供新的路径。

关键词　何仙姑；吕纯阳；客家；何乔远；族群互动；族群标签

闽西何仙姑神话传说，发源于福建汀州府武平县南安岩（南岩），广泛流传于武平、上杭二县以及广东潮州府程乡县（今广东省梅州市）。闽西何仙姑始载万历《上杭县志》，康熙《武平县志》始为其立传，见载《重纂福建通志》。何乔远《闽书》曾对闽西何仙姑有过考证，却未有定论。闽西何仙姑神话传说是武平文化与江右、广南文化以及闽南文化交流的结果。

目前，学术界关于闽西何仙姑神话传说虽有述及，却未深入考察。吴光正《从何仙姑传说看宗教传说与民间传说的互动》一文所举何仙姑原型未述及闽西何仙姑，搜集史料不足。[①] 刘大可《闽台客家定光古佛信仰的圣迹崇拜——基于武平县的田野调查研究》一文述及民间相传的定光古佛与闽西何仙姑斗法，未能揭示文本的形成过程及其原因与目的，未发现定光古佛在南安岩降服的“蟒”“虎”实为族群标签，定光古佛与何仙姑斗法本质实际上是族群互动。[②]

基于闽西、粤东客家地区的何仙姑神话传说影响深远，却缺乏应有的关注，本文将广泛搜集地方志、《一统志》、正史，结合田野考察所得族谱、民间故事，通过还原闽西何仙姑神话传说的文本流变，探索闽西何仙姑神话传说的创作过程，分析闽西何仙姑神话传说产生的原因。

一、闽西何仙姑神话传说的文本流变

（一）明代中期出现

首先，在地方志方面，闽西地方志记载何仙姑始见康熙《上杭县志》：

> 《杨志》：宋何仙姑居武平县南岩辟谷，定光佛尝栖东安岩，谓宜建禅堂，遂以所卜杭地六十居之，大郎并舍岩宅施田税四千七百八十坪。仙姑寿至百五十岁，今祠祀女像，谓之檀越主。[③]

此“《杨志》”指上杭县知县杨万春在万历七年（1579）所修《上杭县志》，康熙《上杭县志》沿此说。万历《上杭县志》认为何仙姑是宋代人，辟谷武平南岩，定光古佛此前卓锡上杭来苏里东安岩，认为南岩宜建佛堂，何仙姑之父何大郎遂捐出住宅、田地施舍给定光古佛，迁居上杭县来苏六十地。何仙姑享年一百五十岁，其时岩前为之塑像，称何大郎为檀越主。

万历《上杭县志》所载何仙姑辟谷武平南岩出自何处？何仙姑辟谷南岩

---

① 参见吴光正：《从何仙姑传说看宗教传说与民间传说的互动》，《海南大学学报（人文社会科学版）》2004 年第 1 期。

② 参见刘大可：《闽台客家定光古佛信仰的圣迹崇拜——基于武平县的田野调查研究》，《福州大学学报（人文社会科学版）》2009 年第 5 期。

③ ［清］蒋廷铨：康熙《上杭县志》卷十二《杂志》，康熙二十六年（1687）刻本，中国国家图书馆藏，第 9 页 a。

始载《庐江何氏宗谱序》：

公一女仙姑，惟质异凡，静处岩中，不茹不适人，往来适读之，宇靡不然，老稚皆知其为仙也。尔时有佛名旦，募大郎公父子将岩前山川土田施与定光焉。睹施田碑云：有大埔田四千七百八十坪，地三十三亩八分，池塘四十六亩。呜呼！叹世之操，一壶一吝而不与，与夫印刊而不与者，不大相径庭也哉！而大郎公乃定祀仙姑之像于仙佛楼。立大郎公为檀越主，遂迁于冷洋居焉。……惟五郎公之子则迁上杭来苏六十地择吉而居焉。①

何仙姑从小静处南岩，不食荤、不嫁人，老幼都认为她是仙人。其时有佛劝募何大郎父子将岩前土地施舍给定光古佛，有施田碑传世，何大郎三子何五郎之子迁居上杭来苏里六十地。引文中“坪”字有误，应以杨万春《上杭县志》所载“秤”字为是。

该序落款：“大明嘉靖三十年辛卯夏，广西桂林府乡进士，知武平县事，心田核灿顿首拜撰。”② “核灿”应作“杨灿”，查康熙《武平县志》记载：知县“杨灿，灌阳举人”“俱嘉靖任”③，杨灿在嘉靖三十年（1551）撰写该序。杨灿所据“施田碑”未注明写作时间，是否存在较早的史料呢？

《告执照状稿》述及岩前三方碑铭：

告执照状人何正、何舜卿等为叩天恩给赐执照，永存祭祀事，因本年南岩均庆寺主持僧通失祭先祖檀越何大郎、何仙姑，合族甲告，已蒙爷台镜审，蒙出判语：“看三碑，大定四年为最老，称此岩为□之居，定光来岩，无何大郎、仙姑之说。其弘治碑间，亦不及何氏一字。何正等，万历三年追立此碑，大抵凭其本宗传说，未足为据也。”④

---

① 庐江堂：《何氏族谱》，台湾宜兰市问心斋陈永瑞藏，1980年，第9页。

② 同上，第10页。

③ ［清］刘旷：康熙《武平县志》卷六《官师志》，钟干丞民国十九年（1930）铅印本，中国国家图书馆藏，第3页b。

④ 庐江堂：《何氏族谱》，第12页。

该文落款："万历二年七月十七日立帖，主持僧正，生员：邱乾波、在善、王积、见德、义氏赖天眷、祀香火僧恶受。"① 此"邱"字原文应作"丘"字，清雍正年间为避孔丘讳而改。序文提及"万历三年"，落款却是"万历二年"，到底孰是孰非？查《呈僧人失祭事》记载："万历二年族众与僧正写立祭帖碑文。"②《告执照状稿》文中所述"万历三年"应作"万历二年"，即撰于万历二年（1574）七月十七日。其时，南岩有三碑，分别是"大定四年"、弘治年间（1488—1505）、万历二年（1574）所立。此"大定"指金朝年号，金朝未曾统治武平，应是"嘉定四年"之误，即南宋嘉定四年（1211）。然而核对三碑铭文，发现嘉定四年、弘治年间二碑均未提及何大郎、何仙姑，仅万历二年碑提及何大郎、何仙姑。杨灿在嘉靖三十年（1551）所"睹施田碑"应是嘉定四年、弘治年间二碑。嘉靖三十年（1551）《庐江何氏宗谱序》是目前所见最早记载何仙姑辟谷南岩史料。

万历《上杭县志》如何采编何仙姑史料？何大郎之孙虽然开基上杭，上杭何氏族谱两篇旧谱序《何氏宗谱序》《来苏建谱序》却未述及何仙姑③。其中，《何氏宗谱序》仅载何氏与南岩关系，内容却与其他史料不同：

> （何大郎）后迁武平县南岩居焉。有田四千七百八十坪，地三十三亩。可谓富矣！适光至岩，见盘旋若虎踞，强若山川之胜，天下莫京焉，遂劝募大郎公，大郎以环岩之地，欣然与之，此其功德岂浅少哉？大郎公因与定光佛言曰："吾家捐去矣！恳佛为我奠居挥尘。"久之，指六十六地曰："此地山水实甲杭川，居之吉，爰筑室而生聚教训于斯矣！"来苏之有何氏自此始。④

何大郎迁居武平县南岩，定光古佛到南岩，劝募何大郎，何大郎为此捐地，另择六十地居住。引文"光"字，指定光古佛。"六十六地"有误，应作"六十地"。该序落款："大明嘉靖三十三年甲寅岁望日，广东广州府通判、

---

① 庐江堂：《何氏族谱》，第12—13页。
② 同上，第12页。
③ 同上，第10—11页。
④ 同上，第10页。

前任上杭县事、江南直隶徽州府□县汪应奎顿首拜撰。"[①] 查康熙《上杭县志》记载：知县"汪应奎，歙县举人，（嘉靖）二十三年任满去，有传"[②]。其继任赵文同"（嘉靖）三十年任满去"，[③] 赵文同自嘉靖二十三年（1544）到三十年（1551）任上杭知县。汪应奎"居八年，升广州通判"[④]。杨灿《庐江何氏宗谱序》称："来苏何氏乃巨族也。"[⑤] 汪应奎《何氏宗谱序》也说："何氏之家声浩大也。"[⑥] 汪应奎任职期间"于城乡各处增置预备仓凡七所，岁劝各里随力捐输赈贷有所资，民不为病"[⑦]。此为汪应奎关注何氏宗族的原因。

东安岩，《临汀志》始载其"在上杭县北五十里来苏团深山中。旧有定光尝栖息于此，后徙南安。今有不斋戒而往者，必遇虎狼"[⑧]。此"南安"指武平县南安岩。

然而，到了明代，东安岩与定光古佛渊源的文本书写发生变化。嘉靖《汀州府志》称："东安庵，在棉村，旧在安乡东安岩，明洪武二十七年迁建今所。"[⑨] 康熙《上杭县志》载："成化五年，乡民何琛等共修。"[⑩]

东安庵从东安岩迁来，成化五年（1469），当地人何琛为首参与修葺。乾隆《上杭县志》又云：东安庵，"康熙五十九年，里人何文辉捐出绵村禾田九秤以为修理及灯油之费"[⑪]。此"绵村"即"棉村"。康熙五十九年（1721），又有当地人何文辉参与修葺。

东安庵与上杭何氏宗族渊源颇深。民国《上杭县志》披露：东安庵，

---

① 庐江堂：《何氏族谱》，第10页。

② ［清］蒋廷铨：康熙《上杭县志》卷六《职官志》，第6页b。

③ 同上，第7页a。

④ ［清］蒋廷铨：康熙《上杭县志》卷七《名宦志》，第5页a。

⑤ 庐江堂：《何氏族谱》，第9页。

⑥ 同上，第10页。

⑦ ［清］蒋廷铨：康熙《上杭县志》卷七《名宦志》，第4页b—5页a。

⑧ ［宋］胡太初：《临汀志·山川》，载马蓉、陈抗、钟文、乐贵明、张忱石点校：《永乐大典方志辑佚》，中华书局，2004年，第2册，第1258页。

⑨ ［明］邵有道：嘉靖《汀州府志》卷九《宫室》，载《天一阁藏明代方志选刊续编》第39册，上海书店出版社，1990年，第493页。

⑩ ［清］蒋廷铨：康熙《上杭县志》卷二《建置志》，第21页b。

⑪ ［清］赵成：乾隆《上杭县志》卷二之八《寺观》，乾隆十八年（1753）刻本，中国国家图书馆藏，第4页b。

“《顾志》云：地基何千八郎所施”[①]。此“顾志”，指丘复《上杭县志叙》所云赵成修志后“乃仅五年，知县顾人骥重修之”县志[②]，重修时间即乾隆十八年（1753）五年后的乾隆二十三年（1758）。“顾人骥，如皋进士，二十一年任，重修县志，以事去。”其继任王纲“二十三年署”[③]，顾人骥自乾隆二十一年（1756）到二十三年（1758）任知县，在乾隆二十三年（1758）重修《上杭县志》。据以上所引可知，东安庵原来位于东安岩，洪武二十七年（1394）迁往上杭县胜运里棉村，得益于何千八郎所捐地基。何千八郎是何琛、何文辉的祖先，其捐出地基，促使何琛、何文辉先后修葺东安庵。从定光古佛与何仙姑斗法来看，何千八郎及其后裔与东安庵渊源实则来自闽西何仙姑神话传说。闽西何仙姑神话传说虽在万历七年（1579）始载地方志，洪武二十七年（1394）之际却已在何氏宗族流传。

汪应奎为何氏宗族撰写谱序，是根据杨灿《庐江何氏族谱》所载何仙姑辟谷南岩、何大郎父子捐地定光古佛、何大郎之孙开基上杭来苏六十地，与定光古佛卓锡东安岩、上杭来苏六十地何氏宗族等事迹。

万历《上杭县志》关注何大郎施舍田产与该志主修杨万春有关。康熙《上杭县志》记载：“至七年，闽省通行丈量。时届春耕，万春集众，议以为丈量者不过豁粮之浮于田，加田之浮于粮耳。今县四千余户，浮粮百石有奇，籍不定其何人，册不注其何户，莫若于各户计亩而补，官可不劳，民无废业。详请再上守道郑汝璧，令各里甲自首无粮田以补其额，尤为均平，于是额既足且有赢，民咸便之。”[④] 杨万春希望通过述及何大郎向定光古佛施舍田产，达到推动上杭丈量土地、解决浮粮问题的目的。

（二）晚明出现变化

闽西何仙姑见载地方志，闽西何仙姑信仰由此获得合法身份，促进了闽西何仙姑神话传说的传播。

何乔远《闽书》载：

---

① 张汉：民国《上杭县志》卷二十二《古迹志》，上杭启文书局民国二十八年（1939）铅印本，中国国家图书馆藏，第 51 页 b。

② 同上卷首《序》，第 1 页 a。

③ 同上卷十四《职官志》，第 14 页 a。

④ ［清］蒋廷铨：康熙《上杭县志》卷七《名宦志》，第 6 页 a。

> 东安岩，宋定光佛本师，常栖此岩。时何仙姑居武平县南岩辟谷，师谓宜建禅堂，以所卜杭六十地居之，大郎、仙姑遂舍岩宅施田与之，其后寿至百五十岁。杭人祀师是岩，而为仙姑建宫昭阳门，内绝巢雀焉。按何仙姑，广州增城人，生而顶有六毫，唐武后时，住云母溪，梦神人教之食云母粉，当轻身不死。姑取饵之，常往来山谷间，行步如飞，后渐辟谷，语言异常。武后遣使召赴阙，中路复失。景龙中，白日升天。天宝九载，见于麻姑，立五色云中。大历中，又见身广州小石楼。今云宋时人，不省所谓。①

《闽书》始载何大郎、何仙姑捐出南岩宅田施舍给定光古佛，何仙姑在上杭昭阳门获建宫庙。该志认为何仙姑是唐代增城人，闽西何仙姑却作宋人，不知何仙姑宋人说法的由来。该志称南岩为“狮子岩”，却未载何仙姑辟谷于此。②

《闽书》始载何大郎、何仙姑施舍定光古佛宅田的说法出自何处？万历二年（1574）《告执照状稿》始载何大郎、何仙姑一同被南岩僧人奉为檀越主：

> 告执照状人何正、何舜卿等为叩天恩给赐执照，永存祭祀事，因本年南岩均庆寺主持僧通失祭先祖檀越何大郎、何仙姑。③

万历八年（1580）《呈僧人失祭事》又载何大郎施舍宅田：

> 始祖何大郎自宋居南岩，一女辟谷，名仙姑。时定光欲建禅宇，大郎施家产田税四千七百八十坪，后追永祀为檀越，志石可凭。④

然而，《闽书》却采用万历二年（1574）《告执照状稿》的说法。《闽书》

---

① ［明］何乔远编撰，厦门大学古籍整理研究所、厦门大学历史系古籍整理研究室《闽书》校点组校点：《闽书》卷二十一《方域志·汀州府·上杭县》，福建人民出版社，1994年，第1册，第507页。

② 同上，第493页。

③ 庐江堂：《何氏族谱》，第12页。

④ 同上。

认为何仙姑辟谷南岩，何仙姑在南岩具有入住权，何大郎向定光古佛施舍宅田，导致何仙姑无法继续辟谷，何仙姑对何大郎施舍宅田之举是支持的。

（三）清初定型

康熙《武平县志》始为何仙姑立传：

何仙姑，父大郎，世居南安岩。生而不茹荤，誓不适人，父母货饼自给。吕纯阳见其有仙质，日过索饼啖，辄与之。吕感，赠一桃，云食尽则成仙。仙姑遂辟谷南岩。乾隆二年，定光佛抵岩，欲开道场。一日，何仙姑出观洪水，遂摄衣入岩趺坐，大蟒、猛虎皆盘伏。仙姑语大郎，遂舍宅与岩为佛道场。乡人争构庵以祀佛，并构楼以祀仙姑。最显灵验，有病烦热者，扫像上尘而饵之辄愈。按《闽书》载：仙姑为广州增城人，生而顶有六毫，唐武后时，住云母溪辟谷，语言异常。武后遣使召赴阙，中路复失。景龙中，白日升天。天宝九年，见于麻姑，伫立五色云中。再按事文类：大宋太祖祥符间，岳州玉真观灾，惟留一柱，有侧书“谢仙火”三字。庆历中，有以问何仙姑者，辄曰：谢仙如雷部中鬼，主行火。闻者果于道藏中验之，益信庆历之仙姑，实为大郎之女矣。[①]

文中“乾隆”有误，应作“乾德”。《临汀志》记载：南安岩均庆禅院“宋朝乾德二年，师至岩”[②]，又载：定光古佛“乾德二年，届汀之武平，睹南岩石壁峭峻，岩穴嵌崆”[③]，即宋太祖乾德二年（964）。该志援引《闽书》，对比《闽书》原文，内容有所不同，可见并未完全引用。该志增载何仙姑父母及其职业、何仙姑得以辟谷的原因、何仙姑与定光古佛斗法的经过。该志称：何仙姑父母卖饼为生，吕纯阳见何仙姑有仙人气质，每日前往何家乞讨食饼，何仙姑有求必应。吕纯阳感动不已，相赠一桃，称食用后可成仙，何仙姑由此在南岩辟谷。乾德二年（964），定光古佛来到南岩，计划辟为道场，遂发洪水将何仙姑调虎离山，定光古佛得以趁虚而入。何仙姑赶回南岩，见一旁大蟒、猛虎均盘伏不动，由此建议何大郎向定光古佛施舍宅田。乡民争

① ［清］刘旷：康熙《武平县志》卷九《方外志·仙释·宋·何仙姑》，第 17 页 a—17 页 b。
② ［宋］胡太初：《临汀志·寺观》，第 1296 页。
③ ［宋］胡太初：《临汀志·仙佛》，第 1443 页。

相兴建庵庙供奉定光古佛，又构楼祭祀何仙姑。该志参考增城、岳州两个版本的何仙姑神话传说，认为岳州“谢仙”“仙姑”实为何大郎之女何仙姑。

康熙《武平县志》为何要为何仙姑立传？何仙姑族谱有则《仙姑考》述及南岩在清初获赠题匾：

明崇戌辰科进士陈干阶于清顺治十一年，赠一匾额曰“仙谱檀荫”，又题一副联曰：“佛辞鹫岭到云岩万井良家藉庇，仙带珠归洞府千秋子姓传芳。”①

“明崇戌辰”有误，应作“明崇祯戊辰”，即崇祯元年戊辰（1628）。“陈干阶”有误，应作“陈于阶”。《明崇祯元年进士题名碑录（戊辰科）》记载：“陈于阶，福建汀州府上杭县民籍。”② 陈于阶在康熙《上杭县志》有传：

陈于阶，字懋升，号扆六，世居来苏里，万历乙卯举于乡，崇祯戊辰成进士。初任鸡泽县，抚白莲教妖贼梅上月，卒得其力，余党尽解散。调知卢氏，县有矿，矿户例有馈官利之，岁课往往不登，于阶峻却之。秩满，候补京秩，以葬亲归里。运遘鼎革，杜门扫轨，日以著述为事。有《尚书副墨》《四书要增》等书行于世，卒年八十有五。③

陈于阶世居上杭来苏里，与六十地何氏宗族是同乡，曾招抚白莲教徒，因此关注民间信仰，颇有宦绩，曾候补京官，明清鼎革之际隐居上杭家中。然而，根据闽南族谱记载，陈于阶曾为南明弘光政权闽南籍闽西名将申请兴建生祠。另据《杭邑公建陈督府生祠呈词》述及“上杭县乡官陈于阶”为首为镇将陈秀兴建生祠，《陈督府生祠上梁文》落款“弘光元年十月”④，陈秀

---

① 庐江堂：《何氏族谱》，第12页。按：引文下联缺一字，原文如此，待考。

② 《明清历科进士题名碑录》第2册，台北华文书局股份有限公司，1969年，第1256页。

③ ［清］蒋廷铨：康熙《上杭县志》卷九《人物志·德业·国朝·陈于阶》，第13页a—13页b。

④ 龙海市浮宫镇霞郭村霞寮自然村《霞寮陈氏谱系》，复印件清代手抄本，中国人民政治协商会议福建省漳州市委员会海峡文史资料馆藏，漳州市图书馆2000年复印，第17—19页。

为南明弘光政权将领。[①] 陈秀后来降清，“授正黄旗世袭呵达哈哈番”[②]，陈于阶随后在顺治十一年（1654）为武平南岩题匾、撰写楹联，在当时产生了积极影响，对康熙《武平县志》为何仙姑立传多有裨益。

何仙姑获康熙《武平县志》立传，促使清初闽粤赣边区域社会重视何仙姑信仰。《岩前清出原田碑记》记载：何大郎“其一女生而有仙质，幼不茹，好清净，矢不适人，专习炼辟谷之事，年至一百五十岁，终于公之五世。闻空中鼓乐声，一朵祥云从卧榻直上云霄，见者无不骇异，自此皆称为仙姑云。乡人感仙姑神，不忘功德，建大郎公主奉为檀越，孙六一郎家垂终，塑姑神像，金碧庄严。典定光佛祭焉。郡邑大夫闻风□闻，详载郡邑志中”[③]。该碑落款：“康熙三十九年岁次庚辰仲春月吉立，文林郎署武平县事、连城知县广陵赵长星文，奉直大夫、云南姚州知州邑人周历长篆额，文林郎、江南苏州府吴江县邑人张亨书丹，武平、上杭、程乡嗣孙仝立。”[④] “程乡”即广东程乡县。“赵长星”应作“赵良生”，康熙《武平县志》记载：知县“赵良生，江南泰兴人，贡监，以连城县知县于康熙三十七年摄理县事”[⑤]。泰兴县在明代到清雍正二年（1724）以前隶属扬州府，扬州古称广陵。另据乾隆《汀州府志》记载：长汀县知县“赵良生，康熙三十九年任”[⑥]，赵良生在康熙三十九年（1700）调任长汀县知县，其在康熙三十九年（1700）撰写碑铭是可信的。康熙《武平县志》记载：清顺治十四年丁酉乡榜“张亨，中式第六名，原任江南吴江县令，有传。周历长，中式第二十八名，初授江南句容令，以卓异升云南姚州知州”[⑦]。周历长与张亨是顺治十四年（1657）同科举人，由此一道为之立碑。赵良生在康熙三十八年（1699）主修《武平县志》时，根据康熙《上杭县志》援引万历《上杭县志》记载何仙姑享年一百五十岁，为何仙姑立传，在康熙三十九年（1700）所立碑铭增载何仙姑飞升情节并述及

---

① 龙海市浮宫镇霞郭村霞寮自然村《霞寮陈氏谱系》，复印件清代手抄本，中国人民政治协商会议福建省漳州市委员会海峡文史资料馆藏，漳州市图书馆2000年复印，第21页。

② 同上，第5页。

③ 庐江堂：《何氏族谱》，第13页。

④ 同上。

⑤ ［清］刘旷：康熙《武平县志》卷六《官师志》，第4页b。

⑥ ［清］曾日瑛：乾隆《汀州府志》卷十八《职官三》，满洲延楷同治六年（1867）刻本，中国国家图书馆藏，第6页a。

⑦ ［清］刘旷：康熙《武平县志》卷八《人物志》，第2页a—2页b。

"仙姑云"由来。

《重纂福建通志》自严（定光古佛）传引旧志记载：

> 上杭县东安岩条云：宋定光佛常栖此岩，时何仙姑居武平县南岩辟谷，师谓宜建禅堂，仙姑遂舍岩宅施田与之。①

此"师"即定光古佛。该志认为何仙姑在南岩辟谷，见定光古佛称南岩宜建禅堂，因此将岩宅田产施舍给定光古佛。

闽西何仙姑传说出现三个变化：首先，关于何仙姑辟谷南岩由来，最初仅载何仙姑辟谷南岩，而后变成何仙姑食用吕纯阳赠桃得以辟谷。其次，关于何人施舍宅田，历经五次变化，何大郎施舍——何大郎父子施舍——何大郎、何仙姑父女施舍——何仙姑建议何大郎施舍——何仙姑施舍。再次，关于定光古佛如何卓锡南岩，最初仅载定光古佛认为南岩宜建佛堂，何大郎由此施舍宅田，何仙姑结束辟谷；继而变成定光古佛与何仙姑斗法，从何仙姑服输，到落败后心有不甘，暗中作祟。

二、闽西何仙姑神话传说的创作过程

（一）闽西何仙姑的本来面目

闽西何仙姑原型研究应从定光古佛与何仙姑斗法入手，《临汀志》关于何仙姑的最初形象有四处记载：

其一，"南安岩均庆禅院，在武平县南八十五里，乃定光圆应普慈通圣大师道场也。先是一岩嵌空险僻，神怪所宅，虎蟒所会，绝无人迹。宋朝乾德二年，师至岩，趺坐其间，旁近望见祥烟腾覆，异而往观，咸起敬信，相与披榛畚土，筑室岩中，遂为一方精舍。师慈悯众生，无求不应。"②

此"南安岩"即"南岩"，南安岩原来主人居所被视为"神怪所宅"。

---

① ［清］孙尔准：《重纂福建通志》卷二六三《方外·宋方外传·汀州》，中国国家图书馆藏，第43页b。

② ［宋］胡太初：《临汀志·寺观》，第1296页。

其二，引“东坡苏轼云”：“南安石窟，开甘露门。异类中住，无天中尊。”①

“南安石窟”指南安岩，南安岩原主人于此被视为“异类”。所谓苏轼所云，阙载苏轼文集，实则出自黄庭坚《南安岩主定应大师真赞》，但清代《山谷集》已无此句，应以《临汀志》所载版本为是。

其三，引山谷黄鲁直云：“石出山而润自丘壑，松不春而骨立冰霜，今得云门柱杖，打破鬼窟灵床。其石也，将能万里出云雨，；其松也，欲与三界作阴凉。此似昔人非昔人也，山中故友任商量。”② “黄鲁直”即黄庭坚，字鲁直，“山谷”乃其别号，此段文字出自黄庭坚《山谷集》所载《南安岩主大严禅师真赞》。③ 南安岩原来主人居所被视为“鬼窟”。

其四，与南安岩自然景观有关：“南安岩，在武平县八十里。形如狮子，旧为龙鼋窟宅，俗呼为‘龙穿洞’。后定光佛卓锡于此。书偈云：‘八龙归顺起峰堆，虎啸岩前左右回，好与子孙兴徒众，他时须降御书来。’中有二洞：南岩为正，窈窕虚旷，石室天然，又有石门、石窗、石床、石鼓、石虎、龙、龟、猫之属，即佛之正寝；东岩差隘，而石龛尤缜密，即佛宴坐之地。详见《均庆院》。”④

南安岩原来主人居所被视为“龙鼋窟宅”，而得名“龙穿洞”，原来主人被视为“龙”。

闽西何仙姑既然辟谷南岩，是南安岩原来主人，被视为“神怪”“异类”“龙”“鬼”，其居所被指为“鬼窟”“龙鼋窟宅”“龙穿洞”，此为闽西何仙姑最初形象。闽西何仙姑最初形象应是“龙”，南安岩以龙闻名，即“龙穿洞”。

《临汀志》未载“神怪”“异类”“鬼”“龙鼋”“龙”的性别，如何得知其是女性？闽西何仙姑的女性形象从何而来？究其原因有二：

其一，与定光古佛的性别有关。定光古佛卒于“（大中祥符）八年正月初

---

① ［宋］胡太初：《临汀志·仙佛》，第1445—1446页。

② 同上，第1446页。

③ ［宋］黄庭坚：《山谷集》卷十四《赞八十首》，《钦定四库全书》卷一万五千一百三十五（集部三·别集类二·宋），清乾隆四十六年（1781）十月抄本，第23页a。

④ ［宋］胡太初：《临汀志·山川·武平县》，第1263页。

六申时”“春秋八十有二”①，即卒于大中祥符八年（1015），由此逆推其生于后唐闵帝应顺元年（934）。其在乾德二年（964）卓锡南安岩，时年三十一岁，闽西何仙姑族谱认为何仙姑生于后晋高祖天福二年（937），即二十八岁。定光古佛已过“三十而立之年”，与之相对的是年龄相仿的女性。

其二，与南安岩及其周边景观诗文描写有关。《临汀志》记载：“十二峰，在武平县南安岩前。定光偈云‘一峰狮子吼，十二子相随’是也。玉华孙璋有诗云：‘苍峰十二碧岩隈，岂是飞从海上来。灵境莫将巫峡比，但令云雨下阳台。’”②

“一峰狮子吼”指“形如狮子”的南安岩。“十二子”指南安岩前十二峰。孙璋诗文所述“巫峡”“云雨”“阳台”，即宋玉《高唐赋》所云“巫山之女”“巫山之阳”“旦为朝云，暮为行雨”“阳台之下”。③

武平百姓根据巫山神女进行阐发，认为与定光古佛斗法的是女性。“狮子吼”，即狮吼，典故“河东狮吼”又指悍妒的妇女，可引申为剽悍的女性。河东是吕姓的郡望，相传吕纯阳是河东人，由此提出吕纯阳赠桃何仙姑使之成仙的说法。

何仙姑为何被认为是“神怪”“异类”“鬼”“龙鼋”“龙”，果真是鬼怪非人类的动物？这就要从武平地方社会的历史变迁说起。

《临汀志》称南安岩“神怪所宅，虎蟒所会，绝无人迹”④。“虎蟒”“人”实则有其独特的意涵。

《元一统志》记载：

> 武平南抵循、梅，西连章贡。篁竹之乡，烟岚之地，往往为江广界上逋逃者之所据，或曰长甲，或曰某寨，或曰畲洞，少不加意，则弱肉强食，相挺而起。税之田产，为所占据而不输官。乡民妻孥为所剽掠，

---

① ［宋］胡太初：《临汀志·仙佛》，第1445页。

② ［宋］胡太初：《临汀志·山川》，第1263页。

③ ［南朝梁］萧统辑，［唐］李善注：《文选》卷十九《情》，金陵书局清同治八年（1869）刻本，中国国家图书馆藏，第4册，第3页a。

④ ［宋］胡太初：《临汀志·寺观》，第1296页。

莫敢赴诉。土著之民日渐逸亡，游聚之徒益见恣横。①

“江广”指江右、广南，即赣南、粤东。武平为江右、广南逋逃者所据，即《临汀志》所载“虎蟒所会”，源自定光古佛“乾德二年届汀之武平，睹南岩石壁峭峻，岩穴嵌崆，怃然叹曰：‘昔我如来犹芦穿于膝，鹊巢于顶而后成道，今我亦愿委身此地，以度群品。若不然者，当使殒碎如微尘。’发誓已，摄衣趺坐，数夕后大蟒前蟠，猛虎旁睨，良久皆俯伏而去”②。所谓蟒、虎，指江右、广南逋逃之人，定光古佛所度“群品”。

“税之田产”，实为万历《上杭县志》所载“大郎并舍岩宅施田税四千七百八十秤”③，却“为所占据而不输官”。何大郎未缴纳田产，并非编户齐民的百姓，自然被视为非人类。

定光古佛到南安岩，“乡人神之，争为之畚土夷堑，刊木结庵。民有祈祷，辄书偈付与，末皆书‘赠以之中’四字，无愿不从”④。此“乡人”指“土著之民”，因武平为江右、广南逋逃之人所据，土著之民“日渐逸亡”，自然拥戴定光古佛，为之建庙。定光古佛书写文字，流传民间，促进教化。

定光古佛到南安岩后：

淳化间，去岩十里立草庵牧牛，夜常有虎守卫，后迁牧于冷洋径。师还岩，一日倏云：“牛被虎所中。”日暮有报，果然。师往彼处，削木书偈，厥明，虎毙于路。复感一青□猴，为牧三年，后忽抱木毙，师梦来乞名，与名曰“金成王”，仍为建庙。⑤

定光古佛“牧牛”之举的用意，从黄庭坚赞颂定光古佛之句“愁霖出日，枯旱下雨”⑥来看，其目的是为发展牛耕，即传统农耕，向地方官府缴纳粮

① ［元］孛兰肹等撰，赵万里校辑：《元一统志》卷八《江浙等处行中书省·汀州路·风俗形势》，中华书局，1966年，下册，第630—631页。

② ［宋］胡太初：《临汀志·仙佛》，第1443—1444页。

③ ［清］蒋廷铨：康熙《上杭县志》卷十二《杂志》，第9页a。

④ ［宋］胡太初：《临汀志·仙佛》，第1444页。

⑤ 同上。

⑥ 同上，第1446页。

食。“冷洋”指何大郎开基处，即今武平县岩前镇宁洋村。定光古佛“迁牧于冷洋径”，即在冷洋推动农耕。此“虎”，实指江右、广南逋逃之人，定光古佛感化其为之守卫，由于江右、广南逋逃之人实力强大，不会善罢甘休，迟早会反水，因此提出牛遭虎所中，即牛遭到屠宰。此“青□猴”，按至今称山里人“山猴”，实指“土著之民”，定光古佛为“青□猴”兴建宫庙，实为从“闽人尚巫”出发，入乡随俗，意在拉近与武平土著之民的关系。

定光古佛为何要推动农耕？实则与江右、广南逋逃之人带来的农业生产方式有关。《舆地纪胜》记载：

> （梅州）菱禾，不知种之所出。自植于旱山，不假耒耜，不事灌溉，逮秋自熟，间有糯亦可酿，但风味差，不醇。此本山客畬所种，今居民往往取其种而莳之。①

“山客”指“侨寓”梅州的“汀、赣”农民。“畬”指畬民。汀州、赣州两地农民从梅州畬民学得刀耕火种，开山种畬，即畬田，种植的品种就是菱禾。菱禾不使用农具、不发展水利设施，在秋天自然成熟，既可食用，又可酿酒，《宋史》记载，宋真宗大中祥符四年（1011）八月丙午“诏除畬田租”②，还可获得免租政策。汀州、赣州农民无需组织人力、物力兴建水利，不用抛头露面购买农具，既可填饱肚子，又可酿酒驱寒以便山中过冬，不用缴纳粮食，不必与地方官府打交道，随后被梅州百姓学习，发展畬田。江右、广南逋逃之人盘踞武平，发展畬田，不用向地方官府纳粮。定光古佛到武平通过牛耕发展农业，并非畬田，自然要向地方官府纳粮。“民有询过去未来因者，师皆忠告，莫不悚然。”③ 是团结武平原住民的策略。所谓“蟒”“虎”“神怪”“异类”“鬼”“龙鼋”“龙”，本是族群标签。

---

① ［宋］王象之：《舆地纪胜》卷一〇二《广南东路·梅州·景物上》，惧盈斋清道光二十九年（1849）刻本，天津图书馆藏，，第二十三册，第3页b。

② ［元］脱脱等：《宋史》卷八《本纪第八·真宗三》，明弘治十六年（1480）刻本，中国国家图书馆藏，第一册，第3页b。

③ ［宋］胡太初：《临汀志·仙佛》，第1444页。

（二）何大郎形象的建构与重构

闽西何仙姑之父，万历《上杭县志》仅载施舍宅田，俨然富豪。康熙《武平县志》称其“货饼”为生。所谓“货饼”，从饼由粮食制作而成，可以看出何大郎拥有土地，具有入住权，得以收割粮食。

何大郎的形象在族谱中有不同记载。

其一，平民富翁，杨灿《庐江何氏宗谱序》载：“始祖何大郎公从宁化石壁迁武平盈塘里南岩狮子口手炉山，居家富贵盈宁。”①

其二，宁化知县。汪应奎《何氏宗谱序》始载：“何氏始祖原江南直隶庐州府庐江县人，授任宁化县，因乱而居石壁村，后迁武平县南岩居焉。”② 何大郎是庐江县人，担任汀州宁化县知县。《来苏建谱序》进而明确其任职时间：“吾宗始祖何大郎公者，唐明宗时选任汀州之宁化令，因家焉。”③

其三，由宁化知县调任两粤，出任梅州知州。赵良生《岩前清出原田碑记》称：

> 邑无事，抵岩游览，瞻古佛、祀仙姑、读前碑记与记旧志合且加悉焉。及接何族绅士亟访仙姑始末，绅士屡屡为余言，因陈旧碑文一道，为其家经历任抚州授讳文甲先生所请曰：“先始祖大郎，系出庐江，唐末五代时令宁化，调任两粤，于后唐明宗天成元年丙戌岁，出梅州，道经岩前，周览形胜，喜其地幽、土沃，堪资辟谷，因卜居焉。”④

《大郎公诸子考》又载：“至后唐明宗天成元年丙戌岁，年三十五，因游梅州，到岩前，见山水明秀，田地膏腴，可作宅宇。”⑤ 何大郎在后唐明宗天成元年丙戌岁（926）出梅州，途经武平岩前，就地定居。

到底孰是孰非？首先，何大郎是否担任知县？

《临汀志》仅载五代十国宁化知县“钟彦侍，梁开平中知”⑥，即后梁太

① 庐江堂：《何氏族谱》，第9页。
② 同上，第10页。
③ 同上。
④ 同上，第13页。
⑤ 同上，第11页。
⑥ ［宋］胡太初：《临汀志·郡县官题名》，第1390页。

祖开平二年到三年（908—909）任知县。随后又云："高照，熙宁元年，以都官外郎知。"① 即北宋熙宁元年（1068）任知县。钟彦俦到高照中间相隔一百余年，史料阙载，为何大郎担任知县的说法提供了编造空间。

其次，为何要强调何大郎的知县身份？这就要从定光古佛的身世说起。《临汀志》记载：定光古佛"父任同安令"②。其父曾任泉州同安县令。值得注意的是，定光古佛是"泉州同安县人"，即本地人担任父母官。客家族群祖溯宁化县石壁村，因此何大郎族谱认为何大郎曾任宁化知县，因此定居宁化，继而迁居武平。

再次，何大郎是否担任梅州知州？南汉乾和三年（945），程乡县升为敬州，北宋开宝四年（971）改名梅州。天成元年（926）尚无敬州，也无梅州，何大郎不可能担任梅州知州。汀州时属闽国，梅州则属南汉，何大郎也无法前往梅州赴任。由于光绪《嘉应州志》仅载南汉程乡县一名县令"曾芳"③，为何大郎担任梅州知州的说法创造了机会。为何强调何大郎与梅州的渊源？原因有二：其一，何大郎后裔定居程乡县，因此需要强调何大郎曾任梅州知州。其二，与宋代闽粤赣边区地方社会的历史变迁有关。

《舆地纪胜》记载：

（梅州）州境介汀、赣之两间，在广之极东。郡土旷民惰，而业农者鲜，悉籍汀、赣侨寓者耕焉。故人不患无田，而田每以工力不给。④

宋代梅州百姓不事农耕，汀州、赣州农民侨寓于此耕作。《宋史》记载：

江西则虔州地连广南，而福建之汀州亦与虔接，虔盐弗善，汀故不产盐，二州民多盗贩广南盐以射利。每岁秋冬，田事才毕，恒数十百为群，持甲兵旗鼓，往来虔、汀、漳、潮、循、梅、惠、广八州之地，所

---

① ［宋］胡太初：《临汀志·郡县官题名》，第1390页。

② ［宋］胡太初：《临汀志·仙佛》，第1443页。

③ ［清］吴宗焯：光绪《嘉应州志》卷十八《官师表》，光绪二十七年（1901）刻本，中国国家图书馆藏，第14页b。

④ ［宋］王象之：《舆地纪胜》卷一〇二《广南东路·梅州·风俗形胜》，第2页b—3页a。

至劫人谷帛，掠人妇女，与巡捕吏卒斗格，至杀伤吏卒，则起为盗，依阻险要，捕不能得，或赦其罪招之。①

梅州未产食盐，却比邻“潮盐”产区潮州。汀州、赣州农民在秋收之后的冬春时节前往梅州，以农耕作掩护，潜伏下来，伺机劫掠潮盐。

何大郎、何仙姑的生年从何而来？为何建构，又如何建构？《大郎公诸子考》记载，“大郎公生于唐昭宗景福元年壬子岁”，即892年。

康熙《武平县志》最早为闽西何仙姑立传，该志主修赵良生是《岩前清出原田碑记》的作者，需要述及何大郎、何仙姑父女的生年。赵良生是“广陵”人，即扬州府人，五代十国时期吴国（892—937）定都扬州，赵良生从故里扬州的五代十国历史出发，提出何大郎、何仙姑的出生时间分别是吴国的兴亡时间，即何大郎生于892年，何仙姑生于937年。

何仙姑享年一百五十岁，即卒于宋神宗元祐元年（1086），是根据王安石卒年进行阐发。王安石对福建士子有“福建子”之称。武平被江右、广南逋逃之人所据，武平土著为此逃亡，因此从江右人王安石角度出发，对应福建武平土著。赵良生《岩前清出原田碑记》透露其所据为曾任抚州经历何文甲所撰，王安石正是抚州人，从而提出何仙姑的卒年。

何大郎开基武平南岩的时间在后唐天成元年（926），实则与地方社会的历史有关。《重纂福建通志》记载：“（五代后唐同光三年冬十二月）汀州民陈本聚众围汀州，延翰遣右军都监柳邕等将兵二万讨之。后唐天成元年春正月，柳邕等破陈本，斩之。”② 同光三年（925），闽王王审知去世，汀州百姓陈本揭竿而起，王审知之子王延翰发兵镇压，在翌年平定起事。其时武平尚未设县，隶属汀州长汀县管辖。族谱编纂者据此从长汀县出发，认为何大郎既然是宁化县知县，应在陈本事件后选择隐居。

何大郎籍贯庐江县，实则与何姓郡望在庐江有关。何大郎籍贯无考，从而声称直接来自何姓的郡望，其也非宁化人。何大郎的真实籍贯与江右、广南逋逃之人有关。江右、广南逋逃之人是为避兵役、徭役、赋税、粮食，基

① ［元］托克托等：《宋史》卷一八二《志第一百三十五·食货下四·盐中》，《钦定四库全书》卷五千八百十（史部），乾隆四十一年（1776）抄本，第11页b—12页a。

② ［清］孙尔准：《重纂福建通志》卷二六六《杂录·五代外纪》，第5页a。

本上是男性，到武平只能劫掠土著妻女，何仙姑不可能随之而来。何大郎原型是来自江右、广南的逋逃之人，未编入户籍，自然未载籍贯，因此被视为非“人”。从《庐江何氏宗谱序》记载的何大郎诸子分布也可管窥其江右、广南移民属性：“维时，三郎公迁河田，四郎公迁赤源，六郎公迁海丰，八郎公迁河源，惟五郎公之子则迁上杭来苏六十地，择吉而居焉。”① 何大郎五子就有四子外迁，未外迁的一子其子也外迁。河田隶属长汀县，海丰、河源二县地处广东。何大郎后裔迁居各地与地方社会历史变迁有关。如河田，《临汀志》始载：“何田寨，在县南四十五里。元（原）无之，嘉定间郡守邹公非熊以市井阛阓创寨。轮差禁军三十人弹压。”② “河田”原名“何田”，本是兵寨，与“统军使何姓”相对应，因此河田何氏宗族祖溯何大郎。

何仙姑信仰在上杭的传播，与上杭社会历史变迁有关。《元一统志》披露：

（上杭县）每遇秋冬之交，多有岚疫，民易疾病。兼土旷人稀，山深林密，又有江右游手轻生之俦，逃聚于此，呼啸党侣。土著之民，不遑宁处。其威驱势迫，末如之何。③

上杭县每到秋冬之际，与“烟岚之乡”的武平相同，多有岚疾，百姓易患疾病，有祈福的需要。上杭从漳州龙岩县析置，原来也是操闽南方言，但是自从江右游手轻生之徒逋逃上杭后，反客为主，风俗大变，与武平移风易俗相近。

江右、广南逋逃之人影响深远。《元一统志》又云：

（汀州）山深林密，岩谷阻窍。四境椎埋顽狠之徒，党与相聚，声势相倚，负固保险，动以千百计，号为畲民。时或弄兵相挻而起，民被其害，官被其扰。盖皆江右广南游手失业之人逋逃于此，渐染成习。此

① 庐江堂：《何氏族谱》，第9页。

② ［宋］胡太初：《临汀志·营寨》，第1338页。

③ ［元］孛兰肹等撰，赵万里校辑：《元一统志》卷八《江浙等处行中书省·汀州路·风俗形势》，第630页。

（比）数十年间，此风方炽，古岂有是哉！①

其时，不仅是武平，包括汀州在内，深受江右、广南逋逃之人影响，移风易俗。

闽西何仙姑出生在五代十国时期的原因，实则与《临汀志》所载定光古佛生年有关，要与定光古佛的出生时间相应，年龄需与之相仿。

闽西何仙姑的何姓由来，则与五代十国时期驻军武平的将领有关。《临汀志》始载：

> 屯营庵，在武平县东五里何屯冈下。旧五代时，统军使何姓□部武艺军于此屯驻，筑小城，周二里许，故基犹存。②

五代十国时期，有何姓将领屯兵武平何屯冈下，何屯冈以何为姓，反映屯兵影响深远，由此建庵。闽西何仙姑是江右、广南逋逃之人带来的民间信仰，随着江右、广南逋逃之人反客为主，重新登记户籍，对其文化符号进行重构，提出仙姑姓何。

何大郎名字由来实则根据何大郎施舍大量田宅，从古代嫡长子的家庭地位远高于其兄弟出发，认为何大郎是长子，因此取名“大郎”。

何大郎、何仙姑墓葬问题，何仙姑卒于何大郎五世孙何六一郎家中，其族谱《坟墓考》仅载何六一郎葬于“洪武年间”③，何大郎、何仙姑、何六一郎墓葬出现时间实则不超过明代。

从“闽人尚巫”的传统来看，闽西何仙姑最初是武平土著之民的民间信仰，即“龙”信仰，随后被江右、广南逋逃之人盘踞，被指为“神怪”“鬼”“异类”，在迎接定光古佛后，接受王化，从“非人”成为“人”，从而出现仙姑信仰，由于是民间信仰，为争取合法身份，攀附道教何仙姑。

---

① ［元］孛兰肹等撰，赵万里校辑：《元一统志》卷八《江浙等处行中书省·汀州路·风俗形势》，第629—630页。

② ［宋］胡太初：《临汀志·古迹》，第1343页。

③ 庐江堂：《何氏族谱》，第11页。

三、余论

综上所述，可归纳为以下四点认识：

第一，体现民间信仰合法化。何仙姑虽是道教神明，但闽西何仙姑则是民间信仰，与增城、岳州何仙姑不同，自成体系。闽西何仙姑与定光古佛不存在民间信仰与佛教之间的斗争。《临汀志》记载："一年，岩院输布，师以手札内布中，监临郡倅张公晔见词，闻于郡守欧阳公程，追摄问状，师不语。守、倅愈怒，命焚其衲帽，火熄而帽如故；疑为左道，以彘血蒜辛厌胜，再命焚，而衲缕愈洁，乃遣谢使归。自是白衣而不褐。"① 定光古佛并非正统佛教，而是俗家佛教。闽西何仙姑是民间信仰，为争取合法化而攀附道教何仙姑，闽西何仙姑神话传说是客家历史文化与道教何仙姑形象相结合的产物。

第二，反映族群互动，食盐问题起到关键作用。闽西何仙姑神话传说必须提及何大郎，从江右、广南逋逃之人劫掠武平土著之民妻女来看，与江右、广南逋逃武平之人是男性有关。武平土著百姓为何支持定光古佛？实则与武平食用闽南生产的海盐有关。。《临汀志》记载："武平县运漳盐。每年十小纲，每纲一万斤，斤为钱一百六十二文。邑去漳余十程皆陆负，例和顾（雇）里夫分番接运。"② "漳盐"指福建漳州所产海盐，武平食盐来自漳州。但是运输漳盐非常艰辛，"郡守赵崇模申请，谓搬运漳盐，系遵陆路，恐脚夫有改，反为一方之扰，莫若改运潮盐。"③ "潮盐"指潮州所产食盐。汀州知州曾提议武平不如改运潮盐。定光古佛来自泉州同安，同安是食盐产区。元丰《九域志》记载：同安"四盐场"④，同安在北宋煮海为盐，有四座盐场。所谓定光古佛与何仙姑斗法中，定光古佛发洪水，其实是用同安食盐争取武平土著之民支持。由于宋代食盐官卖，虽然武平食盐来自漳州，但漳州僧人目标较大，定光古佛来自泉州，可减少地方官府关注。民间相传何仙姑在定光

---

① ［宋］胡太初：《临汀志·仙佛》，第1444页。

② ［宋］胡太初：《临汀志·税赋》，第1233—1234页。

③ 同上，第1232页。

④ ［宋］王存等：元丰《九域志》卷九《福建路·泉州》，清初影宋抄本，中国国家图书馆藏，第四册，第6页a。

古佛鸠占鹊巢后，在南安岩洞顶撒尿发泄怨气，导致至今洞中滴水不断，按“尿”咸味，实指潮盐，即何仙姑用潮盐争取武平土著之民。潮盐是江右、广南逋逃之人所用食盐，反映江右、广南逋逃之人盘踞武平，武平土著为此大量逃亡，泉州僧人定光古佛根据汀州突出的食盐问题，争取武平土著之民支持，与江右、广南逋逃之人互动。武平土著本是“民”，具有土地所有权，定光古佛卓锡南安岩之前，南安岩一带已被江右、广南逋逃之人所盘踞，定光古佛通过同安、漳州食盐，取得武平土著之民的支持，迫使江右、广南逋逃之人交出宅田，武平土著之民从而为定光古佛兴建佛寺。所谓武平土著之民另建一楼供奉何仙姑，从宋元时期江右、广南逋逃之人在武平反客为主来看，不可能发生在宋代，而是明代时期江右、广南逋逃之人编入里甲户籍的反映。定光古佛打败何仙姑的关键在于定光古佛来自食盐产地。

第三，性别观念演变。闽西何仙姑施舍宅田需要强调其父何大郎支持，其辟谷南安岩又要获得吕洞宾度化，其与定光古佛斗法最终落败，实则反映了客家社会的女性与男性问题。汀州不举子现象严重，《临汀志》记载：“举子仓，旧有五所，系绍兴五年准朝旨，以建、剑、汀、邵四州细民生子多不举，于逐州县乡村置举子仓。遇民户生产，人给米一石。”① 武平也设有“举子仓”。② 所谓“不举子”，朱熹之父朱松《戒杀子文》指出：“吾乡之人多止育两子，过是不问男女，生辄投水盆中杀之。”③ 汀州也是如此。从黄庭坚称颂定光古佛可保佑其信众“无男得男，无女得女”来看④，反映了定光古佛鼓励信众生子，是响应宋朝的号召，达到保证赋税、徭役、兵役的目的。到了明代，弘治《汀州府志》记载，举子仓“六县基址犹有存者，至今汀风俗生子未有不举，抑以宋之遗泽云”⑤。宋代的汀州“不举子”习俗到了明代已无存。闽西何仙姑依靠男性完成施舍，通过男性度化得以辟谷成仙，最终在与男性斗法中落败的神话传说，是明清时期汀州府地方社会重男轻女风气的

---

① ［宋］胡太初：《临汀志·仓场库务》，第1316页。

② 同上，第1320页。

③ ［宋］朱松：《韦斋集》卷十《题跋》，邝璠明弘治十六年（1503）刻本，中国国家图书馆藏，第二册，第10页b。

④ ［宋］胡太初：《临汀志·仙佛》，第1446页。

⑤ ［明］吴文度、杜观光：弘治《汀州府志》卷十六《古迹》，明弘治（1488—1505）刻本，中国国家图书馆藏，第二册，第9页a—9页b。

产物。

第四，闽西粤东何氏宗族是建构闽西何仙姑文化符号的重要推手。明世宗在嘉靖十五年（1536）允许庶民祭祀始祖，根据明朝里甲户籍开始联宗造族。嘉靖三十年（1551），武平何氏宗族为凝聚人心，争取“恢复”“开基始祖”何大郎在南安岩“檀越主”的祭祀资格，强调“祖姑”何仙姑“辟谷”南安岩、“开基始祖”何大郎“施舍田宅”的“历史记忆”。康熙二十九年（1690）开始，福建推行“粮户归宗”运动，同姓合为一个宗族户籍。康熙三十九年（1700），闽粤三县何大郎后裔参与粮户归宗运动，请宗族总户所在地武平县知县为撰碑铭。闽西何仙姑传说源于北宋，发展于宋元时期，经明清时期重构，最终成为道教何仙姑神话传说的组成部分。闽西何仙姑是见证闽粤赣区域社会历史变迁的“活化石”，从促进族群交流角度来看，无所谓“真伪”。新时期何仙姑神话传说研究关键在于文本分析，置身更广阔的时空，注意族群互动问题，重建史实。

阿波罗与达芙妮：从神话到艺术的比较

河西学院文学院　赵建国

摘　要　阿波罗与达芙妮的神话是西方文学艺术史上一个被反复书写的主题。以此为主题的各种艺术文本之间不断地转换叠加形成互文性。分析探讨这一主题，不仅有助于梳理它的题材史，而且可以理清神话如何在现代艺术中复活再生。

关键词　阿波罗；达芙妮；神话；互文性；主题史

阿波罗与达芙妮的神话是希腊最浪漫优美的神话之一。这个神话之所以浪漫动人，是因为它讲述了一个可望而不可即的爱情故事；之所以优美，是因为诗人奥维德采用了诗化语言来书写。最早记录这个神话的典籍之一是古罗马诗人奥维德的“神话文库”——《变形记》。此后，西方的艺术家尤其是画家、雕塑家、诗人反复使用书写改写这个古典神话，形成阿波罗与达芙妮神话的题材史，并使得以此神话为题材的艺术文本之间产生较为广泛的互文性。本文基于西方著名画家与当代诗人对阿波罗与达芙妮神话的书写，对这个神话的艺术主题进行较为系统的梳理和比较分析。

《变形记》原本是诗体，但是国内阿波罗与达芙妮神话有散文体和诗歌体两种翻译。阿波罗与达芙妮神话的主要情节，我们通过散文与诗体的对照进行概述。散文体译文叙写：“日神初恋的少女是河神珀纽斯的女儿达芙妮。他爱上她并非出于偶然，而是由于触怒了小爱神。”① 诗歌体译文译为：“福玻斯初恋的是佩纽斯之女达芙涅，——/事出有因，这是丘匹德生气捉弄造成的。”② 小爱神丘比特射出两支爱与不爱的箭，阿波罗爱上达芙妮，但达芙妮躲避他。一日，阿波罗看到达芙妮边跑边说，《变形记》散文译文说：“就在她逃跑的时候，她也是非常美丽。迎面吹来的风使她四肢袒露，她奔跑时，她的衣服在风中飘荡，清风把她的头发吹起，飘在后面，尽说些甜言蜜语，爱情推动着他，他加紧追赶。就像一条高卢的猎犬在旷野中瞥见一只野兔，……忽然她感觉两腿麻木而沉重，柔软的胸部箍上了一层薄薄的树皮。她的头发变成了树叶，两臂变成了树干。”③ 诗歌体译文译为：

在爱情的催促之下，他紧追足迹不舍。
正如高卢猎犬，在开阔的田间见到野兔，
捷足追求猎物，而后者急奔追求安全；
前者好像已经触及了她，觉得马上能
把她抓住，伸着鼻子紧追着她的脚跟，
后者弄不清楚自己是否已被捉住，她离
背后即将咬合犬牙利齿只差一丝；
……
但神毕竟快一步，凭着爱情的双翼
他不给她喘息之机，已紧挨着她的背，
他的呼吸吹拂着她飘在颈后的头发。④

她的肢体，柔嫩酥胸箍上了一层树皮
头发长成了树叶，手臂长成了树枝，
刚才还迅捷的脚扎下了呆滞的根，

① ［古罗马］奥维德著，杨周翰译：《变形记》，贺拉斯：《诗艺》，上海人民出版社，2016 年，第 34 页。
② 飞白译：《古罗马诗选》，花城出版社，2001 年，第 181 页。
③ 《变形记》，第 36 页。
④ 《古罗马诗选》，第 184 页。

而头变成了树顶。只有她的美依然留存。[①]

奥维德的诗叙事完整，生动优美，诗中用了大量比喻，刻画了自然景色及人物心理。上述文字都译自奥维德的《变形记》，按理说，《变形记》应该翻译为诗歌体，但因其年代久远，文字难懂，文体限制，翻译难度大，一直未有诗体全译文本问世。阿波罗与达芙妮神话无论是诗歌体，还是散文体，后世的艺术家借用的主要是其中的情节或者艺术母题。最早将阿波罗与达芙妮神话转换为视觉艺术的是公元3世纪末，来自安条克的罗马镶嵌画。英国学者伍德福德曾针对这幅镶嵌画指出："一副静态图像如何才能捕捉到这个变化的微妙之处呢？罗马镶嵌画家试图表现故事的精髓所在——达佛涅在从阿波罗身边逃走时的恐惧与厌恶之情，而阿波罗则喜形于色，他急不可耐地伸出手来，想要抓住她的肩膀。千钧一发之时，就在他要碰到姑娘身体之际，她化作了一棵月桂树。然而，这位艺术家在变身方面的描绘略显粗陋，并不理想，看上去不太像达佛涅变身月桂树，倒像是她跑到了一片灌木丛中。诚然，要表现这个情景绝非易事。"[②] 千百年来，难以计数的艺术家都书写刻画过这个神话。从奥维德的《变形记》到当代诗人的诗歌，从文艺复兴时期意大利画家到19世纪的绘画大师都涉猎过这个题材，如普桑、沃特豪斯、夏赛里奥、透纳等，雕塑大师贝尼尼也创作过阿波罗与达芙妮的雕塑作品。英国学者理查德·詹金斯指出："其中（指《变形记——笔者注》）一些幽默显得欢乐而粗俗。当达芙妮逃避阿波罗的追逐时，后者暗示，如果跑得慢些，自己会追得慢些——仿佛这场追求是供读者消遣的游戏（奥维德还表示，逃跑中的她甚至更美了）。阿波罗还吹嘘自己在一些重要的地方受到崇拜，并指出朱庇特是自己的父亲。"[③] 《变形记》中是这样说的："问一声是谁爱上了你吧，我可不是/什么山里人，不是什么放牛放羊的/蓬头牧人，傻姑娘，你不知道你逃避的/是谁，因此你才逃。我统治着德菲尔土地，/克拉洛斯、忒涅

---

① 《古罗马诗选》，185页。

② ［英］伍德福德著，贾磊译：《古代艺术品中的神话形象》，山东画报出版社，2006年，第172页。

③ ［英］理查德·詹金斯著，王晨译：《古典文学》，上海世纪出版集团 上海文艺出版社，2016年，第264页。

多斯、帕塔拉国也侍奉我/尤庇特是我的父亲……/”① 理查德·詹金斯从这段神话中读出了粗俗，这种粗俗可以看成是对太阳神阿波罗世俗的人性化的描述。

艺术家们对阿波罗与达芙妮神话的挪用，着重再现达芙妮变成月桂树的瞬间或者片刻。如法国19世纪画家泰奥多尔·夏塞里奥（Theodore Chasserian，1819－1856年）的油画《阿波罗与达芙妮》就是达芙妮变成月桂树瞬间的刻画：达芙妮裸体站立，膝盖以下的部分变成树根，并深深扎进土里。上半身还是人形，躲避阿波罗向上伸张的双手，黑色的长发从胳膊与脖颈中间飘出，她双目紧闭，似乎沉睡。阿波罗身着红色衣衫，跪在达芙妮的脚下，左手搂抱着她的腰部，右手想触摸她的长发。他满头金发，散发光芒，抬头深情凝望着达芙妮，身后背着竖琴。

泰奥多尔·夏塞里奥，《阿波罗与达芙妮》，1845年，巴黎卢浮宫

① 《古罗马诗选》，第183页。

约翰·威廉·沃特豪斯，《阿波罗与达芙涅》，1908 年

英国画家约翰·威廉·沃特豪斯（John William Waterhouse，1849—1917）的油画《阿波罗与达芙妮》与夏塞里奥的同名油画大同小异。达芙妮身体被树枝缠绕，侧身站立，双手上举，避开追逐，身着蓝色长裙，上半身裸露，回头凝望，表情茫然。阿波罗左手握琴，右手前伸触摸达芙妮，身着红衣，一头长发。但是，画中明显看出达芙妮的身体是被嵌入到树枝之中的，有人为造景的痕迹。

尼古拉斯·普桑，《阿波罗与达佛涅》，1627 年

法国古典主义画家尼古拉斯·普桑（Nicolas Poussin）的油画《阿波罗与达芙妮》是一幅充满温馨宁静的画作。油画抓住达芙妮变为月桂树的瞬间场景，达芙妮的双手已经变为树枝，身体胸部前也被树叶覆盖，头颅后倾，身材修长。阿波罗左手搂着达芙妮的腰肢，右手放在她的左腋下，深情凝望达芙妮。他们的周围是小天使，有的嬉戏，有的飞翔。远方群山连绵，近处赤色晚霞。

乔凡尼·洛伦佐·贝尼尼，《阿波罗和达芙妮》，1622—1625年，罗马博而盖塞博物馆

17世纪意大利雕塑家乔凡尼·洛伦佐·贝尼尼（Giovanni Lorenzo Bernini，1598—1680）的大理石雕塑《阿波罗和达芙妮》展现出强烈质感、动感和美感，堪称经典。雕塑家贝尼尼抓住达芙妮在即将变为月桂树的瞬间，达芙妮身体扭曲，赤裸光洁，她的双手和头发正在变为树枝，双眼充满惊恐不安，双手向上高举，似绝望呼求。阿波罗搂抱着达芙妮，深情凝视，含情脉

脉。一位主教观看雕塑后写了一首诗："迷恋的人儿追赶着欢乐，这昙花一现的美色啊！他得到的只是一个苦果，几片绿叶。"① 原本美好的爱情，瞬间化为乌有，迷人的叙事陡转为出人意料的戏剧性结局。

20世纪奥地利诗人赖纳·马利亚·里尔克（Rainer Maria Rilke，1875—1926）于1906年创作的诗歌《早年的阿波罗》也暗示了这个神话。其诗如下：

正如已然春意荡漾的一缕晨光
多次穿过尚未长叶的枝杈：
他的头颅里没有什么可以阻挡
所有诗歌的光华

几乎置吾人于死亡；
因为他的顾盼中没有阴影，
他的对于月桂未免太凉，
只到后来才从那眉棱

耸起茎干高大的玫瑰园，
从中有个别叶片飘零
飘到了颤栗的嘴边，

现在仍很宁静，未试锋芒，目光闪烁，
只以微笑饮下一点什么，
全身仿佛灌注了他的歌声。

据推测，这首诗大致是根据巴黎卢浮宫希腊厅的一座阿波罗雕像写成的。它出自里尔克的诗集《新诗集》，是一首十四行诗。在诗集《新诗续集》中

---

① 杨超编：《巴洛克与洛可可的浮华时代：17—18世纪的欧洲艺术》，陕西人民美术出版社，2011年，第16页。

［奥地利］里尔克著，绿原译：《绿原译文集》第四卷，人民文学出版社，2017年，第283页。

还有一首写到了阿波罗，即《远古阿波罗裸躯残雕》，此诗因巴黎罗浮宫展出的一座米利提古城出土的无头无肢的太阳神阿波罗裸躯残雕有感而作。虽然里尔克的诗《早年的阿波罗》未完整复述阿波罗与达芙妮的神话，但诗中"尚未长叶的枝杈""月桂未免太凉"等诗句与这个神话形成互文关系。

20世纪美国女诗人乔丽·格雷厄姆爱和尔兰女诗人努拉·尼·古诺尔都用诗歌的形式对这个古老神话进行了重述。加拿大诗人玛格丽特·阿特伍德和美国诗人露易丝·格丽克也用诗歌形式对这个古老神话进行过改写。重述与改写神话既是对西方文化遗产的延续和利用，也是西方现代诗人借用激活古典题材的有益尝试。西方当代为数不少的女诗人率先突破题材限制，使得古老的神话"现代化"。

当代爱尔兰女诗人努拉·尼·古诺尔的诗《达芙妮与阿波罗 》即是对这个古老神话的重构与重述，其诗如下：

当诗人之首与你嬉耍，追逐你，
像灵敏的猎犬嗅逐野兔的踪迹，
你疾奔，冰结成飞旋的溜冰者，
饰着蔓藤纹的八音盒，弯曲的嫩枝。
你脚上的根根血管蔓延进泥土里，
一层花纹外皮罩住了你的胸膛，秀发
飞扬出枝条，翠叶漾溢，一尊渐渐
化作木头的躯干吞吮着你的臂和腿；
你凡人的魂在月桂树的光辉中浮荡 。
不朽的神抚摩你寸寸木质的纹理，
感觉你带着体温的主枝惊恐的脉动，
亲吻每根枝条仿佛那就是人的手腕；
一双月桂的纤手擎接着融入桂冠，
那胜利的头颅赞颂着日神的激情。
但全当说笑，假使你迎合了他，
假使心中的门扇轰然洞开，
而不是紧锁防潮水的闸门，

抵御那使人顿悟的攻袭——
结果又会是怎么个样儿？
他并非撕裂肝脏，约会时强奸那种，
而是倾泻灵感与雅致的太阳神，
只消在无与伦比的晨光中一显身手，
他就会唤醒和风，吹拂深渊的表面。
当这位竖琴师，调响每一根琴弦，
水蛇也要竖立倾听；
听到这拂晓的合鸣，
静默，如幽雅的天鹅，款款溢落。①

关于爱尔兰诗人努拉·尼·古诺尔（Nuala Ni Dhomhnaill，1952—）的译名，国内译者也译作诺拉·尼高纳尔。古诺尔是一位有古典修养和才华的诗人，她的诗歌《达芙妮与阿波罗》主要依据《变形记》的叙写，对古老的神话进行重述。诗中的诗句如“像灵敏的猎犬嗅逐野兔的踪迹”“一层花纹外皮罩住了你的胸膛”“秀发飞扬出枝条，翠叶漾溢”等与《变形记》的比喻性的语句如出一辙。古诺尔的诗歌《达芙妮与阿波罗》也与贝尼尼的阿波罗和达芙妮雕塑以及英国画家沃特豪斯的阿波罗和达芙妮油画极为相似。古诺尔是否根据沃特豪斯的油画或者贝尼尼的雕塑创作了这首诗，不得而知。但极为相似的是诗人抓住了达芙妮变成月桂树的动态瞬间，犹如造型艺术的雕塑和绘画，这一片刻是静止的和凝固的，或者说该诗就是一幅画和一尊雕塑。同时，诗中太阳神阿波罗以诗人和音乐家的身份出现，说他是“诗人之首”和“琴师”。古典神话中阿波罗本来就是艺术之神和文化英雄，不仅掌管艺术，而且还发明竖琴。但是，诗歌中也有现代印记，如关于现代社会“约会强奸”的现象与阿波罗神的优雅求爱形成对比。这首诗歌的结尾，以水蛇和天鹅聆听阿波罗优美的音乐结束，使人自然联想到柴可夫斯基的芭蕾舞剧《天鹅湖》。

---

① ［爱尔兰］努拉·尼·古诺尔著，姜伟译：《达芙妮与阿波罗》，转引自姜伟论文：《解构诗歌凝固的永恒瞬间——评爱尔兰女诗人古诺尔的〈达芙妮与阿波罗〉》，沈阳农业大学学报（社会科学版）2005年第4期。

美国当代女诗人乔丽·格雷厄姆（Jorie Graham，1950—）写作的《阿波罗与达芙妮，即诗人自画像》虽然是古代神话的重述与改写，但也更多的是对这个古老神话的重构与作为现代人的想象。此诗写于1987年，收入乔丽·格雷厄姆的诗集《美的终结》，这是一本大胆尝试革新的诗歌集。美国诗歌评论家海伦·文德勒指出："此书标志着格雷厄姆和短行抒情式的决绝。"[①] 在这本诗集中有六首双人自画像诗：《它们之间的姿态的自画像》《双方的自画像》《阿波罗和达芙妮的自画像》《匆忙和延迟的自画像》（珀涅罗珀的织机）《德墨忒尔和珀尔塞福涅的自画像》《波洛克与画布》[②]。这些双人自画像诗几乎都以古典神话为题材，风格自由，画面感强，构成了她的"自画像"系列诗。

《阿波罗与达芙妮，即诗人自画像》是自画像系列诗中一首篇幅较长的自由诗，总共有15段，每段诗长短不一，用阿拉伯数字标注，最长的一段有15行，最短的1行。诗歌的第一句："真相就是，这个姿态已经延续了许久，满足了/他们想要她延续的愿望。"[③] 诗中的"姿态"意指阿波罗追逐达芙妮，而达芙妮变成月桂树的固定瞬间。这个瞬间或姿态是否为贝尼尼的雕塑，无从得知。真相是一个延续的愿望，诗中的"他们"指的是艺术家或者男人们，他们追逐占有女性的欲望即是真相。诗歌紧接着是描述自然的种种声响和景象。第2、3段各一句，阿波罗想一直占有达芙妮。从第4段开始直到最后一段是对这个古老神话的改写。阿波罗"追逐"达芙妮变成了"尾随"，诗中写道："他像日光一样尾随她（不是你想的那样，她说）/一帧帧无尽的画面（不是你认为所想的）。"[④] 这种类似电影镜头的场景，其实在解构着古典神话。乔丽·格雷厄姆曾有在纽约大学攻读电影研究专业的经历。她善于捕捉画面，镜头感强，切换娴熟。诗中不断地出现"画面"，如："整个故事好像对视觉的记载，/它们之间距离的形状，他想要跨过的缝隙。/她会停下，不再有追逐的画面，她想要/变成谁，/变成什么？"[⑤] 又如："融于某一画面，

① ［美］海伦·文德勒著，李博婷译：《打破风格》，广西人民出版社，2020年，第104页。
② 同上，第107页。
③ ［美］乔丽·格雷厄姆著，金雯译：《众多未来》，上海人民出版社，2020年，第106页。
④ 同上，第108页。
⑤ 同上，第109页。

不是行动双方所能看到的画面，/她想，/不是一个瞬间的画面，/不是一个典型的画面。"[①] 乔丽·格雷厄姆有意将《阿波罗与达芙妮，即诗人自画像》这首诗写成"自画像诗"。海伦·文德勒说："作为一种视觉体裁，自画像总是依赖于某种镜子策略，以便画家能描绘出一个通常为他/她的个人视觉所不及的对象：他/她自己的脸。"[②] 这是文德勒专门针对乔丽·格雷厄姆自画像类诗歌的定义。所谓"镜子策略"指的是以镜子为媒介的自我观照方式。乔丽·格雷厄姆的自画像诗不是追求表面形式的"视觉诗"，她力图在诗歌中运用诸如雕塑和绘画之类的造型艺术或者电影艺术的技法，构成静止性的视觉图像。诗歌的第7段："不同于那个动作，即：将它掷于地上/它便会变成蛇（摩西受惊吓逃走），/伸出手抓住它的尾/就会在他手中再次变为木棍——"[③] "摩西手杖"是一个典故，它出自《圣经·出埃及记》。《圣经·出埃及记》讲到了摩西手杖变蛇再变回手杖的奇迹。其中第4章记载："耶和华对摩西说：'你手里是什么？'他说：'是杖。'耶和华说：'丢在地上。'他一丢下去，就变作蛇，摩西便跑开。耶和华对摩西说：'伸出手来拿住它的尾巴，它必在你手中仍变为杖。'摩西想逃却神给他的使命，他用了许多推托的理由，为了巩固摩西的信心，神吩咐摩西把他手中的杖丢在地上。摩西一丢下去，就变作蛇。神吩咐摩西抓住蛇的尾巴，它又变回蛇。"[④] 摩西手杖是法力、魔力与权利的象征。乔丽·格雷厄姆在诗歌中化用《圣经》摩西手杖的典故，把它与古典神话类比，说明达芙妮变为月桂树是阿波罗的权力所致。

美国学者K. 马尔科姆·理查兹在《德里达眼中的艺术》一书中指出："在绘画的起源处，正如它在西方代代相传下来的说法，一个关于失落（loss）的形象就描绘出了艺术创作最初的场景。在科林斯少女（Corinthian maid）的传说中，一个女性试图留住即将出征的恋人的影像。她顺着烛光追寻恋人在墙上投下的轮廓，画下了不久就将离去的爱人的影像。这幅图像使用来代表那个不在场的人。这幅肖像，指向某个曾经存在的自我，采取了废墟的形式。这个身份的废墟结构向它自己里面坍塌了。失落于过去的乱石堆中，自画像

① ［美］乔丽·格雷厄姆著，金雯译：《众多未来》，上海人民出版社，2020年，第110—111页。
② 《打破风格》，第108页。
③ 《众多未来》，第109页。
④ 《圣经》，中国基督教协会印发，1996年，第104页。

在把‘在场’这一要素作为对象来表达的同时，又暗示了那个艺术家描绘的对象的缺席。自画像同时合并了缺席和在场的元素，它变成了代表废墟的符号——而德里达则将它与我们肉身的必死性以及自我结构的无常性捆绑在了一起。”① 自画像是废墟的符号，隐喻了废墟。乔丽·格雷厄姆的自画像系列诗在潜意识里将已经消失的神话人物借助诗歌的方式加以投射，通过类似机器的投影表明神话人物就是另一个自我。

加拿大诗人小说家玛格丽特·阿特伍德（Margaret Atwood，1939—）的诗歌《达芙妮与劳拉等等》也是这个古典神话的重述与改写，诗中写道：

他是那个在我变化之前
我看见的人，
在树皮/毛皮/雪封住
我的嘴巴之前，在我的眼睛长出眼睛之前。

我不该表现出害怕，
或不该那样露腿。
他怀疑的观看——
我不是有意要看！
只是，她的脖子比我
想象的要脆弱得多。

神不会倾听理由，
他们需要他们的必需品——
那脊骨底部晒黑的
纹线，那些漱口水般的牙齿，
那珍珠般点缀上唇的
汗滴——

① ［美］K. 马尔科姆·理查兹著，陈思译：《德里达眼中的艺术》，重庆大学出版社，2017年，第128—129页。

或者那是在法庭上所说的话

为什么交谈，当你可以耳语？
沙沙地，如同干叶子。
在床下。

这里很丑陋，可是很安全。
我有八根手指
和一只壳儿，住在角落里。
我整夜不睡。
我致力于
我自己的这些观念：
毒液，一张网，一顶帽子，

他在奔跑，
他正请求着，
想要这要那。①

玛格丽特·阿特伍德的诗歌《达芙妮与劳拉等等》的叙事视角发生改变，《变形记》的第三人称叙事，她的诗歌改成了第一人称叙事，即以达芙妮的视角展开叙事。这种叙事范式的改变，主要是强调一种在场感，它与题材挪用相关。詹姆斯·O. 扬指出："题材挪用有时也称为'声音挪用'（voice appropriation），它尤指一个外来者以第一人称描述当地人生活的行为。"② 玛格丽特·阿特伍德的诗是对古典神话的改写，是以一个现代人的身份，描述神话人物的生活行为。诗歌的语境由神话远古转移到现代生活，自然环境也由温润潮湿的地中海岸转换到冰天雪地的北极地带，诗歌语言戏谑，充满了调侃意味。如，诗中达芙妮的反思："我不该表现出害怕，/或不该那样露腿。"

① ［加］玛格丽特·阿特伍德著，周瓒译：《吃火》，河南大学出版社，2015 年，第 468—470 页。
② ［英］詹姆斯·O. 扬著，杨冰莹译：《文化挪用与艺术》，湖北美术出版社，2019 年，第 6 页。

“我不是有意要看！/只是，她的脖子比我/想象的要脆弱得多。”这样的诗句应该是现代人的观念。达芙妮不仅反思，而且还自我贬损，她说，“这里很丑陋，可是很安全。/我有八根手指/和一只壳儿，住在角落里。”达芙妮自比乌龟、螃蟹或者八爪鱼之类的爬行动物，解构了神话神圣性。

2020年诺贝尔文学奖获得者美国诗人露易丝·格丽克（Louise Glück，1943—）的诗《神话片段》写到了阿波罗与达芙妮的神话：

> 当那位固执的神祇
> 带着她的礼物向我追来
> 我的恐惧使他心碎
> 所以他跑的更快
> 穿过湿草地，一如既往，
> 赞美我。我看到赞美声中的
> 囚禁；冒着他的琴声，
> 我祈求大海里的父亲
> 救救我。当
> 那位神祇到达时，我已消失，
> 同情阿波罗吧：在水边，
> 我逃脱了他，我呼唤了
> 我那不可见的父亲——由于
> 我在那位神祇的双臂中变得僵硬，
> 关于她那萦绕不去的爱
> 我的父亲不曾
> 从水中流露任何表示。[①]

与玛格丽特·阿特伍德诗歌《达芙妮与劳拉等等》一样，露易丝·格丽克对阿波罗与达芙妮神话的改写首先是叙事人称的改变。诗歌中的声音是女

---

① ［美］露易丝·格丽克著，柳向阳译：《直到世界反映了灵魂最深层的需要：露易丝·格丽克诗集》，上海人民出版社2016年，第315—316页。

神达芙妮的声音，由她来讲述自己的遭遇经历。但是，神话的基本情节未发生根本性的变化，依然是重述这个古典神话。其次，诗歌中达芙妮对自己的父亲见死不救无动于衷的举动，表达了不满和埋怨。显然这是女性主义思想的表达，父亲代表着男权，放纵权力对女儿侵害，成了父权或男权的原罪。

作为艺术题材的阿波罗与达芙妮神话在被无数艺术家挪用时，大部分都着重表现其爱情主题。美国学者吉尔伯特·海厄特在《古典传统：希腊罗马对西方文学的影响》一书中指出："最早的实验性歌剧是1594年在佛罗伦萨上演的《达芙妮》（Daphne）。作品由奥塔维斯·里努契尼（Ottavio Rinuccini）撰写，佩里（Peri）和卡契尼（Caccini）配乐。该剧改编自奥维德的故事：杀死怪龙皮同（Python）的阿波罗被丘比特的嫉妒之箭射中，爱上了坚贞不屈的达芙妮，后者最终变成了一株月桂树（我不清楚《达芙妮》的作者们是否知道古希腊最有名的乐曲之一是一段描绘阿波罗和皮同搏斗的标题音乐）。"① 奥塔维斯·里努契尼的歌剧《达芙妮》大概是自奥维德之后，重述改写这个古典神话的艺术文本。

追溯阿波罗与达芙妮的神名词源，最初男神阿波罗与女神达芙妮并无关联，由于奥维德《变形记》等神话学者的叙写编撰，才使得两位神祇勾连在一起。但是，他们之间还存在着一种微妙的联系，据学者研究，"达芙涅为一古老的植物，失去其独立性，成为阿波罗的表征。在德尔斐，竞赛中获胜者，奖以桂冠（《希腊道里志》Ⅷ48.2），德尔斐有所谓的'达芙涅福里亚节'，届时，人们则手持月桂枝。"② 阿波罗与月桂树有关大概是因为他的风流韵事经古典神话学者的附会才得以产生。"通观阿波罗这一形象，古希腊神话的历史演变清晰可见。古老之阿波罗神被赋予种种植物的特质，与农事神和畜牧神相近。他被称为'达弗尼斯'，'爱月桂树的达芙涅者'。"③ 此外，达芙妮即月桂树，仅是一种解释。达芙妮还有"露水"之意。而"阿波罗的别称'福玻斯'意即'洁净''光明''预言'"④，一般称为太阳。太阳与露水相

① ［美］吉尔伯特·海厄特著，王晨译：《古典传统：希腊罗马对西方文学的影响》，北京联合出版公司，2019年，第117页。

② 魏庆征编：《古代希腊罗马神话》，北岳文艺出版社，1999年，第749页。

③ 同上，第655页。

④ 同上，第654页。

遇都不可能，相爱纯属牵强附会。但是，西方艺术家并不从科学角度书写这个神话，而是选择爱情主题加以再现。无论是达芙妮变成月桂树的瞬间，还是对这个神话的“现代化”改写，传统的文学遗产，得以在现代艺术中延续。

无论是作为造型艺术的绘画与雕塑，还是作为语言艺术的诗歌，西方艺术史从未间断过对阿波罗与达芙妮这个古典神话的书写。通过不同艺术形式的书写改写，各种艺术文本之间交织叠加，或传承续写，如，贝尼尼的雕塑源自奥维德的《变形记》，而努拉·尼·古诺尔的诗歌则是对贝尼尼雕塑的文字再现。或颠覆改写，如玛格丽特·阿特伍德与露易丝·格丽克诗歌以现代女性视角审视古典神话，改写了这个神话并运用“为我所用”的策略，是古典神话重现生机。同一题材的古典神话被不同艺术反复书写，神话主题历经多个世纪嬗变并深深融入各种艺术之中。这些不同艺术文本之间的频繁转换再现，形成跨艺术的文化景观与艺术文本之间互文性的重叠，使得古老的神话在现代艺术中复活并植根于现代人的心灵。

神话与地理：北岳恒山在浑源或曲阳之争的历史地理分析

复旦大学大同市中华民族寻根工程研究院

王露飞　刘永利　李　辉

摘　要　五岳是中华民族天下观的具体表现，是中国崇敬祖先山神、帝王封禅祭祀、五行学说和宗教思想等结合成的五方群山之首，包括东岳泰山、南岳衡山、中岳嵩山、西岳华山、北岳恒山。因为舜帝遇大雪封山而在曲阳遥祭北岳，历史上出现了北岳恒山在河北曲阳和山西浑源两地的争议。根据中国最早的地理经典《山海经》内容分析，北山经都在山西境内北延，上古的北岳位置应该在山西。尽管自汉至明都在曲阳祭祀北岳，部分文献也记述北岳恒山在河北曲阳，但是历代都有大量文献说明浑源恒山才是北岳正位，并在恒山大量修建庙宇。《道藏》沿用的五岳真形图至少可以追溯到汉代，其形状与五岳地形俯视图基本吻合，其中北岳真形图只能与浑源恒山对应，而不能对应曲阳山地，更证明山西恒山才是真北岳。曲阳山地海拔一千多米，而浑源恒山主峰海拔两千多米，巍峨挺拔，才能担当北山之首。本文从先秦文献记载、天文地理、民族起源、五行哲学、文化意义等分析，证明北岳恒山在山西浑源。

关键词 北岳恒山；地理位置；山西浑源；《山海经》；五岳真形图

中华五岳是中国古代崇敬祖先山神、帝王封禅祭祀、五行哲学和宗教思想等结合而成的五座山岳，是指东岳泰山、南岳衡山、中岳嵩山、西岳华山、北岳恒山。《尚书正义》中首次提到“四岳”一词，并记述舜帝巡守四岳①。“五岳”一词始见于《周礼·春官·大宗伯》：“以血祭祭社稷、五祀、五岳。”② 此书虽成书于战国，但五岳的整体文化内涵在此前早已形成。《山海经》一书涵盖上古天文地理、历史神话、山河矿藏、医药等多个方面的内容，共十八卷。其中，前五卷分别为南山经、西山经、北山经、东山经和中山经，书中梳理了三皇五帝时期的历史逻辑并构建出中华五岳的雏形，甚至在西山经中明确提到今天的华山、泰山、衡山、恒山，这更加确定山海经的叙述逻辑符合五岳整体思想。《山海经·西山经》：“东望恒山四成，有穷鬼居之，各在一抟。”③ 这里较早提到恒山，其具体位置较难考证，大约在槐江之山（疑今陕西白于山）的东方。然而，五岳之中的东岳、南岳、中岳和西岳在地理位置上均未有争议，北岳恒山的地理位置却一直以来争论不休。华夏文明在东亚起源演化依靠山川河流，重新梳理恒岳地理位置与中国传统哲学、天文地理、宗教思想的逻辑，对于重新认知华夏文明一脉相承的思想，具有重要意义。

一、北岳恒山地理位置的争议缘起

中华五岳不仅是指五座山岳和山岳上的名胜古迹等物质载体，更是指在此基础上形成的文化内涵。这种文化内涵由中国传统哲学、帝王封禅祭祀、宗教信仰和中华早期文明等相互贯通。所以五岳信仰起源于中华文明起源之初，历史渊源非常久远。

《山海经》是中国最早的地理著作，可能是传说中的五帝时代（龙山文化

---

① ［汉］孔安国：《尚书正义》，北京大学出版社，2000 年，第 47、71 页。
② ［清］孙诒让：《周礼正义》卷三十三，中华书局，1987 年，第 1314 页。
③ 袁珂：《山海经校注》，上海古籍出版社，1980 年，第 45 页。

时期）流传下来的经典，其记述逻辑以山为经、以海为纬，其中前五卷的山经是以南、西、北、东、中的逻辑排列。这一逻辑奠定了早期五岳思想的雏形。《山海经·西山经》：“西山华山之首，曰钱来之山，其上多松，其下多洗石。”① “又西六十里，曰太华之山，削成而四方，其高五千仞，其广十里，鸟兽莫居。”②《山海经·东山经》：“又南三百里，曰泰山，其上多玉，其下多金。”③《山海经·海内经》：“南海之内，有衡山，有菌山，有桂山。”④ 五岳的几座山脉都在其中首要突出，这说明五岳思想很早就出现在《山海经》中。《山海经·北山经》中明确记载了山西一带的山脉。根据其中可以确定的黄河、汾河等地理位置来判断，北次一经以吕梁山脉为轴，北次二经以管涔山（恒山山脉）为轴，北次三经以太行山脉为轴。西岳华山、东岳泰山、南岳衡山都在各方山经的正中部位，北岳恒山理应也在北山经的中间部位。《山海经·北次二经》：“又北三百里，曰北嚻之山，无石，其阳多碧，其阴多玉。”⑤ 这里记载的北嚻山，就是现在山西浑源的恒山，可能就是北岳。“嚻”字的现代普通话读音为 xiāo，而古代读音中与“岳”是同一个声部（疑母 ŋ）的，很可能是通假。另外，《山海经》中还提到嚻是一种鸟：“有鸟焉，其状如夸父，四翼、一目、犬尾，名曰嚻。”⑥ 而五岳真形图中的恒岳真形图，正是一目、四翼、犬尾的组合。所以根据《山海经》的规范，北岳应该是山西境内的恒山。

那么恒山的地理位置怎么会出现浑源和曲阳之争呢？这是有历史原因的。《尚书·舜典》：“岁二月，东巡守，至于岱宗，柴。望秩于山川，肆觐东后。协时月正日，同律度量衡。修五礼、五玉、三帛、二生、一死贽。如五器，卒乃复。五月南巡守，至于南岳，如岱礼。八月西巡守，至于西岳，如初。十有一月朔巡守，至于北岳，如西礼。”⑦ 据传，舜帝曾祭祀北岳，到达今河北曲阳时，大雪封山，又有灵石安王石飞来，遂建飞石殿遥祭北岳恒山。恒

① 袁珂：《山海经校注》，上海古籍出版社，1980 年，第 21 页。
② 同上，第 22 页。
③ 同上，第 104 页。
④ 同上，第 458 页。
⑤ 同上，第 82 页。
⑥ 同上，第 83 页。
⑦ ［汉］孔安国：《尚书正义》，北京大学出版社，2000 年，第 71 页。

山西起吕梁山脉的管涔山，东至太行山脉，沿着西南东北走向，横亘于山西境内，蜿蜒数百公里。古代到达山西浑源的恒山，路途非常艰辛，一般从河北的平原地带，自曲阳进山，过阜平，穿越平型关，才能上到恒山。舜帝在进山途中遇到大雪封山，无法上恒山，只能在山道口上找个小山“遥祭”恒山。“岳”古字是山上之山，在古代虔诚的信仰驱使下，没有理由在巍峨高耸的恒山和太行山下，选一个相对低矮的小山作为北岳。然而正是这一历史事件，使得恒山祭祀之地有河北曲阳和山西浑源之争。随着时间推移，远古文献轶散渐多，文字记载聚讼纷纭，学者对于古北岳地理位置的考据也莫衷一是，很多学者都以曲阳为北岳所在。北魏郦道元所作《水经注》载：“又东南过中山上曲阳县北，恒水从西来注之。滱水自倒马关南流与大岭水合，水出山西南大岭下，东北流出峡，峡右山侧，有祇洹精庐，飞陆陵山，丹盘虹梁，长津泛澜，萦带其下。东北流注于滱。”① 北宋沈括所作《梦溪笔谈》载：“北岳恒山，今谓之大茂山者是也。半属契丹，以大茂山分脊为界。岳祠旧在山下，石晋之后，稍迁近里。”② 《五岳祭祀演变考论》认为这段话透露出北岳祭祀之地曾从处在边境的大茂山下内移③。

北岳位置的当代代表性描述应属《中国历史地理大辞典》和《中国古今地名大辞典》，两者均明言，自汉唐至宋明皆以河北曲阳大茂山作为北岳，清朝时期改祀于山西浑源④。一些学者认为，造成清末改祀北岳于山西浑源的原因主要有两个：一是认为元、明时期战乱频繁，导致河北曲阳人口减少和庙宇损毁，而山西浑源在战争中保留大量文化遗址。然而，这种说法是不切实际的。山西浑源是北方重要军事要塞，战乱造成的损毁绝不亚于河北曲阳。实际上，浑源现有文化遗址的数量超过曲阳，这进一步说明浑源继承了恒岳思想，才发展出大量宗教庙宇。二是认为浑源在北魏后期公元490年始在天峰岭脚下修建悬空寺和其他神殿，这给朝中改祀派提供了改祀缘由。这种说法更加不切实际。修建大量神殿宗庙，正式从侧面说明浑源恒岳思想影响之大、祭祀不断。“三代而

---

① ［北魏］郦道元著，陈桥驿校证：《水经注校证》，中华书局，2007年，第285页。

② ［宋］沈括：《梦溪笔谈》，中华书局，2015年，第235页。

③ 牛敬飞：《五岳祭祀演变考论》，清华大学博士论文，2012年，第185页。

④ 史为乐：《中国历史地理大辞典》，中国社会科学出版社，中华书局，2005年，第717页；臧励和：《中国古今地名大辞典》，商务印书馆，1931年，第621页。

下，历秦汉隋唐，俱于原封之山致祭。至五代，失河北之地。宋有天下，未能混一，北为契丹所有，后以白沟河为界，所以祭北岳恒山于真定府曲阳县，俗传有飞来石之说”①。结合“北为契丹所有”，说明宋代无法亲临浑源恒岳祭祀，加之“飞来石之说”，便在曲阳遥祭。尽管顾炎武《北岳辨》驳斥了这种说法，但文中认为“宋初，庙为契丹所毁，淳化二年重建”②。虽然曲阳自汉唐至宋明时期作为遥祭恒岳之地，但浑源北岳也修建了大量宗庙来祭祀恒山。因此，曲阳仅为遥祭之地，古北岳的本体在大同浑源县。

从舜帝于河北曲阳遥祭恒岳形成传统开始，汉唐至宋明一直在河北曲阳祭祀，但浑源恒岳也修有北岳庙等大量宗庙来祭祀恒山。因此，虽然汉唐至宋明时期的文献多记载北岳在曲阳，但清末还是正式把古北岳祭祀地改回浑源。两地之间因为历史原因而就恒岳正名归属争议不休。然而，现今有学者仍然仅仅从晚近而有限的文献出发，拘泥于人云亦云的文字记载中，缺乏对中华早期文明、阴阳五行哲学、天文地理等视角的理解，完全忽视了浑源恒山在历史上留下的名胜古迹、历史佳话和文化内涵。从中国传统哲学、宗教思想、天文地理、中华民族起源等多种角度来重新推理，我们可以重新认识浑源北岳与多种文化内涵一脉相承，尤其是北岳背后折射出的文化之源。

二、古代对北岳恒山在浑源的认知

文学人类学把文化传统分为大、小传统，把文字出现以前的文化传统称为大传统③。中华民族起源早期的阴阳五行思想就是用一些图案记录的，然后逐渐见诸于笔端。因此，基于先秦典籍和中华早期文化思想，以及图形符号，更有利于追根溯源。《山海经》是一部先秦古籍，其中山经五卷的记载就是早期五岳的雏形。《山海经·北山经》明确记载了山西境内的山脉。《山海经·北山经》：“北次二经之首，在河之东，其首枕汾，其名曰管涔之山。其上无

---

① ［明］马文升：《请厘正祀典疏》，见《三晋石刻大全·大同市浑源县卷续编》，三晋出版社，2015年，第333页。

② ［清］顾炎武：《北岳辨》，见《顾亭林诗文集·亭林文集》卷一，中华书局，1983年，第8页。

③ 胡建升：《人文肇元：史前彩陶图像与华夏精神》，《民族艺术》2020年第1期。

木而多草，其下多玉。汾水出焉，而西流注于河。”① 北山之首为管涔山，且是汾水的发源地，属于恒山山脉的西南首。这说明《山海经》认为山西境内的恒山山脉是北山的中心。前文也述及，《山海经·西山经》中提到槐江之山东望恒山。《西山经》的《西次三经》从黄河之南的崇吾之山向西北进入陕西境内，过了五座山之后到了陕西西北周人发源地的槐江之山（白于山），从陕西西北东望的方向是恒山，所以恒山在山西境内是合理的，而到更东面的河北境内就不太合理了。

而历史上对于古北岳在山西浑源这一认知，也并不都是模糊的。明洪武十三年（1380年）《重修古北岳庙碑》载：“维浑源恒岳，为古北岳，德配玄冥，巍然弈然，蓄纳风气”，“粤自有虞氏受禅岁十一月北巡狩，帝躬行望秩。虽牲币之数，爵号之等，其祥靡闻，所以致崇极于岳神者尚矣。厥后飞石东迁，卒建祠于曲阳，历代因之，永以为典，恒山之祠废不复之。”② 这段记述了舜帝十一月北巡恒山时，因大雪阻路，不能前行，就在距恒山百里之外的曲阳遥祭北岳。谁知正祭拜间，突然一块巨石从天而降，坠于帝前，舜帝深感北岳之灵应，遂将此石封为“安王石”，后人在曲阳的“飞来石”下修建了飞石殿，称为北岳下庙。因此，古人知道北岳祭祀地点的变迁缘由。

尽管河北现存有北岳恒山遗址，这只是舜帝遥祭改祀之后由历朝历代所建立，并存有表现遥祭浑源恒山的遗迹。《北岳庙建立飞石殿的年代及原因初考》一文中提出，作者在实地考察过曲阳北岳庙内的飞石殿遗址后，对照历史典籍、历代碑文碑刻内容的记载，考证出殿阁是受“灵石东飞”传说影响而修建的③。《曲阳北岳庙壁画》认为北岳庙是从汉代至清初历代帝王遥祭北岳恒山之地，同时陈述了作者对北岳壁画绘制年代和具体画幅内容形式的观点④。前文“灵石东飞”的传说和在河北曲阳遥祭北岳在壁画上得以印证。河北曲阳飞石殿也同样证实因“灵石东飞”一事，遂建飞石殿。

虽然千百年来帝王一直在河北曲阳遥祭北岳恒山，但自古以来的古建筑

---

① 袁珂：《山海经校注》，上海古籍出版社，1980年，第79页。

② 李玉明、王雅安主编，陈学锋分册主编：《三晋石刻大全·大同市浑源县卷》，三晋出版社，2013年，第43页。

③ 吕兴娟：《北岳庙建立飞石殿的年代及原因初考》，《文物春秋》2005年第5期。

④ 李长端、周月姿：《曲阳北岳庙壁画》，《美术研究》1985年第4期。

群表明浑源恒山香火不断、延续至今，如北朝的悬空寺、真武帝庙等文化遗址的修建。《魏书·释老志》："恭宗见谦之奏造静轮宫，必令其高，不闻鸡鸣犬吠之声，欲上与天神交接，功役万计，经年不成。"① 悬空寺最初的原型为静轮宫，要求悬于空中。《魏书·释老志》："可移都南桑干之阴，岳山之阳，永置其所。给户五十，以供齐祀之用，仍名为崇虚寺。"② 岳山就是北岳，说明北魏拓跋晃时期也仍然在北岳不断祭祀。最初悬空寺为"玄空阁"，取自道家"玄"和佛门"空"，体现了宗教思想的融合发展。后因"玄"与"悬"同音，寺庙悬于翠屏峰上，改为悬空寺。郦道元《水经注》："台榭高广，超出云间，欲令上延霄客，下绝嚣浮。"③

到了唐代也有相关记录。《旧唐书》卷一百九十一云："张果者，不知何许人也。则天时，隐于中条山，往来汾、晋间。时人传其有长年秘术，自云数百岁矣。尝著《阴符经玄解》，尽其玄理。则天遣使召之，果佯死不赴。后人复见之，往来恒州山中。"④ 张果老曾"往来汾、晋间"，"往来恒州山中"，这说明张果老曾于山西恒山中修行。张果老虽是八仙之一，但新旧唐书均有张果老的人物原型。现在浑源恒山上仍有果老岭、果老洞、通元谷等多处遗迹。据传，果老岭深浅约二三寸的小圆坑很像畜牲蹄踏印痕，就是张果老倒骑毛驴出入恒山时留下的驴蹄印。民间有诗写道："蹒跚云路岑头挪，凹石相传张老过。想是婆婆来度世，故留遗迹使人摩。"

清代记录就更明确。据《山西通志》所述，北岳恒山下曾建北岳庙，历史上曾多次重修。清光绪《山西通志》载："恒山之巅曰天峰岭，下建北岳观。左岩窦曰还玄洞，右为飞石窟，两崖壁立，豁然中虚，相传为曲阳安王石符券，上建后土祠镇之。"⑤《晋乘蒐略》是一本编年体山西通史长编，其中明确记载了北岳庙的建造历史。"弘治十四年，敕扩修北岳恒山祠庙。庙创自元魏太武帝太延元年，景明初灾，唐武德间复建，金天会、大定间重修。金末毁于兵，元复建。元末毁，明重修，明洪武中复建。"⑥ 除了历代修建北

① [北齐] 魏收：《魏书》，中华书局，1974 年，第 3053 页。
② 同上，第 3055 页。
③ [北魏] 郦道元著，陈桥驿校证：《水经注校证》，中华书局，2007 年，第 314 页。
④ [后晋] 刘昫：《旧唐书》，中华书局，1975 年，第 5106 页。
⑤ [清] 王轩等纂修：《山西通志》卷三十八，三晋出版社，2015 年，第 2116 页。
⑥ [清] 康基田编著，杜士铎等点校：《晋乘蒐略》卷二十九，三晋出版社，2015 年，第 1595 页。

岳庙祭祀恒山外，浑源恒岳还留有大量文化遗址。例如，三教合一的悬空寺、果老岭、虎风口等。浑源恒岳的主峰天峰岭海拔达两千多米，更是高于曲阳主峰。浑源自秦汉始建到明清，已建成“三寺四祠九亭阁，七宫八洞十五庙”的恢弘建筑群。无论从自然景观还是宗庙建筑，浑源文化遗址的数量都远大于曲阳。这是人们世世代代对祖先的崇敬，体现了浑源恒岳香火不断，中华民族发祥地的祭祀绵延不息。

三、北岳恒山祭祀意义的缘起

五岳是帝王封禅之地，昭示着君权神授的思想，浑源恒山地理位置符合中国传统哲学思想。从方位上看，北方属水。《史记》中记载秦始皇认为自己的王朝为水运王朝，周王朝属火，以水克火。水运王朝属阴，数字上使用六。二十八星宿中北方七宫是玄武，玄武帝即颛顼帝。《史记 · 五帝本纪》：“其孙昌意之子高阳立，是为帝颛顼也。”① 又说：“有土德之瑞，故号黄帝。”② 颛项为黄帝之孙，亦承袭土德，当地百姓亦承袭土德。以土德克北方水。《山海经》：“北次二经之首，在河之东，其首枕汾，其名曰管涔之山。其上无木而多草，其下多玉。汾水出焉，而西流注于河。又北二百五十里，曰少阳之山，其上多玉，其下多赤银。”③ 管涔山、少阳山、汾水等均位于山西境内。少阳相火，北方属水，百姓属土，火生土，土克水，水克火，形成五行哲学中的人地平衡。《史记 · 五帝本纪》：“帝颛顼高阳者，黄帝之孙而昌意之子也。静渊以有谋，疏通而知事；养材以任地，载时以象天，依鬼神以制义，治气以教化，絜诚以祭祀。北至于幽陵，南至于交阯，西至于流沙，东至于蟠木。”④ “申命和叔；居北方，曰幽都。”⑤ 其中幽陵和幽都应指同一地名。《淮南子 · 修务训》：“北抚幽都，南道交趾。”高诱注：“阴气所聚，故曰幽都，今雁门以北是。”⑥《淮南子 · 天文训》：“北方，水也，其帝颛项，其佐玄冥，执权

① ［汉］司马迁：《史记 · 五帝本纪》，中华书局，1982 年，第 10 页。
② 同上，第 6 页。
③ 袁珂：《山海经校注》，上海古籍出版社，1980 年，第 79 页。
④ ［汉］司马迁：《史记 · 五帝本纪》，中华书局，1982 年，第 11 页。
⑤ 同上，第 19 页。
⑥ ［汉］刘安编，何宁撰：《淮南子集释》卷十九，中华书局，1998 年，第 1312 页。

而治冬。"① 由此可知，颛顼居北方，应为幽都即今山西雁门一带，是阴气所聚之地。而少阳山之少阳与幽都北方厥阴符合阴阳平衡之道。因此，恒岳也理应在山西一带，且位于《北次二经》之上。《水经注·滱水》："滱水出代郡灵丘县西北高氏山。"②《山海经》："高氏之山，滱水出焉，东流注于河者也。"③ 代郡灵丘县即今天的山西大同灵丘县，其西北高氏山即今浑源恒山一带。所以浑源恒山很有可能在历史上被称为高氏山。如前所述，颛顼居山西，号高阳氏。浑源恒山一带很有可能是颛顼部族驻守的地方，受此影响而被称为高氏山。此外，浑源恒山也曾被称为崞山，历代有较多记载。《辞海》："崞，山名。一在山西浑源西北，一在山西原平西北。"《水经注》说："又东，崞川水注之。水南出崞县故城南，王莽之崞张也。县南面玄岳，右背崞山，处二山之中，故以崞张为名矣。"④ 因"县南面玄岳"，所以崞县应在浑源西北，而崞山当位于恒岳一带。"崞"字属形声字。"崞"字从"山"，"享"声。"享"属会意字，本作"亯"。《说文》注：享，献也。《诗经·小雅·楚茨》有"以享以祀"⑤。如此看来，"享"字多指供奉、祭献之意。"崞"属形声，本为山名，便不难推出有祭山之意。因此，历史上浑源北岳虽名称有所更迭，但都体现出祭祀、北方玄武等义项。从五行阴阳哲学及地名分析来看，浑源恒山得天时地利人和。

五岳是帝王祭祀祖先，祈求国泰民安的庄严之地，其地理位置必须是中华民族起源之地。三山五岳形成的丰富祭祀文化，正如祭祀三皇五帝一般。《史记·封禅书》："昔三代之君皆在河洛之间，故嵩高为中岳，四岳各如其方。"⑥ 可见嵩山之所以为中岳，是因为华夏王朝起源于河洛。而整个中华民族的起源则更早，一万多年前桑干河流域的小米驯化形成的农业经济，孕育了中华民族核心的汉藏语系族群⑦。现今的考古学、语言学、遗传学等证据都表明，汉藏族群起源于桑干河流域。大约八千年前，桑干河的先民南下覆盖

---

① ［汉］刘安编，何宁撰：《淮南子集释》卷十九，中华书局，1998 年，第 188 页。
② ［北魏］郦道元著，陈桥驿校证：《水经注校证》卷十一，中华书局，2007 年，第 284 页。
③ 袁珂：《山海经校注》卷三，上海古籍出版社，1980 年，第 79 页。
④ ［北魏］郦道元著，陈桥驿校证：《水经注校证》卷十三，中华书局，2007 年，第 311 页。
⑤ 周振甫：《诗经译注》卷五，中华书局，2010 年，第 319 页。
⑥ ［汉］司马迁：《史记·封禅书》，中华书局，1982 年，第 1317 页。
⑦ 李辉、金雯俐：《人类起源和迁徙之谜》，上海科技教育出版社，2020 年，第 145 页。

当地的贾湖文化，形成裴李岗—磁山文化，后来发展成仰韶文化；大约六千年前北上到西拉穆伦河等流域覆盖当地的赵宝沟文化，形成红山文化①。这一早期扩张是汉族和藏缅族群的起源过程。而整个汉藏族群的发源地桑干河流域，则是早期族群记忆中的圣地，是炎黄二帝会盟的地方，是黄帝南下所经之地。在这一地域，最巍峨的山峦就是浑源的恒山，以此为北岳来拜祭是非常合理的。虞舜作为中华正朔，宣称唐尧之子、颛顼之孙，大雪封山后在河北曲阳遥祭北岳，这是作为帝王宣示正统所不能马虎的。从信仰的严肃性来判断，北岳恒山必须是浑源境内的巍峨高山。

四、从五岳真形图分析北岳原属地

信仰是早期文明的内核。中华文明的起源内核在于对天地万物的阴阳平衡、三才造化和五行生克的信仰认知。在文本起源之前，这些信仰通过图形崇拜来展示和传承。而五岳是五行崇拜的地理表现，也留下了相应的图形符号，即神秘的五岳真形图（符）。五岳真形符，又称五岳大灵符，归属于上清部天枢院投押，其符文曰："上清五岳真形符者，入山能伏狼虎，入水能伏龙蜃。佩之吉祥，不遭患难及虫蚊损害。屋宇飞鸟入屋作怪，虫蛇出现并仰具状。"② 符用梓木做成板，可钉于宅门上，或佩在身上。因为早期五岳相关文物研究不足，目前对五岳真形图的绘制方法和绘制年代多以文献记载进行考证，主要文献包括《洞玄灵宝五岳古本真形图》和《汉武帝内传》，而学界对考证结果莫衷一是③。相传，五岳真形图是三天太上所绘，《云笈七籤》载："上皇清虚元年，三天太上道君下观六合，瞻海河之长短，察丘山之高卑，名立天柱，安于地理。植五岳而拟诸镇辅"④，"乃因山源之规矩，睹河岳之盘曲，陵回阜转，山高陇长，周旋逶迤，形似书字。是故因象制名，定

① 李辉、金雯俐：《人类起源和迁徙之谜》，上海科技教育出版社，2020 年，第 153—158 页。

② 《上清天枢院回车毕道正法》卷上，见《道藏》第 10 册，文物出版社、上海书店、天津古籍出版社，1988 年，第 479 页。

③ 董舒心，李剑锋：《〈五岳真形序论〉与〈汉武帝内传〉〈海内十洲记〉之成书》，《齐鲁学刊》2018 年第 4 期。

④ ［宋］张君房编，李永晟点校：《云笈七籤》卷七十九，中华书局，2003 年，第 1797 页。

实之号，画形秘于玄台，而出为灵真之信。”① 这表明五岳真形图是观察五岳周围的地形所绘。《太平广记》卷三引《汉武帝内传》：“帝问：此书是仙灵方耶？不审其目，可得瞻盼否？王母出以示之曰：此五岳真形图也。昨青城诸仙，就吾请求，今当过以付之。”“诸仙佩之，皆如传章。道士执之，经行山川，百神群灵，尊奉亲近。”② 《抱朴子内篇校释》：“上士入山，持三皇内文及五岳真形图，所在召山神，及按鬼录，召州社及山卿宅尉问之，则木石之怪，山川之精，不敢来试人。”③ 由此可见，五岳真形图是依据五岳俯视图所绘，是道士巡游山中的护身地图，历史悠久，至少可以追溯到汉魏时期。

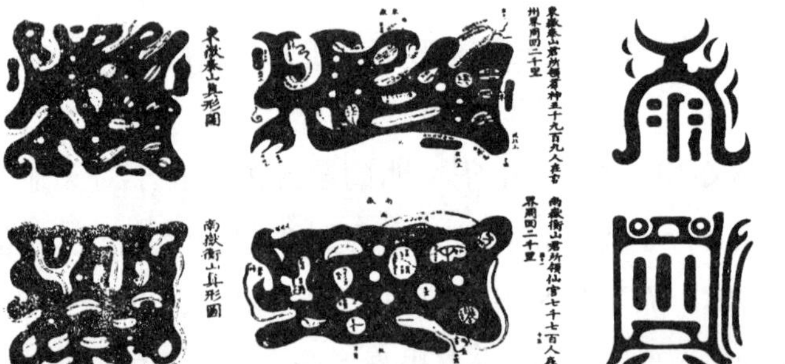

图一 五岳真形图的各种样式

① ［宋］张君房编，李永晟点校：《云笈七籤》卷七十九，中华书局，2003 年，第 1798 页。

② ［宋］李昉等编：《太平广记》卷三，中华书局，1961 年，第 18 页。

③ ［晋］葛洪著，王明校释：《抱朴子内篇校释》卷十七，中华书局，1985 年，第 300 页。

目前流传的五岳真形图，主要有两个版本。一是明正统（1436—1449年）刊本《道藏·洞玄部·灵图类》记载的《洞玄灵宝五岳古本真形图》，另一个是明万历二年（1574年）所刻的“五岳真形图碑”①。两个不同版本的五岳真形在图形并无太大出入，而每个图形对应的山岳却有错位，南岳、西岳和北岳的图形有互换。从考古上来看，宋代五岳真形铜镜上的图案和明清时期的出土图案一致，这说明五岳真形最晚在宋代以前已经演变成现行版本，不过宋代铜镜上每个图案代表哪一山岳并没有说明②。据考证来看，古本五岳真形要早于五岳真形图碑③。

图二　道藏所刊五岳真形图

① 曹婉如、郑锡煌：《试论道教的五岳真形图》，《自然科学史研究》1987年第1期。
② 周璞、肖宇：《常州博物馆藏五岳真形镜考述》，《东方博物》2019年第1期。
③ 董舒心、李剑锋：《〈五岳真形序论〉与〈汉武帝内传〉〈海内十洲记〉之成书》，《齐鲁学刊》2018年第4期。

《道藏》："五岳真形者，山水之象也。盘曲回转陵阜，形势高下参差，长短卷舒，波流似于奋笔，锋铓畅乎岭崿。"① 结合前文所述，均表明五岳真形可能与山川地理位置有关。1910 年，日本地理学家小川琢治绘制了泰山等高线地形图与东岳真形进行对比，认为两者非常相似②。后来，这一重要研究成果被李约瑟收录到《中国科技史》一书中。因此，早期的五岳真形应该是按照每座山岳的地形绘制的。后来，由于五岳驱邪除魅的寓意广泛流传，人们逐渐绘制出简化了的五岳真形。明代以后，五岳真形图碑混淆了五岳真形与具体山岳的对应关系。

《试论道教的五岳真形图》一文认为，五岳真形图根据五岳平面山川河流等地形所绘制，其中东岳泰山最为明显③。我们对照现代的遥感图，系统分析五岳，也明显可以看出各个山岳与《道藏》真形图有显著的对应关系。西岳华山的山形有明显的圆形区域，圆区内部靠南有较小圆形坑区包围两个小峰，靠北有两条东西向的山岗，圆形区域北侧有多条外展的山岗，这与西岳真形图完全一致。北岳恒山的俯视形状明显像一片向南伸展的叶子，叶尖在西南部三清殿之南龙凤亭处，叶面西北延展出三条山岗，北岳庙处为独立山头即北岳真形图中的一独立点。中岳嵩山的南缘是明显的东西向笔直山岗，整个山区外形方正，中间山脊有圈有点，与中岳真形图一致。南岳衡山主要是数条东南向的平行山脊，中间三条粗短的山脊是最为明显的，其北还有斜方形盆地，是惟妙惟肖的南岳真形图。历史上因为以霍山潜山陪祀南岳衡山，所以也有误会霍山为古南岳的，但是以真形图对照就真假立判了。东岳泰山的山形更加是公认的符合东岳真形图，大致呈一个从西北到东南的"雨"字形。所以可见五岳真形图是基本符合目前五岳的俯视山形的。

---

① ［汉］东方朔：《洞玄灵宝五岳古本真形图》并序，见《道藏》第六册，文物出版社、上海书店、天津古籍出版社，1988 年，第 735 页。

② ［日］小川琢治：《近世西洋交通以前の支那地図に就て》，《地学杂志》1910 年第 22 期。

③ 曹婉如、郑锡煌：《试论道教的五岳真形图》，《自然科学史研究》1987 年第 1 期。

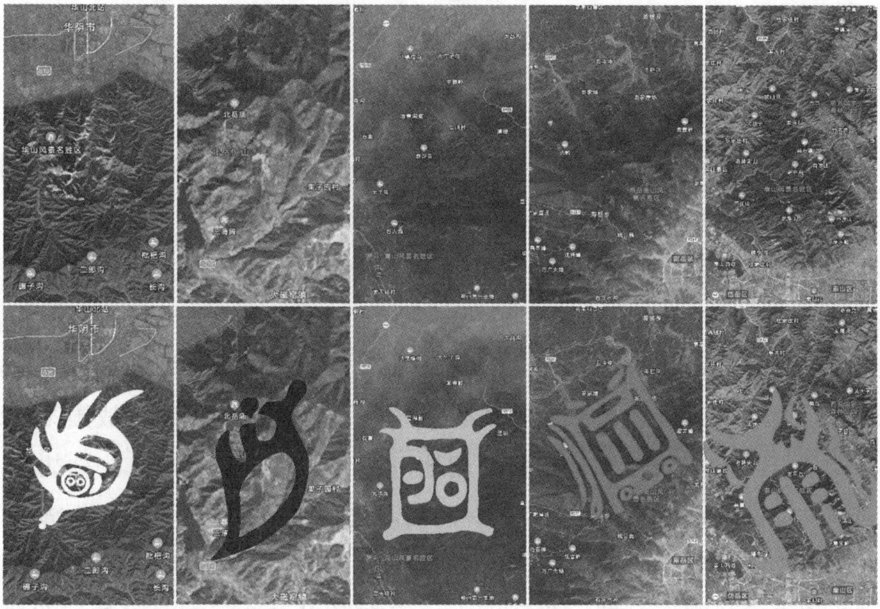

图三　五岳遥感图与五岳真形图的对照

（依次为西岳陕西华山、北岳山西恒山、中岳河南嵩山、南岳湖南衡山、东岳山东泰山）

北岳真形图符合浑源恒山的形势，那是不是也符合曲阳大茂山的形势呢？我们对照大茂山的山形，无法看到树叶的形状，而是西北到东南向的七条大致平行的山岗，两头又有西南至东北向的山岗，大致呈斜窗形。可见从北岳真形图的形状判断，浑源恒山符合古北岳的形象，而曲阳大茂山则并不相符。

图四　北岳真形图与山西浑源恒山和河北曲阳大茂山的遥感图对比

五、结论

中华民族是一个同根同源、一体多元的民族。从中华文明肇始，中华民族共同体在上古初具雏形起，中国就有着明确的天下观，四海之内皆为我国，并以五岳四渎的祭祀来向天地和万邦宣示这一主权。五岳为五方群山之首。北岳必须是北山中巍峨耸立者，山西浑源恒山主峰天峰岭海拔 2016.1 米，而河北曲阳境内最高海拔 1000 多米。所以浑源的北岳恒山在虞夏之前就为祭祀之地。后来由于民族迁徙，这一区域的居民结构改变了。据《战国策释地》载："今山西岢岚州以北，故楼烦胡地也；大同、朔州以北，故林胡地。"[①] 大同至内蒙古河套一带，春秋时为林胡活动之地。由于舜帝遥祭和林胡活动，北岳恒山改祀至河北曲阳。秦统一天下之后，奠定了后世许多思想基础。从舜帝改祀之后到明清时期，北岳恒山的官方祭祀之地就在今天的河北曲阳。尽管如此，浑源北岳恒山文化依然发展繁盛，大量宗庙陆续修建。明弘治六年（1493 年），兵部尚书马文升议祀北岳于曲阳改为浑源，时任礼部尚书的倪岳予以反驳，奏议没有生效[②]。清嘉靖二十五年（1546 年），户科陈棐上疏要求改祀北岳于浑源，且时任曲阳县知县周寅认为陈棐的说法"亦正论也"，但最终被驳回[③]。清顺治十七年（1660 年），帝允刑部给事中粘本盛之请，始改祀浑源[④]，改祀之争历时 150 余年。至此，北岳恒山才重新回到浑源县。

---

① ［清］张琦：《战国策释地》卷上，中华书局，1985 年，第 9 页。

② ［明］马文升：《题为厘正祀典事疏》，见《明经世文编》卷六十二，中华书局，1962 年，第 513、514 页。

③ 齐仁达：《明清北岳祭祀地点转移之动态考察》，《史学月刊》2009 年第 9 期。

④ 《清实录》顺治十七年三月，中华书局，1985 年，第 1027 页。

释“感”

——其原始取象与神话思维索解

四川省社会科学院神话研究院　林科吉

摘　要　“感”是传统文化的关键词。其原始取象是“咸”字，它表象的是一个巫师作法通灵的仪式行为，是通天地、阴阳的神话意象。在创世神话中，世界景象是一片混沌，充满了原始的气或水，通过阴阳二气的交感，才产生了天地万物。而神话英雄的诞生，也源自天父地母的二元对应、相感相生。古人很早就认识到太阳光对世间万物和人类生存的重要作用，当帝王自拟于太阳时，一般人也积极追求光明，希望受到“灵光”照射。因此，天地相感和灵光的存在，成为传统文化的认识论基础，圣人可以通过巫术仪式实现身体的灵化，或者通过象征符号的创制，感应和接收上天的灵力，从而超越“类感”，达到“感通”的境界。

关键词　感；原始取象；神话思维

“感”字由甲骨文“咸”字演变分化而来，到了现代汉语中，由其组成的基本词汇包括了人类活动中用于获取基础信息的“感官”、表现内心体验的“感动”以及较为高级的精神性活动之“美感”等等，可以看出，这些词汇及其内涵都显示了相当的“西化”倾向，基本上已看不到其原本涵蓄的民族文化与精神的丰富信息了。换句话说，由于我们习惯性地将其放在心理学、生物学、美学等西化学科的范畴中加以界定，导致其在华夏文明中的特殊内涵没有得到很好的清理。

从“感”（咸）的原始取象及其在经典文献中的用例来看，它充分体现了“地方性知识”的特征，凸显了前人观察与思考世界的角度以及想象和虚构的方式。《说文》：“感，动人心也。从心，咸声。”① 《周易·咸卦》：“天地感而万物化生，圣人感人心而天下和平。”王弼注：“二气相与乃化生也。”孔颖达疏：“天地二气若不感应相与，则万物无由得应化而生。”《周易·咸·彖辞》：“咸，感也。柔上而刚下，二气感人心而天下和平。”② 钟嵘《诗品序》写道：“气之动物，物之感人，故摇荡性情，形诸舞咏。”③ 《天工开物》解释砖瓦的性质云：“砖瓦百钧，用水四十石，水神透入土膜之下，与火意相感而成。水火既济，其质千秋矣。”④

古人用“感”说明事物起源，将“感”作为实现自然和谐与社会政治理想之最佳手段，并用“感”来阐明艺术审美功能，甚至以之解释属于实用技术范畴的砖瓦制作的工艺特征和原理。一般来说，“感觉”或“感知”是运用感觉器官捕捉外界信息，达到知觉、认识对象的目的，这个行为的发出者应该是有生命之物。但汉语“感”字的适用范围几乎无所不包，自然物和人类都能有感，不但有形之物，连阴阳二气皆可互感，已经远远超出了有生命、有感知、有意识的生物科学的范畴，也打破了物种间隔。而“感”的结果则能“化生”万物，创生出新的东西，所以“感”具有生产性、创生性。另外，通过“感”的作用还可强烈影响人类情感和心理，圣人和音乐都可以“感化”普通人，从而提升人们的道德品格。总之，“感”字所表达的意义和价值达到了对自然、个人、社会的全覆盖，这可能是其他任何汉字都无法与之相比的。我们不得不感叹一句：“感”之为用大矣哉。

① ［汉］许慎：《说文解字》卷十“心部”，中华书局，1963 年。
② 李学勤主编：《周易正义》卷第四“咸”字条。北京大学出版社，1999 年，第 139—140 页。
③ 郭绍虞主编：《历代文论》（一卷本），上海古籍出版社，2001 年，第 106 页。
④ ［明］宋应星：《天工开物》，语见“陶埏·砖”篇，中华书局，1978 年。

一、“感”字原形取象及其神话思维

关于“感”的原形字“咸”，甲骨文。徐中舒指出：卜辞中“咸”用于人名，咸亦称咸戊。咸、咸戊即经籍所见之巫咸，亦称巫戊。咸戊为殷之元臣，功比伊尹，并列于先王受祀，其祭礼之隆亦与先王相同①。甲骨文《合集》记载：“㞢犬于咸戊。”（903）“禾酒咸。”（893）“癸卯鼎（贞）：咸我禾来岁受，隹（唯）。”（33256）“……酒，明雨；伐，［既］雨；咸伐，亦［雨］；椎卯，鸟大启，昜（陽）。”（11499）② 卜辞中“咸”或“咸戊”出现的次数较多，他作为重要的祭祀对象，应是商王族祖先中的重要一员，也很可能在征战中起到重要作用，但其最重要的身份应该是一位大巫。甲骨文中，戊、戌、戉、咸等字差异极小，都从斧头（即钺）取象，在青铜时代，这显然是表现至高武力和无上权力的象征符号。

以白川静为代表的日本学者专门讨论过“咸”及其相关的汉字，其主要观点认为“咸”是“口”与“戊”结合而成，“口”是盛放祝告文的容器，其上置“戊”（钺）是将祈祷的功效封存在“口”中。神灵夜里来访，对祈祷做出回应，神的心动即是“感”③。按白川静等人的解释，“咸”字造型上“象事”的倾向似更明显，主要表现了巫师作法降神的方法、所用之工具及效果。

巫在殷商社会是一个重要的群体，“咸”则可被视为巫师集团中最著名者。《山海经·大荒西经》：“大荒之中有山，名丰沮玉门，日月所入。有灵山，巫咸、巫即……巫罗十巫，从此升降。百药爰在。”④ 在众多巫师中首称“巫咸”，可见他为首席巫师无疑。这里的“巫咸”跟卜辞中“咸戊”或“咸”很难说就是同一个人，因为这些相同的名字出现在不同的史籍、不同的时代，但是我们或许可以推测，巫师“咸”因其神通广大，作为巫师长而成了群体的共名。正如学者们指出“荷马”是指吟游诗人这个群体，以及盲人诵诗这种传统（“荷

① 徐中舒：《甲骨文字典》（上），四川辞书出版社，2003 年，第 92 页。

② 郭沫若：《甲骨文合集》，中华书局，1982 年。

③ ［日］白川静著，苏冰译：《白川静常用字解》，九州出版社，2010 年，第 57 页。另见［日］小山铁郎著，刘名扬译：《神秘的汉字》，重庆出版社，2018 年，第 225 页。

④ 周明：《山海经集释》，巴蜀书社，2019 年，第 497—498 页。

马传统”)，而非某个具体的盲诗人。“咸”或“咸戊”在卜辞中自然是专名，很可能是商王家族中的一位出色人物，同时也是一个大巫师，但后来变成了集体名，成了一个跨越时代和地域的名称，用以指称神通广大、能沟通天地因而拥有无上权威的神人、圣人，关于这一点，传说中巫咸跟黄帝、帝尧和殷中宗都产生了关联亦可为证①。这是典型的“历史的神话化”的结果，原本可能是具体的历史人物，在后来的传说中变成了神话人物②。

再看这位大巫做了什么，是如何做的。

《山海经》这段文字给了我们丰富的文化信息。“丰沮玉门”之山是“日月所入”的地方，说明此山位于天地交接之处，按神话宇宙观，日月应从此处沉入海里，经过一夜的水下（黄泉国）旅行，第二天重新升起，完成一个神圣的生死循环③。但是，日月落下后能否重新升起，就如人死能否重生，在古人看来是同一个问题，他们感到极大困惑和恐惧，于是寄希望于巫师，冀其施展法力帮助死者获得重生。这首先要求巫师自己能够上天入地，打通阴阳和生死界限，所以他们跟普通人不同。“百药爰在”实际上传递了同一个信息，此“药”即是能够起死回生的仙草。故事中“丰沮玉门”和“百药爰在”暗示出，巫师们依靠的通灵工具是“药”和“玉”。《说文》云：“靈，靈巫，以玉事神。从玉，霝声。靈，或从巫。”④ 在《山海经》故事里，巫师们实际上是依靠了双重辅助工具和材料才获得了入地通天的神功。

从中国文学人类学关于神话的N级编码理论看，甲骨文字属于二级编码符号，显然是青铜时代或者金属时代的意识形态符号，而“玉门”“百药”则更可能是文字出现之前的一级编码符号。一级编码以草和玉为象征，二级编码则以金为符号。《山海经》里讲述神话的时间显然已进入“铜石并用”的时代或者完全的青铜时代⑤，但玉文化“大传统”的神话信仰仍然存在。也就是说，

① 据典籍所载，“昔黄帝将战，蓍于巫咸”，他又成为“帝尧之医”，并为“殷中宗之臣”。参见周明：《山海经集释》，巴蜀书社，2019年，第498页注释五。

② 神话学大师伊利亚德提到，“集体记忆”会将“事件化约为范畴，个体化约为原型”。历史事件的记忆在两三个世纪后会被修正，以适应上古心态的模子，甚至只需要短短数年时间，真实事件即转变为传说故事。见［法］耶律亚德著，杨儒宾译：《宇宙与历史：永恒回归的神话》，台北联经出版事业公司，2000年，第36—37页。

③ 参见叶舒宪：《中国神话哲学》，陕西人民出版社，2005年。

④ 见［汉］许慎：《说文解字》卷一“玉部”，中华书局，1963年。

⑤ 就“神话时间”而言，可分为神话所讲述的时间和讲述神话的时间。

虽然“咸”字表明殷商时代的“主流意识形态”已经进入金属信仰阶段，但神话传说中并没有抛弃、掩盖无文字的石器时代传承下来的信仰。《说文》释“巫”：“祝也，女能事无形，以舞降神者也。……古者巫咸初作巫。”① 许慎直接将巫咸当成巫的始祖当然是不对的，因为最早的巫师不可能用到钺这种金属的法器。在许多神话叙事中，“以玉事神”的“灵巫”和以“金”事神的“咸巫”出现并存的现象，实际上是反映了“铜石并用”的时代特征。

《国语·楚语》载：“及少皞之衰也，九黎乱德，民神杂糅，不可方物。夫人作享，家为巫史，无有要质。……乃命南正重司天以属神，命火正黎司地以属民，使复旧常，无相侵渎，是谓绝地天通。”② “夫人作享，家为巫史”意味着人人都可攀援那棵通天树上上下下，跑到天上的神仙那里去做客。“绝地天通”之后只有颛顼帝指定的御用巫师才有资格做这件事，而其“执业资格证书”就是这把大钺，它不但具有唯一性、排他性，而且具有杀伐宰制的无上威权。

由此，我们也可大略推知，巫师所用之通神工具由“草”而“玉”而“金”，体现了象征符号的“贵重化”和权力的集中化的高度相关性③。

“绝地天通”绝对是一个极其重大的文化事件，对巫师职业来说，相当于将“民营”收归“国有”，许慎“古者巫咸初作巫”的说法，实际上是一种“国家神话”的话语，要么没有看见，要么不承认处于民间的巫。我们采用N级编码概念加以观照，对“咸”的原始取象以及对巫的职能、巫的工具当有更为全面的认识，并可由此进一步理解其背后的神话信仰和神话思维的特征。

二、“感化”：宇宙万物的起源

创世神话是一个民族文化精神的根本，它安排了世界秩序和人类的位置，提供了观照世界的角度和思考事物的出发点，也体现了民族精神和心理的特质。

① 见［汉］许慎：《说文解字》卷五“巫部”，中华书局，1963年。

② 徐元诰：《国语集解》，中华书局，2002年，第514—515页。

③《诗经》里还大量反映出使用各种植物进行咒祝活动。在商代，不单是青铜大钺，更有青铜大鼎等，都被视为“能协于上下，以承天休”的通天神器。

（一）混沌——创世前的世界

在全世界各民族的创世神话中，有一个最大的共同点即创世之前的状态是一片“混沌”。古代苏美尔神话讲，大地漂浮于原初咸海库尔（Kur）中，原水升出地表之上，四处横流，全部疆土一无所生，于是神尼努尔塔（Ninurta）就在库尔之上堆积石块，石碓阻遏了声势浩大的洪水，这样库尔的水再也无法升到地面。至于横流全国的水，尼努尔塔加以挹集，导入底格里斯河[①]。阿卡德神话提到：太初的时候只有一团黑乎乎的东西，分不清界限来[②]。古埃及神话也提到最初的世界只有水，在水中诞生了太阳神拉（Ra）。《圣经》中明确提到：在宇宙天地尚未形成之前，黑暗笼罩着无边无际的虚空和混沌[③]。赫西俄德《神谱》中也说：最先产生的确实是卡俄斯（混沌）[④]。

华夏各民族的创世神话中，天地未分时同样是一片“混沌”。《老子》第二十五章载：“有物混成，先天地生。”[⑤]《淮南子·精神训》则说：“古未有天地之时，惟像无形，窈窈冥冥。”[⑥] 我国汉族民间神话《黑暗传》讲述了盘古生于水的故事：“一片黑暗和混沌，天地茫茫无一人。乾坤暗暗如鸡蛋，迷迷蒙蒙几千层。盘古生在混沌内，无父无母自长成。那时有座昆仑山，天心地胆在中心，一山长成五龙形，五个嘴唇往下伸，五个嘴唇流血水，一齐流到海洋内，聚会天精与地灵，结个胞胎水上存，长成盘古一个人。”[⑦]

彝族史诗《查姆》讲：“远古的时候，天地连成一片。上面没有天，下面没有地，分不出黑夜，分不出白天。”[⑧] 土族创世史诗《混沌周末歌》说：“周天一气生混沌，无天无地并无人；混沌无极生石卵，混沌初分一元生。石卵它在石地圆，滚来滚去八百年；有朝一日石卵破，内中走出盘古仙。”[⑨] 阿昌族神话《遮帕麻与遮米麻》中说：远古之时，无天无地，只有混沌。混沌

① ［美］萨缪尔·诺亚·克拉莫尔著，叶舒宪、金立江译：《苏美尔神话》，陕西师范大学出版社，2020年，第96页。

② 姬耘：《巴比伦神话故事》，中国民族摄影艺术出版社，1998年，第100页。

③ 张永仲：《两个创世故事——创造与服从》，《中国天主教》2018年第6期。

④ 王振军：《论〈神谱〉的哲学叙事》，《南阳师范学院学报》2017年第1期。

⑤ 蒋锡昌编著：《老子校诂》，成都古籍书店，1988年，第166页。

⑥ 张双棣：《淮南子校释》，北京大学出版社，1997年，第719页。

⑦ 转引自林佳焕：《〈黑暗传〉整理研究30年》，《长江大学学报》2011年第7期。

⑧ 郭思九、陶学良整理：《查姆》，中国国际广播出版社，2016年，第4页。

⑨ 陶阳，钟秀著：《中国创世神话》，上海人民出版社，1989年，第55页。

之中，无明无暗，无上无下，无依无托，无边无际。不知何年何月，混沌中闪出一道白光，有了光明，就有了黑暗，有了黑暗，就有了阴阳；阴阳相生诞生了天公遮帕麻和地母遮米麻①。彝族创世史诗《阿细的先基》中“最古的时候”说，天地未有开辟之前，“云彩有两层，云彩有两张”，“轻云飞上去，就变成了天”，“重云落下来，就变成了地”②。

（二）“气化”：华夏文明特有的创生观念

在原始混沌状态，原初的物质往往是气或者水，这是生命产生的基本要素。殷商时代，甲骨文中反映出河神（黄河神）崇拜和祭祀，也是因为河水带来了鱼类，并具有促使谷物生长的神奇功能，人类赖之以生存。典籍中记载黄帝以姬水成，炎帝以姜水成，正因为河水的创生功能和水道运输作用，才能造就强大的政权。兄弟民族神话中讲：“万物生于水，我祖水中生。”③

但是在中国古代神话哲学里，气比水更具有原初性。《管子》云：“凡物之精，此则为生。下生五谷，上为列星；流于天地之间，谓之鬼神；藏于胸中，谓之圣人。是故名气。”④《礼记·月令》：“孟春之月也，天气下降，地气上腾，天地和同，草木萌动。”⑤《列子·天瑞》：“轻清者上为天，浊重者下为地，冲和气者为人；故天地含精，万物化生。”⑥王充说：“天地合气，物偶自生矣。”⑦王维诗云：“行到水穷处，坐看云起时”（《终南别业》）。可见，“气”比之于“水”是更高的存在之境。

“两希”创世神话中有“泥土造人”母题：上帝吹入灵气，使用泥土造的第一个人亚当成了“有灵的活人”。女娲抟黄土造人是同样的母题，但没有吹入气息的细节，似乎我们传统的造人故事中泥土自然禀赋了灵魂，因为先有气后有形，气是比形更为持久的生命形态。古代农学家告诉我们，为什么粪便可以做肥料促使庄稼生长呢？那是因为粪便虽是人体将食物精华吸收后

---

① 转引自罗夏梓平：《阿昌族史诗〈遮帕麻和遮米麻〉的文化分析》，《怀化学院学报》2019年第1期。

② 张德鸿：《阿细的先基》，云南人民出版社，1978年，第6—7页。

③ 彝族典籍《六祖史诗》，见刘尧汉：《中国文明源头初探》，云南人民出版社，1985年，第37页。

④ ［春秋］管仲著，李勉注译：《管子今注今译》（下册），台湾商务印书馆股份有限公司，1988年，第166页。

⑤ ［唐］孔颖达：《礼记正义》，中华书局，1957年，第223页。

⑥ 杨伯峻：《列子集释》，中华书局，1979年，第8页。

⑦ 北京大学历史系《论衡》注释小组：《论衡注释》，中华书局，1979年，第207页。

的废弃物，但仍然有余气的缘故。

“气”是“存在的根基”，阴阳二气相交，新的事物即诞生，这一观念在文学作品中也得到了鲜明的体现。《西厢记》卷四第六、七节描写莺莺月下烧香并叹气，于是“……香烟人气，两般儿氤氲得不分明”①。面对此人此景，张生断定“小姐此叹必有所感”。这个情节的高妙，即是用可见之“气”来表现不可见之“感”；这也是一种预示，表明张生虽然在言语上仍然未通款曲，却已受到这种“气”的感染，与之产生了心意上的相通。鲁迅小说《故乡》中提到，“我”与闰土已经隔绝了，但我们的后辈却还是“一气”。所谓“同声相应”“同气相求”，成人之间因为各自的经历和所受教育的不同而产生了隔膜，但“人”终究在天然属性上是相通的。可以看出鲁迅作为反传统的启蒙思想家，当他发现闰土们已经难以唤醒，又反过来到传统文化中寻找到聊以慰藉的希望。公元7世纪时，日本天皇的一首悼亡诗中有“浓雾笼其间”一句，白川静认为是暗示灵的出现，并说：“把云和雾，看成是死者的、或者离得很远的人的灵魂的表象，是古代人一般的观念。”②

在古人看来，最初的生物属于“无中生有”，都是“气化”所致，因此形成了一个重要的创生概念。一个新生的事物或者一个伟大人物之将兴，可以通过对“气”的观察得以预知。《鸿门宴》中范增说：“吾令人望其气，皆为龙虎，成五彩，此天子气也。”③ 帝王宝座“花落谁家”尚不明朗，但其气的存在已被侦知，因而可对形势作出准确预判。历法中有二十四节气，这不仅仅是农业生产的时节问题，人们也需要过节，而过节的重要目的当是为了“感气”，与天地“同气”，从而“参与”到宇宙自然的勃勃生机中④。

---

① ［清］金圣叹批评，傅晓航校点：《贯华堂第六才子书西厢记》，甘肃人民出版社，1985年，第95页。

② ［日］白川静著，王巍译：《中国古代民俗》，春风文艺出版社，1991年，第32页。

③ ［汉］司马迁：《史记·项羽本纪》，中华书局，1982年。

④ “参”“赞”是传统文化的重要概念，如“与天地参”“参天地，赞化育”等。另：［英］简·艾伦·哈里森谈到仪式的功能，是旨在重构一种情境，而非再现一个事物，因而仪式的目的不是为了“模仿”，而是为了“参与”（participate）。哈里森这里的意思是：仪式的参与者产生了对族群和社会的归属感，也即 take part in，成为其中的一员。两相比较，中西文明差异显然。参哈里森著，刘宗迪译：《古代艺术与仪式》第一、二章，三联书店，2008年。

三、“感生”：神话英雄的诞生

《竹书纪年》记载：“帝舜有虞氏，母曰握登，见大虹意感而生舜于姚墟。”① 《河图·始开图》：“黄帝，名轩，北斗黄帝之精。母地祇之女附宝，之郊野，大电绕斗枢星，耀感附宝，生轩，胸文曰‘黄帝子’。”② 《诗纬含神雾》：“摇光如鲵贯月，正白，感女枢，生颛顼。”③ 《拾遗记》：“帝之妃，邹屠氏之女。…… 妃常梦吞日，则生一子，凡经八梦，则生八子，世谓之八神。”④ 这里的“帝”即为帝喾。据史学家考证，帝俊、帝喾、帝舜是同一人，而这些“帝”亦应为太阳神。

土家族有女子吞食水中之物怀孕生子的感生神话。始祖卵玉把天地射开后，见世上没有人烟，便伤心地哭了。女娲娘娘劝卵玉不要哭，要她一直沿着黄河走，如看见 8 个桃子从上流漂下来时，务必捡起来吞食掉，即使是一朵桃花，也要捡起来吞掉，这样世上就会有人烟了。卵玉照着女娲的话去做了，就有了身孕。怀孕 3 年零 6 个月，终于生下了 8 儿 1 女⑤。

据袁珂先生的解释：“这些感生神话，都反映了原始氏族社会前期母系社会‘民知有母而不知有父’（《商君书·开塞》）的真实情况。一方面‘不知有父’，另一方面人们又要去追究那些相传曾经领导过他们对大自然进行斗争、有过创造发明的著名人物（多半是所谓‘圣王’）的来历，于是就不能不创造神话以为解答了：这就是感生神话的所由起。”⑥ 王孝廉也提到，“感生神话与处女怀胎的信仰是源于古代的母神信仰，感生而怀胎的处女往往也就是民族的原始母神”⑦。列维—布留尔则认为感生是一种互渗律想象的反映：

---

① 方诗铭：《古本竹书纪年辑校》第 12，中华书局，1981 年。

② 《河图始开图》，见［日］安居香山、中村璋八：《纬书集成》，河北人民出版社，1994 年。转引自杨建军：《远古帝王及三王感生神话考》，《西北民族研究》2000 年第 2 期。

③ ［汉］无名氏《诗纬含神雾》，转引自杨建军：《远古帝王及三王感生神话考》，《西北民族研究》2000 年第 2 期。

④ ［晋］王嘉《拾遗记》卷一。转引自杨建军：《远古帝王及三王感生神话考》，《西北民族研究》2000 年第 2 期。

⑤ 陶阳、钟秀：《中国创世神话》，上海人民出版社，1989 年，第 55 页。

⑥ 袁珂：《古神话选释》，人民文学出版社，1979 年，第 53 页。

⑦ ［日］王孝廉：《中国的神话世界》，作家出版社，1991 年，第 179 页。

“婴儿并不是受孕的直接结果；不受孕也可以生出来。受孕可说只是为母亲接受和生出那个已经形成的、居住在地方图腾中心之一的婴儿魂作准备。”①

列维—布留尔属于心理学倾向的解释，袁珂、王孝廉则属于历史学倾向的解释，他们的观点无疑代表了对感生神话的主流看法。这些神话学大家的解释自有其道理，但并不妨碍我们从其他的角度来考察这一类型性特征非常明显的神话故事。有学者研究了《史记》中记载的八则感生神话，其感生神灵为龙的故事有3个，为玄鸟的2个，为天、为日、为巨人的各1个，可以看出这些感生神话故事似乎生发自同一“神话原型”②。我们发现这些感生神话有一个明显的“原型性结构”，即属于阳性的、父性的一方出于或处于天空，而属于阴性的、母性的一方则存在于地面，前者在上位，后者在下位，前者是神，后者是人，也就是说两个处于不同范畴的神和人产生了感应，从而诞生了一个半神半人的英雄人物。其中的“底层逻辑”即是天/地的二元对应与感应相生的关系，在此观念下才产生了“天父地母”神话，由此，我们可以说“感生”是通天地、阴阳的结果。

四、“灵感”与太阳崇拜

（一）太阳崇拜与早期帝王传说

传说时代的帝王几乎都跟太阳神挂钩。《山海经·大荒南经》：“羲和者，帝俊之妻，生十日。”帝俊是太阳的父亲，自然也是太阳神。《帝王世纪》记载：帝喾刚出生时，自道其名为“俊”。王国维认为“俊”是商代高祖中地位最显赫者。《山海经·大荒西经》言“帝俊生后稷”。颛顼帝号“高阳”，也是太阳神。根据何新、叶舒宪、王孝廉等人的研究，伏羲、黄帝、尧、炎帝、太昊、少昊、汤等许多古帝王很可能自原始太阳神演化而来，都代表了上古时代的日神③。而现世的帝王也都以祭祀日神为己任。《礼记·郊特牲》：

① ［法］列维—布留尔著，丁由译：《原始思维》，商务印书馆，1981年，第331页。

② 于玉蓉：《〈史记〉感生神话的生成谱系与意蕴变迁》，《民族文学研究》2019年第4期。

③ 何新：《诸神的起源》（北京三联出版社，1985年）、王孝廉：《中国的神话世界》（作家出版社，1991年）、叶舒宪：《英雄与太阳》（上海社会科学院出版社，1991年）等著作的相关章节中皆讨论了这一主题。

"郊之祭也，迎长日之至也，大报天而主日。"郑玄注："天之神，日为尊。"孔颖达疏："天之诸神，唯日为尊，故此祭者，日为诸神之主，故云主日也。"

"黄帝"堪称华夏各民族的共祖，"黄"之一字，按《说文》"从田从炗"（即光）。从田从光的黄字，勿宁解为光字中加日的晄，即晃，实即日光之字。《风俗通》引《尚书大传》云："黄者光也、厚也，中和之色，德施四季。"①《释名》："黄，光也，犹晃晃像日光也。"②黄帝正是德施四季之光帝，是太阳神。而帝尧、舜、禹、汤，甚至文王，据《史記·五帝本纪》所云，既皆是黄帝后裔，也就都是太阳神的传说。如《易通卦验》云"尧之精阳，万物莫不从者"（精阳即阳精）③、《诗·皇矣》云"皇矣上帝，临下有赫"④。白族甲马纸中太阳神形象有两大类：一是一张圆圆的人脸，周围大放光芒；一是一位平常人的形象⑤。

在传统神话中，太阳神的神格特征应该说首先体现为光明，其次是其热力，再次才是其圆的性状⑥。《淮南子》云："若木在建木西，末有十日，其华照下地。"⑦若木是西方的太阳神树，其光华自然源于太阳。《礼记·礼器》云："大明生于东，月生于西。"⑧突出的还是太阳的光明，太阳神即是光明与灵感之源。可以推论，帝王们既然自拟为太阳，其自我画像也必然是以光芒作为其首要表征。

（二）"灵感"与日光崇拜

既然传说中的帝王都是太阳神，而作为这些帝王的后裔，华夏民族的每一个成员也就理所当然地分享了太阳的能量（或灵力）。《周易》所谓"天地之大德曰生"，每一样生物、每一个人都或多或少地得到了天帝之"德"，获得上天发射下来的灵光。《易·系辞》提到，伏羲作八卦"以通神明之德，以

---

① 转引自杨希枚：《中国古代太阳崇拜研究》（语文篇），见杨希枚：《先秦文化史论集》，中国社会科学出版社，1995年，第753页。

② 同上。

③ 同上，754页。

④ ［宋］朱熹注：《诗经·皇矣》，上海古籍出版社，1987年。

⑤ 张明曾：《白族的太阳崇拜》，《大理文化》2007年第5期。

⑥ 《淮南子·天文训》中不仅说日是火之精、阳之主，而且说"天道日圆"、"圆者主明"。圆而光明，即太阳神的性形之道。可参见杨希枚：《中国古代太阳崇拜研究》（语文篇），见杨希枚：《先秦文化史论集》，中国社会科学出版社，1995年。

⑦ 庄逵吉校：《淮南子·地形训》，台湾中华书局，1967年。

⑧ ［清］孙希旦：《礼记集解》，王星贤、沈啸寰点校，中华书局，2007年，第660页。

类万物之情”①。“通神明之德”可以理解为接受太阳的照射，这个主题在各地岩画中表现得非常突出，比如内蒙古白岔河畔第9组岩画，上方画一太阳神面具，其下一巨型母鹿正在分娩小鹿，一对男女正在交媾，性交的女人拉着一个幼童②。

帝王们自比于太阳，普照大地，泽被天下，一般人自然不可能成为太阳那样的发光体，也没有资格去照亮别人，但人们却无不希望接受阳光的照射，无不积极追求光明。因为只有受到光的照射，才能破其懵懂，变得有灵性，才能成为聪明伶俐的人。

关于“灵”字的解释，《字类》云：“小热貌。”③ 显然是个简化字或借用字，其原字“霝”，甲文作、、等形④。

《说文解字》：“霝，雨零也。从雨𠱠，象零形。《诗》曰：‘霝雨其濛’。”段注：“（零）各本作零。今依《广韵》正。霝与零义殊。许引《东山》‘霝雨’，今作‘零雨’，伪字也。《定之方中》：‘靈雨既零。’《传》曰：‘零，落也。零亦当作霝。霝亦叚靈为之。’《郑风》‘零露漙兮’，正义本作靈。笺云：‘靈，落也。靈落即霝落，雨曰霝零，艸木曰零落。’”⑤ 从这些用例看来，“霝”或写作“靈”，是“落”的意思，而“霝”与“落”又是同义词，而且都跟雨有关。而“霝”的甲骨文造形，也似乎可以看出雨点落下之象。

但还有另一解释。《广雅·释诂三》云：“霝，中空也。”⑥《汉语大字典》中“霝”字列出了两个主要义项，一是“降雨”，二是“中空”。“中空”即可透光之意。周清泉指出许慎将𠱠解作落下的雨滴是错误的，因为甲骨文“霝”中的竖笔和点已经是雨丝雨点了，而且根据“音以载义”的规则，“霝”音 ling，其字在甲骨文中有一口二口三口的，此口、吅、𠱠皆读 ling，是象空明的靈光形，是故“霝”是“靈”的本字。“霝”实质上是指透过林

① 李学勤主编：《周易正义》，北京大学出版社，1999年，第298页。

② 张松柏、刘志一：《内蒙古白岔河流域岩画调查报告》，《文物》1984年第2期。

③ 引自《汉语大字典》（缩印本）“灵”字条，湖北辞书出版社、四川辞书出版社，1995年，第917页。

④ 刘钊等编纂：《新甲骨文字编》，福建人民出版社，2009年，第626页。

⑤ ［汉］许慎撰，［清］段玉裁注，许惟贤整理：《说文解字注》第十一篇下“雨部”，凤凰出版社，2007年，第995页。

⑥ ［清］王念孙著，钟宇讯点校：《广雅疏证》释诂三，中华书局，1983年。

中枝叶的间隙投射下来的天光，其下㎜为光足、光柱的象形[①]。

“霝”之为字，到底取象于雨还是取象于光？“雨”字的甲骨文象形跟“霝”字上半部分没有区别，只是后者多了三个“口”形。两字都有“自上而下”、从天上发送到地面的含义[②]，难免在词义上有部分重叠，所以两字都有“落下”的意思在内。而且，不论落下的是雨还是光，在神话思维中二者都具备神圣性，都对植物生长产生神奇作用。上所引《郑风》笺注“雨曰霝零”一句，“零”之前用“霝”字，无疑表明农耕文明中对雨水的崇拜之情。《说文》玉部：“璽、靈，巫以玉事神。从玉霝声。靈、璽，或从巫。”[③] 在商代，巫师的一个重要职能是求雨，史载商汤王曾连续遭遇数年大旱，而以身祷于桑林。

“霝”字从雨和从光这两种看法并存，还有部分原因来自于用例中这两个含义存在重叠、混用、交叉，上所举例还可看出，在文字构造上也存在“层累式”叠加的现象。但我们认为，其原始取象仍然是可以明确判断的。“霝”作为神话意象和原型，形成了其特有的表征符号系统，并带有相应的神话观念。文庙的櫺星门虽只是立于露天之牌坊式构造物，却是其重要的标志性建筑物之一，其形制和名称值得注意。虽名为门，它实际上又采用了窗的形式，而窗正是书房的代称（“窗棂”即意指透窗之灵光）。櫺星门的仪式功能表明，凡经过此门者即受到灵光照射，从而进入神圣之境，成为孔圣门徒。《三国演义》中最聪明智慧的人姓诸葛名“亮”，字“孔明”；《水浒传》中智多星吴用号“加亮”，寓含赛诸葛之意。四川方言表达某人聪明，就说“脑瓜子灵光”、“脑壳空哨”、“开窍”等，初入学堂叫“发蒙”，网络流行语有“脑洞大开”等语。头盖骨名为“天灵盖”，头部的某个部位被称为“灵台”，相反，如果脑袋不灵光、不开窍，就是“木脑壳”“榆木疙瘩”。这些都是将人的脑袋隐喻为中空而能受光之器。故此，“霝”作为中空而受光的意象非常突出，我们明显看到了一个“意象和隐喻的脉络”，它已构成了汉语文化中独特

---

① 周清泉：《文字考古》第一册，四川人民出版社，2003年，第213—233页。

② 《说文》段注“雨”字云：“引申之，凡自上而下者称雨。”见［汉］许慎撰，［清］段玉裁注，许惟贤整理：《说文解字注》第十一篇下“雨部”，凤凰出版社，2007年，第993页。

③ ［汉］许慎：《说文解字》，中华书局，1963年，第13页。

的“典故与感受体系”①。

现代汉语“灵感”一词，其字源分别为“霝”与“咸”二字无疑，它们在构造上具有共同点，都有“口”形，我们认为，此“口”应该都是光照的意象，因为巫师在仪式中除了借助玉、金等法器，他们还要自拟于太阳，借助阳光体现其神圣性。英国“斯托肯巨石圈”是一座太阳神庙，每年夏至这天，太阳升起的位置恰与巨石圈外一块被称为“踵”的巨石排列成一条直线。美洲安第斯高原上的蒂亚瓦纳科曾是一个举行宗教仪式的中心场所，这里的太阳门是在整块巨石的中央凿一门洞，每年冬至和夏至，曙光就会穿过距太阳门一百米远的东方的小门，形成一道光柱一直照射到太阳门正中的太阳神像上。墨西哥古城废墟——特奥蒂瓦坎“每年的5月19日中午和7月25日中午，太阳就会直射在太阳金字塔顶上”②。在三星堆、金沙遗址中，我们都看到了太阳崇拜的种种象征形象，特别是青铜人的柱目及其特殊的手势，很可能是巫师跟阳光对接的造型。我们或许可以推知，“咸”“咸戊”的重要仪式行为，就是在特定地点、特定时间，通过占据太阳光柱所照射的神圣点位，达到与太阳光线合一，实现天地沟通，从而为人间获取太阳的灵光和上帝的能量。

五、“感通”与圣贤之养成

在神话观念中，“神”与“圣”是有区别的。《说文·示部》：“神，天神，引出万物者也。”③ 神是天神，圣则是人王。《易·咸》：“圣人感人心而天下和平。”④《周礼·大司乐》：“凡六乐者，一变而致羽物及川泽之示；再变，而致裸物及山林之示；三变而致鳞物及丘陵之示；四变，而致毛物及坟

① 弗莱十分注重一个民族所拥有的“由传统故事和原型典故构成的神话体系”，正是这个神话体系才能赋予其“共享的文化传统”。见［加］弗莱著，吴持哲译：《神力的语言》，社会科学文献出版社，2004年，第130页。

② 段守虹：《巨石建筑之精神诠释——有关对太阳崇拜的远古遗存之二》，《世界文化》2013年第6期。

③ ［汉］许慎：《说文解字》，中华书局，1963年，第8页。

④ 李学勤主编：《周易正义》，北京大学出版社，1999年，第140页。

衍之示；五变，而致介物及土示；六变，而致象物及天神。”① 所以，神与圣体现的是自然与人文的二分，前者有自生自化的功能，后者是效法天地而有所作为（“参赞”），讲究“人文化成”。

人类如何可能了解客观事物？传统知识论在回答这个问题时颇具特色。王阳明说：“盖天地万物，与人原是一体。其发窍之最精处，是人心一点归灵明。风雨霜露，日月星辰，禽兽草木，山川土石，与人原只一体。故五谷禽兽之类，皆可以养人；药石之类，皆可以养疾，只为同此一气，故能相通耳。”② 世间万物包括人类皆出于同一本源，最初始的元素都是“气”，在本质成因上是相同因而是可以相通的，因此“人皆可以为圣贤”。

不过，由于万物分殊，各归其类，一般的自然之物或普通之人受到各种先天、后天条件的限制，其所“感”的范围极其有限，只能在同类之间实现相感，即所谓“类感”（《文心雕龙·丽辞》：“龙虎类感”），超过物种界限就不行了，所以“风马牛不相及”。

圣人却能克服众人的不足而实现“感通”的境界。《易传·彖传》：“天地感，而万物化生。圣人感人心，而天下和平。观其所感，而天地万物之情可见矣。”③ 孟子说“万物皆备于我”。但是，如何才能超越“类感”而达到“通感”的圣人之境呢？陆游说“胸次岂无医国策，囊中幸有活人方”（《小疾偶书》），辛弃疾说“万金不换囊中术，上医元自能医国”（《菩萨蛮·赠张医道服为别且令馈河豚》）。过去的读书人“不为良相，则为良医”，又讲“治大国若烹小鲜”，似乎干好了医生和厨师就能当国家领导人了，这背后到底是什么话语逻辑呢？原来医和巫是同源的，中医药跟咸戊们举行通天仪式中所使用的“百药”仙草是相同的东西，哪些草可以治病、可以起死回生，他们可以凭借自己的“灵感”获得认识。

为了实现这一目的，圣人首先要实现“身体的灵化”，将身体转变成灵敏的感受器。在原始仪式中，巫师需要借助能够致幻的药草、仪式舞蹈与音乐，甚至祭肉的香气等，另外还有个特别重要的环节，即在神圣的时间和神圣的

---

① 《周礼·春官·宗伯第三》“大司乐”，见［汉］郑玄：《周礼郑氏注》，山东友谊书社，1992年。

② ［明］王守仁：《传习录》（上），见吴光等编校：《王阳明全集》卷一，上海古籍出版社，1992年。

③ 李学勤主编：《周易正义》，北京大学出版社，1999年，第139—140页。

地点让灵光钟注和照射其身，这些因素共同形成一个神圣之境。中医治病时讲究的“望闻问切”，也是建立在医生自身灵敏的感官知觉上的，其中的高明者甚至不需要“问”，不依靠病人的自述，而仅需医生凭借其“灵感”，即可准确判断病情。《红楼梦》第十回贾蓉要先介绍秦可卿的病，但高明的张太医却要先看脉。中医与病人之间应该超越了一般的“共情”或“同情之理解”的范畴，因为这只是暂时性的代入对方的位置去体验和感受，跟“感通”的存在论、认识论基础不一样。

其次，获取或者创制象征符号是实现“感通”的积极手段。比如河图洛书，是古代圣人得到上天授予的神秘符号；个别特殊人物因到上界做客，获得了“天书”或者秘密知识，从而成为大巫师或者首领，也是传统叙事中常见的母题。而《周易·系辞》则记载：“古者包羲氏之王天下也，仰则观象于天，俯则观法于地……于是始作八卦，以通神明之德，以类万物之情。”① 《淮南子·本经训》载：“昔者仓颉作书，而天雨粟，鬼夜哭。”② 这些“图”或者“文”当然不是抽象的文字符号，也不是指示性记号，它们本身就带有神圣的灵力，其创制者、拥有者或者研习者都能感受其巨大能量，并受到感染与同化，从而也就拥有了灵力（传统书画也正是在这一存在论、认识论基础上获得艺术生命力的）。

过去的东西并非全是糟粕，在传统文化语境中，人类的生命节律应该是与天地同步、跟四季合韵的，但受“现代文明”冲击后，原有的文化信息和生存智慧逐渐被遗忘。神话学家哈婷告诉我们：“……当一个文明面临伦理和经济——世界哲学——的断裂时，除了再次强调其文化的基础思想外，似乎别无他路。”③ 当我们在现实生活中感到越来越急躁时，重新挖掘传统智慧，可能会得到有益的启发。

---

① 李学勤主编：《周易正义》，北京大学出版社，1999 年，第 298 页。

② 何宁：《淮南子集释·本经训》，中华书局，1998 年。

③ ［美］艾瑟·哈婷著，蒙子等译：《月亮神话——女性的神话》，上海文艺出版社，1992 年，第 6 页。

纳西族神话史诗《创世纪》的英译研究[①]

贵州民族大学外国语学院　朱燕秋

摘　要　纳西族神话史诗《创世纪》位于纳西族的三大史诗之首，是被翻译得最多的纳西族典籍之一，也是国际纳西学界一直热衷研究的史诗之一。关于这部史诗的首位英语译者及其译本的探究，国际和国内学界争论已久，但依然莫衷一是。有学者认为约瑟夫·洛克是第一个认真研究纳西族《创世纪》的人，也有学者认为纳西族《创世纪》的汉译与外译始于1930年前后，主持者为美国在丽江的传教士安德鲁斯。然而，早在洛克和安德鲁斯来到中国之前，荷兰传教士伊莉斯·沙滕已经开始翻译纳西族典籍了，《创世纪》便是其中之一。但现在国内有关纳西族《创世纪》的翻译研究中，却难觅沙滕及其译作的踪迹。对纳西族《创世纪》英译的梳理与探究能够有助于更好地理解其百年来的英译流变及其在国内外纳西学界所具有的时代价值和文化意义。

关键词　纳西族；神话史诗；《创世纪》；典籍翻译；伊莉斯·沙滕；约瑟夫·洛克

① ［基金项目］国家留学基金委“2018 西部地区人才培养特别项目”（项目编号：201808520004）。

近年来，在“一带一路”战略背景下，中国少数民族文化外译越来越受到关注。挖掘具有代表性的少数民族经典文学，并将其译介到华语世界之外，使少数民族文化“走出去”，不仅能够在世界文化的场域里呈现出不同于主流文化的民族视角，也有助于民族文学在海外的传播和传承，逐渐改变民族文学在对外文化传播与研究中的边缘化态势。但是，据统计，在2004年以前，进入外国的中国少数民族文学作品仅有9部①。在2004年至2012年期间“走出去”的中国少数民族文学作品仅有10部中短篇小说集②。从这些数据可以看出，到目前为止我国少数民族文学外译的数量还是十分有限的。究其原因，这与少数民族文学对译者的要求密切相关。少数民族的文学作品，尤其是民族典籍的外译对译者的要求较多且较高。首先要求译者懂得并能够熟练运用民族语言和目的语，其次译者还需了解这两种语言的传统文化与表达方式。这就在无形中增加了外译的难度，因为能够达到这些要求的译者少之又少。于是，有的译者不得不采取先把少数民族语言文本译为汉语，再接着将汉语译为外语这一路径。但实际上这已经不是“直接翻译”了，而是一种“间接翻译”或“二手翻译”。在这种非直接翻译的过程中，文本需要历经从民族语言到汉语——英语的双重语言过滤。语言的双重过滤不仅有可能会导致文化信息的缺失，以至于影响到译文的纯真性和精准度，还有可能会导致能够真正“走出去”并在国外得以接受和传播的典籍更是罕见。尽管如此，纳西族的典籍却早在20世纪初就已经“走出”国门了，并在国际纳西学界产生了广泛和深远的影响③。现在，英国、美国、德国、荷兰等很多国家的图书馆里都收藏着纳西族典籍的手稿、译稿和相关文献。然而，关于纳西族典籍的首位英语译者及其译本的探究，国际和国内学界争论已久，却依然莫衷一是。英国人类学家安东尼·杰克逊（Anthony Jackson）梳理了从19世纪后期纳西族与西方的第一次“接触”到20世纪60年代期间，西方有关纳西族的研究成果。他指出，19世纪70年代，西欧开始出现有关纳西族的报道，19世纪末

① 陈珞瑜：《后殖民视域下的中国少数民族文学外译现状、策略、途径及出路》，《外国语文研究》2017年第5期。

② 魏清光、曾路：《中国少数民族文学“走出去”——机遇、现状、问题及对策》，《当代文坛》2016年第2期。

③ 本文中所提及的《创世纪》均指中国纳西族的神话史诗《创世纪》，下文简称《创世纪》。

至20世纪初，一些关于纳西族文化的零零碎碎的翻译陆续出版。约瑟夫·洛克（Joseph Rock 1884—1962）是第一个认真研究纳西族典籍的人，国际纳西学界对纳西族典籍的系统分析和翻译随着洛克的研究而兴起于20世纪30年代[①]。很多纳西学者与杰克逊持有相同的观点。因为享誉国际纳西学界的洛克在有关纳西族语言、文化、宗教、历史等领域的研究成果斐然，被称为“西方纳西学之父”。但也有中国学者认为纳西族的“东巴经典汉译与外译始于1930年前后，主持者为美国在丽江的传教士安德鲁斯（Andrews）”[②]。还有研究者认为对纳西族《创世纪》进行系统翻译整理的时间大约在20世纪40年代末[③]。那么，纳西族典籍的英语翻译究竟始于何时与何人呢？通过大量的文献梳理和追根溯源，我们发现早在洛克和安德鲁斯来到中国之前，荷兰传教士先驱伊莉斯·沙滕（Elise Scharten 1876—1965）就已经开始在云南丽江研究和翻译纳西族典籍了。沙滕完整翻译的第一部纳西族典籍就是神话史诗《创世纪》。《创世纪》位于纳西族的三大史诗之首，是研究纳西族语言文字、宗教信仰、民俗仪式、社会历史、哲学思想、道德伦理的重要文献，也是国内外纳西学界一直热衷翻译和研究的纳西族典籍之一。沙滕翻译《创世纪》时所使用的纳西原始手稿以及她的译本目前仍保存于荷兰国家博物馆。除了翻译纳西族典籍，沙滕与纳西族的语言文化也有着密切的联系。可是，当前在国内有关纳西族的翻译研究中，沙滕及其译作已难觅其踪。为什么会出现这样的现象呢？这就有必要对纳西族神话史诗《创世纪》的英译者及其译本进行梳理与探究。

一、纳西族神话史诗《创世纪》的英译者探源与考辨

如学界所言，沙滕、洛克和安德鲁斯都曾在20世纪早期翻译过纳西族的典籍文献，尤其是著名的神话史诗《创世纪》，那他们三者之间究竟有无关联呢？如果有，关联何在？

---

① Anthony, J. , *Mo—So Magical Texts*, Bulletin of the John Rylands Library, No. 48, 1966, p. 141.

② 白庚胜：《〈国际馆藏东巴经典编目举要〉的编纂背景及其价值意义》，《民族学刊》2018年第3期，第12页。

③ 马国伟：《纳西族神话史诗〈创世纪〉研究》，中央民族大学博士论文，2012年，第32页。

首先，沙滕与安德鲁斯的关系比较清晰。安德鲁斯是20世纪20—30年代在丽江工作的传教士，也是沙滕的同事。1922年，安德鲁斯来到丽江。起初，他和沙滕的关系比较紧张。因为最早负责管理丽江五旬节传教士工作的克拉弗（Klaver）辞职离开丽江之后，建议由沙滕来接替他的位置，但最终还是由安德鲁斯来接管。沙滕当时对此是持反对意见的①。安德鲁斯在得知这一消息后也表示不满。到了1924年年底，沙滕才开始慢慢接受安德鲁斯的领导和管理。在接下来的工作和生活中，沙滕与安德鲁斯的关系日渐好转。后来，沙滕还曾经在安德鲁斯家里短住，并给安德鲁斯的两个孩子讲授数学和历史②。据沙滕的日记记载，1945年9月沙滕和安德鲁斯离开丽江之后，二人还一起去了印度和美国旅行③。而安德鲁斯在丽江开展工作时也确实搜集整理了纳西族的文献典籍。1929年在英国外交部的组织下，安德鲁斯开始先将这些文献翻译成中文，然后在腾越（今云南腾冲）再将这些文献翻译成英文，译文现保存在大英图书馆的纳西藏馆中。由此，有学者认为纳西族典籍的外译工作最早始于安德鲁斯。但实际上沙滕来到丽江的时间比安德鲁斯早了10年。早在安德鲁斯到来之前，沙滕就已经开始学习纳西族的语言文化并着手翻译纳西族的典籍了。

其次，安德鲁斯与洛克的关系也比较明朗。此二人相识相交，互有往来，但关系并不要好。“克拉弗是个专横的家伙，却是安德鲁斯先生的座上客，事实上克拉弗对他既粗鲁又没有礼貌”④。这是佩雷里将军对洛克说的。洛克又将这一评论转而告诉了安德鲁斯，两人的私交可见一斑。实际上，安德鲁斯与洛克曾一同出游，可旅途并不愉快。1931年，洛克请来协助他翻译纳西手稿的东巴未能胜任破译东巴教义的工作，徒劳一周之后，洛克将其解雇。东巴意为“智者”，是东巴教的祭师，也是纳西东巴文化的主体，他们熟悉东巴

① Anderson, A., etc., eds. *Studying Global Pentecostalism: Theories and methods*, University of California Press, Vol. 10. 2010, p. 211.

② Goodwin, L., *The Pentecostal Missionary Union (PMU), a case study exploring the missiological roots of early British Pentecostalism* (1909—1925), University of Chester, United Kingdom, 2013, p. 265.

③ Elise, S., *Reis van China naar Holland over Amerika*, Diary, 1945.

④ Cornelis, W. D. L., *Beyond the Clouds: Elize Scharten* (1876—1965), *Pentecostal Missionary to China*, in *Pentecostalism in Context: Essays in Honor of William W. Menzies*, Sheffield Academic Press, 1997, p. 349.

经书，主持各种宗教仪式。东巴文是一种比甲骨文还要原始的图画象形文字，纳西语称之为“斯究鲁究”（ser jel lv jel），意思是“木石上的痕记”（又译为“木石之标记”或“木石之记录”）[①]。由于东巴掌握这种文字，故称东巴文。洛克为了放松心情，便邀请安德鲁斯夫妇一起去露营。但“受邀的安德鲁斯夫妇成了洛克所有选择中最为糟糕的一对同伴。安德鲁斯先生是一个半文盲似的人物，曾经是煤矿工人，后来受上帝的感召为主服务”[②]。露营途中，安德鲁斯总是以极其严格的教规来对洛克进行说教。洛克因无法忍受这些说教而不得不请安德鲁斯闭嘴。对于安德鲁斯太太，洛克也觉得她是一个“愚蠢可笑”之人。最终，三人不欢而散。所以，此行并没有提升洛克与安德鲁斯之间的友谊，更没有增加洛克对安德鲁斯（传教士）的好感。

至于沙滕和洛克之间的关系，学界至今并无定论。据说，他们在丽江的时候成为了朋友，甚至是结伴旅行的好朋友。后来，他们一起离开丽江，一起离开了中国，“洛克和沙滕一起离开了这个国家。他们一起到印度旅行，而后沙滕回到了荷兰，洛克则去了美国夏威夷州的檀香山，并在那里终老余生”[③]。但是，洛克从没有在他的著作中提到过沙滕，也从未写过任何关于沙滕的文章，即使是在存档的私人信件中，洛克也不曾提及过沙滕。沙滕参与了很多与纳西族文献相关的搜集、整理和翻译工作，甚至还向荷兰国家博物馆捐赠了许多纳西族手稿，但洛克对此似乎并不认可。1952 年，洛克写信给约翰·里兰兹图书馆，询问图书馆纳西族手稿的来源，“我猜你们从福雷斯特先生或他的遗孀那里获得了这些手稿。我知道这些手稿是她卖给你们的。因为我和福雷斯特先生夫妇是丽江仅有的西方人”[④]。洛克知道沙滕在丽江的工作，也知道沙滕在当地是一个出色的人物，但他依然对博物馆宣称他和植物学家福雷斯特夫妇是丽江“仅有的西方人”，即他对沙滕的一切工作都保持了“沉默”。不过，沉默是相互的。因为沙滕对这份友谊也保持了沉默，她也未

---

① 杨福泉：《纳西族文化史论稿》，云南大学出版社，2006 年，第 95 页。

② ［美］斯蒂芬尼·萨顿著，陈立华译：《约瑟夫·洛克 1930 至 1933 年在云南》，《西北民族大学学报》2010 年第 6 期。

③ Hockstra, J. A., *Ontmoetingen in Lijiang*, Groningen: Synaps, 1991, p. 18.

④ 参见 Letter from Rock to Robertson dated 30 July 1952, Mo—So Manuscripts Collection, Correspondence with J. F. Rock 1952, John Rylands Library, Manchester.

曾在自己的日记里提起过洛克①。但有一点不容忽视的是——当沙滕的名字在大众意识或学术话语中不再与纳西族的一切联系起来时，洛克的名气自然就不断上升了。此外，洛克对沙滕的态度或许与他对传教士的总体印象有关。1922 年，洛克以美国《国家地理》杂志、美国农业部、哈佛大学植物研究所的探险家，撰稿人和摄影家等身份来到中国。在中国生活的 27 年里，他在云南持续不断地深入研究纳西族文化，一生发表了无数与纳西族相关的研究论著。但一直以来他对丽江传教士的印象和态度都较为保守。因为当时丽江的外国人都被视为不怀好意的“洋鬼子”，很难赢得当地人的信任，这为洛克的学习和研究带来了一些不便之处。而且，洛克则认为外国人在丽江遭遇的这种“排外意识”，主要就是由传教士的不当行为造成的。对他而言，传教士大多都是“疯狂的怪人”或是教派中的“古怪人物”②。他对这些传教士的行为极其蔑视，也绝不接受任何把他与传教士相提并论的说法。可是，当他来到丽江学习和研究纳西族文化时，让他感到尤其难堪的是：那里已经有一个不仅能够说着流利的纳西族语言，还能够翻译纳西族典籍的传教士了，而且还是一个女传教士③，——而此人正是沙滕。

沙滕于 1876 年 7 月出生在阿姆斯特丹。1911 年 2 月，她来到位于英国伦敦的五旬节传教士女子学堂接受培训。次年 4 月沙滕与另外两名女传教士一起离开伦敦，前往云南丽江。她们三人也是最早来到丽江的欧洲女性④。依照传教士翻译工作的惯例，沙滕来到丽江之后首先需要翻译的是《马可福音》。但在一个陌生的异质文化语境中，遭遇文化休克的沙滕并没有急于开展工作，而是首先向当地的东巴学习纳西语，了解东巴文化和习俗传统。在东巴的帮助下，沙滕不仅熟练掌握了纳西语的书写形式，还能用纳西语教授阅读和写

---

① Cornelis, W. D. L., *Beyond the Clouds: Elize Scharten* (1876—1965), *Pentecostal Missionary to China*, in *Pentecostalism in Context: Essays in Honor of William W. Menzies*, Sheffield Academic Press, 1997, p. 349.

② ［美］斯蒂芬尼·萨顿著，陈立华译：《约瑟夫·洛克 1930 至 1933 年在云南》，《西北民族大学学报》2010 年第 6 期，第 47 页。

③ Sulek, E. R., *A Trip to Amnye Machen*. The Diary of Joseph F. Rock, The Newsletter, No. 51, 2009, p. 14.

④ Wonsuk, M. and Robert P. M., (eds.), *Pentecostalism in Context: Essays in Honor of William W. Menzies*, Sheffield Academic Press, 1997, p. 344.

作以及编写词典①。此后，沙滕才开始展开《马可福音》的翻译工作。但此项工作比预期的时间要长得多，因为它涉及从罗马文字系统到纳西族文字系统的转化。确切地说，把《马可福音》翻译成纳西语，需要依赖于一个纳西语的罗马拼音方案。于是，沙滕借鉴了“弗雷泽字母表”，对纳西语进行了罗马拼音的改编②，并用自己创写的纳西语来翻译《马可福音》。尽管如此，这也不是一项能够一蹴而就的工作。直到20世纪30年代初，整个翻译工作才算完成。英国历史学家雷特林格（Gerald Reitlinger 1900—1978）曾在他的旅行著作中提到过沙滕取得的成就：“今天晚上，当我们拜访丽江的女士们时，话题转到了纳西语或摩梭语上，沙滕小姐正在用这种语言编字典。……因为沙滕试图把翻译成纳西语或摩挲语的英文圣经印刷出来，好让纳西族的人能读懂圣经。”③但遗憾的是，沙滕翻译的英语圣经没有在我国得以保留下来：“荷兰五旬节宣教协会将部分圣经内容翻译成纳西语，但已经被废弃了。到了20世纪50年代初，纳西族教堂被摧毁。”④ 所幸的是，现在依然可以在欧洲和澳大利亚的图书馆和档案馆中找到沙滕的《马可福音》译本。此外，用沙滕创写的纳西文字印刷的还有一本基督教教理（1933年，46页）和一本赞美诗集（1933年，69页），现保存在荷兰的家族档案馆中。

实际上，沙滕是第一批精通纳西语的外国人之一⑤，也是唯一一个把英语翻译成藏缅纳西族语言的人⑥。比较而言，沙滕当时在丽江是一名很出色也很出名的译者，而洛克的身份头衔和成就则是有目共睹的。他们二人之间相互保持“沉默”的根本原因或许已经无从考证，但洛克对沙滕在纳西学研究上

---

① Wonsuk, M. and Robert P. M., (eds.), *Pentecostalism in Context: Essays in Honor of William W. Menzies*, Sheffield Academic Press, 1997, p. 351.

② 20世纪20年代，英国传教士詹姆斯·弗雷泽（James Outram Fraser 1886—1938）与来自缅甸的传道士巴肖（Ba Thaw）一起创写了傈傈语，并以弗雷泽的名字命名。弗雷泽傈傈语使用拉丁字母的大写字母及其旋转版本来写辅音和元音，声调和鼻音用罗马标点符号来书写，与打字机上的标点符号完全相同。

③ Gerald, R., *South of the Clouds: a Winter Ride through Yun—nan*, Faber & Faber, 1939, p. 120.

④ Hattaway, P. & Johnstone, P., *Operation China: Introducing All the Peoples of China*, Pasadena CA: 2000, p. 395.

⑤ Cornelis, W. D. L., *Beyond the Clouds: Elize Scharten (1876—1965), Pentecostal Missionary to China*, in *Pentecostalism in Context: Essays in Honor of William W. Menzies*, Sheffield Academic Press, 1997, p. 338.

⑥ Duncan, P., *The Lady of Lijiang: Contextualising a Forgotten Missionary Translator of Southwest China*, Bulletin of the John Rylands Library, Vol. 94, No. 2, 2018, p. 95.

的嫉妒和职业身份上的反感可能都是他从未提及沙滕的主要因素。

通过梳理不难发现，沙滕、安德鲁斯和洛克三者之间既有联系也有区别。一方面，三人都翻译过纳西典籍，但沙滕和安德鲁斯来到中国和离开中国时，都是传教士的身份，而洛克则不同。虽然洛克从来没有发表过一篇关于中国植物学的论文①，但他始终是一个成功的植物学家和探索家，同时还是一个著名的语言学家和地理学家。身披如此多学术光环的洛克对身为传教士的沙滕和安德鲁斯难免会有一些偏见。另一方面，洛克为国际纳西学界做出的贡献远不止于翻译，已远远超越了沙滕和安德鲁斯，而且至今依然无人企及。所以，文化身份与社会地位的不同使三人在中国和国际纳西学界的接受度与被研究的深广度自然有着天壤之别。洛克成了研究纳西文化的鼻祖，是纳西族典籍英译无法绕开的丰碑；关于安德鲁斯的研究虽有，但甚少；而沙滕则逐渐淡出了人们的视野。不过，有一点可以肯定的是，沙滕确实早于他们二人来到中国，也早于他们二人开始研究和翻译纳西族的神话史诗《创世纪》。

二、纳西族神话史诗《创世纪》英语译本的百年流变

“创世纪”在纳西语中读作“ts ‘o^{31} $mbur^{33}$ ‘tu^{33}”②，意思是宇宙万物的出现、人类的起源与迁徙。纳西族的神话史诗《创世纪》被誉为反映纳西族古代社会和古代文化的一部“百科全书”。它包括“开天辟地”“洪水翻天”“天上烽火”和“迁徙人间”四个部分，分别从天地万物的起源和人类的诞生开始讲述纳西族开天辟地、创世立业、民族迁徙的故事。翻译这部史诗是一项具有开创性的工作。如果没有当地东巴的协助，英语译者想单独完成它的翻译，谈何容易。

自然，沙滕对《创世纪》的翻译需要依赖于当地的东巴。她依据东巴的口头阐释将这部史诗翻译成英语。她的译本是这样开始的：

On earth the spirit spoke.

---

① Aris, M., et al. *Lamas, Princes, and Brigands: Joseph Bock's Photographs of the Tibetan Borderlands of China*, University of Washington Press, 1992, p. 22.

② 甘露：《纳西东巴经〈创世纪〉中假借字研究》，《兰州学刊》2009 年第 11 期。

The trees could walk.

The stones could open their mouth.

The earthglobe could move.

All these things were, but heaven and earth were not yet created.

In heaven only the shadow of sun and moon were there ……①

译文：原初，圣灵创造了各种各样的事物/ 圣灵在地上说话/树木可以行走/ 石头可以张嘴/ 地球可以移动/ 万物已有，但天地还没有被创造出来/ 天堂里只有太阳和月亮的影子……

沙滕当时使用的纳西原始手稿现保存在荷兰国家博物馆的范维尔德文化馆（Nationaal Museum van Wereldculturen）里。显然，她在翻译时采用了英语诗歌中常见的诗行体形式，但她的译稿并没有注明时间。依据目前能够查到的文献，可知其翻译时间大约是在 1924 年至 1934 年间。主要原因有两个：其一：1936 年，沙滕将她的《创世纪》译稿与另外 15 本纳西族祭祀文献一起赠送给博物馆。其二：这份译稿遵循了沙滕先前给乔治·福雷斯特（George Forrest）的两份手稿的翻译模式②。巧合的是，洛克在 1935 年出版了他自己的《创世纪》译本，其开头是这样的：

In the dim past, in the very beginning of things, before heaven was, when Ndu and Sse were about to appear, and the trees were on their way, the rocks contemplated to come upon the scene, and the earth was about to be born there were three shadows which were to become heaven, and three shadows to become the earth. ③

译文：万物之初，一片混沌。在天堂还没有出现之前，当男神和色神即将出现的时候，树木即将出现，岩石即将出现，地球即将诞生，有

① 参见 Nationaal Museum van Wereldculturen, RV—4175, Manuscript Scharten: 1. 中文译文为笔者所译。另，后文中的英语译文皆为笔者所译，不再另注。

② Duncan, P., *The Lady of Lijiang: Contextualising a Forgotten Missionary Translator of Southwest China*, Buletin of the John Rylands Library, Vol. 94, No. 2, 2018, p. 102.

③ 参见 Joseph, R., *The Story of the Flood in the Literature of the Na—khi Tribe*, *Journal of the West China Border Research Society* (*Chengtu*), No. 7, 1935, p. 66.

三个影子将成为天堂，三个影子将成为地球。

沙滕与洛克二人译本的不同之处显而易见，最明显的区别就是两个译本的文体形式不同。沙滕的译本属于诗行的形式，译文中“圣灵、树木、石头、天堂、地球、太阳和月亮”等各自成行，有着诗歌的意境美和形式美；洛克的译文则属于散文叙述的模式，多了一些补充和解释，易读易懂。其次，在翻译纳西族的男神和女神时，洛克将其名字分别译为：“Ndu”和“Sse”。而沙滕的译本则将二者混为一谈，合二为一，统译为圣灵（spirit），这种简化可能与沙滕自己的基督教信仰有关。两个译本的不同之处还有很多，由于篇幅有限，此处不再一一列举。

一个世纪以来，除了沙滕和洛克，纳西族神话史诗《创世纪》的翻译工作也吸引了国外许多不同学科或交叉学科的学者。20世纪末，美国人类学家查尔斯·麦克汉（Charles McKhann）博士就是其中之一。麦克汉在其博士论文中展开了对纳西族的研究并翻译了纳西族的《创世纪》，其译文开头如下：

Long, long ago, Heaven and Earth were mixed together. Dduq and Seiq had not yet given order to the myriad things. Trees could walk and rocks could talk. The earth trembled and flashed. Before Heaven and Earth appeared, there first appeared the three good kinds of shadow of each......[①]

译文：很久很久以前，天地是混在一起的。东神（Dduq）和色神（Seiq）还没有给万物排序。树木会走路，石头会说话。大地颤动着，闪动着。在天地出现之前，首先出现的是三种善的影子。

纵观以上三个译本，它们在形式和内容上各有不同，各具特色。首先，在涉及“大地”的译文中，麦克汉翻译成“大地颤动着，闪动着”；而洛克只是简单地把它视为创世纪的前指，翻译成“地球即将诞生”；沙滕则保留了一些神秘性，翻译成“地球可以移动”，暗示了更多的天体运动。在关于“石

① 参见Charles, M., *Fleshing out the bones: Kinship and cosmology in Naqxi religion*. Diss. University of Chicago, Department of Anthropology, 1992, p. 84.

头”的译文中，沙滕的翻译是“石头可以张嘴”，类似于麦克汉翻译的“石头会说话”。而且，在沙滕和麦克汉的译文中，“树木”都是“会走路”的。但洛克没有使用这样的文学修辞手法，而是用“树木即将出现，岩石即将出现”来阐释纳西族传统的万物有灵论。那么，同样是翻译《创世纪》，为什么沙滕、洛克和麦克汉三个人的译本会有如此的差异呢？究其原因，除了三人采用的翻译方法与策略不同，还有一个重要的原因可能是：纳西族口述文学与书面文学之间的差异。纳西族的口述文学中通常包括很多的口头阐释，而这些阐释都是无法在书面文稿中找到的。只有东巴才能通过口头表演来“填补这些空白”，理解文本的整体含义。与洛克和麦克汉翻译的《创世纪》相比，沙滕对东巴口述的任何内容都没有给予详尽的阐述，坚持了口头文本固有的形式和内容。当然，这也表明协助她翻译的东巴并没有对文本进行过多的阐述，只是对文字图形进行了解读。所以沙滕既不像洛克那样编辑文本内容，也不以脚注或其它附录的形式提供任何背景信息。但也正因为如此，沙滕的翻译可能“剥夺”了口述文本的叙事“潜力”和多样性。此外，三人采用的翻译形式也不一样。沙滕的译本是诗行形式，而洛克与麦克汉的译本则是散文体形式。实际上，这两种形式在我国的纳西族《创世纪》翻译史中并不陌生。1960 年由云南省民族民间文学丽江调查队搜集翻译整理、云南人民出版社出版的《创世纪》汉语译本，以及 2006 年由郭大烈、杨一红主编的《纳西文化诵读本 东巴文、纳西拼音文、国际音标、汉字注音、汉文五对照》译本采用的都是诗行体形式。2016 年 12 月由丽江市博物馆、丽江市东巴文化研究会编，云南科技出版社出版的《创世纪》采用的则是散文体形式。最后，文化身份的不同决定了沙滕、洛克和麦克汉三人翻译动机的不同。与学者型译者洛克和跨学科译者麦克汉的翻译相比，沙滕的翻译没有采取任何的意识形态立场，也没有涉及任何的科研或学术机构，她的《创世纪》译文也从未正式地出版发行过。因为不涉及出版，所以她的译文也没有导言或序言。这也就意味着沙滕没有特别多的读者，或者说能够看到沙滕译本的读者数量十分有限。若不是通过文献梳理，沙滕的译本可能还会一直安静地躺在国外的图书馆里。自然，有关沙滕及其《创世纪》译本的研究更是微乎其微，少之又少。

纵观过去的一个世纪，纳西族神话史诗《创世纪》历经了不同译者的不同翻译。每一个译本的呈现都与其译者的文化身份、翻译动机、翻译目标等息息相关。整体而言，沙滕、洛克和麦克汉的翻译虽然各不相同，但都共同呈现出了《创世纪》的民族性与多样性，为国际纳西学界的神话史诗研究注入了源源不断的生命力。

三、结论

在“一带一路”背景下，挖掘民族典籍、翻译民族典籍正是我国学者和译者当下所面临的艰巨任务。而沙滕、安德鲁斯和洛克等人则早在20世纪初就已经在当地东巴的协助下开始研究和翻译纳西族的神话史诗《创世纪》了。《创世纪》用万物有灵的思想来图解天地日月、风云雨霁、动物与植物、战争与爱情等的来源，其内容涉及文学、哲学、宗教、天文、地理、语言、文字、习俗等多个领域。整部史诗规模宏大，气势磅礴。通过对这部史诗的英译探源及其英译本百年流变的梳理可以看出，最早来到丽江开始学习、研究和翻译纳西族典籍的译者是沙滕。她的译作之所以在80多年后的今天才重新得以提及，最主要的原因可大致归结为四点，一是她的译作没有正式出版发行，没有广泛的读者、接受者和研究者；二是她的翻译大部分都收藏在国外的档案馆和图书馆里，不便于国内学者的查找和研究。当然也有可能是受到了她传教士身份的局限，鲜有人问津。三是如果单就取得的学术成就和在国际纳西学界的地位而言，身为传教士的沙滕和安德鲁斯不管是在编写词典，还是在系统收集、翻译和出版纳西族的文化典籍等各个方面，都无法与身为大学教授的洛克相提并论。研究者们的焦点都集中在洛克的身上，安德鲁斯和沙滕自然都被边缘化了。四是麦克汉博士撰写了多篇有关云南纳西族的研究论文，并在多篇文章中探讨了纳西族神话史诗《创世纪》的翻译，使这部史诗的翻译问题又重新回到了国内国际学界的研究视域。总的来说，且不论沙滕和洛克等人的文化身份、社会地位和翻译初衷，他们对纳西族神话史诗《创世纪》的翻译至少在客观上弥补了我国译界存在的一些缺憾，或者说对我国的典籍翻译和译者团队的组建提供了一定的参考价值和借鉴意义。此外，他们的译本不仅在国外引起了广泛的关注，不断吸引着众多不同学科和跨学科的学者加入国际纳西学研究的行列，促进我国纳西族典籍在西方世界的呈现和经典形象的建构，也有助于纳西学在世界文化场域中的传播、传承和长足发展；还在一定程度上突显了中国民族文学的国际影响力，提升了中国文化在世界文学和世界文化发展中的构成比例。当然，这也体现了当下研究纳西族神话史诗《创世纪》的翻译所具有的时代价值和文化意义。

符号、图像与空间：西藏唐卡绘画的多元神话叙事[①]

西藏民族大学　李　冬

摘　要　西藏唐卡绘画传承了早期西藏传统美术的叙事方式，以符号、图像、空间为神话叙事载体，展示了不同时期神话在青藏高原地区流传、发展过程中存在的状态。唐卡绘画将古老的民族文化符号融入绘画之中，以隐喻与象征的方式表现神话意象中多元文化符号的内涵。绘画图像中的原始宗教题材、藏传佛教神话主题与民间神话图符是神话叙事的外在形式，图像在意识层面建构的文化情境、事件和活动等内容是神话叙事的内在本质。绘画者以符号叙事为基础，图像叙事为内容，将历史叙事、记忆叙事、行为叙事和虚构叙事相结合，建构起从客观世界向精神世界转变的神话交流模式与精神信仰空间，创造了多元化的神话交流与传承方式。

关键词　唐卡；神话叙事；符号；图像；空间

唐卡作为青藏高原地区文化传播的载体，千百年来以绘画的方式叙述着

① ［基金项目］西藏自治区高校人文社科专项“吐蕃时期唐卡绘画的神话叙事研究”（SK2017—39），西藏自治区哲社项目“乡村振兴战略背景下西藏非物质文化保护与政策响应研究”（20CSH01）阶段性成果。

人们对大自然、日常生活和信仰形态的认识。从出土的相关文物来看，西藏绘画的历史可以追溯到五千年以前，它所包括的区域分别是"西起拉达克(今克什米尔)，东到横断山一带，北自青海高原，南达丽江流域，以西藏四茹、阿里三围、朵康六岗为大体范围。腹心一直处在拉萨、日喀则地区，具有明确的地域性"①。以喜马拉雅山系为中心，形成了以藏族为主体的"藏文化圈"，并长期与中原内地、中亚、南亚文化相互交流，塑造了具有中华文化特色、西藏文化特点的绘画艺术系统。生存在青藏高原地区的先民创造了拉萨曲贡文化、昌都卡诺文化、阿里日土文化、青海卡约文化、甘孜丹巴罕额依新石器时代的文化，在不同的历史发展时期承载着时代的文化主题和审美内涵。唐卡作为高原地区文化交流的载体，承载着远古以来农耕、游牧、采集、渔猎等不同的生活内容，展示着青藏高原地区人民审美心态、创美能力和习俗惯制，叙述着不同时期社会的历史风貌和人文精神内涵。

学界主要从唐卡的绘画流派、艺术风格、不同区域绘画特点、绘画审美方面进行了研究，成果丰硕。唐卡作为神话叙事的载体，以多元叙事方式展现了丰富的民族神话、宗教神话内容，是西藏神话研究不可或缺的部分。本文从文化符号、图像情境和空间表征三个方面对西藏唐卡绘画图像中多元的神话叙事进行论述。

一、符号的寓意：西藏唐卡绘画的神话符号叙事

对于符号的研究，斯图尔特·霍尔认为："我们用于表述带有意义的语词、声音或形象的总的术语称为符号。"② 福柯认为："我们可以把使符号'说话'、发展其意义的全部知识称为解释学，把鉴别符号、了解连接规律的全部知识，称为符号学。"③ 赵毅衡认为："意义必须要用符号才能表达，符号的用途是为了表达意义。"④ 符号作为传统的社会文化叙事载体，通过元素

① 康·格桑益西：《唐卡艺术概论》，文物出版社，2015 年，第 26 页。

② [英] 斯图尔特·霍尔著，薛绚译：《表征》，商务印书馆，2005 年，第 24 页。

③ Michel Foucalt. The Order of Things：An Archeoloegy of Human Sciences，London：Routledge，2002，p. 33。

④ 赵毅衡：《符号学原理与推演》，南京大学出版社，2016 年，第 2 页。

构成具体的画面，这些元素对画面精神或所传达的意义具有启示性和指引性的功能，符号创作者采用一些约定俗成、能代表一定寓意的符号构成具有叙事性的文化符号系统，建立具有传统性、指向性、固定性和独立性的民族文化体系，运用符号蕴含的意义建立具有文化积淀的民族传统社会。

从西藏传统美术符号的叙事历史来看，藏族先民符号叙事可追溯至旧石器时代，主要由南北两大文明体系构成，在长期的演变发展过程中，唐古拉山以南、喜马拉雅山以北、横断山以西的广阔地域的先民将日常生活的内容凿刻在岩壁上，绘制在日常使用的陶器、骨器和石器等器皿上，通过不同的文化符号记述早期先民现实生活和精神文化内容，在日常生产生活过程中逐渐培养了造型的技艺和审美的观念，人们有意识地通过印刻、划迹等方式创造出具有表意形象的文化符号，通过符号蕴含的文化内涵传递不同个体和群体之间的信息，将神话叙事、精神信仰、生活仪式和艺术审美完美结合。

（一）早期藏族原始符号与唐卡绘画的源流

生活在青藏高原地区的先民在从事采集和渔猎活动中创造出了形态各异的生产工具，这些先民将生产劳动的工具，按照生活的需要将其打造成具有不同的形状和功能的指示物。在今天“青海的霍霍西里、贵南拉乙亥多、西藏定日、珠洛勒、申扎、色林措各听、吉隆、日土的扎布、普兰的霍尔等地都有旧石器时代打制石器的发现，且均为石质工具”①。这些最初的器物和生产工具形状反映了先民生产生活的状况与认知事物的叙事思维方式。

远古时期青藏高原地区的骨角质物品形态丰富，具有地域性特征，制作方式和器物形态都具有独特的审美特点，骨制器物和配饰不仅用于日常生活之中，还作为各种仪式的附属物出现在祭祀、聚会与交往之中，是反映人们思维活动和精神世界的承载实体。“骨角质配饰物、器物的品类主要有：头（发）饰（均为骨制的发笄、骨簪）、骨制胸饰（骨璜）、腕饰等”②。这些骨制器物和配饰不仅满足了先民日常生活的需求，也将他们的生活内容、精神文化和审美意识呈现出来，表现出了其丰富多样的审美创美活动。

青藏高原地区的陶器和青铜器在实用性的前提下发展了美的造型和装饰，

---

① 康·格桑益西：《唐卡艺术概论》，文物出版社，2015 年，第 27 页。

② 同上，第 28 页。

创造了具有深远意义的叙事审美文化。诸多陶器和青铜器在造型设计、纹理刻画、色彩渲染等方面都超出了实用的功能，强化了叙事与美的性质特征，如卡诺文化遗址中的连体兽形罐、青海塔里他里哈的陶牦牛、西藏金属时代的“妥迦”造型物等，都体现着远古时期先民原始的审美心理和叙事内容的萌发，具有特定地域、本土特征的传统民族审美意味。

这些早期的原始符号和生活器物从制作观念与文化内涵中反映了青藏高原地区先民的生活内容、审美理念和精神文化，这些器物造型、花纹装饰、色彩调配都是他们现实生活和精神文化内容的真实写照，这一时期的器物通过独特的造型、风格和颜色综合叙述了当时人们的生产、生活状况，反映了当时人们的精神生活内容和审美方式，这些原始的文化符号为西藏绘画叙事艺术奠定了基础。

西藏本土美术起源于早期先民对自然界的认知，传统的绘画符号是他们对大自然最原始、真挚的感情以及本能艺术灵感的创造，通过对自然界中的高山、大河、湖泊、森林、崖石等事物进行模仿，用简单的符号表现自然界中的事物，运用最初的叙事方式将这些形形色色的物象群组合起来，构成具有神话叙事功能和审美意义的早期文化符号和象征意象，这些具有丰富寓意的早期文化符号蕴含着原始宗教、苯教信仰、神话传说和审美艺术的内容，为西藏唐卡绘画神话叙事提供了条件。

（二）民族文化符号在唐卡绘画中的寓意

在历史进程中，民族文化的形成与其独特的地理环境、悠久的历史文化和深厚的人文底蕴有着密切的关系，青藏高原地区岩画题材丰富、内容广泛，涵盖了先民生活中的方方面面，这些造型中也包含着神灵、图符、人物、器具、动物和建筑等题材，运用丰富的民族绘画线条、色彩、图案、纹样等文化符号，叙述当时的歌颂、祭祀、祈祷、欢乐或悲泣等民族文化内容，运用多样、丰富的表现手法，注入更多的人文色彩，形成西藏高原地区原始岩画具有特色的表现特征。

西藏唐卡绘画受远古时期岩画的影响，如藏东岩画中叙述的早期高原地区狩猎、游牧文化内容，这些图案中包含了日、月、人物、动物、藏文字母、塔形等，反映了当时的社会形态和原始生活资料。青海玉树地区的摩崖石刻记录了唐代文成公主入藏的佛像及当时的各种佛教文化符号等，保留了早期吐蕃石刻的神话叙事形式。昌都察雅仁达摩崖石刻记录了吐蕃时期大日如来佛石刻像，造像包括佛身、花蔓、璎珞、狮子、手镯、臂钏等内容丰富，是吐蕃时期高超艺术的代表性杰作。

原始苯教信奉万物有灵的观念，通常将无生命的事物拟人化，在信仰实践中人们充分发挥想象力和创造力，将宗教信仰中的各种神灵的造型、大自然中的山山水水、飞禽走兽动物神灵、妖魔鬼怪、世间人物神灵等都通过绘画的形式表现出来，形成了具有宗教色彩和民族地域特色的宗教美术风格。民间的图腾形象通过不断的演化成为人们认可和接受的形态，如牦牛图腾、猕猴图腾、羱羝图腾、大鹏图腾、虎图腾等形象，正是远古先民丰富多彩的造型艺术和创美活动符号为西藏唐卡神话叙事提供了最初的绘画元素和神话叙事思维。

（三）外来文化符号对唐卡绘画的影响

自公元3世纪左右，佛教由周边地区传入西藏，至公元7世纪，第三十二代赞普松赞干布统一西藏各部，建立吐蕃王朝，形成了政治、经济、文化大开放、大发展、大繁荣的总体局面。在这一时期，地理上虽然相对封闭的青藏高原在文化上却与周边地区交流不断，特别是佛教主题的美术文化得到了很大的发展，初步奠定了藏传佛教美术的基本审美体系。同时民间绘画、建筑、雕塑和手工技艺也有了很大的发展，这些都为西藏美术发展奠定了重要基础。西藏传统美术吸取了周边各民族地区乃至世界多元文化艺术的精粹，吐蕃传统绘画吸收了汉唐山水画的技艺，形成了崇尚自然、注重造型优美、内涵丰富、形态与精神相结合的审美意趣，特别是将山水画的表现技艺与苯教自然崇拜理念相结合，对西藏美术产生了深远影响。中原内地铜铁冶炼技术、工笔绘画、建筑、纺织等诸多领域的技艺传入吐蕃，为西藏传统美术的发展注入了活力，同时印度佛教建筑、造像、绘画等艺术形式不断地传入青藏高原，经过对其学习、改造和借鉴，在吐蕃艺术史上形成了“梵式”风格，在藏传佛教艺术中产生了深刻的影响。另外，南亚的犍陀罗艺术和中亚细密绘图式纹样符号，以及象雄、苏毗、雅隆本土美术也受到了南亚、中亚、东南亚甚至古希腊、罗马艺术的影响，形成了既具有青藏高原风格，又兼有多元艺术形式的文化特征。这些具有丰富艺术表现力和叙事承载力的多元文化符号以不同的方式流传于西藏各地，展现在人们日常生活中，共同见于唐卡绘画中，用丰富的符号叙述着多样的神话内容。

二、图像的情境：西藏唐卡绘画的神话图像叙事

图像作为一种文化信息的传播途径具有独特的叙事能力，在图像形成的那一刻，叙事的时间就凝结在图像空间之中，使图像成为具有固定指向性的叙事媒介。“它在能指和参照物之间应用了一种质的相似性，它模仿甚或是重复了事物的某些特征，比如形状、比例、颜色、肌理、背景等。由于这些特征大多可以通过视觉而被感知，所以它的日常用法总是赋予了视觉图像的优先解读权。”① 它内在于描述、叙事的“视野”之中，再现物体“本身”所具有的时空、隐喻、象征等文化情境，最大程度回归事物的本质属性，更客观直接地传递文化信息内容。

唐卡中的图像是由藏地丰富多元的文化符号共同“构建”而成，不同的符号具有独特的叙事功能，这些符号经过有序的排列形成具有一定指向意义的图像，在唐卡绘画中，画师将不同的符号进行有序的排列组合绘制成为能够叙述原始宗教、藏传佛教、民间神话传说等题材的神话叙事图像。

（一）原始宗教题材的神话图像叙事

生活在青藏高原地区的先民在与大自然相处的过程中形成了以“万物有灵”、自然崇拜为宗旨的本土原始宗教—苯教，其以大自然中的雪山、大河、湖泊等客观事物为依托，建构了年神、鲁神、赞神等为核心的原始宗教神灵系统。在苯教唐卡绘画中，青藏高原先民以三神为基础模式，吸收了藏地自然界中丰富的文化符号元素，发挥丰富的想象力和创造力，将苯教中的神话内容和信仰主题以鲜明的图像进行叙事，展示自身对大自然的理解与认知。

在苯教观念中，赞神是神灵地位比较高的神祇，在西藏，自雅砻部落第一位酋长聂赤赞普至历代部落首领，名字里都有一个赞字，“赞”在藏语中有“雄强”之意，象征着至高无上的权力。在苯教崇拜中，首先是崇拜天，先民认为赞普是天神下凡；其次是崇拜火，在先民观念中，火是纯洁神圣的象征，能够驱除黑暗、寒冷和邪恶，给人们带来温暖、光明和希望。在苯教唐卡彩

① 韩从耀：《图像：一种后符号学的再发现》，南京大学出版社，2010 年，第 7 页。

绘中通常以高大雪山和红色火焰作为主要背景，原始的灵物原型则来自于生活中的实物，如三头六臂、多眼、多手足等形象，都与社会生活中的想象息息相关。苯教信仰者认为，“所有的赞神都是活人死后变成的，并都有着具体的种种生前事迹，一个悲惨或雄壮的故事，或一段感人的传说。赞神作为乡土神祇的形象，常以真实生活中特色较强的典型人物为原型，予以夸张，附以象征性，成为原始神灵造型中最生动的实例”①。在苯教唐卡彩绘中，自然物的造像符号来自先民对大自然客观事物的感知，用象征符号进行组合，将苯教神话故事内容按照情节发展的进程进行绘画，通过图像建构神话情境，在图像叙事情境中传达宗教内容和教义，以图像的情景象征庄严可怖、威猛刚劲的神话内容。

在青藏高原地区，年神也称为山神，是这一地区原始神灵中内容最丰富的部分。在唐卡绘画中有四大年神题材，分别为：玛卿伯姆热、伊杰玛奔、唐拉雅秀和俊钦唐热，在苯教信仰中这些神灵分别具有战神、护法、财神和部落神的特征。在唐卡绘画中，这些神灵多伴随着红色的火焰、云雾、雪山、森林等山地自然景物，用虎皮斗篷、绿松石铠甲、弓箭、长矛、玉龙马、豹皮箭袋等器物作为高原山地文化符号，还有苯教四大主神、塞喀五神、苯教三祖、护法神等题材。在唐卡绘画中，源自高原日常生活中的文化符号成为建构苯教神话的基本元素，这些图像、符号在神话故事情节的串联下形成了具体的情境，绘画者将这些情节整合并组织起来形成图像并赋予它们以原始神话叙事的意义。

（二）藏传佛教题材的神话图像叙事

藏传佛教是印度佛教传入西藏后与本土原始宗教相融合的产物，其“各种神灵队伍的造型非常的繁多复杂，组成了世界宗教队伍中最为庞大的神佛世界的大家族”②。这些神灵造型纷繁复杂、形式丰富多样，主要分为显宗和密宗两大神灵体系。从藏传佛教绘画艺术来看，显宗注重佛教理论的阐释，对某一问题有比较系统的论述，佛像形态一般为端庄、慈祥、和善的接近于人身体的形象。密宗注重事相，佛像大多表现出威严、刚猛、激忿的表情，

① 康·格桑益西：《唐卡艺术概论》，文物出版社，2015 年，第 160 页。
② 同上，第 169 页。

肢体则是多头、怒目、多手、多脚，持有各种兵器，足踏妖魔，身后燃烧红色火焰。这些富有创造力和想象性的构图源自人们对宗教神话的理解和认知，运用绘画的语言，形象生动地将佛教思想通过画面叙事情境传递给信仰者。

藏传佛教的图像叙事主要有佛传图、本生图、经变图类题材，佛像类题材，菩萨类题材，佛母类题材，天女类题材，上师类题材，金刚、明王、护法类题材以及宗教建筑类题材等。

佛传图是用绘画的图像叙述释迦摩尼一生教化众生、传道受业的佛教神话事迹，在藏传佛教中，“释迦摩尼佛一生的重要事迹，藏传佛教称为十二相成道，一是乘象入胎；二是花园降生；三是七步生莲；四是比武伏象……十一是佛祖涅槃；十二是分取舍利。”① 这一类型的唐卡被称为是《释迦摩尼百行图》或《释迦摩尼业绩图》，这些唐卡有100幅或108幅，唐卡画面内容主要按照释迦摩尼佛教神话情节演进进行叙事，是藏传佛教绘画艺术中的重要神话主题。本生图唐卡画的是释迦牟尼佛过去生中为菩萨时教化众生的种种事迹，在藏传佛教中增添了更多内容，如《猴王本生》《善友本生》《摩诃萨埵本生》等经典题材，还有《菩萨本行经》《菩萨本缘经》《六度集经》《强巴本生图》等。经变图唐卡是根据佛经所叙述的佛教神话故事情境绘制的图像，图像依据佛经的某一段神话情节或全部的情节进行绘画，将众多的神话内容用图像的语言进行叙述，运用象征、比喻、夸张等绘画技法表现深奥晦涩的佛教经意与哲理。常见的经变图题材有《观无量寿图》《维摩诃图》《四大部洲图》《轮回图》《度母刹十图》等，经变图以叙述佛教教义和哲理为主要内容，通过图像的形式叙述佛教神话中的“因果”“缘起”“轮回”等佛教理论思想。

佛像类题材是唐卡绘画的主要内容之一，在藏传佛教绘画叙事中不仅有释迦摩尼佛像，还包括药师佛、菩萨、金刚护法、明王、佛母、罗汉、度母等众多佛教弟子像。此类唐卡通过塑造佛像的不同姿态叙述佛像承载的神话内容，常见的有成道像唐卡、涅槃像唐卡、说法像唐卡、太子像唐卡等类型，主要叙述佛祖释迦摩尼佛成道的过程和影响，佛本生故事等佛教神话内容。

---

① 康·格桑益西：《唐卡艺术概论》，文物出版社，2015年，第169—170页。

（三）民间题材的神话图像叙事

在原始宗教和藏传佛教的影响下，具有藏地风格的民间图符、经咒、图案等造型的唐卡将佛教经文、吉祥符号、教规戒律、偈语箴言等内容以绘画的形式合写拼接，将不同的字母、符号、图像用具有象征性的色彩填写。此类图像主要以藏民生活中的房屋、梁柱、门窗、帐篷为叙事载体，还描绘着飞禽走兽、花草树木、山石、飞云、流水等纹样，还有具有神话象征性的坛城、吉祥八宝、六长寿图、七珍宝、七近宝图、祥麟法轮图等，这些装饰的图案不仅出现在唐卡绘画中，而且也会出现在日常生活的器皿之上，形成了具有民族传统风格的艺术特征。

民间风俗画唐卡以表现藏地民间世俗生活、神话传说、风俗惯制、民间信仰、节令时俗的大众通用题材为主，它们将生动的故事情节、深刻的象征比喻、安定和谐的理想生活和崇高悠远的人文精神相统一，展示现实生活中人们的宗教观、生活观和价值观。这些类型的唐卡主要有《格西拉然巴》《六长寿》《蒙人导虎》《由鼻牵象》《不和之战》《朗久旺丹》《纳福求荣》以及曼陀罗唐卡、须弥山唐卡、圣僧图唐卡、六道轮回唐卡、四大洲和风火水土唐卡等。

民间传记故事类的唐卡是人们日常生活中喜闻乐见的，具有以史作画、以画叙史、论史喻教等功能，用一幅、多幅甚至百幅连环的形式表现一个完整传记故事或重大历史事件，将生动的情节、精彩的内容、优美的笔调展示在图像之中。这些具有神话叙事性的唐卡有《猕猴变人》《桑玛故事》《藏王求婚》《洛桑法王》《赤美更登》《顿月顿珠》等，历史神话人物唐卡有《止贡赞普》《拉要妥日年赞》《迎请文成公主》《赤松德赞修建桑耶寺》等主题内容。

格萨尔说唱唐卡是格萨尔说唱艺人在演唱时的参照物，在讲唱前要举行“降神”仪式，格萨尔唐卡图像成为“神灵”的依止，艺人成为格萨尔讲唱的“授权人”，在格萨尔“授权”的情况下讲述史诗的情节。也有人将这些格萨尔唐卡供奉于寺庙之中，起驱魔镇邪的作用。格萨尔唐卡叙述的内容最为常见的是史诗中包含赛马称王、征战凯旋、岭国群英等经典的情节，在讲唱活动中图像叙事的参与形成了立体性、多元化的神话叙事场景，图像、演唱者与受众在共同的“神圣”空间中感知格萨尔史诗的文化内涵。

三、空间的表征：西藏唐卡绘画的神话空间叙事

图像的种类多样、内容丰富、形式繁多、特征各异，表现形态千差万别，但在本质上都具有相同的性质：“它们都具有特定的时间性与空间性。也就是说，无论是创作性图像还是复制性图像，都必须在特定的空间中包孕特定的时间。”① 图像将某一时间中的情景单元凝固在图像中，以空间的形式保存时间的内容，“严格说来，讲故事是时间里的事，图画是空间里的”②。实现图像叙事必须要将空间化的时间片段化，将运动的事件重新纳入时间的过程中从而达到叙事的目的，图像叙事的本质就是通过空间性来体现时间性。历史是由时间、人物、事件、空间等诸元素共同组合起来的叙事形式，其中时间性是构成历史的主要元素之一。记忆包括事件的主题、内容、形式与结构等元素，既与时间有密切关系，也与具体空间相关联。虚构是人类在意识活动中运用生活逻辑进行想象、联想、夸张等方式进行创造事物，多存在于意识形态空间中，与创造时刻的时间性有着密切的联系。绘画图像综合了历史、记忆与虚构的内容，以丰富的形式展示神话叙事的内容。

西藏唐卡绘画源自青藏高原地区人民千百年来在生产生活实践中对原始宗教、藏传佛教、民间风俗文化等众多民族文化元素的理解和认知，这些审美、创美技巧源自人们对人生哲理、生命感悟、自然认知、工巧艺术的汇通，唐卡文化艺术的精粹既来自于悠久传统历史文化的积淀，又得益于多元文化的交流与融合。在绘画实践中图像通过历史的叙事、记忆性叙事和虚构的叙事建构民族文化中的神话叙事空间，形成稳定的社会文化传承体系。

（一）历史叙事的空间：西藏唐卡绘画的神话叙事基础

唐卡图像作为神话叙事的载体在历史发展进程中不断建构着人类行为的“空间性”叙事，它“不仅仅体现在人类行为的地理空间上，它还体现在历史的证据、叙事的动机以及历史的结构等多个方面”③。在特定历史时期留存下

---

① 龙迪勇：《图像叙事：空间的时间化》，《江西社会科学》2007年第9期。

② ［加拿大］阿尔维托·曼古埃尔著，薛绚译：《意象地图——阅读图像中的爱与憎》，云南人民出版社，2004年，第13页。

③ 龙迪勇：《历史叙事的空间基础》，《思想战线》2009年第5期。

来的岩画、器物和图像等空间性存在物在成为某段历史“事实”证据的同时，也为历史叙事空间提供了物质实体，这些客观的事物成为历史叙事的“触发物”，它是纪实性实体，承载着历史的遗迹，具有复活记忆的功能。

在早期的藏族绘画艺术中，原始的苯教图符样式、岩画、洞穴壁画等孕育着早期先民认知空间中的图像叙事，苯教祭祀符号中的牛头、羊头符号和“卍”字图案设置着特定的神话叙事内涵，岩洞上的野牛、蛙、蛇、鱼等石刻是原始生活图景的再现和信仰的寄托，石块叠置反映着先民对自然神奇景象的理解，古老的“让炯”文化是远古藏族先民在自然崇拜中产生的一种宗教神话，这些客观存在的物质实体为建构神话叙事的空间提供了支撑。

岩画题材丰富，内容广泛，涵盖先民生活中人物、神灵、图符、器物等，他们通过丰富的线条、造型、色彩、符号、纹样等美术元素表达出或祭祀、或祈祷、或颂赞、或欢乐等高原部族先民对神话事件的认知，绘制在岩壁上的图像消解了历史的时间性，再现了绘画场景空间，将先民对神话的理解直观地表述出来，是人们认知当时社会形态和生活情状的原始资料，是西藏绘画艺术初期历史空间叙事的基础。

（二）记忆叙事的空间：西藏唐卡绘画的神话叙事特性

记忆是人们基本的意识活动之一，它源自于人脑对自然世界中客观事物的理解和认知，记忆的空间性不仅表现在对于客体事物内容的叙述，还表现在对于其结构、形式和基础元素的认知。记忆叙事作为一种精神的活动，将“生活中实际发生的原生事件、子虚乌有的事件、被人们感知和意识的事件、储存在记忆中的事件、行诸文字的事件以及被读者阅读和阐释的事件”① 进行辨解与剖析，建构“容纳某些主题的话语或思想于其中的框架性的‘容器’”②，形成叙事性的文化记忆空间。

在唐卡绘画创作中所反映的记忆性神话叙事主题丰富多样，内容广泛，囊括了高原原始宗教神灵体系、苯教神话系统、藏传佛教神话内容、民间传说故事、历史人物神话传记等各个方面，在这些源自记忆的丰富文化题材中，有本土的神话、宗教、历史文化，有来自外域的佛教等他者文化，藏族画师

---

① 龙迪勇：《记忆的空间性及其对虚构叙事的影响》，《江西社会科学》2009 年第 9 期。

② 龙迪勇：《历史叙事的空间基础》，《思想战线》2009 年第 5 期。

能够吸收不同文化的元素、特性和事件，构思不同的文化空间，将宗教神话人物、民间神话内容、外来神话事件融入场景叙事中，通过对记忆中事件的理解和感知，以图像的形式叙述不同神话事件的内容。

以记忆叙事为引导的唐卡图像是在对客观事物感知的基础上，进行想象性空间建构，这些诸多文化元素来自于客观世界的事物，在绘画中画师将客观的事物融入“公共”文化空间中进行具象的创造，形成人们共同可认知的叙事内容。在原始宗教神灵唐卡题材中，赞神、年神、鲁神都是源自于人们对天空、雪山、河湖等自然事物的感性认识，用“万物有灵”的观念理解客观的自然物。唐卡题材中战神、阳神原型来自部落中曾经的英雄人物和事迹，民间信仰中的赞神来自于早期的部落首领的神话传说事件，在神话流传过程中人们通过记忆叙事的添加与再造形成更丰富的叙事情节。藏传佛教类的唐卡题材主要以佛经和曾经的佛教神话人物、事件为记忆的依托，用图像的语言叙述宗教的内容，建构神话记忆叙事的空间。

（三）虚构叙事的空间：西藏唐卡绘画的神话叙事表征

虚构性叙事源自创作者对自然界中不存在的事物的想象性创造，是人们复杂意识活动的一种形态。在意识活动中，先民对自然界无法解释的自然现象、规律通过超自然的想象进行虚构，用脱离日常生活中的符号、文字、语言、图像等方式叙述这些“非凡”的事物，并赋予这些超自然物神奇的功能与特质。在这些超自然的空间中形成新的文化体系，通常见于神话中的诸神系统、宗教中的神话传说，民间信仰中的神灵鬼怪体系，这些具有系统性的虚构叙事元素组合在一起，形成了具有一定主题内容、结构与情节的虚构叙事空间，这些空间在超自然力的作用下，被赋予了“神圣”的特性，成为容纳虚构叙事事件的“新世界”。

在西藏唐卡创作中，画师要使自己的身体行为与精神意识达到“身”“语”“意”的高度统一，开始绘画时要在寺庙或静室举行一系列的仪式进行“修持”，使自己的身心脱离“世俗”，通过冥想在精神上进入神灵空间中，从而拥有“画神”的资格。绘画的内容与画师精神世界中的诸神系统、宗教事件、民间信仰神灵有着密切关系，绘画内容呈现了画师对虚构叙事空间中神话内容的主观叙述，也是在共同民族文化系统中信仰认同对象的再现。

唐卡绘画的虚构性叙事源自其本身传统美术艺术在发端时所具备的神话

叙事功能，虚构性叙事空间的建构为神话叙事提供了广阔的天地，在这一自由的空间中，神话内容不断扩充与融合，从而丰富和完善自身神话体系。绘画者通过感知文化艺术的存在，积累神话知识，汲取具象化的神话叙事元素，感知虚构神话空间中的情景，进而创造更丰富的神话叙事内容。

四、结语

西藏唐卡绘画历史悠久，从美术发端的源头上讲，最早可以追溯至早期先民在日常生活中打造的石器、骨器形状和留存在岩壁上的绘画符号，这些符号是他们最早对客观自然界和社会生活的认知与理解，是他们精神生活的写照，也是他们最初的叙事方式。符号叙事保留了藏族古老的叙事传统与文化基因，塑造了先民文化审美观念与认知能力。在历史发展进程中文化符号不断吸收不同地域的文化内容，创造出了丰富的、具有高原特色的民族叙事文化符号体系，为唐卡绘画的神话叙事奠定了重要基础。

唐卡绘画中的图像通过不同的文化符号组合构成具有表意、特指性的叙事图像，在不同的文化环境中，人们将对大自然的认知以图像的形式呈现出来，将青藏高原地区原始宗教中的年神、鲁神、赞神等神灵以具有象征和指示性的图像进行叙述，并赋予神话情节与内容，以直观的形式再现神话叙事的情境。藏传佛教吸收了青藏高原地区丰富的艺术表现形式，以佛教中的佛传图、本生图、经变图等主题以及菩萨、明王、佛母、天女、金刚、明王、度母等为题材，以绘画图像的语言叙述藏传佛教神话内容，以图像的情境传递佛教的宗教神话思想内涵。流传民间的神话叙事图像生动展现了青藏高原地区人民生活的精神面貌，揭示了日常生活中人们的价值取向与理想生活，体现了高原地区人们的思维方式、审美观念与艺术表现。

唐卡绘画通过建构不同的叙事空间以多样的形式叙述青藏高原地区丰富的神话内容，在绘画实践中，多元历史题材的绘画既囊括了早期先民生活中的文化符号记忆，也容纳了不同时期人们生活中的神话人物、神灵图符、祭祀器物等内容，将具有历史性场景的社会生活面貌展现在人们面前。记忆的叙事空间将源自生活中的事物进行艺术化的创造，用具体的图像叙述流传口头、见诸文字的神话内容，将抽象中的神灵形象化，创造出“共同记忆”中具体可感知的神灵体系。虚构的叙事是将流传于人们意识形态中的神话进行创造性想象，从日常生活中的自然事物中抽离出来进行艺术化，扩充了神话体系与信仰的内容，通过绘画的形式将纳入意识形态之中的多元神话主题内容呈现出来，创造出更丰富的民族文化叙事题材。

巴蜀地区女娲补天神话与人文胜迹[①]

四川大学中国俗文化研究所　李祥林

摘　要　女娲神话有脉络悠久的流传和空间广阔的播布。“炼石补天”是女娲神话的主题之一，巴山蜀水有不少人文胜迹都跟女娲补天神话中的圣石发生勾连，生发出种种脍炙人口的在地性故事。立足民间，着眼口头文学，结合巴蜀地区三处风物传说，就此进行梳理和析说，有助于加深我们对巴蜀地域文化的理解和对中华女娲神话的认识。

关键词　女娲；补天神话；风物传说；巴蜀地区

自古以来，女娲神话既有脉络悠久的流传又有空间广阔的播布，在中华大地上影响深远，具有深厚的民间信仰根基。“炼石补天”是女娲神话的主题之一，巴山蜀水有不少人文胜迹都跟女娲补天神话中的圣石发生勾连，生发出种种脍炙人口的在地性故事，有名者如忠县石宝寨传说、峨眉山天门石故事、天全紫石关来历，等等。立足民间，着眼口头文学，就此进行梳理和析说，有助于加深我们对巴蜀地域文化的理解和对中华女娲神话的认识。

①［基金项目］教育部人文社会科学重点研究基地重大项目“中国古代民间神灵信仰研究”成果（项目编号：11JJG750010）。

三峡名胜石宝寨

来到山城重庆，从朝天门登船下三峡，忠县石宝寨绝对是途中一道不可不看的人文景观。依山体而建的石宝寨，其构造和格局总是让我联想到去河北涉县中皇山所见绝壁上的娲媓宫，二者在建造技艺上有某种异曲同工之妙。忠县古称忠州，“古巴国地，秦属巴郡”，“州东通巴峡，西达涪、渝，山险水深，介乎往来之冲，居然形要”，具体说来，“东至夔州府万县二百六十里，南至涪州彭水县五百九十里，西北至顺庆府广安州三百四十里”（《读史方舆纪要》卷六十九）。该县位于重庆东部，距重庆主城区 180 公里，地处东经 107°3′至 108°14′、北纬 30°03′至 30°35′之间。被列入“巴渝新十二景”的石宝寨，如今是 AAAA 级旅游景区，全国重点文物保护单位，号称是世界八大奇异建筑之一。

石宝寨位于忠县城东北的长江北岸，西南距县城水程 37 千米，东北距万州水程 51 千米。整个石宝寨乃是依陡壁孤峰拔起的巨石所建，地势险要，巨石形如玉印，亦称“玉印山”。据当地民间故事，“忠县石宝寨，早些年叫玉印山或小蓬莱”，而“这玉印山是当年女娲娘娘炼石补天时留下的一坨宝石，方方正正，蛮大一礅”①。此山最早明确见载于文献是在宋代，《方舆胜览》卷六十一记载夔州路咸淳府山川有“石堡山，在临江县东五十里”。临江县指今忠县，石堡山即玉印山。清嘉庆《四川通志·舆地志·山川》卷二十一云：“石堡山在州东五十里，一名玉印山。”清道光《忠州直隶州志》卷一“山川”云：“玉印山在州东九十里大江之北，一名石宝。”关于此山此寨，北京大学孙华教授有文考证②，可供参阅。山形易守难攻，明末谭宏起义，自称“武陵王”，曾据此为寨。依山而建的寨楼，飞檐翘角，极为壮观。阁楼如今共 12 层，通高 56 米。寨顶有古刹天子殿，还有文物陈列室和鸭子洞、流米

① 中国民间文学集成全国编辑委员会编：《中国民间故事集成·四川卷》，中国 ISBN 中心，1998 年，第 318 页。

② 孙华：《重庆忠县石宝寨考略——兼评石宝寨保护工程》，载《长江文明》第 12 辑，重庆中国三峡博物馆、重庆博物馆编，重庆出版社，2013 年。关于寨楼建筑的层数，文中写道：“1956 年将山顶原两层方亭改建为三层的阁楼……从此原本九层寨楼加两层方亭的十一层单数就变成了加三层楼阁的十二层双数，与中国塔楼等高层建筑的层数不用双数的传统不尽相符。”

洞、石宝姑娘、老鹰找路等景观。石宝寨始建于明中晚期，经清康熙、乾隆年间修建完善。目前，整个建筑由寨门、寨身、阁楼（寨顶石刹）组成，共12层，高56米，是我国现存最高和层数最多的穿斗式木结构建筑。寨楼原建9层，寨顶有古刹天子殿，隐含“九重天”之意。1956年，将顶上2层方亭改建为3层阁楼。2009年，历时3年多、耗资近1亿元人民币的抢救性保护工程完工，石宝寨重新对外开放。新亮相的石宝寨，在巨型围堤环绕中，宛如滚滚长江上的大型人造“盆景”，人称长江“小蓬莱”，是三峡旅游黄金线上的著名景区。

石宝寨平面及立面图①

关于玉印山、石宝寨，除了历史考证，生动的口头传说也值得关注。2014年，在重庆市公布的第四批非物质文化遗产代表性项目名录中，有“石宝寨的传说”，列入民间文学类。其中，居首的便是跟女娲补天神话相联系的地名传说，且听《石宝惊天动地来》：

传说在远古时候，火神祝融同水神共工相斗，共工败阵下来后，便一头触向不周山（不周山是传说中的擎天柱）。霎时间天崩地裂，地动山摇，天河中的水倾泻而下，大地一片汪洋。

人们的呼救声和万物的哀嚎声，惨不忍睹。哭声和哀声惊动了女娲

① 该图见汪国瑜：《梯云之上，绀宇凌霄——忠县石宝寨》，《建筑师》1981年第6期。

娘娘。女娲见此景，便采集了五色石炼石补天。她用了三万六千四百九十九块石头，终于补好了天，天河里的水不再下泻。从此天空出现了星光璨烂，银河闪闪，五彩云霞，绚丽壮观的景象。

但是，地面上的洪水仍然凶猛横行。女娲娘娘又斩妖除孽，以固定大地。并帮助大禹疏通河道，使洪水归回大海。带领人们上岸居住，人们安居乐业，大地万物得以重生。

然而，在九州四部中的四川，仍然是洪水泛涌不止。原来，在四川境内忠州附近有一个洞眼，与大海相通。洞内有共工的一员大将，名相柳，因不甘被打败，常从此洞出来兴风作浪，残害生灵。

闻得此消息，女娲决心除害，便取出随身带的玉印，将相柳擒拿，镇在洞内。用玉印塞住洞眼，海水不再涌出来了。玉印落地生根后便化作孤峰，峙立在洞眼上。

这块玉印原是一块五色石，是女娲补天后遗留下的一块五色石，它聚万石之精，藏天地之灵，因与补天无缘，被女娲缩变成印章般大小，女娲把它揣在怀中，上有“女娲之印，扶正祛邪，无材补天，志在除害”十六个字，让这块五色石为民镇害，保四方民众能安宁地生活。

人们怀念女娲娘娘，便把这座孤峰叫作“玉印山”。在岩壁边依岩建十二层阁楼，直上峰顶，在峰顶上修庙宇纪念女娲娘娘。曾有人赞曰：

危楼照朝暾，画阁迷夕烟。

巍然接云汉，气象雄万千。①

有关石宝寨的传说故事主要流传在忠县境内，以及忠县周边的万县、梁平、石柱、丰都、垫江等地，其内容涉及石宝寨的神话起源、历史典故、名人轶事、风土人情等，见于《中国民间故事集成·四川卷》《石宝寨的传说》

---

① 《石宝寨的传说》，http：//www. 360doc. com/content/15/1202/13/19096873_517378976. shtml，发布时间：2015—12—02。该故事在书籍《石宝寨的传说》（四川文艺出版社，1986年）中题为《玉印山》，由袁代奎搜集整理，文字及内容要详实得多，此网络重写版是大大地简化了，但基本意思还在。《玉印山》讲述灾难发生时，“正在大荒山无稽崖下睡觉的女娲娘娘醒过来。这位善良美丽、神通广大的女神，看到这幅惨状，又气愤又痛心，感到刻不容缓，立即动手，炼石补天”，她用青、白、红、黄、黑五色石炼成三万六千五百块二十四丈见方的大石头，其中一块五彩斑斓、方方正正的玉石便是后来的玉印山。

等书收录。这些传说故事与人文胜迹石宝寨紧密相联，有很强的地域性。当地这些口头故事，紧扣石宝寨主题，展示地方风物，伴随石宝寨的建造而产生，或曰流传至今有300多年了。及至民国时期，有民间说书人把诸多石宝寨的传说故事搬进了茶馆书场，使这些洋溢着神异光辉的口头传说得以迅速发展和广泛流传。以上故事中，石宝的原型就是玉印，就是塞住海眼镇住妖孽的“女娲之印”，就是女娲娘娘补天漏止洪水所使用的“聚万石之精，藏天地之灵”的五色石。神话传说凝聚着民间智慧和民众祈愿，总是富有超现实的想象力和创造力。在忠县当地，另有传说进而将灵石拟人化、具象化为“石宝姑娘”，她帮助人们修建了石宝寨，见《重修栈道 山鹰解疑》：

石宝山原有木栈道，供人们上下山使用，被恶人烧毁后，便无人能登上山顶了。后来，又有人在绝壁上凿洞重修栈道，供上香敬佛的人上下。但是，因山陡路险，常有人跌下摔死。

人们想重修栈道的想法，得到当地贤绅邓举人支持，邓举人便发动乡绅百姓有钱出钱，有力出力，募款重修栈道。请来著名匠人游天凤设计修建。但是，所设计的方案历经数次修定，均不满意。大家为苦无好的方案施行，而苦恼不堪。

一日，邓举人和游天凤的徒弟一道，重到连云山勘查，以便找寻适合地宫重新设计方案建道。

当邓举人一行到达连云山，正在山脚周围观察地形，这时，只见一岩鹰紧贴着连云山岩壁盘旋而上，直至山颠方才飞去。

遥望山鹰盘旋而去，大家迷惑不解。正在纷纷议论之时，匠人游天凤突然一拍拍头说道：有了。原来，游天凤从山鹰飞行中得到启示，便开始重新设计图纸。

经过反复多次设计后，均无良图可解决栈道的安全、稳定性问题。

一日寐中，游天凤见一山鹰飞入卧室内，口中衔一卷纸，放在桌上，叫了几声，旋而飞去。游天凤拾起纸看，是一幅塔形阁楼图，高兴之至便叫起来，原来是在梦中。

“十二楼阁矗江岸，山鹰盘旋解疑难。”然而，梦中之景历历在目，他当即回忆自己梦中的情景，绘下梦中塔形阁楼图，又对外观进行美化，不久，新的塔形阁楼图就画好了，栈道就设立在阁楼内，依附山崖绝壁盘旋而上，共十二层直上山顶。

大家一看称道不已，决定选址在临江面山崖处，按图重新施工。

经过忠州百姓数载艰辛，终于建成我们今日所见：面对浩浩大江、群山峻岭，十二楼阁巍峨矗立于江岸的宏伟壮丽景观。

有人说所碰到的山鹰盘旋山崖，就是石宝姑娘来到凡间，相助人们修建十二层阁楼的。大家感谢山鹰降临凡间，为忠州百姓解疑难，相助重修栈道，纷纷到山上朝拜石宝姑娘，为她添香祈祷。正是：

日照孤峰江岸立，古藤绝径白云依。
万川可掬大江近，明月凌霄河汉低。
十二层楼借崖驻，蓬莱仙岛任君题。
补天遗石逐杨柳，托梦山鹰解惑疑。①

这个故事在书籍《石宝寨的传说》中题为《游师傅修寨楼》，“这修寨楼的掌墨师傅不是别人，正是石宝寨人游天凤”，他修建寨楼时遇到难题，多亏“江边岩鹰石上飞出只大岩鹰”指点了他，工程得以成功，“十二层阁楼拔地而起，巍然入云，雄伟壮观”②。这岩鹰使人联想到另一则故事中化身山鹰的“石宝姑娘”，而在有的故事版本中，修寨楼的木匠叫山海，“后来石宝姑娘跟山海成了亲，一直为乡亲们治伤看病”③。补天石——石宝寨——石宝姑娘，由此叙事脉络不难悟解女娲神话的置换变形和母题流变。今人收集了五则石宝寨传说放在网上，以上二则均在其中。尽管经收集者梳理后的文字有较明显的文人润色痕迹，但田野调查可证，诸如此类故事在当地民间有口皆碑并长久流传是客观事实。梳理的这五则故事中，有三则从原型研究角度看都跟神话传说中的“女超人”相关，除了以上二则，还有《何仙姑济世小蓬莱》。相传八仙之一的何仙姑在云游四方时来到玉印山，见此山矗立江中，险峻奇

① 《石宝寨的传说》，http：//www. 360doc. com/content/15/1202/13/19096873_517378976. shtml，发布时间：2015—12—02。

② 李永年搜集整理：《游师傅修寨楼》，见《石宝寨的传说》，中国民间文艺家协会四川分会、中共忠县县委宣传部及县文化馆编，四川文艺出版社，1986 年。

③ 长航重庆分局旅行社编：《长江三峡名胜古迹介绍》，1980 年，内部资料，第 14 页。

特，四周林木茂密，长藤倚壁，真是一处仙山，便在石壁上题写“小蓬莱”三字，并化长藤为栈道，建屋居留于此山。何仙姑在峰顶种草药，下山为百姓医治疾病，赠给药物不收取分文，深得百姓爱戴，百姓称她是“活仙姑”。后来，何仙姑救治了一个生病的小女孩，并收养了她。小姑娘名叫“石宝”，父母双亡于瘟疫中。在何仙姑的传授指点下，石宝姑娘学会了种植药材。何仙姑又教石宝姑娘看病配药，带着姑娘走东家去西家，为周围百姓治病。有坏人趁仙姑外出，放火烧山，加害于石宝姑娘。石宝姑娘在大火中化身山鹰，成仙飞去。该故事在20世纪80年代编纂民间文学三套集成时便有收录，内容比网上梳理文字更详细，结尾是：“后来，乡亲们怀念石宝姑娘，在山顶上修了一座庙，塑了她的像，一年四季香火不断。从此，人们把‘玉印山’叫做‘石宝’，也有的叫它‘小蓬莱’。”① 有如炼石补天、以石印塞海眼的女娲娘娘，化身山鹰的石宝姑娘也是神话叙事中替人类解忧除难的“女超人”。从女娲到何仙姑到石宝姑娘，有关石宝寨的三则女性（女神、女仙）故事均张扬了“女神救难”主题，归根结底，后二者都不妨看作是以大神女娲为代表的古老原型在后世口头文学中的翻版或回声。

仙山峨眉有天门

峨眉山是天下名山，登上峨眉金顶看日出，是每个游客都憧憬的。网上，有人为峨眉山概括了“佛光”“云海”“圣灯”等六大奇观，其三是“日出”，并以“女娲炼石补天之光”相称，云：“传说，女娲是在峨眉山炼五彩石补天，至今，山中仍有女娲洞，而为女娲捡石的九位老人称为‘九老’，居住在九老洞。女娲炼石补天，采集的火种便是来自峨眉山升起的第一缕阳光。”② 九老洞是峨眉山著名景点，位于仙峰寺背后的九老峰下，海拔1752米，下临绝壁。洞口呈三角形，高约4米，全长1500多米，其下便是白蛇传故事中陪伴白娘子左右的青儿修道的地方。明崇祯年间，少詹事兼翰林院侍读学士胡

---

① 《忠县石宝寨》，讲述人吴永江，男，82岁，不识字，忠县石宝镇退休工人，采录时间：1983年5月，见《中国民间故事集成·四川卷》，中国ISBN中心，1998年，第320页。

② 《佛家名山：峨眉山的六大奇观》，https：//www. sohu. com/a/396512425_ 120211295，发布时间：2020—05—20。

世安三次游历此山，随后在《登峨山道里记》一文中写道："最奇者，莫如九老仙人洞。昔黄帝访广成子天皇真人游此，遇一叟洞外，询'有侣乎'，答以'九人'。今名以此。"近人林散之《九老洞》诗云："山雨不可晴，秋径没蒿莱。大坪何兀兀，九老尤奇哉。"网上又有文字称，"传说当年中华民族的祖先轩辕黄帝从黄河边来峨眉山访天皇真人问道，巧遇穴居此洞中的九位老人，名叫'天英、天任、天柱、天心、天禽、天辅、天冲、天芮、天蓬'，问及年龄，九位老神仙已记不清楚，只记得他们曾经在年轻时候为女娲娘娘炼石补天捡过石头，看来是资历不浅的了。'九老洞'的得名源出于此"①。见于网上的这两则关于云海及九老洞的故事，言及自然景观的人文寓意，从"中华民族的祖先"等提法来看，当代表述痕迹明显。

关于九老洞的传说在民间有多种，其中为人们熟知的是仙峰寺一个老和尚与两个徒弟的故事。一天，师徒三人诵完经之后，两个小和尚照例去捡柴，老和尚则出寺巡游。老和尚顺着山间小路而行，走到一个山洞前，看见两个白发苍苍的老头在下棋。老和尚站立旁边观战。过了一会儿，又从洞内走出七个银须白发的老头，也坐在石桌旁下棋。棋家有话说：下棋要成对。九个老人正好单了一人，便请老和尚来对弈。那老头见和尚棋艺不错，心里一阵高兴，便从袖内摸出一个鲜桃，分成两半，将一半递与老和尚。老和尚吃了这桃，心神清爽，十分自在，仿佛觉得年轻了。随后，老和尚又跟着老头入洞游玩。临行时，老人们送给老和尚一把雨伞和两个鲜桃，嘱咐他常来玩玩。"老和尚出得洞来，高高兴兴地往仙峰寺奔去。他想，这鲜挑拿回去分给两个徒弟，让他们分享今日的快乐。……老和尚回到寺里，没见到两个小徒弟，却看见两个老和尚在堂前诵经。诵经的和尚见到他回来. 忙站起来迎接。老和尚仔细一看，原来就是他的两个徒弟，感到十分惊奇"②。原来，洞中才一日，世间已过去几十年，和尚们方才醒悟遇见神仙了。后来，人们把这山洞叫"九老洞"，又称"九老仙府"。这里，不见有什么替补天的女娲捡石头的故事。不过，当地人将知名景点九老洞与女娲神话联系起来亦非毫无来由，

---

① 《峨眉九老洞》，https：//baike. baidu. com/item/% E5% B3% A8% E7% 9C% 89% E4% B9% 9D% E8% 80% 81% E6% B4% 9E/9020287？ fr = aladdin。

② 《揭秘峨眉山民间传说：九老洞》，https：//baijiahao. baidu. com/s？ id = 1650102109432637359&wfr = spider&for = pc，发布时间：2019—11—13。

因为峨眉山本有“女娲石”“天门石”的故事。在民间文学领域中，像这种将彼神话嫁接到此神话的例子有许多，十分常见，如1987年7月在仁寿县大联乡雀岩村65岁罗姓农民口中采录的《白蛇成仙》就把白蛇传故事跟女娲嫁接起来，说白蛇的法力大增是因为吃了女娲娘娘做的汤圆，并借佛祖之口道出真相后，“白蛇晓得了她的师傅是女娲”①。当今网上有关峨眉山的信息，有《女娲石》故事：

相传在上古时期女娲补天的时候一块石头从女娲炉子里掉出来，掉在了峨眉山上，这块石头又高又大直插云霄，因为这块石头直插天穹，所以它链接了天庭与人间，从此天上的神仙不用通过南天门来到人间，这块石头就相当于他们的后门被命名为“天门石”，有神仙想到人间来玩了，便通过这块石头来到峨眉山，从此峨眉山上有神仙。②

峨眉山高，“峨眉高出西极天”（李白诗），民间有峨眉山“离天三尺三”的口碑。登上峨眉山，当地人会指点你说距金顶不远处有两个大石头，彼此形状相似，相距不到一丈，石壁如刀削般陡峭，传说爬到上面就能摸到南天门，人称“天门石”。不仅如此，民间还相信这连通天宫与人间之灵石就是女娲娘娘补天时留下的。手边书中，《天门石》传说如此：

相传女娲炼石补天的时候，有一块石头从炉里掉了出来。那石头从天上唏哩哗啦往下滚，一直落到峨眉山上。从此，峨眉山上就有了一块又高又大的石头，直插天穹。

在没有这块石头以前，从彩云缭绕的天宫到人间来，要出南天门，经过天梯。天梯旁有青鸾童儿看守，如果没有玉帝、王母的旨意，谁也

---

① 乐山市民间文学集成编辑委员会编：《中国民间文学三套集成·四川乐山市卷·故事卷》，1990年，内部资料，第198—199页。

② 《峨眉山的传说》，https：//zhidao. baidu. com/question/75902272. html，发布时间：2019—09—23。“峨眉山民间传说故事”自20世纪80年代以来便多被有心人士收集，如今亦作为非物质文化遗产项目列入乐山市非遗代表作名录，其内容如《乐山市非物质文化遗产大观》所言：“峨眉山民间传说故事内容丰富，峨眉山上的山水，每个地名，每座小桥都有一个美丽的传说。”（乐山市文化馆、乐山市非遗保护中心编，2017年10月，第11页。）

别想过去。自从有了这块天门石以后，因为它上通南天门，下通峨眉山，所以想到人间就可跨出南天门，踏上天门石，不经过天梯，就能到峨眉山了。天宫里那些神兵、天将、彩女、云童，听说峨眉山上风光秀丽，就时常经过天门石，偷偷跑到峨眉山来游玩。①

神话传说中的“天门石”本是一块，后来因王母娘娘发怒而被劈成了两半。话说三月三，天宫中王母娘娘要大办蟠桃会祝寿，叫太白金星带着仙女们去蟠桃园采摘蟠桃。太白金星召集仙女们时，发现少了守蟠桃园的两个仙女。一问，方知二仙女从天门石私自去了峨眉山，便将此情况禀告王母娘娘。王母恼怒天门石为那些凡念未消、不守仙规者搭了一道私下凡间的便桥，吩咐巨灵神前往峨眉山捉拿二仙女。在山上玩得正高兴的两位仙女忽见金盔金甲、手执大斧的巨灵神前来捉拿她们，吓得慌了手脚，时而变珙桐树，时而变画眉鸟，均被识破，最后变成枯叶蝶，“果然，巨灵神找遍了全山，也没有找到她们”。且听故事结尾：

巨灵神找不到二仙女，只好回天宫向王母娘娘复命。王母娘娘又对巨灵神说：“二仙女私下凡间，又拒不回天庭，罪恶深重。现在我命你斩断天门石，断绝她们的归路，永远不准这两个孽障再回天宫。”巨灵神领旨后，驾着云头，来到天门石旁。他手举巨斧，对着天门石砍去。只听山崩地裂一声响，天门石被砍去了大半截。接着又是两斧，把巨石从当中劈开了。于是，天门石变成了两块，当中出现了一条道路。因为天门石被斩断，二仙女再也不能回返天庭，她们就永远变成了两只枯叶蝶，飞翔在峨眉山的翠树绿叶之中。

从女娲补天留下圣石化作天门到王母娘娘下令斧劈巨石隔断仙凡，似乎透露出女神故事从远古原始时期走向后世王朝时代由于权力话语介入所发生的叙事变化，其中有值得研究者留意的文化信息。倘若从性别研究角度作不算离谱的推想，这是不是女娲神话在后世失落变形的例证之一呢？再结合神

① 张承业搜集整理：《峨眉山的传说》，中国民间文艺出版社，1982年，第22页。

话流变史看华夏文化发展历程，古代中国有“绝地天通”传说，这是不是又一种被烙上后世叙事印迹的同类神话版本呢？当然，回到巴蜀文化话题，这个地方性传说也为峨眉山的巨石奇观和自然物种赋予了充盈着神话想象力的生动解释。

紫石本是补天石

紫石关在天全县，天全地属雅安。据考，“官方文书和史籍上出现‘天全’的称谓，最早在元代”①。《四川民间文化大典·古道关隘》收入“天全禁门关”，未见有紫石关。其实，紫石关亦是天全县出入二郎山的重要关口，《明史·地理志》有载。清顾祖禹《读史方舆纪要》卷七十二“平羌关”条云：“又有紫石关，当嘉、眉两州分界处，山石皆赤，因名。”卷七十三“天全六番招讨司”之“禁门关”条曰：“司治西禁山下。又紫石关在司西百里，仙人关，在司西六十里，俱雅州千户所官兵戍守。”历史上，紫石关与禁门关在有关川边治理的文献中常常并提：“土司统治时期，曾在这里设碉紫百护所，后为官兵戍守驻地。从唐末至清雍正以前，紫石关一直是重要关隘。关隘总面积达八千多平方米。天全六番招讨司派有重兵把守。”② 据《天全县志》，禁门关古称碉门，位于县城西 1 公里处大岗山、落溪山对峙的峡谷中，下临天全河，由于两山岩石壁立，状如碉楼，远望如门，故有此名。清光绪时贵州名士陈矩任州官，撰《禁门关铭》赞之，云：“天全绕廓皆山，而落溪、大岗最峻拔……览之两山对峙，其状若石门……近临土蕃，远通藏卫……有川如带，险不可向。”③ 三国时诸葛亮曾至碉门，并派高翔驻守。唐初于碉门设和川兵镇，宋设碉门寨，北宋时于寨内辟茶马互易市场。南宋关城

① 《天全县志》编纂委员会编：《天全县志》，四川科学技术出版社，1997 年，第 57 页。
② 方兴：《见证天全》，中国三峡出版社，2004 年，第 75—76 页。
③ 《天全县志》编纂委员会编：《天全县志》，四川科学技术出版社，1997 年，第 764 页。

被毁，元初重建。清雍正时，改碉门为禁门关①。所谓“碉紫”，即指的是碉门（禁门关）和紫石关。关于紫石关之紫石，当地茶马古道上流传着这样的故事：

传说古时天漏不止，水患无穷，民不聊生。女娲为解水患而炼五彩石补天。漏天补好之际，曾有一碎石掉于此地。因石头呈紫色，石上又隐约可见“紫石”二字，并且石头落下来后，雨就停了，天不再漏雨。

当地百姓便把此石看作神石，视为吉祥之物，并将此地取名为“紫石”。②

从雅安地区通往少数民族区域的川西茶马古道上有著名的“三关”，除了紫石关和禁门关，还有位于芦山、天全、雅安三地交界处的飞仙关，此关被称为川藏陆路“第一咽喉”。从成都出发，经飞仙关到天全，向西翻越二郎山到泸定、康定，再经雅江、理塘、巴塘等，最终至西藏。“关口外为峡谷地段，世传大禹治水之地。宋代始建关城，名神禹漏阁”③。天全之名，据清代天全文人杨振业撰史实笔记《灵和乘略》介绍，“元易其名曰天全，则固其地在大小漏天之间，而雅所入之飞仙关，旧名漏阁，故易曰全”，又云“治北四十里有天全山，州因此山而名也”④。在这条从内地通往边地的道路上，紫石关、飞仙关、禁门关三关并称，无论在经济上还是军事上均有着重要意义，向来是兵家必争之地。据前些年来天全实地调查者介绍，二郎山下二郎庙附近有彭姓老人能讲许多故事，年逾古稀的他曾是茶马道上背茶包的背夫。下面，是出自老人之口的飞仙关传说：

---

① ［清］顾祖禹《读史方舆纪要》卷七十二记载：“碉门砦，县西北百五十里，即和川镇、雅州西通蛮路也。元至元初置碉门等处安抚司于此。二年安抚司高保四言：‘碉门旧有城邑，中统初为宋所废，众依山为栅，去碉门半舍，欲复戍故城，便于守佃。’敕秦、蜀行省相度行止。明初亦设碉门百户所，有石城足以控御。盖州之灵关、碉门、始阳皆通番之道，而碉门最为要害，两山壁立，一水中通，特设禁门以限中外。碉门以外即天全境，所谓‘万里干河直达碉门’者也……近天全招讨司界。”

② 《天全紫石关：传说女娲补天遗石之地》，雅安日报/北纬网，2019—09—01，https：//www.beiww. com/zh/lyxw/201909/t20190901_ 839241. html。

③ 四川省文学艺术界联合会编：《四川民间文化大典》，四川辞书出版社，2020 年，第 86 页。

④ 《天全县志》编纂委员会编：《天全县志》，四川科学技术出版社，1997 年，第 58 页。

远古时期，天空中悬挂着九个太阳，经年暴晒，大地如同火炉，旱灾肆虐，民不聊生。为解民众劳苦，后羿举箭射日。与此同时，峨眉山上一个修炼了数千年的神猴为了求雨，沿着马桑树登上了天庭。玉皇大帝正欲洗脸休息，一听神猴禀报，忙叫仙童将盛好的洗脸水端到天边洒去。哪知那神猴本身脾气不好，一听玉帝这般小气，火气不打一处升起，他心想：玉帝太为小气，大地上早已江河断流，田地生烟，你不考虑我一条猴子不顾性命攀树上天，也该考虑黎民的艰苦。于是夺过金盆便扔，持水仙童还没醒过神来，那金盆早已扔在了天板上，天板被砸出一个窟窿。遗憾的是那神猴哪里知道“天上一滴水，地下万亩田”。顷刻间，倒在天板上的水顺势而下。至此后，地球上洪水泛滥，人类遭遇了灭顶之灾。天漏之处，人们便称之为“小漏天”（天全古称）。[①]

原来，因为好心的神猴在不知情的情况下犯了错误，导致天漏给人间带来洪水灾害。此时此刻，率先挺身而出为人类解除危难的是炼石补天的女娲娘娘。故事继续：

天一直漏着，广袤的大地上洪水泛滥成灾，黎民苍生痛苦万分。为了拯救黎民百姓，女娲“炼石补天”，好不艰辛天漏才被补上。至此，“小漏天”便更名为“天全”。天虽补好了，但大地上依然是洪水成灾。为救百姓，大禹四处治水，但是，天全境内群峰毕立，沟壑纵深，水患难消。大禹想尽一切办法也难将天全境内的淤水排除，最后他只有组织百姓在山体较薄弱之处挖沟引渠，几年过去见效甚微。此时此刻，炎帝女儿在东海溺水淹死了，变成了一鸟名曰精卫，她终日衔石夹土，决心填平东海。二郎神深受感动，于是担着两座山以助精卫填海，途经天全正遇孽龙作祟，便丢山降龙，所丢之山便叫二郎山。历尽努力好不容易才将孽龙在灌县捉住，还来不及歇息，他便回头担山，正好目睹大禹在天全为疏通河道焦虑，于是决定开山破堰，以救百姓。二郎神起运神力，挥动三尖两刃刀，几刀下去，“飞仙关”便山开石破，淤水顺关而下，所

① 方兴：《见证天全》，中国三峡出版社，2004年，第9—11页，标点符号有所调整。

以“飞仙关”山体呈现刀砍斧劈的模样。当时人们不知道是二郎神所为，于是在飞仙关建“二郎庙”以示纪念。此地也名为“多功”，以为大禹、二郎神在此破山开河，劳苦功多，同时也表示，老百姓在此开挖沟河费了许多功时。

以上传说中提及“衔石夹土”填海的精卫，该神话角色见于《山海经·北次三经》：“北二百里，曰发鸠之山，其上多柘木。有鸟焉，其状如乌，文首，白喙，赤足，名曰精卫，其鸣自詨。是炎帝之少女，名曰女娃。女娃游于东海，溺而不返，故为精卫，常衔西山之木石，以堙于东海。”国人熟知“精卫填海”神话，我对此从性别研究视角亦有论述①。文献记载精卫名“女娃”，多少会使人从读音上联想到女娲。证诸文物，1986年4月发现的简阳鬼头山之东汉崖墓3号石棺图像上亦有相关旁证。该棺足档有文字说明：“图为伏羲，人首蛇身、头戴冠，一手高举，一手前伸，双手均未持物。右上方榜题‘伏希’，即伏羲。左为女娲，人首蛇身，背上生羽，双手斜上举，手中也未持物。右上方榜题‘女絓’，即女娲，‘女’字上部漫漶。伏羲、女娲左右相对，两尾部呈八字形。这种手中不执物的伏羲、女娲画像较为少见。伏羲、女娲两尾之间有一玄武……榜题‘兹武’，‘兹’当为‘玄’的双写。女娲左侧有一站立的小鸟，昂首翘尾。榜题‘九’，即鸠。古代认为鸠是一种瑞鸟，把它刻于棺上，显然是寓死者安息之意。”② 较之他方所见同类石棺，该图像奇特处在于女娲尽管仍是人首蛇躯，但其背部长有羽翼，右下有鸟并题记“九”，为鸠鸟。有人联系《山海经》中记载的精卫（女娃）神话，指出：“女娃溺死之后化为精卫，精卫即是一种文首、白喙、赤足的鸟，居于发鸠之山。这里，发鸠之山的‘鸠’字值得特别注意，它可能正指女娃所化之精卫

---

① 李祥林：《性别文化学视野中的东方戏曲》第五章第三节“不死的精卫”，天马图书有限公司，2001年。

② 内江市文管所、简阳县文管所：《四川简阳县鬼头山东汉崖墓》，载《文物》1991年第3期。由于字迹不是十分清晰，图中榜题“女絓”亦未必不可以识读为“女蛙”“女娃”，该字的音、形、义皆与女娲相通。又，“伏希”的后一字除了识读为上文下巾的字形，是不是还可以识读为“希”或“莃”字呢？须知，凿刻石棺的民间工匠不是文字学家，他们按日常习惯用易写的俗字、同音字取代较复杂也难辨认的“羲”“娲”二字，不是什么奇怪的事情。诸如此类问题可再探讨，但不管怎么说，简阳鬼头山东汉崖墓3号石棺为学界辨识汉代诸多同类图像为伏羲、女娲造型直接提供了实物证据，这是得到公认的。

鸟”，既然如此，“《山海经》的记载则恰好为鬼头山石刻中女娲生翼，且女祸一侧绘出鸠鸟的主题作了注脚。不仅如此，鬼头山石刻题记将‘女娲’写作‘女娃’，也正与《山海经）作女娃相一致”。该论者认为精卫与女娲当有神话性关联，“以上看似巧合的两点表明，精卫填海的神话可能是从女娲的事迹演变而来。除此之外，女娲补天神话中，女娲采用了‘积芦灰以止淫水’的方法，这与精卫填海神话中，精卫鸟‘衔西山之木石以堙于东海’的神话内核意蕴极为类似，即可能都与洪水记忆相关”①。当然，这种大胆推论最终是否成立有待更扎实的论证，但也不能说没有丝毫道理。由此回过头来看，富有神话想象力的天全民间传说将女娲和精卫糅合在同一故事里，不能不说是饶有意味的。

简阳鬼头山东汉崖墓有伏羲、女娲榜题的石棺②

二郎山下老背夫讲的故事还要长些，此处摘录主要段落。故事主题是大洪水及英雄治水，又在川主信仰话语中融入大禹、二郎神，比二者更早的治水英雄则是炼神石补天漏的女娲。天全有“小漏天”之称，从“天漏”到“天全”，根据神话叙事，首功当然要记在大神女娲头上。也就是说，大禹治

① 李公子渊默：《山海经：补天的女娲和填海的女娃名字如此相似，难道仅仅是巧合?》，发布时间：2020—10—25，https：//new. qq. com/rain/a/20201025A0AAYG00。

② 二图分别见《“简阳文物想说话”系列之东汉石棺》，来源：文化简阳，发布时间：2021—03—21；https：//new. qq. com/omn/20210325/20210325A09WQ900. html。唐宇：《凡而圣：汉画六博图的形式与意涵》，《美术学报》2019年第5期。

水不过是女娲治水（炼石补天防止漏水）的后续，他秉承着女娲为民救难精神，继续着女娲未竟之业。纵观天全民间故事，如果说紫石关传说只是猎奇式地讲述了跟女娲神话有关的一个地名、一个人文胜迹的由来，天全得名传说则是在由衷的民间赞美声中凸显、歌颂了女娲替人类排除巨大灾难的盖世神功。如此这般，古老的女娲神话经过在地性陶冶和编码，成为蜀地民众精神生活中的有机组成部分，连带着具体地名也连带着民间情感。

《山海经》“建木”与“河鼓”星象

上海海关学院　尹荣方

摘　要　从《山海经》对“建木”的描述，以及它所处位置等推断，“建木”不是所谓的“天梯”或“宇宙树”，而是“建鼓之木”之意，乃天上“河鼓”星之象；河鼓星又名“牵牛星”，在上古，它与“左旗星”“右旗星”以及“牛宿”共同组成“河鼓”星座；“河鼓星”取象于人间“建鼓”之形，星占上主大将、军鼓及军事等；河鼓星被称为“星纪”，是上古历法制定的重要星座；《山海经》另一棵巨树“寻木”即“建木”，同样是河鼓星之象。与“河鼓”临近的“拘缨之国”为“天弁星”之象；“跂踵国”则是织女三星之象，牛郎织女传说，即源于河鼓星、织女星之隔河相对。《大荒东经》载“流波山”之“夔牛”，亦河鼓星之象。

关键词　《山海经》；建木；河鼓；牵牛；建鼓；星象

一、“建木”与“建鼓”

《山海经》“建木”赫赫有名，它在《山海经》以及其它古代文献中经常出现：

窫窳龙首，居弱水中，在狌狌知人名之西，其状如龙首，食人。有木，其状如牛，引之有皮，若缨，黄蛇。其叶如罗，其实如栾，其木如蓲，其名曰建木。在窫窳西弱水上。氐人国在建木西，其为人人面而鱼身。(《山海经·海内南经》)

有九丘，以水络之：名曰陶唐之丘、有叔得之丘、孟盈之丘、昆吾之丘、黑白之丘、赤望之丘、参卫之丘、武夫之丘、神民之丘。有木，青叶紫茎，玄华黄实，名曰建木，百仞无枝，有九欘，下有九枸，其实如麻，其叶如芒，大皞爰过，黄帝所为。(《山海经·海内经》)

夏至日行近道，乃参于上。当枢之下无昼夜。白民之南，建木之下，日中无影，呼而无响，盖天地之中也。(《吕氏春秋·有始》)

建木在都广，众帝所自上下。日中无影，呼而无响，盖天地之中也。若木在建木西，末有十日，其华照下地。(《淮南子·地形训》)

从上述文献的描述看，“建木”似乎是一种树名，现代学者多以为“建木”就是神话学上所谓的“天梯”或曰“宇宙树”，但我们看《山海经》作者及注释者对它的形容“其状如牛”看，树怎么可能如动物之牛？而“引之有皮，若缨，黄蛇”，郭璞注：“言牵之皮剥，如人冠缨及黄蛇状也。”① 树如何牵引？又什么叫“皮剥”？是指剥下的树皮像人所戴的帽子的缨带及黄蛇吗？从这些描述以及《山海经》一书的体例看，建木不像是树名，当为天上“牵牛星”之象。作者说“其状如牛”，又云“（牵）引之”，不是可以理解为“牵牛”吗？但作者似乎又是说“树”，“其叶如罗，其实如栾”，说它的叶子如“罗”，“果实”如“栾”，且其名叫“建木”，不就是一棵树吗？然这正是《山海经》作者的狡狯处，是作者所布下的陷阱与隐语。《山海经》中，这样的陷阱与隐语比比皆是。关于“建木”，作者其实要说的就是“牵牛星”。当

① 周明：《山海经集释》，巴蜀书社，2019 年，第 393 页。

然，“建木”的命名也非随意为之，也有其恰如其分之处①。

《尔雅·释天》：“何鼓谓之牵牛。”郭璞注：“今荆楚人呼牵牛星为檐鼓，檐者，荷也。”② 何鼓星就是牵牛星，又作河鼓，因在银河中，故名。今北方七宿之“牛宿”六星，在上古与“河鼓”三星等一起被视为“牵牛”③，由于“河鼓”是一等亮星，也是全天第十一亮星，它在牛宿的北面，隔着银河与织女星相对，上古有名的牛郎、织女神话，演绎的就是河鼓星与织女星的故事，这已为人们所熟知。牛宿六星皆是4、5等暗弱之小星，故牛宿六星非河鼓三星可比，河鼓星在上古人观象授时（包括星占）中起到了尤为重要的作用，《诗·小雅·大东》：“睆彼牵牛，不以服箱。”毛《传》：“睆，明星貌。河鼓谓之牵牛。”④ 河鼓三星处于银河之边，此所以“建木”处“弱水上”了。

河鼓又是“军鼓”，星占上主将领、军事等，《开元占经》卷六十五引黄帝曰：“河鼓一名天鼓，一名三武，一名三将军也。中央星，大将也，左星左将军，右星右将军，皆天子将也。”又引郗萌曰：“河鼓星主军鼓，主斧钺，主外关州。又主军喜怒。”⑤

上古或将河鼓三星与左右旗九星视为一体，《史记·索引》引孙炎曰：“河鼓之旗十二星，在牵牛北，或名河鼓为牵牛也。”⑥《开元占经》卷六十五引石氏曰：“河鼓旗扬而舒者，大将出不可逆，当随旗之指而击之，大胜。”又引石氏曰：“河鼓旗星明者，则旗帜出，以日占其国，其星若戾，将军政

① 《魏书·术艺·张渊传》载张渊之《观象赋》云：“其列星之表，五车之间，乃有咸池、鸿沼、玉井、天渊、建树、百果、竹林在焉。”注：“列星之外谓之表，咸池三星在天潢东，天渊十星在龟星东南，建树、百果星在胃南，竹林二十五星在园西南。”《魏书》第六册，中华书局，1974年，第1948页。）张氏所谓“建树”“百果”，似各指一星，“竹林”二十五星等星，不见它书记载，张氏谓“在胃南”，似无关乎河鼓星。

② 《十三经注疏·尔雅注疏》，北京大学出版社，1999年，第177页。

③ 郝懿行曰：“牵牛三星，牛六星，《天官书》误以牛星为牵牛，故以何鼓牵牛为二星矣。牟廷相曰：‘牛宿其状如牛，何鼓直牛头上，则是牵牛人也。《诗》云：‘睆彼牵牛。’睆，明星貌也。何鼓中星最明，举头即见，而牛宿差不甚显。诗人触景抒情，不宜舍极明之何鼓而取难见之牛宿。睆彼之咏，谓何鼓不谓牛宿明矣。毛《传》取《尔雅》为释，精当不移。《月令》季春旦‘牵牛中’，仲秋昏‘牵牛中’，皆何鼓也。凡举中星，不必皆正指其宿，有仲春弧建之例。《夏小正》之织女、南门亦其比也。考诸经典，无名牛宿曰牵牛者，《天官书》云‘牵牛为牺牲，其北何鼓’，盖星家失传自此始。”今按牟氏此说，足订《史记》之误，见郝懿行：《尔雅义疏》“释天”，中国书店，1982年。

④ 《十三经注疏·毛诗正义》，北京大学出版社，1999年，第788页。

⑤ ［唐］瞿昙悉达：《开元占经》，九州出版社，2012年，第632页。

⑥ ［汉］司马迁：《史记》，中华书局，1959年，第1311页。

乱，士卒强，将相凌。若旗星不正，有兵。”《晋书 · 天文志》也说：“河鼓三星，旗九星，在牵牛北，天鼓也，主军鼓，主鈇钺。一曰三武，主天子三将军；中央大星为大将军，左星为左将军，右星为右将军。左星，南星也，所以备关梁而距难也，设守险阻，知谋征也。旗即天鼓之旗，所以为旌表也。左旗九星，在鼓左旁。鼓欲正直而明，色黄光泽，将吉；不正，为兵忧也。星怒，马贵。动则兵起，曲则将失计夺势。旗星差戾，乱相陵。旗端四星南北列，曰天桴，鼓桴也。”①

河鼓星又象征军事上所用之军鼓，而军鼓，古代又名“建鼓”，其形状为一楹柱状物穿鼓而成，使鼓可以树立于地，又易于搬移。《国语 · 吴语》云：“十旌一将军，载常建鼓，挟经秉枹，万人以为方阵。”韦昭注：“鼓，晋鼓也。《周礼》：‘将军执晋鼓。’建，谓为之楹而树之。”②《仪礼 · 大射》：“建鼓在阼阶西。”郑玄注：“建，犹树也，以木贯而载之，树之跗也。”清人胡培翚《仪礼正义》引陈祥道云：“楹鼓，盖为一楹而四棱，贯鼓于其端。《周官》太仆建路鼓于大寝之门外。《庄子》曰‘负建鼓而止。’建鼓可负，则以楹贯之可知。”又引方苞曰：“建鼓即楹鼓，以木贯而建之，遂以建名。”③

甲金文中有斿的“中”字甚多，中间往往有“○”形或“□”形，田树生以为有斿的“中”基本上是“建鼓”的形象。当中的○是不可省略的主体，是鼓形，而杆上的飘带有时倒可省略。“凡是‘中’的中间部分决不出两种类型，□象鼓的侧面，○象鼓的正面。”他举出湖北随县曾侯乙墓出土的建鼓为例，还绘出战国铜鼓纹样所见有“游”者为证④。这种建鼓，可能源自殷代，《礼记 · 明堂位》：“夏后氏之鼓足，殷楹鼓。”郑玄注：“足，谓四足也。楹谓之柱，贯中上出也。”⑤《诗 · 商颂 · 那》：“置我鞉鼓。”郑玄《笺》

---

① ［唐］房玄龄：《晋书》，中华书局，1974 年，第 296 页。《史记 · 天官书》：“东北曲十二星曰旗。”张守节《正义》：“两旗者，左旗九星，在河鼓左也；右旗九星，在河鼓右也。皆天之鼓旗，所以为旌表。占：欲其明大光润，将军吉；不然，为兵忧；及不居其所，则津梁不通；动摇，则兵起也。”见司马迁：《史记》，第 1296 页。《史记 · 天官书》又说建星为旗，“南斗为庙，其北建星。建星者，旗也。”见司马迁：《史记》，第 1310 页。

② 徐元诰：《国语集解》（修订本），中华书局，2002 年，第 549 页。

③ ［清］胡培翚：《仪礼正义》，江苏古籍出版社，1993 年，第 801—802 页。

④ 田树生：《释中》，《殷都学刊》1991 年第 2 期，转引自萧兵：《中庸的文化省察》，湖北人民出版社，1997 年，第 70 页。

⑤ 《十三经注疏 · 礼记正义》，北京大学出版社，1999 年，第 948 页。

云："置读曰植。植鼗鼓者，乃楹贯而树之。"① 所以《隋书·音乐志》云："近代相承，植而贯之，谓之建鼓，盖殷所作也。"②

也有学者注意到建鼓与建木性质的相似，如萧兵说："别的鼓没有'立柱建鼓'这样强大的交通天地、神人的灵力，就因为没有这根'神柱'。建者，立也，'建鼓'与'建木'异质同构，准此，'建木'也可以是人工建造的'中心'标志，甚至中部也有类'鼓'的凸出物。"③ 那么天上的"建木"不就是"贯中上出"的建鼓之"楹"吗！统而言之，所谓的"建木"也就是"建鼓"，即河鼓星之象也。而河鼓三星成直线状，排列正如"柱"形，故以河鼓为"建木"，其契机当就在这里。

二、建木"其叶如罗"之"罗"当指建鼓之飘带；"其实如栾"，则是形容"鼓"之圆形之状

建木"其叶如罗"，郭璞注："如绫罗。"为郝懿行、袁珂所不解，郝氏谓："郭说非也。上世淳朴，无绫罗之名，疑当为网罗也。"④ 然建鼓上方有旗帜，旗帜正可用绫罗等织物制成。而"若缨，黄蛇"，郝懿行说："缨谓缨带也，引其皮，缨带若黄蛇之状也。"⑤ 而旗帜正有旒，所谓缨带也。河鼓星之有旗一如建鼓。至于"其实如栾"之"栾"，郭璞注："栾，木名，黄本，赤枝，青叶，生云雨山；或作卵，或作麻，音銮。"郭璞这里的注是用《大荒南经》云雨之山之"栾"为说⑥，但"或作卵，或作麻"一语却道破天机，此"栾"也作"卵"，果实为"栾"，根本不通，如"卵"，则正是对圆形之"鼓"的描述。而"或作麻"则似乎更清楚地点明此"树"与"建鼓"的关联，《尔雅·释乐》："大鼗谓之麻。"⑦ 建木之实如"麻"，正谓鼗鼓，否则麻

① 《十三经注疏·毛诗正义》，北京大学出版社，1999年，第1433页。

② ［唐］魏徵等：《隋书》，中华书局，1978年，第376页。

③ 萧兵：《中庸的文化省察》，湖北人民出版社，1997年，第73—74页。

④ ［清］郝懿行：《山海经笺疏》，中国致公出版社，2016年，第344页。

⑤ 同上。

⑥ 袁珂：《山海经校注》，上海古籍出版社，1980年，第279页。

⑦ 郝懿行云："《周礼·小师》注：'鼗如鼓而小，持其柄摇之，傍耳还自击。'贾疏云：'后郑解鼗依汉法。'而知贾知郑依汉法者，据《诗》'置我鼗鼓'郑笺：'置读曰植。植鼗鼓者，乃楹贯而树之。'以彼贯而树者为古法，即知持而摇者为汉法矣。"见郝懿行：《尔雅义疏》中三"释乐"。

子细小何足比拟建木之实！这又是《山海经》作者的狡狯处。至于“其木如蓲”之“蓲”，郭璞注“未详”，郝懿行以为是“刺榆”，刺榆是落叶小乔木，常呈灌木状，恐不足以拟建木。《山海经》作者大约因为建木处于“当枢之下”的位置，而说“其木如蓲”的吧！“蓲”当读为“枢机”之“枢”。

根据《海内经》的描述，建木“百仞无枝”，此符合“楹（柱）”的特点，但《海内经》又说它“青叶紫茎，玄华黄实”，这是对“建木”上方旗帜的夸张或曰神话式的传承。

而“有九欘，下有九枸”，郭璞注九欘：“枝回曲也；音如斤斫之斫。”注九枸“根盘错也”。皆着眼于树木，然为什么“建木”上有九欘，下有九枸，从河鼓星左右有左旗九星和右旗九星看，正是对河鼓星及左右旗之象之描述。值得注意的是，《尔雅·释器》云：“斪斸谓之定。”郭注：“锄属。”李巡曰：“锄别名也。”① 斪斸又作“句欘”，是锄头之类的农具，河鼓又名牵牛，牵牛与农业耕种关联，《山海经》作者用“枸欘”加诸建木，其实正贴近“牵牛星”之旨，这恐怕也是作者的寓言，这类寓言《山海经》中随处可见，绝不能轻轻放过。再说上古时期“天子”“诸侯”用“建鼓”集合民众，而集合民众更多的时候的是为了“狩田”，狩田虽然也有军事训练的性质，但主要目的在于颁布历法、开垦荒地等，所以在牛宿东南又有天田九星，《星经》：“天田九星在牛东南，主畿内田亩之职。”②

三、“大皞爰过，黄帝所为”的“建木”与河鼓星的“星纪”地位

为什么“建木”会被赋予“大皞爰过，黄帝所为”的不凡意蕴，甚至如《淮南子·地形训》所谓的“众帝所自上下”的“天地之中”呢？这与河鼓星，也就是“建木”在天空中的位置以及在上古历法制定中的重要作用相关联。《尔雅·释天》：“星纪，斗、牵牛也。”郭璞注：“牵牛、斗者，日月五星之所终始，故谓之星纪。”这里的“牵牛”指的当是河鼓星。郝懿行疏云；

① 《十三经注疏·尔雅注疏》，北京大学出版社，1999 年，第 137 页。

② 丁绵孙：《中国古代天文历法基础知识》，天津古籍出版社，1989 年，第 87 页。

> 牵牛者，《律书》云："言阳气牵引万物出之也。牛者，冒也。言地虽冻能冒而生也。牛者，耕植种万物也。"按牵牛即何鼓，非牛星也。牛六星，角上歧，腹下蹄废，其星微小。《尔雅》以牵牛为星纪，不以牛宿为星纪也。①

《逸周书·周月解》："日月俱起于牵牛之初。"②《说文》牛部："物，万物也。牛为大物，天地之数起于牵牛，故从牛，勿声。"清人桂馥义证：

> 天地之数起于牵牛者，《河图括地象》："天左动起于牵牛。"《尚书考灵曜》："甲子冬至，日月五星皆起于牵牛，若编珠。"《星备》云："五星初起牵牛。"③

所谓的"太皞"，郑玄注《礼记·月令》云："太皞，宓戏氏。"宓戏又作伏羲、庖戏等。孔颖达《正义》云："自古以来，木德之君，其帝太皞也。谓之皞者，按《异义》、《古尚书》说'元气广大谓之皞天'，则皞皞广大之意，以伏牺德能同天，故称皞。以东方生养，元气盛大，西方收敛，元气便小，故东方之帝谓之太皞，西方之帝谓之少皞。"④ 有人解释为太阳，丁山云："所谓太昊者，正是'东皇太一'（当为昊）的别名，日生于东，所以月令特祀大皞于'青阳大庙'。"⑤ 我怀疑"太皞"原也或作星名，《左传·昭公十七年》："陈，大皞之虚也。……火房也。"⑥《楚辞·远游》："历太皓以右转兮，前飞廉以启路。"⑦ 牵牛星正是太阳等天体经过之处。

《淮南子·天文训》云："太阴在寅，岁名曰摄提格，其雄为岁星，舍斗、

---

① ［清］郝懿行：《尔雅义疏》中四"释天"。

② 黄怀信、张懋镕、田旭东：《逸周书汇校集注》，上海古籍出版社，2007年，第575页。

③ ［清］桂馥：《说文解字义证》，中华书局，1987年，第118页。《困学纪闻》卷九谓："《河图括地象》云：'天左动起于牵牛，地右动起于毕。'《尸子》云：天左舒而起牵牛，地右辟而起毕昴。'" 见［宋］王应麟：《困学纪闻》，辽宁教育出版社，1998年，第193页。

④ 《十三经注疏·礼记正义》，第446页。

⑤ 丁山：《中国古代宗教与神话考》，上海文艺出版社，1988年，第377页。

⑥ 杨伯峻：《春秋左传注》，中华书局，1981年，第1391页。

⑦ ［宋］洪兴祖：《楚辞补注》（重印修订本），中华书局，1983年，第170页。

牵牛，以十一月与之晨出东方，东井、舆鬼为对。”① 所谓的“太阴”就是“太岁”。“摄提格”是星名，左右摄提，各三颗星，夹在大角星的左右，《史记·天官书》曰：“大角者，天王帝庭。其两旁各有三星，鼎足句之，曰摄提。摄提者，直斗杓所指，以建时节，故曰摄提格。”② 意思是，北斗斗杓所示方向还不太明确，于是在斗杓的下方以大角星和摄提星为标志，其方位就要具体明确得多。要知道，所谓的“黄帝”，上古常常作为北斗星的象征，北斗星通过大角、摄提指向牵牛、南斗之间作为冬至之月也就是一年的起始之月，这大约就是“黄帝为之”的意蕴所在了。

据《海内南经》，建木“在窫窳西弱水上”，龙首的“窫窳”，是一怪兽图象，在“建木”的东边，而“窫窳”乃“东方苍龙”的大角星西沉后之象③。大角星正处于“龙头”的位置。大角一星，在角宿的东北，亢宿的北面，现在属于亢宿星座，但在上古，由于它是一等星，光度甚亮，人们常常将它作为识别星座和判别方向的标志，故列入角宿，并被列为二十八宿之首④。“窫窳”龙首之说，当渊源于此。此星在天空，正处于河鼓星的东边。

《海内南经》说“氐人国在建木西，其为人人面而鱼身。”郭璞注：“尽胸以上人，胸以下鱼也。”袁珂云：“氐人国民盖神话中人鱼之类也。《海内北经》云：‘陵鱼人面，手足，鱼身，在海中。’即此之属。”⑤ 袁珂以“氐人国”民即《海内北经》之“鲮鱼”，甚是。此人面而鱼身之图像乃“鱼星”之象，《海外西经》云：“龙鱼陵居在其北。”《楚辞·天问》：“鲮鱼何所?”显然都是一物，后人或谓陵鱼为鲤鱼，或谓为娃娃鱼，或谓为穿山甲，皆不得要领。此陵鱼在传说中有巨大无比的一面，如《北堂书钞》卷一百三十七引书就有“鲮鲤吞舟”之说。作为《山海经》图像之“陵鱼”，绝不是图人间之鱼，此“人面”之陵鱼乃“鱼星”之象，《开元占经》卷六十八引石氏

---

① 何宁：《淮南子集释》，中华书局，1998 年，第 262 页。

② ［汉］司马迁：《史记》，第 1297 页。这段话，陈久金先生解释得很明确：“是说古人直接观察大角及摄提所指示的方向来确定时节。北斗斗杓所示方向还不大明确，但在北斗斗杓的下方以大角和摄提为标志，其方位就要具体明确的多。”见陈久金：《星象解码—引领进入神秘的星座世界》，群言出版社，2004 年，第 112 页。

③ 参见尹荣方：《〈山海经〉“贰负之尸”神话与“贯索”星座》，载《神话研究集刊》第三集，巴蜀书社，2020 年。

④ 参见丁绵孙：《中国古代天文历法基础知识》，天津古籍出版社，1989 年，第 61 页。

⑤ 袁珂：《山海经校注》，第 280—281 页。

云："天鱼一星，在尾后河中。"① 河鼓、鱼星正为银河中相距不远之星。陵鱼又名龙鱼，大约因为"尾宿"属于"龙尾"，鱼星是尾宿的属星，所以就被以"龙鱼"之名了。

四、《海外北经》之"拘缨之国"为"天弁星"之象；"寻木"为"建木"

除了百仞之"建木"，《山海经》还有一棵巨树"寻木"：

> 拘缨之国在其东，一手把缨。一曰利缨之国。寻木长千里，在拘缨南，生河上西北。跂踵国在拘缨东，其为人大，两足亦大。（《海外北经》）

先说"拘缨之国"，当也是星象。郭璞注："言其人常以一手持冠缨也。"② 则"拘缨之国"是一人手持帽子之飘带的形象，则其人必为一戴帽之人，而河鼓星之北有"天弁"九星，弁就是帽子的意思。郝懿行引《淮南子·地形训》"句婴氏"高诱注："句婴读为九婴，北方之国，即此也。"③ 九婴之拟天弁九星，自然更为贴近，高诱之注，当得之传承。"天弁"与"河鼓"相邻，《晋书·天文志》说得很清楚："天汉起东方……其南经傅说、鱼、天籥、天弁、河鼓。"④

此千里"寻木"，又见《穆天子传》卷六："仲冬甲戌，天子西征，至于因氏。天子乃钓于河，观姑繇之木。"郭璞注："姑繇，大木也。《山海经》云：'寻木长千里，生河边。'谓此木之类。"⑤ 姑繇之姑，音同于鼓，河鼓星

---

① ［唐］瞿昙悉达：《开元占经》，第668页。
② ［清］郝懿行：《山海经笺疏》，第324页。
③ 同上，第323页。
④ ［唐］房玄龄：《晋书》，第307页。
⑤ ［晋］郭璞注，王贻梁、陈建敏校释：《穆天子传汇校集释》，中华书局，2019年，第298页。

名亦曾讹作“黄姑”①。

跂踵国，则是织女星之象。② 它正处于天弁星之东。织女三星成状，《诗·小雅·大东》：“跂彼织女，终日七襄。”毛《传》：“跂，隅貌。襄，反也。”孔颖达正义：“三星鼎足而成三角，望之跂然，故云隅貌。”③《开元占经》卷六十五引《荆州占》曰：“织女一名天女，天子之女也，在牵牛西北，鼎足居，星足常向牵牛、扶筐。”④ 织女为全天第五亮星，是零等大星，就北天众星而言，仅比大角星略暗些，其二、三颗星略小，似织女之足，三星鼎足而居。所以图像“其为人大，两足亦大”了⑤。应该指出，《山海经》原始图像的作者于天上星象，取象非一，同样的织女星，在《海内北经》中，是以“梯几而戴胜”的“西王母”形象出现的⑥。

五、《大荒东经》“夔兽”为“河鼓星”之象

《山海经·大荒东经》载流波山“夔牛”云：

东海中有流波山，入海七千里，其上有兽，状如牛，苍身而无角，

① 牵牛又名黄姑，《玉台新咏·歌辞之一》：“东飞伯劳西飞燕,，黄姑织女时相见。”吴兆宜注引《岁时记》：“河鼓、黄姑，牵牛也。皆语之转。”唐元稹《决绝词》之二：“已焉哉，织女别黄姑，一年一度暂相见，彼此隔河何事无。”龚明之《中吴纪闻》卷四“黄姑织女”条云：“昆山县东三十六里，地名黄姑。古老相传云：‘尝有织女牵牛将于此地，织女以金篦划河，河水涌溢，牵牛因不得渡。今庙之西，有水名百沸河。乡人异之，为之立祠。’按《荆楚岁时记》：‘黄姑者，河鼓也，牵牛谓之河鼓，后人讹其声为黄姑。’潘子直云：‘亦犹桑落之语，转呼为索郎耳。’乡人因以名其地。”见龚明之：《中吴纪闻》，孙菊园校点，上海古籍出版社，1986年，第97页。

② 吴晓东认为跂踵国象征织女星：“所谓跂踵，说的也就是织女星叉开的两只脚。(《大东》) 诗中强调了织女星的‘跂踵’形象，也描绘了她能行善走，即所谓的‘终日七襄’。”见吴晓东：《〈山海经〉语境重建与神话解读》，中国社会科学出版社，2013年，第255页。

③《十三经注疏·毛诗正义》，第787页。

④［唐］瞿昙悉达：《开元占经》，第625页。

⑤［清］周悦让《倦游庵椠记·经隐·毛诗》云：“‘跂彼织女，终日七襄，虽则七襄，不成报章。’传：‘襄，反也，’不能反报成章也。按《说文》：‘跂，足多指也。’《步天歌》：‘参，两肩双足三为心，伐有三星足里深，玉井四星右足阴。’云云，是星象枝分者得以称足称也。织女三星，鼎足而成三角，望之跂然有张两足之象，与多指义合。凡织者，必以足蹑机，而其所蹑处即名曰蹑，或转借作镊，《西京杂记》记云‘机用一百二十镊’是也。织文者必次第递蹋其蹑，而后采成。襄，反也。言织女两足终日七变，易其向而不能成章采也。以周天八方，七易其向，即复反其故所，是以言七襄矣。”见刘毓庆等：《诗义稽考》第七册，学苑出版社，2006年，第2365页。

⑥ 参见尹荣方：《〈山海经〉“贰负之尸”神话与“贯索”星座》，载《神话研究集刊》第三集。

一足，出入水则必风雨，其光如日月，其声如雷，其名曰夔。黄帝得之，以其皮为鼓，橛以雷兽之骨，声闻五百里，以威天下。

夔在传承的过程中，有“如龙”与“如牛”两说，许慎《说文》：“夔，神魖也，如龙一足。”① 它还有个显著的特点是只有一条腿，它后世演化成“山精”“山缲”“山魈”“山都”等鬼物，在民间广泛流传，这些鬼物的共同特征是一足、独足。夔状如牛说较为早起，如龙说当为后世之附会，《国语·鲁语下》：“木石之怪曰夔、魍魉，水之怪曰龙、罔象。”韦昭注：“木石，谓山也。或云‘夔一足’，越人谓之山缲。音骚。魍魉，山精，好效人声而迷惑人也。龙，神兽也。非常见，故曰怪。”② 或将夔之原型视作龙，但《鲁语》明确将夔与龙区别开来，一则为“木石之怪”，一则为“水之怪”。《庄子·达生》：“山有夔。”疏：“大如牛，状如鼓，一足行也。”又《释文》引司马云：“状如鼓而一足。”③ 作为兽之夔只有一只足。

夔兽作为《山海经》古图中的象，绝非描述人间之兽，从《山海经》之体例及内涵看，此兽所象征者为天上的“河鼓”星。《大荒北经》说得明白，“状如牛”，河鼓有牵牛之称；“以其皮为鼓”，正关合“河鼓”之名；“声闻五百里，以威天下”云云，是河鼓星作为建鼓也即战鼓的显著功能；而“一足”，则是对“建鼓”中间之柱的形容。

夔所在的“流波山”似也透露出它与“河鼓”的联系。流者，旒也；波者，婆娑之“婆”也，流波，可以解释为旗帜飘扬之山。而河鼓星，与左旗星、右旗星相连系而成，正是旗帜飘扬之象。夔之“出入水”，是因为河鼓、左旗、右旗等星正处于银河之中。

值得注意的是《博物志》卷三“异兽”云：“小山有兽，其形如鼓，一足如蠡。”④ 如鼓一足之兽，自然说的是夔，而又云“一足似蠡”。蠡，《说文》云：“蠡，虫啮木中也。”段玉裁注：“此非虫名，乃谓蝨之食木曰蠡也。

① ［清］朱骏声：《说文通训定声》，中华书局，1984年，第606页。
② 徐元诰：《国语集解》（修订本），第191页。
③ ［清］郭庆藩：《庄子集释》，中华书局，1961年，第653页。
④ ［晋］张华撰，王根林点校：《博物志》，上海古籍出版社，2012年，第17页。

朱子注《孟子》曰：‘蠡者，啮木虫。’则误矣。”① 可见蠡字，亦措意于木，容易使人联想起“建鼓”中央之木，然则“其形如鼓，一足如蠡”之“兽”，当为夔取象于河鼓星的曲折传承也。《抱朴子·登涉》亦云：“又有山精，如鼓赤色，亦一足，其名曰晖。”② 此“山精”的原型也是河鼓星，“其名曰晖”，晖与夔一声之转。

《大荒经》中的夔，在《尚书·舜典》中变成了虞舜典乐的大臣：“帝曰：‘夔，命汝典乐，教胄子。’”③ 这自然是神话的历史化，夔之所以称为“典乐”之官，是因为上古“鼓”在乐舞中具有引领的作用。历史化为虞舜大臣的夔传说中也只有一只脚，《韩非子·外储说左下》云：

> 鲁哀公问于孔子曰：“吾闻古者有夔一足，其果信有一足乎?”孔子对曰：“不也，夔非一足也。夔者忿戾恶心，人多不悦喜也。虽然，其所以得免于人害者，以其信也。人皆曰：‘独此一，足矣。’夔非一足也，一而足也。”哀公曰：“审而是，固足矣。”一曰：“哀公问于孔子曰：‘吾闻夔一足，信乎?”曰：“夔，人也，何故一足？彼其无他异，而独通于声。尧曰：‘夔一而足矣，使为乐正。’故君子曰：‘夔有一足，非一足也。’”④

《吕氏春秋》等也有类似的记载，这是很有意思的事，证明舜庭之“乐夔”原来出自夔兽，是神话历史化的一个典型事例。

六、“建木”及“都广”之地望考辨

“建木”之地望，《吕氏春秋》高诱注、《淮南子》以为在“都广之野”（或广都之野），但《山海经》作者并没有“建木”地望在都广之野之说，而是说建木“在窫窳西弱水上。氐人国在建木西”。又“建木”地望与“陶唐

① ［清］段玉裁：《说文解字注》第十三篇下，经韵楼刊本。

② 王明：《抱朴子内篇校释》（增订本），中华书局，1985年，第303页。

③ 《十三经注疏·尚书正义》，上海古籍出版社，2007年，第106页。

④ ［清］王先谦：《韩非子集解》，中华书局，1998年，第297页。

之丘”等九丘关联。显然，将“建木”地望置于“都广之野”（或广都之野）的，首见于《淮南子·地形训》，高诱注《吕氏春秋》承之，于是“建木”地望在“都广之野”似乎成了定论。

然《山海经》之“都广之野”与建木似没有关系，而与历史上一个鼎鼎大名的人物“后稷”相关联。《海内经》：

> 西南黑水之间，有都广之野，后稷葬焉。爰有膏菽、膏稻、膏黍、膏稷，百谷自生，冬夏播琴。鸾鸟自歌，凤鸟自儛，灵寿实华，草木所聚。爰有百兽，相群爰处。此草也，冬夏不死。南海之内，黑水、青山之间，有木，名曰若木，若水出焉。

值得注意的是，作为“后稷”葬所的“都广之野”虽然没有所谓的建木，但有一棵叫“灵寿”的树，郭璞注：“灵寿，木名也，似竹，有枝节。”然则所谓建木在都广之野的说法，原来或是指“灵寿”，灵寿树正位于都广之野，且临近有名的“若木”，与《淮南子·地形训》的记载一致。从“灵寿”命名看，它似是一棵神树。又郭璞注“后稷葬焉”：“其城方三百里，盖天下之中，素女所出也。《离骚》曰：‘绝都广野而直指号。’”[①] 据清代学者毕沅、郝懿行等研究，知郭璞注之“其城方三百里，盖天下之中，素女所出也”为《山海经》原文[②]。《淮南子》作者既以“灵寿”为“建木”，灵寿处于后稷所葬的都广之野是“天下之中”，则“建木”所出也是“天下之中”了。

但“都广之野”之“都广”，高诱注《淮南子》以为：“南方山名也。”[③] 后世如杨慎等人，以为即四川之成都，这种说法显然过于穿凿。从分野角度看，作为后稷葬处的都广之野，当是天上“天稷星”的地上分野。天上之

---

① 周明：《山海经集释》，巴蜀书社，2019年，第538页。

② ［清］毕沅：《山海经新校正》云：“‘其城方三百里’以下十六字，旧本是郭注。案：王逸《楚辞章句》引此有‘其城方三百里，盖天下之中’十一字，逸后汉人，则为本文无疑。”郝懿行《山海经笺疏》云：“《楚辞·九叹》云：‘绝都广以直指兮。’郭引此句于都广下衍野字，又作直指号。号即兮字之讹也。王逸注引此经，有‘其城方三百里，盖天下之中’十一字，是知古本在经文，今脱去而误入郭注也。因知‘素女所出也’五字，王逸注虽未引，亦必为经文无疑矣。”见周明：《山海经集释》，第538页。

③ 何宁：《淮南子集释》，第328页。

“天稷”星，位于“南方朱鸟”的“星宿”之南。《晋书·天文志上》：“稷五星，在七星南。稷，农正也，取乎百谷之长以为号也。”① 上古星占家将天上二十八宿与地上二十八座大山对应，与“星”宿对应的是岷山，所以都广之野大体处于岷山之南的位置。

七星、天稷星之重要，在于天上的银河，起于东北方的箕星、尾星之间，最后是通过天纪星、天稷星，在“星宿（七星）”之南，没于南方地平线的。而岷山值得注意的还有“沃焦山”“鸿蒙山”之称②。如果我们以今日之岷山视之，会觉得非常不解，今日之岷山是处于四川境内，绵延四川、甘肃的一座大山，与传说中的沃焦山似乎风马牛不相及。

然而，岷山之又名沃焦山，自有其来历。沃焦山，又名尾闾。《庄子·秋水》：“天下之水，莫大于海，万川归之，不知何时止而不盈；尾闾泄之，不知何时已而不虚。”成玄英疏：“尾闾者，泄海水之所也；在比海南之东，其处有石，阔四万里，厚四万里，居百川之下尾而为闾族，故曰尾闾。海水沃者即焦，亦名沃焦也。《山海经》（今本无）云：羿射九日，落为沃焦。此言迂诞，今不详载。”③

除了沃焦、尾闾，古代还有“归墟”之说，《列子·汤问》：“渤海之东不知几亿万里，有大壑焉。实为无底之谷，其下无底，名曰归墟。八纮九野之水，天汉之流，莫不注之，而无增无减焉。”或谓此“归墟”，是沃焦、尾闾的别名。张湛注：

> 事见《大荒经》。《诗含神雾》云：“东注无底之谷。”称其无底者，盖举深之极耳。……《庄子》云“尾闾”。八纮，八极也；九野，天之八方中央也。世传天河与海通。④

---

① ［唐］房玄龄：《晋书》，中华书局，1974 年，第 307 页。

② ［清］吴任臣：《山海经广注》：“岷山，即渎山也，亦谓之汶阜山。纬书曰：‘岷山之精，上为井络，帝以会昌，神以建福。’刘会孟云：‘岷山，今四川茂州，即陇山之南。《四川总志》曰：岷山在茂州之列鹅村，一名鸿蒙，为陇山之南首，又名沃焦山，降水所出也。’”见周明：《山海经集释》，第 279 页。岷山一名沃焦山，盖出于《华阳国志》：“岷山一名沃焦山，其跗曰羊膊，江水所出。”

③ ［清］郭庆藩：《庄子集释》，中华书局，1961 年，第 565 页。

④ 杨伯峻：《列子集释》，中华书局，1979 年，第 151 页。

然“归墟”名之由来，当关乎天上之夔牛，亦即河鼓星，夔与归可通，《书·舜典》中的“夔”，清代学者皮锡瑞云：

今文“夔”一作“归”。《水经注·江水篇》：“《乐纬》曰：‘昔归典协声律。’宋忠曰：‘归即夔。’”《尚书·中候》：“让于益、归。”注云：“归读曰夔。”纬书多同今文，盖三家今文有作“归”者。[①]

夔、归通，夔为河鼓之象，则“归墟”所指必关乎“河鼓星”，河鼓星是大星，它与左旗等星位于银河之中，又河鼓与尾宿、箕宿、斗宿相距不远，都处于银河始流之处。

沃焦、尾闾及归墟的来历，其实不难理解，天上之银河至“星宿”南而没，正当西南方位，地上之水正好也归于“东（北）海”，而无边无际的东（北）海水又流向何处呢？为什么天地之水流入于此地而不见满溢呢？于是古人想象东（北）海之下，正当尾、箕及河鼓等星宿之下，有一个可以容纳天地之水的巨大的“尾闾”与“归墟”了[②]。

南方朱鸟“星宿”之分野山为“岷山”，当是银河水所没入之处，所以又名之为“沃焦”山了。《山海经》《尚书》中的“岷山”，原绝非指今四川、甘肃之“岷山”。“岷山”从“民”得意，“民”之原意，当为冥茫之意，郑玄注《尚书·吕刑》“苗民弗用灵”时云：“民者，冥也。”[③] 则“岷山”原意或为“冥山”，取冥茫之山即鸿蒙之山之意。

古人的宇宙观，天地周流相通，天上银河之水流于地上，潜入地下，又将重回天上，如此周流不息。银河之初流之处，为天上尾、箕、斗之间。河鼓星正处于银河流经之处，最终经过天稷星等流入地平线，在古人的观念中，它终将回归原处。

前面提到张湛注《列子》云：“九野，天之八方中央也。世传天河与海

---

① ［清］皮锡瑞：《今文尚书考证》，中华书局，1989 年，第 82 页。

② “尾闾”等名意味深长，尾闾者，盖尾宿之间，归墟，盖河鼓之墟也。尾宿、箕宿是银河始流之处，河鼓星是尾、箕等临近之星宿，故古人想象其下必有大水也，故名之曰“尾闾”，曰“归墟”。“沃焦”，大约因东方是“扶桑树”所在地，日所出之处，所谓“海水灌之而即消，故水东南流而不盈也”。海水流入这里会消解，盖古人想象海水遇日消解也。

③ ［清］孙星衍：《尚书今古文注疏》，中华书局，1986 年，第 521 页。

通。”从“沃焦”“尾闾”“归墟”等名与岷山的对应，再看《海内经》“建木”位于“九丘”之陈述，与张湛说的“九野”或可相对应；而“建木”处于天地之中则与所云之“天之八方中央”可相通，则处于东北之“河鼓星”会与地处西南之“都广之野”连在一起，也就可以理解了。

从出土玉器看《山海经》的成书时间[①]

上海交通大学人文学院　胡建升

摘　要　《山海经》文本的成书时间历来聚讼纷纭。梳理史前玉器的考古出土情况，《山海经》文本所记录的六种玉器类型，都可以追溯到史前时期，这充分表明，《山海经》文本中的玉器记载具有一定的真实性和可靠性。再根据从史前文化到历史时期（夏、商、西周、春秋战国、秦汉）玉器出土的具体情况，以及出现多例这六种玉器在西周墓葬同时出土的文化现象，可以判断，《山海经》文本应该成书于西周时期。

关键词　出土玉器；《山海经》；成书时间

《山海经》的成书年代是一个聚讼纷纭的学术难题，从汉代以来，儒者们争论不休，没有定论。具体说来，主要有以下几种观点：1. 夏代说。主要代表人物为西汉刘歆（《上〈山海经〉表》）、东汉王充（《论衡》）、赵晔（《吴越春秋》）、晋代郭璞（《〈山海经〉序》）、明代杨慎（《〈山海经图〉序》）、清代阮元（《刻〈山海经笺疏〉序》）、清代郝懿行（《〈山海经笺疏〉序》）以及今人徐显之（《山海经探原》）。2. 商代说。主要代表人物为孙致中（《〈山海经〉的作者及著作时代》）与杨玉莲（《〈山海经〉成书年代考论》）。

---

① ［基金项目］国家社科基金后期资助一般项目“文化大传统与诗言志的跨学科研究”（项目编号：19FZWB038）阶段性成果。

3. 西周说。主要代表人物为蒙文通（《略论〈山海经〉的写作时代及其产生地域》）与陈连山（《〈山海经〉学术史考论》）。4. 春秋战国说。主要代表人物为茅盾（《中国神话研究》）与袁珂（《〈山海经〉写作的时地及篇目考》）。5. 秦汉以后说。主要代表人物为朱熹（《楚辞集注·楚辞辩证》），还有古代的陈振孙、马端临、胡应麟以及现代的陆侃如等等。6. 折衷综合说。近些年来，学术界从不同学科视角研究《山海经》的成书问题，提出很多综合的意见。诸如王建军在《从存在句再论〈山海经〉的成书》中，从语用角度出发，认为《山海经》的成书年代可作如下表述："大荒经""海内经"和"海外"诸经大致成于战国；"山经"部分内容成于战国，大部分为秦汉人增补；"海内"诸经则为秦汉之作①。唐世贵在《〈山海经〉成书时地及作者新探》中认为，《山海经》成书于西周前期与战国初中期②。王永在《〈山海经〉的性质与成书》中认为，《山海经》大致当是产生于商周至于春秋、战国时代③。晁福林在《"山海经图"与〈山海经〉成书问题补释》中认为，商周时期是《山海经》资料丰富和补充的主要时段，而具体撰写与成书时间为春秋战国时期④。可见，随着多学科的参与讨论，《山海经》成书问题的研究成果日渐丰富，但是大部分还是拘囿于文本之内的讨论。

《山海经》文本非常重视玉文化。根据杨骊的统计，《山海经》中，出现"玉"字 248 次，加上各种玉石、玉器的别称共计 300 余次；出现"金"字 163 次；"金玉"并列 78 次。此外，出现"铁"字 42 次，"铜"字 30 次，"银"字 14 次，"雄黄" 15 次⑤。而且在《山海经》中祭祀用玉出现了玉圭（珪）6 次、玉璧 13 次，其中圭璧并用共 3 次，此外还有璋 1 次、吉玉 11 次、瑜 1 次、藻玉 2 次、藻圭 1 次⑥。

经历近百年的考古学发展，史前玉器的出土情况为我们讨论《山海经》的成书问题提供了全新视野。文学人类学将文字出现以前的文化与文明称为

---

① 王建军：《从存在句再论〈山海经〉的成书》，《南京师大学报》2000 年第 2 期。

② 唐世贵：《〈山海经〉成书时地及作者新探》，《辽宁师范大学学报》2006 年第 4 期。

③ 王永：《〈山海经〉的性质与成书》，《贵州大学学报》2012 年第 6 期。

④ 晁福林：《"山海经图"与〈山海经〉成书问题补释》，《晋阳学刊》2016 年第 2 期。

⑤ 杨骊：《〈山海经〉玉文化研究论纲：基于神话历史的视角》，《神话研究集刊》第一集，巴蜀书社，2019 年，第 290—291 页。

⑥ 同上，第 297 页。

文化大传统。而《山海经》作为一个经典的书写文本，属于小传统文化。我们立足于文化大传统的玉器符号，从文化文本视角来审视《山海经》中记录的玉器类型。根据出土玉器的实际情况，对《山海经》书写文本的成书年代做出一个学理判断。

一、《山海经》中玉璧的文化渊源

在《山海经》文本中，祭祀用玉出现了玉璧 13 次，其中圭璧合用有 3 次。这足以表明，在《山海经》的文本时代，玉璧在礼仪活动中占据重要的地位。玉璧作为中华玉器系统中的重要器型，有着极为久远的文化渊源与传承历史。我们立足于考古出土的玉器数据，梳理玉璧文化的发展过程，这对于我们理解《山海经》中的玉礼器系统有一定的帮助。

史前玉璧最早流行于辽河流域。黑龙江省饶河县乌苏里江畔的小南山遗址出土了中国迄今为止最早的玉璧，距今约 10000 年。此后，兴隆洼文化（距今约 8000 年）、红山文化（距今约 6500—5000 年）、夏家店下层文化（距今约 4000—3500 年）都有玉璧出土。

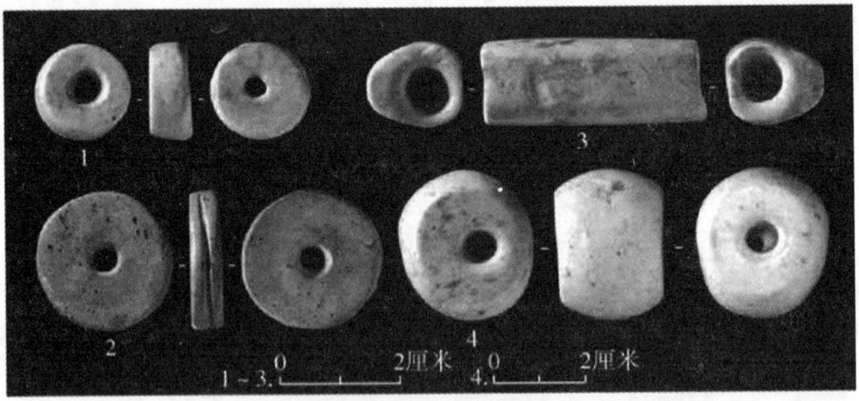

图四一 出土玉器

1、2.璧（15M2：5、13） 3.管（15M2：9） 4.珠（15M2：4）

小南山遗址出土的玉璧，距今约 10000 年①

① 黑龙江省文物考古研究所、饶河县文物管理所：《黑龙江饶河县小南山遗址 2015 年Ⅲ区发掘简报》，《考古》2019 年第 8 期。

在黄河流域，玉璧文化也是传承不息。黄河下游的山东大汶口文化（距今约6300—4600年）、黄河下游的龙山文化（距今约4900—4000年）、黄河中游的龙山文化（距今约4500—4000年）、黄河中游的陶寺文化（距今约4500—4000年）、黄河上游的齐家文化（距今约4100—3600年）都出土了玉璧礼器。

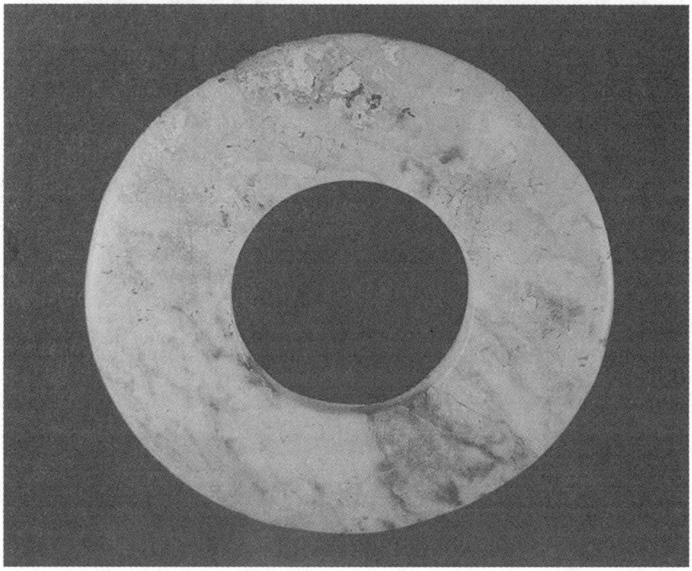

玉璧，大汶口文化，山东省广饶县傅家出土，现藏山东省文物考古研究所。
此玉璧玉沁极为丰富，层次鲜明，有白斑、黄褐斑、灰褐斑，非常漂亮。
摘自《中国出土玉器全集·山东卷》（第4册），第3页

在长江流域，史前玉璧的出土可谓不绝如缕。长江下游的崧泽文化（距今约6000—5100年）、凌家滩文化（距今约5500—5000年）、良渚文化（距今约5300—4000年）都有玉璧出土。长江中游的大溪文化（距今约5900—4600年）、石家河文化（距今约4600—4000年）以及珠江流域广东岭南的石峡文化（距今约4300—4000年）也陆续有玉璧的发现。

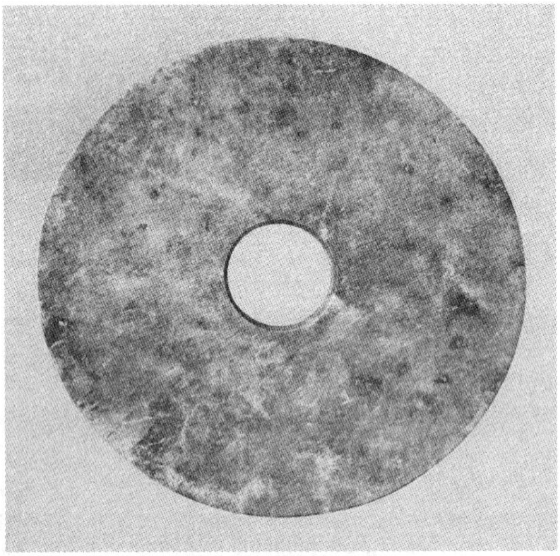

玉璧，良渚文化，1988年浙江余杭长命出土，国家博物馆藏

梳理史前玉璧礼器的发展源流，可以看出，中国玉璧礼器的传承发展具有万年之久，是中华玉礼器系统中最具生命力、传承历史最久远的符号形式。到了历史时期，相当于夏代时期的内蒙古敖汉旗大甸子遗址（距今约3735—3463年）、陕西神木石茆遗址、陕西延安芦山峁遗址、山西陶寺中晚期（距今约4150—3800年）、陕西商州市东龙山遗址等，也出土了一些玉璧，而河南二里头三、四期（距今约3610—3530年）、河南二里头文化新砦期（距今约3800—3700年）、山东临朐西朱封遗址（距今约3800年）、陕西神木新华遗址等夏代遗址都没有出土玉璧。

在商代、西周、春秋战国以及秦汉魏晋以来也都有大量的玉璧器物出土。可见，仅仅依据《山海经》中祭祀用璧的文化现象，不足以判定其成书年代。但玉璧作为《山海经》文本中最常见、使用最多的祭祀礼器，经过简要梳理其文化渊源，足以证明，《山海经》的文本承传了万年玉璧文化的大传统，是一部能揭示早期文化编码的重要典籍。《山海经》对玉璧的文化记录与史前时期及历史时期的玉璧出土情况是一致的。

二、《山海经》中珥玦的文化渊源

在《山海经》的文本中9次提到了神人佩戴珥蛇的文化现象，尤其还涉及到夏后启、夸父等具有神话色彩的历史人物。至于珥蛇是什么东西，文献之中没有太多的描述与解释，以致于后人都将佩戴珥蛇当成是极为荒诞、极不可信的神话虚构。但是随着考古实物的大量出土，我们才知道，古人在耳部的玉饰主要有两类：即珥蛇与玦蛇。珥玦指代玉器类型，蛇指代玉器的形体纹饰，共同传递珥玦的史前神话信仰与文化意义。

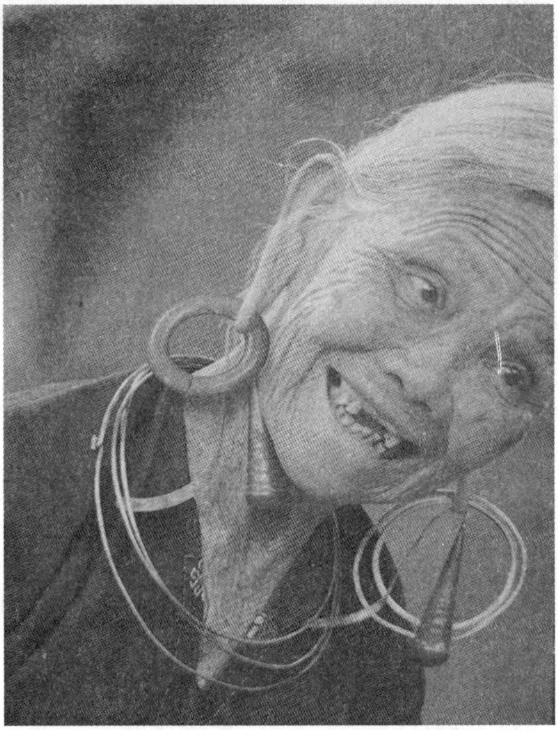

戴上玉玦的黎族妇人，摘自《玉器起源探索：兴隆洼文化玉器研究及图录》封面

2013年，辽宁省田家沟红山文化遗址9号墓出土了珥蛇形玉器，玉器出土时，就摆放在墓主人的左耳旁边。珥蛇玉坠是直条形的。叶舒宪在《红山文化玉蛇耳坠与〈山海经〉珥蛇神话》中认为："玉玦就是最初的珥蛇形式，只不过是将蛇简化为卷体的几何形式而已。果真如此，《山海经》记述的珥蛇礼俗之始，就要越过五六千年前的红山文化，一直上溯到八千年前的兴隆洼文化了。"① 尽管珥蛇与玦蛇在几何形式上存在一些差异，但其文化功能是一

① 叶舒宪：《红山文化玉蛇耳坠与〈山海经〉珥蛇神话》，《西南民族大学学报》2012年第12期。

致的，耳玦的礼器形式是玉璧存有缺口。

玉玦，内蒙古赤峰市兴隆洼文化遗址出土，山东大学邓聪教授供图

珥玦礼器在辽河流域最早可以追溯到兴隆洼文化（距今约 8000 年），红山文化（距今约 6500—5000 年）与夏家店下层文化（距今约 4000—3500 年）都有所传承。

黄河流域也出土了史前玉玦。黄河下游山东的龙山文化（距今约 4600—4000 年）、黄河中游龙山文化（距今约 4900—4000 年）也出现了玉玦形器。

玉玦，商代晚期，河南省安阳市妇好墓出土，现藏中国社会科学院考古研究所。

摘自《中国古玉器图典》，第 120 页

在长江流域，史前玉玦的出土分布极为广泛。如河姆渡文化（距今约7200—6000年）、马家浜文化（距今约7000—6000年）、崧泽文化（距今约6000—5100年）、北阴阳营文化（距今约6000—5000年）、凌家滩文化（距今约5500—5000年）、薛家岗文化（距今约5200—5000年）、良渚文化（距今约5300—4000年）都出土了玉玦器形。长江中游的大溪文化（距今约5900—4600年）与珠江流域的广东岭南石峡文化（距今约4300—4000年）也都有玉玦出土。

玉玦，西周中期，陕西省扶风县云塘村出土，现藏周原博物馆。
摘自《中国古玉器图典》，第121页

进入历史时期，夏代时期的文化遗址出土玉玦极为稀少，只有内蒙古敖汉旗大甸子遗址（距今约3735—3463年）出土了一块玉玦，而河南二里头三、四期（距今约3610—3530年）、河南二里头文化新砦期（距今约3800—3700年）、山东临朐西朱封遗址（距今约3800年）、山西陶寺中晚期（距今约4150—3800年）、陕西神木石茆遗址、陕西神木新华遗址、陕西延安芦山峁遗址等夏代遗址都没有玉玦出土。

在商代与西周时期，玉玦属于比较流行的玉器类型，都有大量的玉玦出土，而且大部分玉玦上都有龙形、鱼形等纹饰。而到了春秋战国时期，玉玦出土数量不多。秦汉以后，几乎没有玉玦出土。

春秋早期玉玦，山西省闻喜县上郭墓地 55 号墓出土，现藏山西博物院。玉玦阴刻有双龙纹。
摘自《中国出土玉器全集·山西卷》(第 3 册)，第 161 页

梳理玉玦与玉珥的史前发展源流，可以看出，珥玦也是中华玉礼器文化的核心符号形式，其文化出现稍晚于玉璧。从距今约 8000 年的兴隆洼文化开始出现玉玦，此后，和玉璧一样，玉玦一直都是中华传统玉礼器系统的核心器形。到了历史时期，夏代几乎没有玉玦出土，商代与西周时期玉玦比较盛行，而春秋战国开始趋于衰落状态。到了秦汉之后，随着金银器的大量出现，耳玦逐渐被金银耳环、耳饰所取代。

随着玉玦在社会上逐渐消失以后，后人对《山海经》文本中的珥蛇记述就失去了现实器物的视觉图像，由此而产生了各种文化困惑。到了明清时期，一些根据文本记录进行图绘的作者，他们只能在神话人物的耳朵上绘制各种蛇形图像（如蓐收，见下图），这种人为想象出来的珥蛇图像可以增添神话人物的神秘性，但却掩盖了《山海经》文本叙事的历史真实性，因为他们已经失去了对玉玦的视觉感受与真实认知。现在通过考古出土的珥玦实物，我们才知道，原来珥玦原本就在玉器实物上雕刻绘制龙纹蛇纹的形体状态，早期居民戴上绘制了龙蛇图像的珥玦礼器，就好像耳朵上确实带有各种龙蛇存在。从这个角度来看，《山海经》文本的记录是有实物依据的，历史文化信息极为可靠，不是纯粹虚构出来的。

国家图书馆特藏《山海经图》

考古出土的玉玦在史前文化中极为丰富，这也足以证明，珥玦在史前早期的玉器文化体系中，具有很重要的文化地位，其地域分布很广泛。到了历史时期，只有商代和西周阶段还比较流行，而且在大多数的玉玦器物上都雕有龙纹，极为形象地展示了原初居民对珥玦如龙蛇的神话想象与文化信仰。

三、《山海经》中玉璜的文化渊源

《山海经》中记录夏后启在仪式活动中佩戴了“玉璜”，可见，这里的“玉璜”是作为日常生活的礼仪佩玉。梳理玉璜的历史起源与盛衰情况，对于我们理解《山海经》文本的成书年代也有一定的帮助。

在辽河流域，玉璜出现于红山文化（距今约6500—5000年），与玉璧、玉玦相比，年代相对晚出。此后，夏家店下层文化（距今约4000—3500年）也有玉璜出土。

在黄河流域，仰韶文化（距今约7000—5000年）四期、黄河下游山东大汶口文化（距今约6300—4600年）、山东龙山文化（距今约4600—4000年），以及黄河中游龙山文化（距今约4900—4000年）、黄河中游陶寺文化（距今约4500—4000年）、黄河上游齐家文化（距今约4100—3600年）都出土了玉璜。

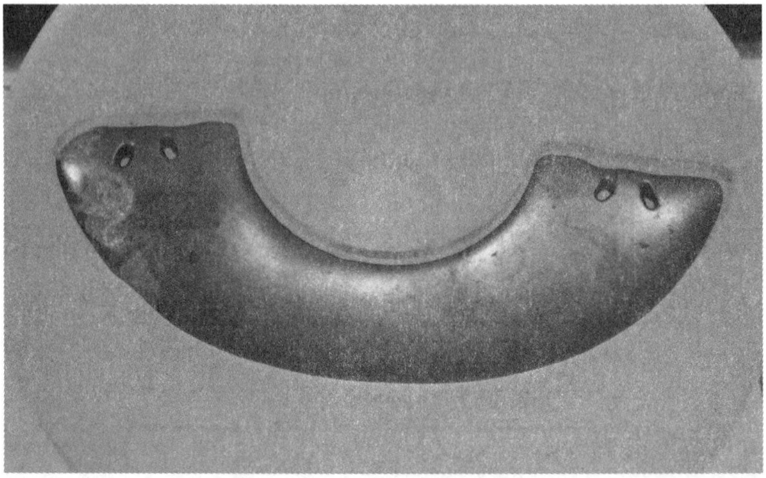

玉璜，崧泽文化晚期，浙江省嘉兴市大桥南河浜遗址出土，现藏嘉兴博物馆
2019年，胡建升摄于嘉兴博物馆

在长江流域，玉璜不仅出现较早，而且几乎遍及所有的史前文化。如长江下游的河姆渡文化（距今约7200—6000年）、马家浜文化（距今约7000—6000年）、崧泽文化（距今约6000—5100年）、北阴阳营文化（距今约6000—5000年）、凌家滩文化（距今约5500—5000年）、薛家岗文化（距今约5200—5000年）、良渚文化（距今约5300—4000年）都出土了大量的玉璜实物。同时，玉璜在长江中游的大溪文化（距今约5900—4600年）、屈家岭文化（距今约5400—4400年）、石家河文化（距今约4600—4000年）也是延绵不绝，屡有出土。珠江流域的广东岭南石峡文化（距今约4300—4000年）也出土了玉璜。

玉璜，马家浜文化，江苏省张家港市金港镇东山村遗址出土。
玉佩由五个玉璜、两个玉玦以及一些玉管组成。
2019 年胡建升摄于张家港博物馆

夏代时期，山西陶寺中晚期（距今约 4150—3800 年）、陕西神木石茆遗址、陕西延安芦山峁遗址都出土了少量的玉璜。而同时期的诸如内蒙古敖汉旗大甸子遗址（距今约 3735—3463 年）、河南二里头三、四期（距今约 3610—3530 年）、河南二里头文化新砦期（距今约 3800—3700 年）、山东临朐西朱封遗址（距今约 3800 年）、陕西神木新华遗址都没有出土玉璜。

商代和西周时期，玉璜使用较为普遍，多为礼仪佩玉。尤其在西周时期，玉璜大多与玉牌、玉珠、玉管等串联成组佩玉饰，有的组合玉佩多达数十件玉璜，多璜组佩成为西周贵族社会等级区别的重要符号标志。春秋战国时期的玉璜出土数量依旧较多，大多属于装饰用玉，通常雕刻有兽面纹、鸟纹、勾云纹、旋涡纹等。秦汉以后的玉璜出土也较多，依旧是主流的装饰玉器类型。

玉璜，商代晚期，河南省安阳市妇好墓出土，现藏中国社会科学院考古研究所。
摘自《中国古玉器图典》，第 118 页

七璜玉佩，西周晚期，河南省三门峡市虢国墓 2001 号墓出土，现藏河南博物院。
摘自《中国古玉器图典》，第 146 页

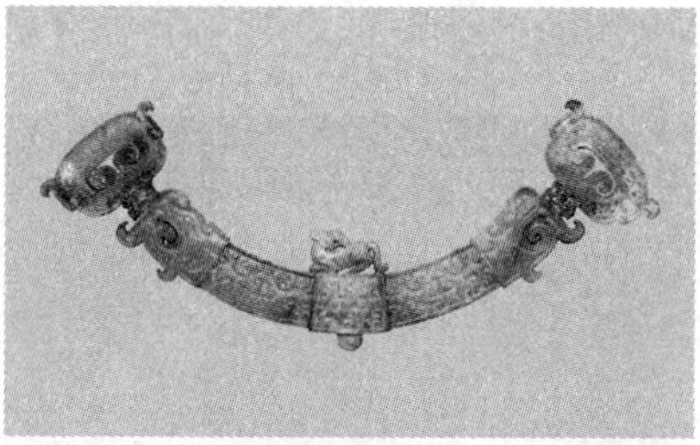

双龙首玉璜，战国，1951年河南辉县出土，现藏国家博物馆。这件玉璜由七块和田玉和两个鎏金铜兽首衔接而成，中间五块玉内心钻孔，以铜片连接，铜片从五块玉中穿出后，左右两端各装饰鎏金铜兽首，两只兽首分别衔接着透雕的椭圆形玉。

通过爬梳玉璜的出土情况，可以看出，玉璜首先在南方的河姆渡文化与马家浜文化开始出现，后来在北方红山文化、中原仰韶文化、大汶口文化、大溪文化、崧泽文化、良渚文化都极为流行。到了历史时期，除了夏代出土的玉璜数量相对较少，而商代时期出土的玉璜数量大有增加，到了西周，玉璜在组佩建制中扮演了核心的文化角色，春秋战国以及秦汉以后，玉璜一直是较为流行的玉器类型。

从史前大传统到历史时期的玉璜出土来看，《山海经》中夏后启的佩璜现象充分显示玉璜在早期传统文化中所扮演的重要角色。考古出土的玉璜实物也充分证明，《山海经》中的佩璜描述是有社会文化依据的，是可信的。

四、《山海经》中玉环的文化渊源

《山海经》文本中还记录了夏后启在仪式活动中操持玉环的文化现象。玉环作为史前核心的玉器类型，几乎和玉璧同时出现，也具备了较为强大的历史生命力。史前玉环最早发迹于辽河流域的兴隆洼文化（距今约8000年），此后，红山文化（距今约6500—5000年）、夏家店下层文化（距今约4000—3500年）皆有玉环发现。

在黄河流域，玉环出土于仰韶文化（距今约7000—5000年）四期、黄河下游山东大汶口文化（距今约6300—4600年）、山东龙山文化（距今约4600—4000年），以及黄河中游龙山文化（距今约4900—4000年）早晚期、陶寺文化

（距今约4500—4000年）、黄河上游齐家文化（距今约4100—3600年）。

龙纹玉环，西周中期，陕西省扶风县召陈村西周遗址出土，现藏周原博物馆。

摘自《中国古玉器图典》，第120页

长江流域的玉环与玉玦同时出现。长江下游的河姆渡文化（距今约7200—6000年）第一期、马家浜文化（距今约7000—6000年）、崧泽文化（距今约6000—5100年）、北阴阳营文化（距今约6000—5000年）、凌家滩文化（距今约5500—5000年）、薛家岗文化（距今约5200—5000年）、良渚文化（距今约5300—4000年）都出土了玉环。长江中游屈家岭文化（距今约5400—4400年）、石家河文化（距今约4600—4000年），以及珠江流域的广东岭南石峡文化（距今约4300—4000年）也都有玉环出土。

玉环，战国早期，山东省曲阜市鲁国故城乙组52号墓出土，现藏曲阜市文物管理委员会。

摘自《中国古玉器图典》，第199页

玉环，西汉晚期，江苏省徐州市石桥村 2 号墓出土，现藏徐州博物馆。

摘自《中国古玉器图典》，第 234 页

在夏代文化遗址中，内蒙古敖汉旗大甸子遗址（距今约 3735—3463 年）、山东临朐西朱封遗址（距今约 3800 年）、山西陶寺中晚期（距今约 4150—3800 年）、陕西神木石茆遗址等出土了少量的玉环。而河南二里头三、四期（距今约 3610—3530 年）、河南二里头文化新砦期（距今约 3800—3700 年）、陕西神木新华遗址、陕西延安芦山峁遗址都没有玉环出土。

到了商代以后，玉环渐渐流行起来。西周、春秋战国、秦汉之后都有大量的玉环出土。而且玉环与玉璜、玉珠、玉管等玉器类型构成了周代玉佩的核心文化元素。玉环到了商周以后，多为日常礼俗佩玉，且为玉器佩饰组合的流行大宗器物。《山海经》文本中记载的夏启操环之事，符合考古出土的玉环实物现状。

龙纹玉环，西汉，广东省广州市象岗南越王墓出土，现藏西汉南越王博物馆。

摘自《中国古玉器图典》，第 235 页

五、《山海经》中玉圭的文化渊源

在《山海经》文本中，玉圭属于祭祀用玉，6 次出现玉圭（珪），其中圭、璧并用共出现 3 次，还有藻圭单独出现 1 次。可见，在《山海经》文本时代，玉圭已经很盛行，除了玉璧（13 次）、珥玦（9 次）以外，记录最多的玉器类型就属玉圭了。

史前玉圭器型的出现年代相对较晚。玉璧最早出现于小南山文化，距今有万年之久。珥玦、玉璜最早出现于河姆渡文化与马家浜文化，距今有 7000 多年。玉环最早出现于兴隆洼文化，距今有 8000 余年。

最早的圭形器出土于红山文化（距今约 6500—5000 年），后来，在仰韶文化（距今约 7000—5000 年）四期、凌家滩文化（距今约 5500—5000 年）也有零星出土。但学术界通常将玉圭的正式出现年代定为黄河下游的山东龙山文化（距今约 4500—4000 年），在黄河中游的陶寺文化（距今约 4500—4000 年）也有玉圭出土。可见，玉圭作为玉器符号形式，是从龙山文化开始的，而且在龙山时期，其传播范围并不广泛。

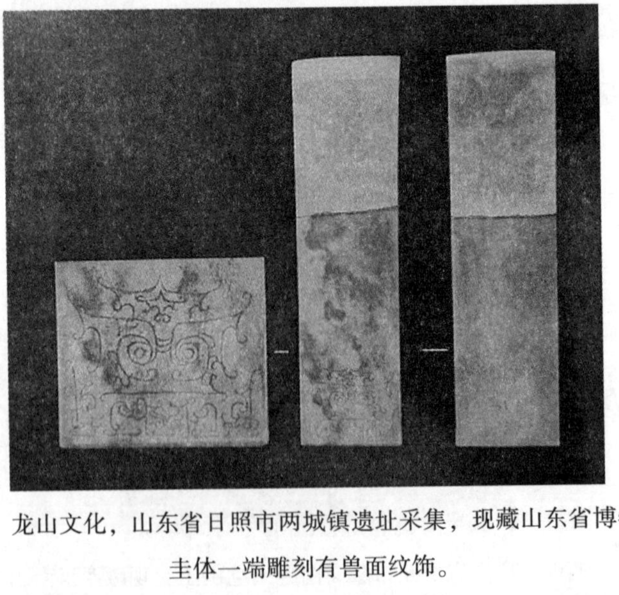

玉圭，龙山文化，山东省日照市两城镇遗址采集，现藏山东省博物馆。

主体一端雕刻有兽面纹饰。

摘自《中国出土玉器全集·山东卷》（第 4 册），第 16 页到了夏代时期，玉圭突然盛行起来，地域分布也很广泛。梳理夏代遗址的玉圭出土情况，我们发现，在河南二里头三、四期（距今约3610—3530年）、河南二里头文化新砦期（距今约3800—3700年）、山西陶寺中晚期（距今约4150—3800年）、陕西神木石茆遗址、陕西神木新华遗址都出土了玉圭器形，这足以证明，玉圭真正进入较为流行时期是从夏代开始的。

玉圭，新石器时代，山西省侯马市煤灰制品厂东周祭祀遗址132号坑出土，现藏山西省考古研究所。

摘自《中国出土玉器全集·山西卷》（第3册），第49页

商代时期的玉圭出土数量相对较多。如河南安阳大司空村（圭1）、殷墟妇好墓（圭8）、安阳殷墟花园庄东地54号墓（圭1）、湖南石门县皂市桅岗村官山（圭1）等商代遗址都有出土。

西周是玉圭较为兴盛的历史时期。西周早期的河南鹿邑县太清宫镇长子口墓（圭1）、陕西宝鸡竹园沟（圭形器6）、北京琉璃河西周燕国墓地（圭1）都发现了玉圭。西周中晚期的陕西长安张家坡（圭1）、陕西扶风黄堆村（圭1）、陕西扶风强家村（圭4）、河南平顶山应国墓地、山西天马曲村墓地（圭2）、河南平顶山北滍村（圭1）、河南新郑唐户（圭1）、河南三门峡虢国

墓地虢季墓（M2001）玉圭（3）与圭形饰（1）、河南三门峡虢国墓地孟姞墓（圭2）、陕西长安大原村（圭1）、山西侯马上马墓地（圭4）、山西闻喜上郭—邱家庄西周中晚期墓（圭）、山西天马曲村遗址中部偏北北赵村墓地（圭1）等遗址出土了玉圭。

春秋战国时期，玉圭是较为常见的出土玉器类型，如陕西陇县边家庄五号春秋早期墓出土玉圭11件，陕西宝鸡福临堡、户县宋村、甘肃灵台洞山、陕西宝鸡阳平镇、山东沂水刘家店、山西太原金胜村等遗址也都有玉圭出土。

秦汉之后，玉圭较为常见，多有出土，通常是圭、璧组合，作为祭祀用玉。

玉圭器型发迹较晚，起源于山东龙山文化，但可谓后来居上，到了历史时期，玉圭开始成为了最为重要的核心玉礼器。玉圭从夏代开始流行，商代有所传承，西周是玉圭最为鼎盛的时期，春秋战国时期玉圭也较为普遍，秦汉之后玉圭依旧很受欢迎。

在《山海经》文本中，祭祀使用玉圭多达6次，这也很正常。历史时期玉圭的出土盛况，都足以说明，玉圭在夏、商、周、秦汉以来都受到欢迎，其在社会上的流行程度都较高。

六、《山海经》中玉璋的文化渊源

《山海经》中记述了玉璋1次，属于祭祀用玉。学术界通常认为，玉璋起源于山东龙山文化（距今约4600—4000年），主要是因为在山东沂南罗圈峪、海阳司马台、临沂大范庄、五莲县上万家沟北岭等地先后发现了8件龙山式玉璋。后来，玉璋由黄河下游向黄河中游及上游进行扩散。在陕西神木石峁、东龙山，甘肃省清水、新庄坪、定西、齐家坪，以及河南花地嘴等地，也先后发现了龙山式玉璋。

夏代是玉璋发展的关键时期。这一阶段，玉璋开始成为与国家政治权力体系相关联的核心玉器符号。在夏代遗址中，河南二里头三、四期（距今约3610—3530年）出土了4件玉璋，陕西神木石峁遗址出土大量的玉璋，陕西神木新华遗址也有玉璋出土，而且出土玉璋的体型相对硕大，钽牙呈雕龙纹饰，这些都与龙山式玉璋有很大区别。

玉璋，龙山文化，山东省五莲县石场乡万家沟村出土，现藏五莲县博物馆。
2019 年，胡建升摄于二里头夏都博物馆“璋显中国：中华牙璋文物特展”

玉璋，夏代，二里头遗址四期出土。2019 年，胡建升摄于二里头夏都博物馆

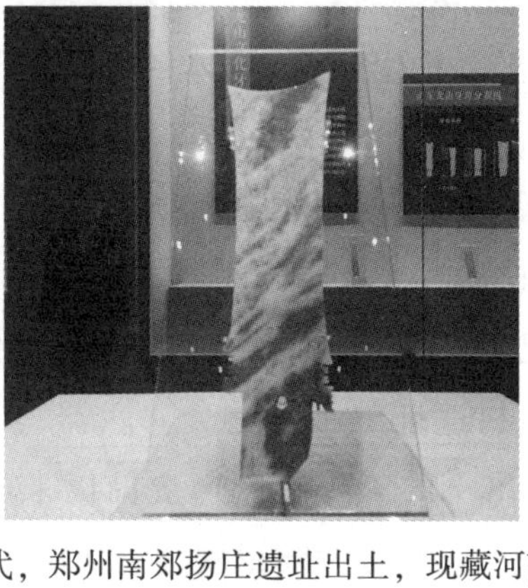

玉璋，夏代，郑州南郊扬庄遗址出土，现藏河南博物院。
2019 年，胡建升摄于二里头夏都博物馆“璋显中国：中华牙璋文物特展”

商代时期的玉璋出土分布范围依旧较广，玉璋也似乎开始由中原地区向西南地区方向转移，这一文化现象学术界还没有给出很完美的解释。河南大野陈村、望京楼、杨庄、桐柏月河、望城岗、淅川下王岗出土了玉璋，安阳铁西刘家庄南 M54（残璋 44）、M59（残璋 24）、M64（残璋 15）出土很多残璋。湖北汪家屋场（璋 2）、湖南石门县皂市桅岗村官山（璋 3）以及黄陂盘龙城（璋 1）、四川月亮湾燕家院子（璋 3）、广汉三星堆一号祭祀坑（璋 40）、广汉三星堆二号祭祀坑（璋 17 及璋形饰件 3）、成都金沙遗址（璋 200）等地方都出土了大量的玉璋。同时期，还有福建虎林山、漳浦、普宁，香港南丫岛大湾、大屿岛东湾，广东红花林、仙桥山前村、东莞村头、墨依山、南雄、鹿颈村，广西感驮岩等诸多遗址都有玉璋出土。

西周时期的玉璋出土还是比较多。如西周早期的河南鹿邑县太清宫镇长子口墓（玉璋 1）、山东滕州前掌大墓地（璋 2）出土了玉璋。西周中晚期的河南三门峡虢国墓地虢季墓（M2001）（璋 4）、河南洛阳北窑西周墓地（璋 1）也有玉璋出土。

到了春秋战国时期，玉璋（半圭为璋）已经不太多见，出土很少。秦汉之后，玉璋就很少出现了。

《山海经》中的玉璋记录尽管只有 1 次，但是考古玉璋出土的情况却变化较为明显，诸如春秋战国、秦汉以后的玉璋出土数量极少，这对于我们综合判断《山海经》文本的成书年代极有帮助。

七、结论：《山海经》文本的成书年代在西周

《周礼·春官·大宗伯》云：“以玉作六器，以礼天地四方。以苍璧礼天，以黄琮礼地，以青圭礼东方，以赤璋礼南方，以白琥礼西方，以玄璜礼北方。”[①]《周礼》中所记载的六器，秦汉时期的考古出土仅见两例，即陕西西安北郊联志村和芦家口村遗址出土了整套“六器”：玉璧、玉琮、玉圭、玉璋、玉琥、玉璜，而且出土的玉琮形制与史前以来的玉琮传统是不一致的，这些玉器都属无孔器具，应该均为祭祀用玉。从出土的玉器现状来看，玉琮

① ［汉］郑玄注，［唐］贾公彦疏：《周礼注疏》，北京大学出版社，2000 年，第 561—562 页。

和玉璋到了春秋战国之后，就很少出现了，几乎绝迹。但是在文献记载中，依旧保留了璧琮、圭璋连用的语言习惯，所以琮、璋到了秦汉之后，被儒者们整合进入《周礼》六器之中。在《周礼》六器中的玉琥，出现最晚，可能是出自于四象与五行文化流行之时，也可能是春秋战国、秦汉儒者们的文化发明，因为在史前、夏、商、西周的考古出土玉器体系中，几乎找不到玉琥，到了春秋战国时期，也只有零星的玉虎形象出现。可见，从出土玉器来看，《周礼》六器的说法不是周代玉器符号的本来体系，至少在夏商周三代的出土玉器体系中，很难寻觅到“六器”组合的全体景观，很可能是到了春秋战国、秦汉以后，儒者们根据文献记录，凭空总结出来的六器体系，这是不可靠的。

梳理史前的玉璧、珥玦、玉璜、玉环、玉圭、玉璋的出土情况，我们发现，《山海经》文本记录的玉器体系是完全可靠的，其所记录的六种玉器都发迹于史前时期，都能够在考古出土的具体器物中找到文化原型。立足出土玉器的实际情况，我们可以判断，《山海经》文本是一个可靠的经典文本，因为它保留了史前文化到历史时期的主要玉器类型。

《山海经》中玉璧、珥玦、玉璜、玉环、玉圭、玉璋的综合使用情况，还可以为我们判断《山海经》文本的成书时间提供可靠的文化线索。为此，我们根据上述六种玉器的出土情况，归纳出“从龙山文化到历史时期玉璧、珥玦、玉璜、玉环、玉圭、玉璋的出土情况表”。

从龙山文化到历史时期玉璧、珥玦、玉璜、玉环、玉圭、玉璋的出土情况表

	龙山	夏	商	西周	春秋战国	秦汉以后
玉璧 13	大量	极为稀少	大量	大量	大量	大量
珥玦 9	稀少	极为稀少	大量	大量	较少	较为稀少
玉璜 1	大量	较少	大量	多璜组佩	大量	大量
玉环 1	较多	较少	大量	大量	大量	大量
玉圭 6	开始出现	较多	大量	大量	大量	大量
玉璋 1	开始出现	较多	大量	大量	稀少	稀少

从这个玉器出土情况表上，可以得出：第一，龙山时期的珥玦出土数量很少，几乎找不到，而且玉圭、玉璋刚开始出现，与《山海经》中珥玦出现9次，玉圭出现6次都存在不一致之处。第二，夏代时期的玉璧出土数量极为

稀少，只有一些戚璧出土，同时，珥玦也出土极少，几乎见不到。玉璜、玉环尽管有一些出土，但数量也不多。西汉刘歆认为，《山海经》是夏禹、益所为，得到后代儒者们的附和，但这种观点不能得到出土玉器的证实，也可能是不可信的。第三，春秋战国与秦汉时期的玉璧、玉璜、玉环、玉圭出土数量都很多，但是珥玦与玉璋的出土却很少，可以说几乎见不到，这也不符合《山海经》文本中所记录的玉器现状。第四，商代与西周时期，出土玉器实物与《山海经》文本记录的玉器类型较为符合。但是在出土的商代玉器中，还没有出现一例玉璧、珥玦、玉璜、玉环、玉圭、玉璋同时出土的情况。商代殷墟妇好墓出土玉器类型极为丰富，代表了皇宫贵族的用玉实情，但也只是出现了五器，即玉圭 8、玉璧 16、玉环 24、玉璜 73、玉玦 18，没有玉璋出土。我们检核西周玉器的出土情况，却出现了多例《山海经》文本中记录的六器同时出土的实际情况。如西周早期的河南鹿邑县太清宫镇长子口墓出现了《山海经》中的六器同时出土的文化现象，即玉圭、玉璋、玉璧、玉环、玉璜、玉玦同时出土[①]。又如西周中期的河南三门峡虢国墓地虢季墓（M2001），也出现了这六种玉器的同时出土，具体为：玉璧（12 件，大璧 8，小璧 4）、玉璜（8）、玉圭（3）与圭形饰（1）、玉璋（4）、玉璜（包括七联璜）、玉玦、玉环[②]。而且在虢季墓中，璧、璜、圭、璋、玦、环的出土数量都很多。根据《山海经》文本中所记录的六器在西周墓葬中同时出土的普遍现象，结合我们对史前文化与历史时期玉器的出土情况数据统计，都充分表明，《山海经》文本的成书时间在西周时期。

---

① 杨育彬：《试论近年来河南出土的西周玉器及相关问题》，《海峡两岸古玉学会议论文专辑（Ⅱ）》，台北，2001 年，第 787—797 页。

② 河南省文物考古研究所、三门峡文物工作队：《三门峡虢国墓》，文物出版社，1999 年，第 130—195 页。

青年论坛

“泰逢”与“太一”关系考索

四川师范大学文学院博士研究生　王　淼

摘　要　“太一”是先秦两汉时期一个重要的复合概念，其本身包括了神话学、哲学、文学等多层次的意义。关于“太一”的原型及其发展演变过程，历代学者都有不同的看法。而将《山海经·中次三经》中的“吉神泰逢”与“太一”相关联，尚不见学者论及。但通过对传世文献梳理，并结合出土文献材料，可以发现“泰逢”从神状、神迹、神名、祭祀用品规格等方面，都与复合概念下的“太一”有着密切的联系。而“太一”概念本身在发展的过程中经历了一个从原始神灵崇拜转向哲学、神灵等复合概念崇拜的复杂过程，在这一过程中，原始神灵形象的“泰逢”是连接神灵“太一”和后来哲学、神灵复合概念下的至高神“太一”的关键节点。

关键词　泰逢；太一；泰卦；祭祀；《山海经》

一、“太一”研究掠影

“太一”是先秦两汉时期一个重要的复合概念，其本身包括了哲学、神话学、文学等多层次的意义。关于“太一”的研究历来也被学者们所重视，然而由于文献资料有限，关于“太一”的原始内涵和演变历程，学界一直诸说纷纭。从目前可见的文献资料入手，先贤们对于“太一”的内涵研究大致分为了三类。

第一，认为“太一”是一个哲学概念，并结合郭店楚简《太一生水》篇认为“太一”应为哲学概念，而与神话及星名无关。其演变的过程应是从“哲学太一”至“神灵太一”再至“星名太一”①。

第二，将“太一”和秦汉星象学相联系进行讨论。其主要依靠的文献资料是《淮南子·天文训》《史记·天官书》，持此结论的学者均认为“太一”对应的实为“星名”，李零先生即指出早在先秦时代“太一”就兼有星、神、道三重含义，而其本来内涵是“太岁”星②。

第三，将先秦两汉时期“太一”包含的“神、道、星”三重概念进行综合性的讨论，力图还原“太一”的原始神灵内涵。持这一观点的学者多认为《九歌·东皇太一》中的“太一”是作为神灵形象出现的最早的“太一”，所以这类论述多围绕着“东皇太一”展开。如闻一多先生认为“伏羲即是东皇太一”③。丁山先生则认为“汤号大乙即东皇太一”，并提出“泰一”“太一”“大一”即“大乙”④。而顾颉刚先生的《三皇考》则指出“太一”是战国时期才出现的，是从道家“太一”中得名，在战国后期被称为“东皇太一”“泰皇”成为至高神，在汉初又归于沉寂，至汉武帝时期再次勃兴，之后又慢慢地走向消沉⑤。但是顾先生对于哲学概念的“太一”与神灵概念下的“太一”谁出现得更早，以及二者之间在相互渗透过程中连接纽带是什么，或者有没有什么关键的转换点，都没有进行讨论。只是说：“这两种意义的‘太一’的来源谁早谁晚，很难确定；不过我们总可以说，在战国以前是不见这个名称的。”⑥ 但是这个问题恰是要厘清“太一”的发展脉络必须探讨的问题。

基于人类思维发展的普遍规律，学界普遍认为哲学是晚于神话的，但是

① 谭宝刚：《“太一”考论》，《中州学刊》2011 年第 4 期。
② 李零：《中国方术续考·“太一”崇拜的考古研究》，中华书局，2006 年，第 162—168 页。
③ 闻一多：《东皇太一考》，《文学遗产》1980 年第 1 期。
④ 丁山：《中国古代宗教与神话考》，上海世纪出版集团，2011 年，第 480 页。
⑤ 详参顾颉刚：《古史辨》（第七册），上海古籍出版社，1982 年，第 20—231 页。
⑥ 顾颉刚：《古史辨》（第七册），第 81 页。

需要注意，传统意义上的“哲学”是后世基于逻辑思维模式下所讨论的哲学概念，它的出现是一种进步，但是任何事物都不是凭空出现的，逻辑思维模式下的哲学观念往往来源于神话的“原逻辑”思维。列维-布留尔指出：“（原逻辑）它不是反逻辑的，也不是非逻辑的。只是想说它不像我们的思维那样必须避免矛盾……它也不尽力去避免矛盾。它往往是以完全不关心的态度来对待矛盾的。”① 列维·斯特劳斯则进一步指出“神话”与“哲学”二者，“一端是高度具体的，另一端是高度抽象的；或者是从感性性质的角度，或者是从形式性质的角度。但是如果，至少在理论上，二者之间的相互关系不出现突然的变化，这两条途径肯定会相遇。”② 也就是说，无论是神话或者是哲学，都是人类思维认知的表现，只是对于此认知的表现方式和出现时间略有不同。所以在神话与哲学发展的过程中，神话中神灵的神名、神格和神迹等所代表的“原逻辑”思维会影响哲学理论的生发，哲学也会反过来影响原始神话的发展，使得神话哲学化或者具备某些哲学因素，但是其相互影响过程中肯定存在一种基于某方面共性的原认知。而这一方面的认知可能更早地表现在某个神灵的神名、神格和神迹等方面，叶舒宪先生在《儒家神话再发现》中援引乔治·杜梅齐耳的观点指出：“在上古时代流传下来的最初的文学文本（颂歌、礼仪书、叙事等）差不多全都是宗教性的，而‘对宗教更确切的说法应是神学和神话学’。”③ 基于此，无论从哲学概念还是星象学概念出发，“太一”都应是由神话神灵形象逐步向宗教祭祀神灵和哲学概念转化的产物。

二、哲学概念的“太一”所具有的特征

在道家哲学系统中，学界普遍认为“大（太）一”相当于《老子》的“道”④，但这是一个逐步发展的过程。传世本《老子》二十五章云：“有物混成，先天地生，寂兮寥兮，独立不改，周行而不殆，可以为天下母。吾不知

---

① ［法］列维-布留尔：《原始思维》，商务印书馆，1981年，第444页。

② ［法］列维·斯特劳斯：《野性的思维》，中国人民大学出版社，2006年，第247页。

③ 叶舒宪、唐启翠等：《儒家神话》，南方日报出版社，2011年，第31页。

④ 丁山先生即指出先秦时期“道”与“一”“太一”之间的关系在《老》《庄》之后至《吕氏春秋》《淮南子》逐渐趋同，可以明确“一者，道也；太一者，道也”。详参丁山：《中国古代宗教与神话考》，第481页。

其名，字之曰道，强为之名曰大。”[①] 则“道”相当于“大”，而“一”则是“道”的产物，故传世本《老子》四十二章有：“道生一，一生二，二生三，三生万物。”[②] 而道家后学则将其整合为“大一”或“太一”，等同于“道”[③]。故至战国晚期，《吕氏春秋·大乐》有：“道也者，至精也，不可为形，不可为名，谓之太一。”[④]但需注意在《老子》中“道（大）”与“一”的概念是分离的。王弼注“道生一”云：“万物无形，其归一也。何由致一？由于无也，由无乃一。”[⑤] 可见王弼将“道”与“一”的关系定义为由“无”（虚）生“有”（实），“道”所指的是“无”，“一”所指的仍是“道”，只是其从“无形”生为了“有形”。此观点可以在《庄子》中找到证据，如《庄子·大宗师》云：“夫道有情有信，无为无形；可传而不可受，可得而不可见；自本自根，未有天地，自古以固存；神鬼神帝，生天生地。”[⑥]《庄子·天下》亦云：“神何由降？明何由出？圣有所生，王有所成，皆原于一。”[⑦] 可见《庄子》亦认为无形的“道”即是有形的“一”，有形的“一”即是无形的“道”。

但是，从出土文献材料来看，战国中晚期的郭店楚简中有《老子》甲、乙、丙三个版本，其中并无与传世本《老子》四十二章“道生一”相同或相似的内容，反倒是《太一生水》篇有类似的阐释，其释文曰：

> 太一生水，水反辅太一，是以成天。天反辅太一，是以成地。天地［复相辅］也，是以成神明。神明复相辅也，是以成阴阳。阴阳复相辅也，是以成四时。四时复辅也，是以成沧热。沧热复相辅也，是以成湿燥。湿燥复相辅也，成岁而止。故岁者，湿燥之所生也。湿燥者，沧热

① 楼宇烈：《老子道德经注校释》，中华书局，2008 年，第 62—63 页。

② 同上，第 117 页。

③ 李零先生即指出“大”“太”“泰”三者同源，见李零：《中国方术续考·“太一”崇拜的考古研究》，第 158 页。其互通文例如今本《礼记·曲礼》有“太上贵德，其次务施报”一句，西汉海昏侯墓出土《礼记》类简牍中亦有此句，其文作“大上贵德，其次务施报。”见朱凤瀚主编：《海昏简牍初论》，北京大学出版社，2021 年，第 57—58 页。

④ 许维遹：《吕氏春秋集释》，中华书局，2009 年，第 111 页。

⑤ 楼宇烈：《老子道德经注校释》，第 117 页。

⑥ 王先谦：《庄子集解》，中华书局，2012 年，第 78 页。

⑦ 同上，第 344 页。

之所生也。沧热者。四时者，阴阳之所生。阴阳者，神明之所生也。神明者，天地之所生也。天地者，太一之所生也。是故太一藏于水，行于时，周而或［始，以己为］万物母。一缺一盈，以己为万物经。此天之所不能杀，地之所不能厘，阴阳之所不能成……①

对比《太一生水》篇与传世本《老子》，二者均可以被看作是一种哲学宇宙生成论，但又存在明显差异。传世本《老子》亦尚“水”，但从概念上来说《老子》中的“水”是真实的“水”，而且无论在简本《老子》还是传世本《老子》中都没有将“水”置于“道”之后，使其成为其“道（太一）”开辟论的一个环节。各个版本《老子》均有：“道大，天大，地大，王（人）亦大。”② 而这“四大”并不包括“水”。可《太一生水》篇则突出了“水”的重要性，如果将简文内容与传世本《老子》中的“道生一”章相对比，则可以发现《太一生水》篇中的“太一”对应的是《老子》中的“道”，而《太一生水》篇中的“水”则对应的是《老子》中的“一”。

按上文所论，至战国中晚期“道”“大（太）”与“太一”三者在概念上趋于混同，而《太一生水》篇中出现的以“水”对应“一”的变化，除了《老子》“尚水”思想自身的演进外，应还与早期阴阳五行说和《管子》中的“精气说”存在关联。先秦诸子在战国时期虽然各有理论，但彼此相互关联并吸收转化的现象还是多有发生。按阴阳五行学说，“水”是五行之首，《尚书·洪范》有：

五行，一曰水，二曰火……③

冯友兰先生指出：“在《洪范》里，我们看到，五行观念还是粗糙的。《洪范》的作者说到五行的时候，所想的仍是实际的物，如水、火等等，而不

① 案：此引文依据释文原文及注释进行了简化处理，详参荆门市博物馆：《郭店楚简竹简》，文物出版社，1998 年，第 125—126 页。

② 楼宇烈：《老子道德经注校释》，第 64 页。

③ ［汉］孔安国注，［唐］孔颖达等正义：《十三经注疏·尚书正义》，上海古籍出版社，1997 年，第 188 页。

是以五者为名的抽象的力。”① 这种观念应部分延伸到了春秋战国时期，《国语·郑语》载：

（郑桓公问于史伯）曰：“周其弊乎?”对曰：“殆于必弊者也。《泰誓》曰：‘民之所欲，天必从之。’……夫和实生物，同则不继。……故先王以土与金木水火杂，以成百物。”②

而史伯所指的“五行”，依然没有摆脱五种现实的材料概念。但是需要指出的是，史伯使用了抽象的哲学话语阐释了“五行”与“物”之间的关系，“五行”成为了产生“百物”的物质元素，也就是说“五行”的概念与“百物”这种现实存在的具体实物相比，已经开始逐步抽象化了。而这种抽象化了的“五行”概念在《管子》中表现得更为明显。且《管子》特别突出了“五行”中的“水”在生成“百物”上的功用。《管子·水地》有：

水者，地之血气，如筋脉之通流者也。故曰：水，具材也。……是以水者，万物之准也，诸生之淡也，违非得失之质也，是以无不满，无不居也，集于天地而藏于万物，产于金石，集于诸生，故曰水神。……是故具者何也？水是也。万物莫不以生，唯知其托者能为之正。具者，水是也，故曰：水者何也？万物之本原也，诸生之宗室也，美恶、贤不肖、愚俊之所产也。③

所谓水为“具材”，丁山先生指出：“犹今人言水是万能；而‘水者万物之本原也’，与泰勒士所说‘水是万物发端的物质’，更理无二致。”④ 此观点可从。由此再分析《太一生水》篇中“太一生水，以水为辅而成天地、神明、阴阳……”这一理论构架，可以发现这两者之间是相通的，《管子》中水为“具材”，可以说就是水化生万物的过程。而这里指代“万物”的“材”也不

---

① 冯友兰：《中国哲学简史》，北京大学出版社，1985 年，第 160 页。

② 徐元诰：《国语集解》，中华书局，2019 年，第 498 页。

③ 黎翔凤：《管子校注》，中华书局，2004 年，第 813—831 页。

④ 丁山：《中国古代宗教与神话考》，第 115 页。

再是纯粹具体的物质，而是抽象成为“精气”。实际上《老子》四十二章有：“万物负阴抱阳，冲气以为和。”[①]《管子·内业》继承了此观点，认为：

> 凡物之精，此则为生。下生五谷，上为列星。流于天地之间，谓之鬼神；藏于胸中，谓之圣人。是故民气，杲乎如登于天，杳乎如入于渊，淖乎如在于海，卒乎如在于己。[②]

由此可见，万物的“精气”无所不在。而《管子·水地》则云：“人，水也。男女精气合，而水流形。”[③] 进一步强调“水”与“精气”两个概念在融合生成过程中的作用，故五谷、星辰、鬼神和人都是“水”具形“精气”之后的造物。结合《管子·内业》所载“夫道者，所以充形也……不见其形，不闻其声，而序其成，谓之道”[④]，则在《管子》中的“道”同“老庄”中的“道”一样是无形的，而其需要“水”来具形“百材”化生万物则同于《太一生水》篇。由此则可以明确，在战国时期，传世本《老子》中的“道(大)”“一”与《太一生水》篇中的“太一”“水”，《管子》中的“道”“水”“精气”等概念发生了混同和融合。

综上所述，结合传世本《老子》与《太一生水》《管子》等文本来看，哲学概念下的“太一”即无形的“道”，其以水为辅，水即有形的“一”，在此基础上成天地，生神明，辨阴阳，而后有四时等，这实际上符合了传世本《老子》《管子》中哲学化的“道”（太一）的宇宙生成论。但是《太一生水》篇在天地生成之后还有一个“神明”的概念，神明相辅而有阴阳，这表明在天地、阴阳为“二”之间还有一层“神明”的概念，对此概念，学界说法不一[⑤]。贾晋华先生指出：“神明合称应指此气象之神和天体之神两类。”“在《太一生水》中，风雨雷电之神和日月星辰之明相互辅助，参合阴阳之

---

① 楼宇烈：《老子道德经注校释》，第117页。

② 黎翔凤：《管子校注》，第931页。

③ 同上，第815页。

④ 同上，第932页。

⑤ 如邢文、李零、贾晋华等先生认为“神明”即是“神祇”。而彭华先生则认为：“在汉语语汇中，‘神明’此意最接近于‘幽明’或‘晦明’，而‘鬼神’亦与之相仿佛。”参见彭华：《“神明”臆解——郭店楚简〈太一生水〉研究之二》，《中原文化研究》2016年第5期。

气，形成春夏秋冬的气候交替，寒热湿燥的天气变化，日月岁的时间循环，起主导作用的是天文现象及其神祇。”① 笔者认同这一观点。结合长沙子弹库《楚帛书·甲篇》来看，《楚帛书》以“熊雹戏”与“女填”在混沌中生四子而有天地的“创世神话”作为宇宙生成论②。两相对比，《楚帛书·甲篇》中的创世神话与《太一生水》篇的宇宙论存在密切的联系。这背后所反映的是当时人们对于宇宙生成的普遍认知，即“太一”或者“熊雹戏”的创世均具备以下特点：

第一，混沌的“一”生“二”，《楚帛书》是生殖模式的神话语言，而《太一生水》是哲学化的逻辑语言，二者均体现出了“至高”的神格；

第二，均与“神圣的水”有关，《楚帛书》天地未分的混沌中即有“风雨”，《太一生水》则是“（水反）辅太一”以生“天地”；

第三，最终均归于阐释春夏秋冬的气候交替，寒热湿燥的天气变化，日月岁的时间循环，即具有“气象神”的特点。

基于此，学者多认为《楚帛书·甲篇》中的“熊雹戏”即“伏羲”，也即楚辞《九歌》系统的“东皇太一”，也即道家哲学概念下的“太”（太一）。笔者认同此观点，但考目前所见有关“伏羲”的相关材料，最早不过战国时期。案《郭店楚简》所出《老子》三种，将“太”这一哲学概念的形成已经上推至战国中期之前，则我们似乎亦可再向前追溯哲学概念下“太”的神话原型。

三、“泰逢”与“太一”关系考索

基于上节所论，在战国时期楚地出土的简帛中，我们发现楚人确有一套完善的以祭“太”（泰）为首的祭祀神灵系统。江陵望山一号楚墓竹简：

> 太一羘，勾土司命各一牂，大水一环，举祷于二……（简41）

---

① 贾晋华：《神明释义》，《深圳大学学报》（人文社会科学版）2014年第3期。

② 此处《楚帛书·甲篇》所载关于熊雹戏神话的文本，见李零：《长沙子弹库战国楚帛书研究》，中华书局，1985年，第64页。

与祷太备玉一环；后土司命，各一少环；大水备玉一环。(简 52)①

包山二号墓楚简亦有：

赛祷太备玉一环；后土、司命、司禈各一少环；大水备玉一环；二天子各一少环。(简 213)

太、后土、司命、司禂、大水、二天子（简 215)

举祷太一犆；后土、司命各一牂；举祷大水一膚；二天子各一牂；山一羖。(简 237)②

从出土材料来看，“太”字作“大、大”等，有时还加有“示”旁或从“示”从“大”，李零、刘信芳等先生均认为应释为“太”③。依据其字形并结合战国时期出土的“兵避太岁戈”和汉代出土的马王堆“避兵图”来看，“太”已经具有人形神的特点④。从祭祀顺序来看，“太”的地位也要高于后土、司命、大水等神灵。而以《老子》《庄子》等为代表的道家学说又深受楚文化的影响，上节所证哲学概念下的“道”“大”与“太一”皆为混同的概念。而《庄子·应帝王》有：“有虞氏不及泰氏……泰氏其卧徐徐。其觉于于，一以己为马，一以己为牛。其知情信，其德甚真，而未始入于非人。”成玄英注：“泰氏，即太昊伏羲也。”⑤ 从文意和成注出发，可知“泰氏”即“道”的“圣王化”代表，“泰”与“太”同，“泰氏”即“太氏”，其来源应即楚地祭祀的“太”神。葛兆光先生指出：“人们对宇宙的体验涵咏常常通过各种心理上的途径渗透到他们其他思想中，而他们其他领域的思维成果也可以渗透到对宇宙的理解之中，使他们心目中的自然、神、人甚至哲学都呈

① 商承祚：《战国楚简汇编·江陵望山一号楚墓竹简疾病杂事杂记摹本》，齐鲁书社，1995 年，第 204 页。

② 湖北省荆沙铁路考古队编：《包山楚简》，文物出版社，1991 年，第 34—36 页。

③ 李零：《中国方术续考·“太一”崇拜的考古研究》，第 169 页。

④ 李零先生认为“兵避太岁戈”的“大”字形神物与马王堆“避兵图”上部正中的“大”字形神物均是“太一”形象。而“大”字形神物，实际上表现的是“人形”神的状貌。详见李零：《中国方术续考·“太一”崇拜的考古研究》，第 167—171 页。

⑤ 王先谦：《庄子集解》，第 91 页。

现出‘同源同构’的和谐秩序。”① 实际上除了出土文献中的“太”神之外，“太一”的神话神灵原型还在其他传世典籍留下了痕迹。

《山海经·中次三经》有神“泰逢”，其文曰：

和山，其上无草木而多瑶碧，实惟河之九都。是山也五曲，九水出焉，合而北流注于河，其中多苍玉。吉神泰逢司之，其状如人而虎尾，是好居于萯山之阳，出入有光。泰逢神动天地气也。②

第一，从神状上看，查《五藏山经》中“帝”为最高神。《五藏山经》中能与天、帝二者相配属之神有21处，如下表：

篇　目	神　名	神　状
《西次三经》	鼓与钦䲹	钦䲹……赤喙而虎爪；鼓……黄文而白首
	神英招	马身而人面，虎文而鸟翼
	天神	如牛，而八足二首马尾
	神陆吾	虎身而九尾，人面而虎爪
	神长乘	如人而犳尾（《字海》：“犳，皮有虎文。”《集韵》：“犳，兽名，出堤山，状如豹而无文。”）
	西王母	如人，豹尾虎齿而善啸
	白帝少昊（员神魄氏）	无
	神江疑	无
	神耆童	无
	帝江	状如黄囊，赤如丹火，六足四翼，浑敦无面目
	神蓐收（神红光）	郭璞注：“亦金神也，人面、虎爪、白尾（毛），执钺，见《外传》云。”
	神熏池	无

① 葛兆光：《众妙之门——北极与太一、道、太极》，《中国文化》1990年第2期。
② 袁珂：《山海经校注》，北京联合出版公司，2014年，第118页。

续表

《中次三经》	䰠武罗	人面而豹文
	吉神泰逢	如人而虎尾
《中次六经》	神骄虫	如人而二首
《中次七经》	神天愚	无
《中次八经》	神鼍围	如人面，羊角虎爪
	神计蒙	人身而龙首
	神涉鼍	人身而方面三足
《中次十一经》	神耕父	无
《中次十二经》	神于儿	人身而身操两蛇

如表所示，除了“天神”“帝江”“骄虫”“计蒙”“涉鼍”“耕父”“于儿”以及无神状记述的4位神灵外，其他神灵在神状上都具有“人形”与“虎豹之形”结合的特点，特别是《西山经》中与天帝、西方昆仑有关系的高级天神如西王母、蓐收、长乘等更是如此，而同样“状如人而虎尾”的“泰逢”亦是与之类似的高级天神。再查战国时期“太岁避兵戈”的神像，其神状如人形，而足部则作兽爪形，颇类似汉代白虎神像的后爪，但不见虎尾。不过，应该注意的是《山海经》等典籍中西王母形象亦存在一个由“其状如人，豹尾虎齿”逐步演变为人形神的过程。可见“泰逢”神的形象实际上符合早期“太”神人形与兽形（虎豹）结合的神状特征。

第二，从神迹、神名上看，郭璞注“泰逢”：“言其有灵爽能兴云雨也。夏后孔甲田于萯山之下，天大风晦冥，孔甲迷惑，入于民室；见《吕氏春秋》也。”① 依郭注，历代学者多把“泰逢神动天地气”解释为“泰逢”可以兴风雨，但此观点还值得细究。

首先，从郭注来看，以“孔甲田于萯山之下，天大风晦冥”就认为“泰逢神动天地气”只是单纯地“言其有灵爽能兴云雨”，在逻辑上有些牵强。查先秦文献材料，没有言“泰逢”为风雨神的记载。而《山海经》本身的记述比较混杂，关于风的产生有多重说法。如在《大荒经》中有“四方神掌风”

① 袁珂：《山海经校注》，第118页。

的概念，与“泰逢”无关。此外，在《五藏山经》中，风也并不都与神明有关，例如《南次三经》有：“旄山之尾，其南有谷……凯风自是出。”郭璞注“凯风”为南风①。可见《五藏山经》又认为“四方风”出于山谷中。最后，在《山海经》中，如果有特殊的神以及其神迹跟风雨有关，如《中次八经》的“又东百三十里，曰光山，……神计蒙处之……出入必有飘风暴雨”②，则都会明确使用“风雨”而不会使用“天地气”这一概念。

其次，关于“天地气”这一概念，《礼记·月令》“孟春之月”有“是月也，天气下降，地气上腾，天地和同，草木萌动”之说。郑注曰：“此阳气蒸达，可耕之候也。”孔疏曰：“天地之气，谓之阴阳，一年之中，或升或降。”③《月令》“孟冬之月”亦云：“是月也，天子始裘。命有司曰：‘天气上腾，地气下降，天地不通，闭塞而成冬。’”④《吕氏春秋·孟春纪》《孟冬纪》的表述与其基本相同。案郑玄与孔颖达之说，皆以天地气便是阴阳之气。但是《楚辞·天问》有：“上下未形，何由考之……阴阳三合，何本何化?”其中的“上下未形”，王逸注：“言天地未分。”“阴阳三合”，洪兴祖注引《穀梁子》：“独阴不生，独阳不生，独天不生，三合然后生。”⑤《庄子·在宥》亦有：“云将曰：‘天气不和，地气郁结，六气不调，四时不节。今我愿合六气之精以育群生。’”成玄英疏：“阴、阳、风、雨、晦、明，此六气也。”⑥再结合郭店楚简《太一生水》的记载，可见在先秦的一段时期内，天地之气与阴阳之气是两个概念，天地之气的概念要大于阴阳之气的概念，是阴阳万物产生的基础。但是这两个概念在战国中晚期至秦汉间已经逐渐混同，阴阳逐渐用于指代天地，故秦汉间文献皆以天地阴阳之气和合而万物化生勃兴，如其气不通变和合，则灾害生。而基于“天人合一”的思维模式，除了阐释自然现象外，先秦哲学还以上述思想阐释社会现象和人自身，即天地阴阳相合，自然和谐则人民无灾、国家大治，这是自然哲学向政治哲学转移的

① 袁珂：《山海经校注》，第15页。

② 同上，第142页。

③ ［汉］郑玄注、孔颖达等正义：《十三经注疏·礼记正义》，上海古籍出版社，1997年，第1356页。

④ 同上，第1381页。

⑤ ［宋］洪兴祖：《楚辞补注》，中华书局，2015年，第68页。

⑥ 王先谦：《庄子集解》，第119页。

表现。因此古代帝王为了达到国治，皆要通过祭祀祈求天地阴阳之气通和，故《礼记·郊特牲》有："社祭土而主阴气也。君南乡于北墉下，答阴之义也。日用甲，用日之始也。天子大社必受霜露风雨，以达天地之气也。"① 而《管子·幼官》《吕氏春秋》《礼记·月令》中所涉及的季节时令以及相关的祭祀活动，其哲学基础皆本于此。这一类关于"天地阴阳之气"的祭祀，按照《礼记·祭法》有："燔柴于泰坛，祭天也；埋于泰折，祭地也；用骍犊。埋少牢于泰昭，祭时也。"② 可见其祭祀之地的名称皆与"泰"有关。

《吕氏春秋·孟春纪》："是月也，天气下降，地气上腾，天地和同，草木繁动。"高诱注："是月也，泰卦用事，乾下坤上，天地和同，繁众动挺而生也。"③ 可见以先秦时人的观念，"泰卦"即与"天地气"有密切的关系。关于"泰卦"，《周易正义·泰》云："泰，小往大来，吉，亨。《彖》曰：'泰，小往大来，吉，亨。则是天地交而万物通也。上下交而其志同也。内阳而外阴。……《象》曰：'天地交，泰。后以财成天地之道，辅相天地之宜，以左右民。'"王弼注曰："泰者，物大通之时也。上下大通，则物失其节，故财成而辅相，以左右民也。"④ 则"泰"之意象征"天地交而万物通"。而《象》又曰："后以财成天地之道，辅相天地之宜，以左右民。"汉代褚少孙补《史记·龟策列传》有宋元王曰："天地合气，以生百财。阴阳有分，不离四时，十有二月，日至为期。"⑤ 则"以财成天地之道"是指天地合气万物化生。按前文所引《管子·水地》有"水，具材也。……是以水者，万物之准也"，《国语·周语》又有"川，气之导也，泽，水之钟也。夫天地成而聚于高，归物于下"⑥，《史记·天官书》亦云："以治辰星之位，北方水，太阴之精。"《索隐》引《元命苞》曰："北方辰星水，生物布其纪。故辰星理四时。"⑦ 则可以看出辅相天地，具材生万物的是"水"。而《左传·哀公九年》有：

---

① ［汉］郑玄注、孔颖达等正义：《十三经注疏·礼记正义》，第1449页。

② 同上，第1588页。

③ 许维遹：《吕氏春秋集释》，第10页。

④ ［三国魏］王弼等注、孔颖达等正义：《十三经注疏·周易正义》，上海古籍出版社，1997年，第28页。

⑤ ［汉］司马迁：《史记》，中华书局，1959年，第3233页。

⑥ 徐元诰：《国语集解》，第99页。

⑦ 司马迁：《史记》，第1327页。

晋赵鞅卜救郑，遇水适火，占诸史赵、史墨、史龟。史龟曰："是谓沈阳……"史墨曰："盈，水名也。子，水位也……"史赵曰："是谓如川之满，不可游也……"阳虎从《周易》筮之，遇泰之需，曰："宋方吉，不可与也……"①

从文本可以明确看出阳虎卜筮的"泰"卦与"遇水适火""沈""盈""川"等对应，故在先秦时人的观念中"泰"与"水"存在密切的关系。

所以，《周易集解》引何妥曰："此明天道泰也。夫泰之为道，本以'通'生万物。若天气上腾，地气下降，各自闭塞，不能相交，则万物无由得生。明万物生由天地交也。"② 结合郭店楚简《太一生水》篇，可以认定"泰"之为道，象征天地"通合"生万物，而这一通生的媒介就是"水"。"水"（气）即是无形的，故《庄子·天地》云："泰初有无，无有无名；一之所起，有一而未形。"③ 但是"水"（气）同时也是有形的，这种有无之变，正如《庄子·至乐》所言："杂乎芒芴之间，变而有气，气变而有形，形变而有生。"④ 是一个"无气无形"化生为"有气有形"的过程。而之后，"太（泰）一生水"反辅"太（泰）"而天地分，是有神明、阴阳、四时，最终在此基础上万物化生。这是一种哲学化的开辟概念，但基于人类思维发展的普遍规律，我们可以认定这种哲学化的宇宙论的形成在更原始的时期必然有类似的神话结构或者依附于某一神灵的神迹，"泰逢"正是这一神灵形象。

其神名作"泰逢"，"泰"正合"泰卦"天地以气相交之义。而"逢"，《说文解字·辵部》有："逢，遇也。"⑤ 故天气下地气上，二气相遇乃至通和

① 杨伯峻：《春秋左传注》，中华书局，1981 年，第 1652—1653 页。
② 李鼎祚：《周易集解》，巴蜀书社，1991 年，第 62 页。
③ 王先谦：《庄子集解》，第 129 页。
④ 同上，第 185 页。
⑤ ［汉］许慎：《说文解字》，中华书局，1963 年，第 40 页。

为“吉”，所以“泰逢”是《山海经》中唯一被冠以“吉神”的神灵[①]。郭璞注其“有灵爽能兴云雨”，这里的“云雨”并非指简单的以神怪而兴风雨。《素问·阴阳应象大论》：“阴阳者，天地之道也……故清阳为天，浊阴为地。地气上为云，天气下为雨。雨出地气，云出天气。”[②] 再结合《礼记·月令》《吕氏春秋》“孟春纪”等文献的记载，此“泰逢神动天地气”所带来的“云雨”应是指先秦时期大的季节时令气象的变化，即“孟春之月”的“云蒸雨降”，是“孟春之月”万物化生的根本。郝懿行《山海经笺疏》注“泰逢”：“《太平御览》十一卷引《遁甲开山图》曰：‘郑有不毛山，上有无为之君，分布云雨于九州之内。’荣氏解曰：‘不毛山不生树木，古无为君常处其上，布洒云雨，九州之内平均。’”郝懿行认为：“和山上无草木，当即不毛山，其无为君当即泰逢矣。”[③] 从郝注来看，此神灵“无为”的名号，正符合“泰一(太一)”初始之时“无有”“无形”“无气”“无名”等特点。而其能布云雨于九州且平均，类似于“太一生水”化育天下的过程，也与“泰逢动天地气”而兴“云雨”相同。此外《老子》三十二章有：“道常无名……天地相合，以降甘露，民莫之令而自均。”王弼注：“言天地相合，则甘露不求而自降。”[④] 由此可见“道”亦有使“天地合”以降“甘露”且“平均”的特点。由此则可看出，在“以天地气合而生云雨”的神迹方面，“道”“太一”“无为君”“泰逢”实为一指。

再次，《九歌》中《东皇太一》的“太一”名前被冠以“东皇”，亦与“泰逢”有所关联。《吕氏春秋·孟春纪》有：“是月也，以立春，先立春三日，太史谒之天子曰：‘某日立春，盛德在木。’立春之日，天子亲率三公九

---

① 亦有学者从“泰逢”神名音转的角度考察其原始内涵，如丁山先生在《中国宗教与神话考》中将“大封与泰逢、风后”同题，认为“泰逢”就是《淮南子·本经训》《史记·律书》中记录的“大风”“不周风”，也即是《史记·封禅书》中的“风后”。此说的基础即“泰”与“太”“大”同，从文献来看，其说可从。但以“逢”为“风”“封”的音转，后世纬书等文献则皆作“䗶”，并无通例。且《管子·五行》所载黄帝所使“大封”与《山海经》所载“不周风”的方位皆在西方，而按照《吕氏春秋·音初》所载夏后氏孔甲遇“泰逢”而发“东音”，其方位并不对应。故以“大封”为“大风”（风后）可成一说，但再以“音转变字”关联“泰逢”，似有不妥。且查《五藏山经》中包含“逢”“风”二字者甚多，其确有区分，并无互通之例，则考“泰逢”之义就不应任意据“音转”而变其本字。以上引丁山先生观点，详参丁山：《中国古代宗教与神话考》，第453页。

② 姚春鹏译注：《黄帝内经》，中华书局，2010年，第54—55页。

③ ［清］郝懿行：《山海经笺疏》，中华书局，2019年，第161页。

④ ［汉］河上公注，王弼注、严遵指归：《老子》，上海古籍出版社，2013年，第67页。

卿诸侯大夫以迎春于东郊。”① 则以四季之春对应木德，对应方位为东，《礼记·月令》与之同。而《管子·幼官》言“春政”亦云：“十二地气发，戒春事。十二小卯，出耕。十二天气下，赐与。”② 综合以上三家之说，虽分属不同流派，然在以“天地气相合”对应“春季”“木德”“东方”等方面是相通的。而《礼记·乐记》云：“地气上齐，天气下降，阴阳相摩，天地相荡，鼓之以雷霆，奋之以风雨，动之以四时，暖之以日月，而百化兴焉。如此，则乐者，天地之合也。”③ 则《乐记》亦以音乐比附天地自然万物，其起始应为“春乐”。《吕氏春秋·音律》亦有：“天地之气，合而生风……孟春生太蔟。”④《吕氏春秋·大乐》也说：“音乐之所由来者远矣，生于度量，本于太一。太一出两仪，两仪出阴阳……萌芽始震，凝澳以形。形体有处，莫不有声。声出于和，和出于适。”⑤ 故《吕氏春秋》以“太一”生两仪而后阴阳和合而生乐，其起始于“孟春之月”，而“孟春之月”对应“角音”，高诱注：“角，木也，位于东方。”⑥ 这正与郭璞注“泰逢”所引《吕氏春秋·音初》之事相对应，其文云：

> 夏后氏孔甲田于东阳萯山。天大风，晦盲，孔甲迷惑，入于民室……乃作为“破斧”之歌，实始为东音。⑦

案《中次三经》经文，“泰逢”居“萯山之阳”。其神迹“动天地气”正符合“天大风，晦盲”的记载，《管子·四时》有：“东方曰星，其时曰春，其气曰风，风生木与骨。”⑧《素问·阴阳应象大论》亦有：“东方生风，风生木，木生酸……其在天为风，在地为木。”⑨ 则“泰逢”神动天地气，使之和合而为春，其风为春风，其方位正是东方，对应木德。所以高诱注“东音”

---

① 许维遹：《吕氏春秋集释》，第 8 页。
② 黎翔凤：《管子校注》，第 147 页。
③ 郑玄注、孔颖达等正义：《十三经注疏·礼记正义》，第 1531 页。
④ 许维遹：《吕氏春秋集释》，第 136 页。
⑤ 同上，第 108—109 页。
⑥ 同上，第 5 页。
⑦ 同上，第 139 页。
⑧ 黎翔凤：《管子校注》，第 842 页。
⑨ 姚春鹏译注：《黄帝内经》，第 60 页。

为“东阳之音”是错误的，《吕氏春秋·音初》所指正是东方之音，与下文南、西、北之音相对。在此基础上，“泰逢”与《礼记·月令》《吕氏春秋》系统中的东方木德之帝“太昊”（伏羲）实为一指，皆对应的是“东方”“东音”。再结合上文所论《楚帛书·甲篇》有“雹戏”（伏羲）创世神话，正与郭店楚简《太一生水》篇哲学化开辟阐释相类同。可见虽然“太一”属于哲学系统中的概念，而“泰逢”属于《五藏山经》“山川神”系统中的概念，“太昊”（伏羲）则属于月令类文献“五方帝”系统中的概念，但其在“动天地气”“兴云雨”“属东方”等方面是相通的。

由此再看《九歌·东皇太一》“吉日兮辰良”，王逸注：“日谓甲乙，辰为寅卯。”① 正与《吕氏春秋·孟春纪》《礼记·月令》孟春之月“其日甲乙”相同。而“寅卯”之辰，按照秦汉间星占方位的对应关系也正对应东方。则《九歌》系统中“东皇太一”与哲学系统“太一”以及其他系统中“泰逢”“太昊”（伏羲）等均存在关联。这种不同概念在阐释过程中的彼此关联，实际上反映了战国中晚期至汉代中华文化系统构建过程中的多元一体性，在这一时期来源于华夏文明各区间的文化因子被整合在一个大的文化系统中。在这一综合过程中也造成了大量异文和曲解，“东皇太一”实际上就是楚民族祭祀的“太”神与“吉神泰逢”、五方帝系统中的东方帝“太昊”（伏羲）以及先秦哲学概念下“太一”相互影响而形成的，而这种相互影响也反映在了“泰逢”的神名与神迹上。

第三，从祭祀规格和用品上看，《山海经·中次三经》结尾处记载祭祀“泰逢”的方法是用“吉玉”与“牡羊副”。查《五藏山经》中祭祀用“吉玉”者有11处，除了《北山经》的“吉玉用一珪”明确指出祭祀用“珪”外，其他用“吉玉”者，除《中次二经》不明外，如《西次三经》诸山是白帝少昊、西王母、蓐收所在，帝之下都，其余多为冢等重要场所。而与“吉玉”相配合的牺牲也多是太牢、少牢，祭祀规格都是非常高的。

但祭祀“泰逢”除“吉玉”之外，所用牺牲为“牡羊副”。从祭祀用牺牲的规格上来看，明显与“太”神作为《九歌》序列中“上皇”的地位不匹配。不过需要注意的是，现存秦汉礼书系统中的祭祀标准明显具有等级建构

① 洪兴祖：《楚辞补注》，第44页。

的意味，而从《望山简》《包山简》《新蔡简》《天星观简》等出土文献材料来看，楚地关于“太”的祭祀用品涉及牛、羊、豕之牺牲，牛牲有“犆”“犠”等，羊牲有“羘”“羭”等，豕牲有“全豢”等，多是单独使用，而不见“太牢”之说。楚简中用太牢，见于《新蔡简》与《天星观简》，均是楚封君以上祭祷祖先所用祭牲，不用于“太”“后土”“大水”等神灵的祭祀。可见楚地祭祀所用牺牲的现实情况与战国晚期至秦汉间礼书中的系统化表述尚有不同，故祭祀“泰逢”所用“牡羊”更接近楚民族祭祀“太”所用牺牲的真实情况。而更值得注意的是，出土文献材料中祭祀“太”的牺牲均强调用“牡”，正与《礼记·月令》“孟春之月”以及《吕氏春秋·孟春纪》中“命祀山林川泽，牺牲无用牝”的记载相印证。

而关于“副”祭，《山海经校注》引汪绂云：“副、疈同，音劈；《周礼》：‘以疈辜祭（四方）百物。’言分磔牲体以祭也。”① 郑玄注：“疈，疈牲胸也。疈而磔之谓磔攘。”② 按照《周礼》来看，“疈辜”“磔攘”是祭祀“四方百物”的祭礼。但考《礼记·月令》“季春之月”有：“命国难，九门磔攘，以毕春气。”郑注曰：“此难，难阴气也。”③ 而“仲秋之月”亦有：“天子乃难，以达秋气。”郑注引《王居明堂礼》云：“仲秋，九门磔攘，以发陈气。”“此难，难阳气也。阳暑至此不衰，害亦将及人。”④ 则“疈辜”“磔攘”之礼在先秦时期又是难阴阳之气时所用的祭礼，此“难”应为驱逐换季之时尚存之败余残剩之气以求阴阳通畅，进而避免季节时令错乱导致邪气萌生，灾疫流行。其祭祀本身仍是基于一年之中“天地阴阳之气”交通而四时转化的文化背景，故以“副”礼祭祀“泰逢”亦与其“动天地气”的神迹有关。

第四，从“至上神”的神格上来看，《山海经·五藏山经》中“泰逢”并不是最高神，《山海经·五藏山经》中的最高神是“天帝”，则“泰逢”似不能与楚地祭祀系统中的最高神“太”（太一）等同。诚然，若按照《礼记》等文献记载，在先秦时期王权一统的等级观念下，祭祀天地、至上神的只能

① 袁珂：《山海经校注》，第119页。

② 郑玄注、贾公彦疏：《十三经注疏·周礼注疏》，上海古籍出版社，1997年，第758页。

③ 郑玄注、孔颖达等正义：《十三经注疏·礼记正义》，第1364页。

④ 同上，第1374页。

是天子。但先秦时期的实际情况并非如此，按照《史记·封禅书》以及出土文献的记载，在春秋战国所谓“礼崩乐坏”之后，各诸侯国均有各自的祭祀系统，秦人祭“四方帝”，齐人祭“天主”“地主”等，楚人则祭“太”“后土”等，只是随着战国中后期至秦汉一统大势的形成逐渐出现了被整合的趋势。《史记·秦始皇本纪》有：

丞相绾、御史大夫劫、廷尉斯等皆曰：“昔者五帝地方千里……等谨与博士议曰：“皇，古有天皇，有地皇，有泰皇，泰皇最贵。”臣等昧死上尊号，王为‘泰皇’。命为‘制’，令为‘诏’，天子自称曰‘朕’。王曰：“去‘泰’，著‘皇’，采上古‘帝’位号，号曰‘皇帝’。”①

由此可见，至秦一统之时，秦官员与博士讨论天下至高神仍有“五帝三皇”之说，博士认为“帝”这一称号已不足以匹配秦始皇的功绩，故以“皇”配之，而“三皇”中“泰皇”最贵。至汉代《淮南子·精神训》中亦有：“登太皇，冯太一，玩天地于掌握之中。”刘文典集解：“太皇，天也。……太一，天之形神也。”② 则“太皇”是天，而“太一”便是具象化的至高神。从现存的典籍和出土材料来看，结合战国时期秦楚两国之关系以及李斯之出身，这一观点明显受到楚地文化的影响。而从秦始皇的回复来看，他却将最能反映楚文化痕迹的“泰”去掉了，留用了“皇”，并承用了更早的“帝”，合成了“皇帝”之称。这应是秦始皇站在统一天下者的角度上所做出的选择，至此“泰皇”这一至高神在秦代的官方文化中消失了。故《史记·封禅书》载：

（刘邦问:）“故秦时上帝祠何帝也?”对曰：“四帝，有白、青、黄、赤帝之祠。”高祖曰：“吾闻天有五帝，而有四，何也?”莫知其说。于是高祖曰：“吾知之矣，乃待我而具五也。”乃立黑帝祠，命曰北畤。③

---

① 司马迁：《史记》，第236页。
② 刘文典：《淮南鸿烈集解》，中华书局，2013年，第290页。
③ 司马迁：《史记》，第1378页。

可见，秦始皇虽用“泰皇”之字但并未祭祀“泰皇”，也不以“泰皇”（太一）为至高神，亦可以反映出“泰皇”（太一）的崇拜在先秦时期为地方性的崇拜。

由此再结合《山海经·五藏山经》的成书时间、地域和性质来看，明代汪绂指出：“此条无中岳，而曰岳在其中，盖以洛阳居天下之中，王者于此以时望祭四岳，以其非岳而祭四岳，故曰岳在其中：此殆东周时之书矣。”① 茅盾先生指出《五藏山经》部分内容应是周王室祭祀天下名山大川所用之记载，应作于春秋②。袁珂先生认为《五藏山经》定型于战国中期后，其作者是楚国或楚地之人③。综合以上诸说，可以认定《山经》应系东周王室记录，最早成书于东周春秋之时，其后流于楚国，楚人因之重新整理，大致定型于战国中期。而作为周王室祭祀之书，《五藏山经》中的“至上神”自然是“天帝”无疑。所以就算“太”（泰逢）是楚地祭祀的“至上神”，但是在《五藏山经》的记录系统中，周王室只把它与武罗、熏池等同归于某一系列地方山神中加以记录。同样的例子还有“老童”，案《包山简》《望山简》《新蔡简》《安大简》等出土文献明确记载了楚人祭祀的“三楚先”之首是“老童”，而《西次三经》“騩山”有“神耆童”，郭璞注：“耆童：老童，颛顼之子。”④ 可见作为楚人宗神之首的“老童”，在《五藏山经》中亦只是地方山神。

基于此，吴任臣《山海经广注》注“泰逢”有言：“《三才图会》作‘泰逢’。《事物绀珠》云：‘泰逢，司吉善之神。’《纬书》云：‘逢，黄萯山之神，能动天地（吴本引此处脱一‘气’字）。’”⑤ 郝懿行《山海经笺疏》亦云：“《广韵》逢字云：‘大黄萯山神，能动天地气，昔孔甲遇之。’”⑥ 吴注、郝注所引“泰逢”的记述皆本于《山海经》及郭璞注，但不同的是前皆有“（大）黄”之称。再考《古微书》卷十二《春秋内事》亦云：“太黄，负山

① 袁珂：《山海经校注》，第130—131页。

② 详参茅盾：《神话研究》，百花文艺出版社，1981年，第147—151页。

③ 详参袁珂：《〈山海经〉写作的时地及篇目考》，《神话论文集》，上海古籍出版社，1982年，第1—25页。

④ 袁珂：《山海经校注》，第49页。

⑤ ［清］吴任臣：《山海经广注》，凤凰出版社，2018年，第111页。

⑥ ［清］郝懿行：《山海经笺疏》，第161页。

能动天地气者，孔甲遇之，是为天䕬。”[①] 可见“泰逄”有“太黄”之称是古已有之的说法，且非一家之言。《三国志·魏书·武帝纪》裴注引《魏书》曰：“（黄巾军）贼乃移书太祖曰：‘昔在济南，毁坏神坛，其道乃与中黄太乙同。’”[②] 则黄巾军将“太乙”前亦冠以“中黄”。考《左传》昭公十二年云：“（卦）曰：‘黄裳元吉。’以为大吉也，……黄，中之色也。”[③]《礼记·郊特牲》亦云：“黄者，中也。”[④] 到了西汉时期，《史记·封禅书》载汉武帝郊祭“太一”，“衣上黄”，公卿言：“皇帝始郊见太一云阳，黄气上属天。”[⑤] 则以汉代人的认知，“太一”与“黄”之间存在着必然的联系，而先秦时期典籍中“黄”与“皇”常通用，“泰逄”前的“（太）黄”或即同于“泰皇”，也即是“太一”。

第五，即便“（太）黄”不能确定等同于“泰皇”，但宝鸡铲车厂汉墓出土的汉代“解注瓶”（M1：11、M1：21）瓶身外的“解注文”均出现了“黄（神）北斗主”[⑥] 的字样。冯时先生指出星象学概念下的“太一”之原始就是“北斗”，其位居天极，充当着当时的“极星”。商周以后“极星”转变为“帝星”（小熊座 β 星），但“北斗”仍是帝车的象征[⑦]。李零先生也认为“太一”与“北斗”“天一”组合成“太一锋”的形象，作为避兵的象征[⑧]。由此可见，汉代的“黄（神）北斗主”即基于先秦星象学概念下的“太一”演化而来，而“泰逄”之前同样被冠以“（太）黄”，则可见“泰逄”与星象学概念下的“太一”亦存在着联系。

综上所述，从神状、神迹、神名、祭祀用品规格、“至上神”神格以及与星象学概念下“太一”的关系等6个方面，结合《太一生水》宇宙生成论和《楚帛书》“熊雹戏”创世神话所具备的特点，可以发现，首先，“泰逄”的神灵形象与“动天地气”的神迹结合，即表现出了《楚帛书》传世神话与

---

① ［明］孙瑴：《古微书》，《影印文渊阁四库全书》（第194册），台湾商务印书馆，1983年，第899页。

② ［晋］陈寿：《三国志》，中华书局，1959年，第10页。

③ 杨伯峻：《春秋左传注》，第1337页。

④ 郑玄注、孔颖达等正义：《十三经注疏·礼记正义》，第1455页。

⑤ ［汉］司马迁：《史记》，第1395页。

⑥ 马俭：《宝鸡市铲车厂汉墓——兼谈M1出土的行楷体朱书陶瓶》，《文物》1981年第3期。

⑦ 冯时：《中国天文考古学》，中国社会科学出版社，2010年，第172页。

⑧ 李零：《中国方术续考·“太一”崇拜的考古研究》，第168—176页。

《太一生水》哲学模式宇宙论相混合的特征。其次，其“动天地气”而兴“云雨”，此“云雨”即类似《楚帛书》混沌中的“风雨”以及《太一生水》篇中的“神圣的水”。最后，参考《礼记·月令》《吕氏春秋》来看，“动天地气”被归于阐释气候的交替，寒热湿燥的天气变化，以及岁时的循环，即具有“气象神”的特点。所以“泰逢”即与先秦时期楚地祭祀的“太”神以及复合概念下的“太一”存在联系。虽然在《五藏山经》所构建的“山川神”系统中，由于其杂糅各地方神话传说的材料，并以“天帝”为至上神，“泰逢”被归于地方山神，但由于“泰逢”本身的特殊性，所以《五藏山经》中又特意增加了“动天地气”神迹以及“吉神”的神名，把它与其他一般神灵进行区分。

因此可以明确，虽然“太一”这一概念的内涵混杂不清，但其发展的过程应是一个从原始的神灵崇拜转向哲学、神灵复合概念的过程。而哲学观念的生成，往往又与人们对自然社会现实的观察以及对原始神话中的“原逻辑”思维进行系统性总结分不开，所以哲学、神灵复合概念的“太一”之后的发展过程又与天文星象等相结合，而这一不断吸纳提炼的过程又使得“太一”的原型概念变得模糊不清。近些年楚地出土的简帛文献中“太”神已经使我们认识到“太一”这一哲学概念有其相对应的神话神灵形象。而想要进一步厘清“太一”这一概念更原始的内涵，并讨论神灵概念下的“太一”与哲学观念下的“太一”之间连接的关键纽带，则必然无法绕开《山海经》中的“吉神泰逢”。

老子之“道”的神话阐释

苏州大学政治与公共管理学院博士研究生　王佳哲

摘　要　“道”是老子哲学中的核心范畴，但其仍未完全脱离神话思维的影响。首先，老子对“道”采用类比的描述方式，将其比作“母”“玄牝”“水”，这属于原始神话的思维特质；其次，形而上之“道”的产生有形而下的自然神话原型，“道”的原型为天体运行规律，尤其是日与月的交替轮转；再次，“道”具有宗教神性，但与宗教神学中的至上神“帝”相比，又具有非拟人化的特征；最后，“道”的存在状态是混沌不明的，而混沌是神话中的创世原型，老子对混沌持褒扬态度。

关键词　老子；道；神话

“全部哲学的最高问题，像一切宗教一样，其根源在于蒙昧时代的狭隘而愚昧的观念。神话是人类最初把握世界和解释世界的方式。”① 在哲学产生以前，原初人类对世界的理解是以神话的方式进行的，人们从神话中获得初步认知，在此之后才诞生了宗教、哲学、艺术等别的理解自身与世界的方式。神话是每个民族文明的源头，哲学是对神话的继承与扬弃。哲学有着高度抽象的形而上思维方式，但并非凭空产生，形而上思维一定有一个从具体到抽

① 《马克思恩格斯选集》第4卷，人民出版社，1995年，第224页。

象的发展过程，因而从神话到哲学之间必定存在一条隐秘的发展脉络。这条发展脉络总体来讲是从具体到抽象，从个别到一般，从神秘到理性。总之，从神话发展到哲学，是人类思维的自我飞跃，但在哲学产生之初或多或少会带有神话思维的特质。《老子》[①] 一书是中国哲学在产生之初的代表作，正处于由浪漫神话向理性哲学的转变时期，其中的思想混杂着简朴与玄奥、稚拙与成熟等相互矛盾的特色，如果从纯哲学的角度进行阐释会有很多难以理解的地方，所以应当尝试从神话学的角度进行研究，尤其应对其中最重要的范畴“道”进行神话阐释。

一、“道”的神话思维特质

“道”是老子哲学中的核心范畴和形而上本体，是老子对以往最高存在的总结与升华。“道”超越了现象界中所有的具体存在物，因而无法用感官感知，可谓“视之不见”，“听之不闻”，“搏之不得”（《老子》第十四章）。所有人为的定义都是对“道”的一种遮蔽，而“道”是大全、整体，老子只用了描述的方式勉强形容“道”。精确的定义是哲学的话语，而模糊的描述是神话的特色。要想更深入地体悟老子之“道”，需要分析老子在形容“道”时所隐含的神话思维特质，以此为切入点对老子的整个哲学思想进行更为清晰、透彻的把握。我们已经脱离先秦时期的历史语境，所以才觉得老子的思想神秘玄妙，只有还原当时人们的思维，才能更趋近老子思想中更真实的一面。先秦时期人们的思维难以脱离上古神话的影响，尤其是在思想界正处于神话到哲学的转型时期，老子的哲学深刻体现了这一转型时期的思维特质，正如卡西尔所说：“只有通过解决神话思维问题，哲学才能形成自己最初的明确概念及其使命。只要哲学力图确立一种理论的世界观，那它所面对的，与其说是直接的经验实在，不如说是这种实在的神话变型……整个物质世界掩蔽在神话思维和神话幻相之中。”[②]

---

① 本文所用《老子》，系《老子道德经注》简称。该书为通行本，［三国］王弼注，楼宇烈校，中华书局，2019 年。以下随文标注章名，不另作注。

② ［德］恩斯特·卡西尔著，黄龙保、周振选译，柯礼文校：《神话思维》，中国社会科学出版社，1992 年，第 1 页。

神话思维形象而朴素，具有象征性特色，而象征的具体表现形式便是类比，类比的目的是通过用已知、切近、易懂的事物或现象去推断未知、遥远、抽象的事物或现象，以此达成对未知世界的认知，将宇宙的一切纳入自身的知识体系，从而使人们在无限的空间和时间中获得一种安全感和归属感。老子对抽象的形而上之“道”的描述就具有鲜明的类比特色，这种类比方式属于原始神话中的简单类比，即只关注两类事物或现象表面、功能、结构上的相似性，对更本质的内涵并不加以辨析。“道”在老子哲学体系中是最高范畴，具有创生万物，使万物从无到有的能力，在创生这一特点上老子将“道”比作“母”，如“贵食母”“天下母”“得其母”“复守其母”等。《老子》一书中七次出现的“母”皆是“道”的指称。与“母”相对的是“子”，“子”在《老子》一书中被类比为万物。“道”与万物的关系是“既得其母，以知其子；既知其子，复守其母，没身不殆。”（《老子》第五十二章）“道”高于宇宙中的一切存在，是天地万物之所由出的根源，只有通晓“道”才能通晓万物，在通晓万物之后还要回归于“道”，如此方能保全自身。与“母”相连的是“牝”，即女性生殖器官，具有生育、包容、接纳的特性，而“玄牝”即指“道”，是创生天地万物之处。“道”虽然创生万物却不加以主宰和占有，不对外物施加压力，而是任其自然而然地发展，在这一特性上老子又将“道”比作“善利万物而不争”的“水”。《老子》一书中明确指出水的特性“几于道”（《老子》第八章），即与“道”接近。“中国早期的思想家无论属于哪一哲学流派，都假定自然界与人类社会有着共同的原则。人们通过体察自然便能洞悉人类。”① 老子通过观察自然界，发现水使动植物生长这一自然原则，进而以此类比滋养宇宙万有的“道”。水的运动方式是向下的，因而得“道”的圣人也具有卑下、谦虚的人格特质。另外，得“道”之人柔弱且充满生的力量，老子用“婴儿”进行类比，“如婴儿之未孩”，“复归于婴儿”。母、牝、水、婴儿都是现象界中常见的事物，而“道”与得“道”之人难以捉摸、遥不可及。老子用日常中的事物进行类比，使难以理解的玄之又玄的“道”变得易于普通人接受和理解。

① ［美］艾兰著，张海晏译：《水之道与德之端——中国早期哲学思想的本喻》，上海人民出版社，2002年，第4页。

《老子》文本中用各种具体事物对“道”进行的类比，也只是与“道”的某一方面特征具有表面上的相似性。所有这些具体事物的相加也无法与“道”等同，因为“道”是无限的存有。老子思想的最终目的是旨在让人们穿透并超越这种种具体事物、现象和描述所用的语言本身去直接体会“道”的无限与完满。因而，神话特有的类比思维在老子对“道”的描述中仅仅是作为一种途径和手段，老子也深知此种思维和描述语言的局限性。在第十四章中老子形容“道”是“绳绳不可名”的“无状之状”“无物之象”，第三十二章中指出“道常无名”，因而“道”的本质是无形无名的。但在第二十五章中老子又“字之曰道，强为之名曰大”。道体本身超越了人类的有限经验，老子为了让人们体会并效法“道”，却又不得不对其进行类比、命名和描述。由以上分析可知，老子在继承神话思维的基础之上又对其有所警惕，“道”并不能被局限于某几个具体事物之中，我们应透过语言与具体事物的表面对老子之“道”进行整全的把握和默会。

二、“道”的自然神话原型

“道”是老子对以往最高存在所做的高度抽象化的概括与提纯，具有形而上的特质，但在老子提出“道”之前必定存在着某一形而下的自然神话原型。杜而未认为老子哲学和月神宗教有着紧密的联系，而“道”的原型就是月亮，“阴”“阳”指的是月亮的暗面和明面，“道生一”是指道神诞生了一个月亮，“一生二”指的是月亮生出的明面和暗面，“二生三”是指明暗两面诞生出圆月、上弦月与下弦月。杜而未在论述老子哲学产生于月神宗教之时所引用的多为国外的文献资料，所以并不切近老子哲学本身，因其没有从中国古代文献出发给予有力证明。王博弥补了杜而未研究的缺失，其在《老子思想的史官特色》一书中从中国古代文献中找到线索论证了老子属于古代的拜月族，并且老子对“道”母性、女性和创世性格的描述与月亮的女性象征和创世性相一致。王博和杜而未分别从中、外两个视角证明老子之“道”的原型为月亮。与此相反，叶舒宪认为老子之“道”的原型是太阳。“道的原型可以追溯到神话意识中规则变化或周期性变化的物象。在大千世界中对人类影响最大的周期性变化物象无疑是太阳，所以笔者把太阳视为原生形态的道。"① 首先，太阳朝出夕落的运行规律造成白天和黑夜的交替轮转，所以阴与阳的对立与转化来自于太阳的这种规律性运动，万物在此之中"负阴而抱阳"（《老子》第四十二章）。由阴与阳演化出一切对立物的相伴相生，即"有无相生，难易相成，长短相较，高下相倾，音声相和，前后相随。"（《老子》第二章）其次，"道""周行而不殆"（《老子》第二十五章）的运行方式与太阳的循环运动一样，以此老子推断出整个宇宙的变化规律是"反"与"复"。合于"道"的人因循其规律而超越了生死的对立限制，获得精神生命的永恒。最后，在创生意义上，"道"与太阳的功能是一致的，即"道生一，一生二，二生三，三生万物。"（《老子》第四十二章）在上古神话中，太阳同样是万物的生命之源。

不论"道"的自然原型是月亮还是太阳，学者们都给予了充足的证据加以说明。综合以上两种看法并结合《老子》原文，可以得出"道"其实指的是天体运行规律。太阳的东升西落和月亮的阴晴圆缺，这种天体的周期性运行方式为人类和万物提供了生长繁衍的时空条件，所以原始人类将月亮和太阳都奉为至上的原则和掌控一切的神灵，老子之"道"就是在这个意义上抽象而来的。《说文解字》对"道"字的释义："所行道也。从辵，从首。一达谓之道。"② 即所行走的道路。由"路"这一含义逐渐引申出道理、真理、规律等义项。此外，"道"作动词时还有"言说"的意思。以上关于"道"的含义在先秦文本中都已出现。如《诗经·谷风》说："行道（路）迟迟，中心有违。"③《诗经·墙有茨》说："中冓之言，不可道（言说）也。所可道也，言之丑也。"④《论语·述而》说："志于道（真理、规律），据于德，依于仁，游于艺。"⑤《老子》首章首句"道可道，非常道"中三个"道"的含义皆不相同。首先能够确定的是第二个"道"是动词，因而是"言说"的意思，第一个和第三个"道"是名词。陈鼓应释义："可以用言词表达的道，就

---

① 叶舒宪：《中国神话哲学》，陕西人民出版社，2005 年，第 128 页。
② 汤可敬：《说文解字今释》，岳麓书社，2002 年，第 262 页。
③ 高亨注：《诗经今注》，上海古籍出版社，1980 年，第 49 页。
④ 同上，第 65 页。
⑤ 朱汉民整理：《论语注疏》，北京大学出版社，2000 年，第 94 页。

不是常道。"[1] 老子所重视的是“常道”，“常道”的意思是恒久之“道”，不是一般的规律和真理，而是永恒的原则，无上的真理。能用言词表达的是人间的道理和规律，而无法用话语描述的一定是属于天的永恒真理，因为在人类的感知范围内只有天体运行之道才具有恒久性，因而才是“常道”“天道”，是一种不受人的影响而独立存在恒久不变的自然之道。由此可以得出，“道”的自然原型便是天体运行的规律。对人类影响最大的天体是太阳和月亮，尤其在农耕文明时期，随着日月的交替出现，人们在这片土地上劳作、收获、繁衍、安息。也正因为日月的周期性变迁才有了春夏秋冬的四季更迭，一切生灵无不笼罩在日与月的运行规律之中。因而，太阳和月亮成为早期全体人类共同崇拜的对象，在中国古代也形成了尊崇太阳的“拜日之族”[2] 和尊崇月亮的“拜月之族”[3]。老子之“道”作为对以往至高无上之神的抽象化概括，不会偏重日神或月神的某一边，而是将所有天体运行的规律统合为一体，这便产生了“道”。

三、“道”的宗教神性

神话不仅是哲学产生的前提，还是宗教产生的基础。神话、宗教、哲学是依次产生的，在产生之后又并行不悖，共同存在。在这一过程中思维的理性因素逐渐彰显，神秘性因素逐渐褪去，人的主体性也在这一过程中慢慢获得确立和强化。早期的哲学正处于神话和宗教的转变过程中，因而带有宗教神学的特征。宗教神学是在国家形成后对上古神话进行的意识形态的系统化演变，因而作为在国家中进行祭祀占卜、沟通神灵、预测吉凶的巫必然对上古神话有着深入的了解。史官由巫而来，史官的兴起代表着人类理性的巨大发展，其对之前在巫文化背景下的神话进行了史学性的解读，将神话从宗教神学的体系中拔升出来，削弱了其中的宗教性、神学性，并注入了理性的人文精神，对神话传说进行史学的梳理和解读。由巫到史的转变发生在周朝，周朝重人文而商朝重鬼神，周朝的史官由商朝的巫演化而来，之后的春秋时

① 陈鼓应：《老子今注今译》，商务印书馆，2003 年，第 77 页。
② 王博：《老子思想的史官特色》，文津出版社，1993 年，第 149 页。
③ 同上。

代在孔子人文精神的洗礼下，神话传说中的帝王成为古代圣贤之主，是理想中完美人格的典范。其实，在上古神话中本就包含着古史的内容，只不过先民对真实的历史事件进行了神话演绎，这反映出先民对未知自然的探索和对改变自身生存境况的历史伟人宗教般的信仰与崇敬。

老子曾经是周王室的史官，“老子……周守藏室之史也。”① “道家者流，盖出于史官。”② 主要掌管国家的藏书。史官的职能是从巫中分化出来的，因而史官的前身便是巫。“最早的史官也是神职人员——很可能是巫师。”③ 李泽厚同样认为中国古代文化有一个“由‘巫’而‘史’”④ 的理性化过程。因而，史官的职责与巫有重合之处，在理性化的同时还带着宗教神学意味。《老子》一书中还保留着宗教神性，分别体现在帝、鬼、神三个方面。首先体现于“帝”，“帝”在《老子》中仅出现过一次，“道冲而用之或不盈，渊兮似万物之宗。挫其锐，解其纷，和其光，同其尘。湛兮似或存，吾不知谁之子，象帝之先。”（《老子》第四章）王弼注：“帝，天帝也。”⑤ “天帝”即天在宗教神学意义上的人格神，也被称为“上帝”。在老子之前人们认为天、上帝是主宰人间的至高存在，老子第一次将“道”置于天、上帝之先，在此之后“道”便代替天、上帝而成为统摄一切的至高无上的存在。《庄子·大宗师》描述“道”为“自本自根，未有天地，自古以固存；神鬼神帝，生天生地。在太极之先而不为高，在六极之下而不为深，先天地生而不为久，长于上古而不为老”⑥。只有“道”为“自本自根”，就连天、地都诞生在“道”之后，甚至曾经制约人间的鬼神也都被“道”所涵摄和吸纳。“道”与“帝”的明显区别就在于一个是非拟人化的形而上本体，一个是拟人化了的在天神明，但二者在不同历史时期都具有至高无上的宗教神性。其次为“鬼”，在《老子》中共出现过两次，“以道莅天下，其鬼不神。非其鬼不神，其神不伤人。”（《老子》第六十章）此处老子承认“鬼”“神”的存在，只不过在“道”的统摄下，“鬼”“神”是不会对人造成伤害的。这也说明，除“帝”

---

① ［汉］司马迁：《史记·老子韩非列传》，中华书局，1959 年，第 2139 页。
② ［汉］班固：《汉书·艺文志》，中华书局，1962 年，第 1732 页。
③ ［美］张光直著，郭净译：《美术、神话与祭祀》，三联书店，2013 年，第 85 页。
④ 李泽厚：《历史本体论·己卯五说》，三联书店，2008 年，第 165 页。
⑤ ［三国魏］王弼注，楼宇烈校：《老子道德经注》，中华书局，2019 年，第 12 页。
⑥ 郭庆藩：《庄子集释》，中华书局，1961 年，第 246—247 页。

之外，“鬼”“神”也都仰仗和依赖于“道”。承认“鬼”的存在说明老子思想并未完全脱离宗教神性的影响。最后为“神”，在《老子》一书中共出现八次：“谷神不死，是谓玄牝”（《老子》第六章）；“天下神器，不可为也”（《老子》第二十九章）；“神得一以灵”；“神无以灵将恐歇”（《老子》第三十九章）；“以道莅天下，其鬼不神。非其鬼不神，其神不伤人；非其神不伤人，圣人亦不伤人。”“神”作为形容词是“神性”之意，作为名词是“有神性者”，包括“帝”“鬼”等，但并不局限于此。其中“谷神”指“道”的虚空变化，这种变化带有一种以人的理性所无法认知的神性。因而，老子在此处明确表示“道”的存在同样具有神性特征。

老子之“道”继承和扬弃了巫文化中至上神的神秘性和宗教性，“道”与“天”“帝”“鬼”“神”相比更具有理性主义色彩，但这种理性主义仍然带有宗教神学的痕迹。可以说，老子之“道”是非拟人化的至上神。此外，老子指明人在为“道”的实践修行中应以经营生命为主，提出“贵身”“长生”的主张，这同样带有浓厚的巫文化特色。作为史官，老子并不将人世的一切归结于上天，也不像巫那样致力于祈求神明的庇护，老子哲学最终的落脚点在现实世界中的治身与治国，这是老子思想对宗教神学的超越，但在这种超越之中仍无法彻底脱离对神的尊敬与重视。

四、“道”的混沌状态

“混沌”是在哲学产生之初所保留的创世神话原型。在神话阶段，人类对尚未产生天地万物的宇宙初始的想象是一种混沌状态。混沌神话原型是一种包容万有的黑暗深渊，一切在蒙昧中尚未明晰。《三五历纪》中记载：“天地混沌如鸡子，盘古生其中，万八千岁，天地开辟，阳清为天，阴浊为地。”①《列子·天瑞篇》中记载：“浑沦者，言万物相浑沦而未相离也。视之不见，听之不闻，循之不得，故曰易也。”②《庄子·寓言篇》中更是将混沌拟人化为中央之帝，混沌开窍也就意味着宇宙从蒙昧的无分别状态走出，人类的理

---

① ［唐］欧阳询撰，汪绍楹校：《艺文类聚》卷一，上海古籍出版社，1965年，第2页。

② 杨伯峻：《列子集释》，中华书局，1979年，第6—7页。

性开始产生，对世界的理解逐渐趋于明晰和条理，创世之初的混沌状态便不复存在。在这些神话和寓言之中并没有对混沌进行价值判断，只是在客观上描述和想象了天地形成之前的宇宙状态。

在《老子》一书中对“道”的描述带有明显的混沌创世性格。“有物混成，先天地生。”（《老子》第二十五章）河上公注：“谓道无形，混沌而成万物，乃在天地之前。”① 人们无法用感官感知“道”的存在，只能“收视反听”，因为“道”的混成超越了感官的分别性，“视之不见名曰夷，听之不闻名曰希，搏之不得名曰微。此三者不可致诘，故混而为一。”（《老子》第十四章）河上公注：“混，合也。故合于三名之而为一。”② 以混沌形容“道”说明了老子对混沌持有褒扬的态度，而得“道”之人同样表现出混沌的状态。“敦兮其若朴，旷兮其若谷，混兮其若浊。”（《老子》第十五章）“沌沌兮！俗人昭昭，我独昏昏；俗人察察，我独闷闷。”（《老子》第二十章）这说明混沌不仅是“道”的存在样态，同样也是一种理想人格的特质，对人们的行为起着范导作用。与此相反，混沌这一原型在西方神话和哲学中是带有负面价值的，原因在于西方文化传统中崇尚理性与秩序，至高人格神上帝即是光明的化身，是他让整个世界从原始黑暗的混沌中诞生出来。老子之所以推崇混沌是因为其具有超越一切对立与分别的特点，体现了“道”之包容万有的整体性特征，是创生的本源，一切可能性生成的条件，因而充满了无限的创造力与玄妙性。混沌看似无序实则是秩序的来源，看似蒙昧实则是理性的前期准备，看似原始实则是文明的产生基础。对混沌的推崇导致老子提倡“复归”“知古始”“执古之道”，即应通晓和复返最古老的混沌世界完满而和谐的存在状态。

老子哲学中混沌之人是“古之善为士者”，混沌之世是“玄同”的理想世界。而在儒家哲学中理想的人格典范是古代的圣王、君主，理想的世界是以礼仪为行为规范的尊卑有序的理性世界。老子和儒家的理想并不冲突，只是对历史的起点有不一样的看法。老子认为历史的起点是在人类文明与社会秩序产生之前的原始宇宙，此时没有高低贵贱之分，万物都是平等而和谐的

---

① 刘思禾：《老子》，上海古籍出版社，2018 年，第 52 页。
② 同上，第 30 页。

存在状态。儒家认为历史的起点是人类文明产生之后的世界，在人文社会中一切有章可依，有序可循。张光直认为："与混沌神话相关的创世神话东周时期就很常见，但早期道家和儒家在改造和诠释这些创世神话时候有了歧义。传统儒家认为，黄金时代的出现始于众多圣君贤相和人文英雄的努力，因此儒家最关注的不是创世之时，而是创世之后圣君贤相和人文英雄制定的正统秩序。儒家思想也会涉及神话时代和神话逻辑，但它不是那个我们叫作'宇宙起源'的'最早的'时代。儒家讨论的'本质'并非世界本体问题，而是人类历史。儒家认为'拯救'人类，即要让人们回到人类文明的起源处，从那里为当代社会寻找行为范式。"① 儒家并不关注自然宇宙的起源，"夫子之言性与天道，不可得而闻也。"② 其所推崇的人格典范是创建人类文明的人文英雄，论述的重点在描述文明产生之后的人类社会，因而儒家的关注点以人为中心，包括人伦规范、道德准则、齐家治国等。儒家认为是人文英雄赋予了混沌无序的世界以意义和价值，他们创造了人类文明，历史才由此开始。与此相反，道家注重宇宙和人类的起源，因而相比儒家保留了更多的神话色彩。老子重视宇宙创生之前的混沌状态，认为那才是最理想、和谐、完满的世界。因而，儒家主张重整人文秩序，修身以成君子、圣贤，在现实的人生中获得自我价值的实现，从而推己及人，成就一个美好世界；老子主张效法天道自然，使人与社会重新回到文明产生之前的和谐与平衡状态。但在现实中，历史是无法倒退的，我们不妨对老子的思想进行这样的理解，即不断让自我精神回归完满的古始，回到自我诞生之初无知无欲的婴孩状态，以此从无限的创生之"道"处获得新的生命力，从而面对现实的困境并永葆生生不息的精神。

五、结语

神话是每一种人类文明产生的源头，因而，早期哲学或多或少会受到神话的影响。《老子》一书是中国哲学产生之初的代表作，其中许多内容从纯哲

① ［美］吉瑞德著，蔡觉敏译：《早期道教的混沌神话及其象征意义》，齐鲁书社，2017 年，第 54—55 页。

② 朱汉民整理：《论语注疏》，北京大学出版社，2000 年，第 67 页。

学的角度来看玄妙难解，因而应尝试从神话的角度对其进行理解，尤其应对其中最重要的范畴“道”进行神话阐释。首先，老子对“道”采用类比的描述方式，这属于神话的思维特质，并不是严谨的哲学思辨。老子用具体事物如“母”“玄牝”“水”类比“道”，用“婴儿”类比“微妙玄通”的得道者。其次，形而上之“道”的产生有形而下的原型作为基础。有的学者认为老子之“道”的原型是月亮，有的学者认为是“太阳”。综合两种意见，老子之“道”的原型应是天体运行的规律。再次，老子之“道”带有宗教神性，一方面是因为老子身份是史官，而史官的前身是巫，巫的职责为祭祀占卜以沟通神灵并预测吉凶。另一方面是因为老子明确指出“道”具有神性，但与至上神天、上帝的不同之处在于“道”是非人格化的至高无上的存在。最后，“道”的存在状态是混沌不明的，而混沌是神话中的创世原型，是一种包容万有的无限虚空与黑暗的深渊。老子对混沌持褒义态度，主张人类应回返这个整全而和谐的理想世界。

总体来讲，老子之“道”深受神话的影响，在对神话的继承中，也有对神话的改造与扬弃。首先，老子对神话思维有所怀疑和警惕，并没有将“道”局限于所类比的几个具体事物之中，而是旨在让人们穿透具体事物和言说语言本身去体认与默会“道”的无限与完满；其次，老子之“道”与“天”“帝”“鬼”“神”相比更具有理性主义色彩，更凸显了人的主体性地位，淡化了以往至上神中的神秘性与宗教性；最后，老子对“混沌”的阐释超越了创世神话原型，将其设置为一种人或社会的理想存在状态。总之，相比神话，《老子》一书更具有理性的认识特征与对自我及社会的反省精神，是人类思维从神话到哲学的飞跃。

须佐之男命斩蛇神话对中国斩蛇文化的接受与化用①

北京语言大学人文学院硕士研究生　郭焕群

摘　要　前人研究中指出须佐之男命斩杀八岐大蛇神话受到了中国李寄斩蛇传说的影响。事实上，除了故事原型上的亲缘关系，须佐之男命斩杀八岐大蛇神话中“杀蛇为王”的内在结构也渊源于中国斩蛇文化。这一则日本斩蛇神话对中国斩蛇文化的吸收是多层次、累积性的，而且在接受的过程当中，是根据本土政治建设的需要对中国斩蛇文化进行化用的。而其接受与化用的根本动因则与日本大和朝廷的政治神话建构息息相关：须佐之男命斩蛇并不是单纯的斩蛇故事，其中隐伏着日本畿内大和集团对出云部落征服的政治事件，是日本政治历史事件的神话表达。

关键词　须佐之男命；中国斩蛇神话；中日神话比较；蛇文化

日本文学在其神话阶段已经显示出对中国文学与文化极强的吸收能力与融合能力，“记纪神话”是“一组以本民族最原始的文化观念为母体，又融进

① 本文受国家社科基金一般项目“20 世纪以来英美汉学家的中国神话研究”（项目编号：21BWW025）资助。

了中国多民族文化观念的若干因子而得以组合成的神话群系，这是一种原始神话的‘变异体’，从中便最早显现了古代中国文学与日本文学交融的痕迹。”[①] 同时，奉敕编撰的“记纪神话”具有明显的政治特性[②]，往往被视为政治神话与国家神话，与日本的政治历史有着密切关联。所以在“记纪神话”中，既可以发现中国文学与文化的若干元素，又可以发掘日本古代的政治变动与历史状况。须佐之男命斩蛇神话正是体现此特点的经典案例。

须佐之男命斩蛇神话出自《古事记》（712 年）和《日本书记》（720 年），讲述“三贵子”之一须佐之男命的故事。须佐之男命被姐姐天照大神逐出高天原后，来到出云国肥河上名为“鸟发”的地方，斩杀八岐大蛇，迎娶国神之女，统治出云地区。经由中日学者的研究表明，日本神话中如此浓墨重彩的一笔却源于中国志怪传说《李寄斩蛇》[③]。学者占才成还认为，此则斩蛇神话是中国斩蛇神话群的日本分支[④]。实际上，此则日本斩蛇神话与中国斩蛇传说不仅在表层结构上表现出同一故事模式，而且在深层结构上皆具有“杀蛇为王”的政治原型。这种相似性并非出于偶然，而是日本神话编撰者有意识地借用中国“杀蛇为王”的神话结构，以完成日本本土政权建设的神话表达。

一、须佐之男命斩蛇神话叙事模式的主要来源：李寄斩蛇传说

须佐之男命斩蛇神话是日本文献记载最早的斩蛇故事，故事完整、情节跌宕、细节丰富，在叙事模式上显示出世界神话中少有的成熟状态。在日本学界中，有不少学者怀疑须佐之男命斩蛇神话的本土原生性。日本神话学家伊藤清司注意到须佐之男命斩蛇神话与李寄斩蛇传说的类似性[⑤]，民俗学家吉野裕子进一步认为这两则故事之间具有亲缘性[⑥]。中国学者占才成以杀蛇情节

---

① 严绍璗，王晓平：《中国文学在日本》，花城出版社，1990，第 201 页。

② ［日］松前健著，刘天为译：《日本神话论》，《国外社会科学》1990 年第 9 期。

③ 伊藤清司、大林太良等日本学者对此有详细论述，可参看伊藤清司、大林太良等编：《神話への招待》，日本放送出版协会，1978 年，第 98—99 页。转引自占才成：《中国斩蛇神话群与日本人岐大蛇斩杀神话》，《中国比较文学》2017 年第 2 期。

④ 占才成：《中国斩蛇神话群与日本人岐大蛇斩杀神话》，《中国比较文学》，2017 年第 2 期。

⑤ 参看伊藤清司、大林太良等编：《神話への招待》，日本放送出版协会，1978 年，第 98—99 页。转引自占才成：《中国斩蛇神话群与日本人岐大蛇斩杀神话》，《中国比较文学》2017 年第 2 期。

⑥ ［日］吉野裕子：《蛇：日本の蛇信仰》，法政大学出版局，1979 年，第 99 页。

为核心论述这两则神话的共通性①。而从这两则神话传说写定的时间序列、流传地域的地缘关系、中日两国的往来历史以及其故事形态的比较来看，须佐之男命斩蛇神话叙事模式的主要来源极有可能是李寄斩蛇传说。

李寄斩蛇传说首载于东晋志怪小说《搜神记》，讲述少女李寄佩剑携犬，斩杀庸岭大蛇的故事。这则传说常被视为东晋时代的闽地斩蛇传说，但是根据《搜神记·序》所说："考先志于载籍，收遗逸于当时"②，《搜神记》的故事在东晋之前已经形成与流传，李寄斩蛇传说也不外如是。既然如此，李寄斩蛇传说流入日本的时间并不局限于东晋以后。而且东晋之前，已有中国文献典籍与文化技术东传日本；东晋之后，日本天皇多次组织大批的"遣隋史""遣唐使"前往中国，以引入中国隋唐时期的制度、文物与典籍等。那么，在"记纪神话"写定之前，如此频繁往来的两国文化交流当中，生发与流传于中国东南沿海一带的斩蛇传说，极有可能传入一衣带水的邻邦日本，进而影响到"记纪神话"的写定。

而且须佐之男命斩蛇神话与李寄斩蛇传说在故事形态上所呈现的近似性，更进一步佐证其二者存在亲缘关系的可能。

首先，在整体构思上，二者如出一辙，皆沿着"发现——斩蛇——胜利回归"这一脉络发展。两则故事的构思皆是某地有大蛇出没祸害当地人民，然后有英雄挺身而出与大蛇搏斗，最后斩蛇成功，获得奖励。须佐之男命从高天原放逐到出云国鸟发地，得知当地有蛇为害，便自告奋勇地前去替人们灭害，最后"切散其蛇者"，收获了草那艺之大刀，抱得美人归，获得出云国建国的资格。李寄是在大蛇祸害东越闽中多年"尔时预复募索，未得其女"的时候主动请缨，应募前行，出乎人们意料的是，这样一名弱女子并未葬身蛇口，反而帮助大家灭绝了蛇患，并被聘为越王后。

其次，在具体细节上，须佐之男命斩蛇神话与李寄斩蛇传说也有许多相似之处。蛇怪祸害人类的方式一致，八岐大蛇和庸岭大蛇都要求人们献祭女童并且生啖之。而斩蛇英雄（须佐之男命和李寄）采用的计谋也具有相似性，他们不约而同地设计让大蛇先吃下别的食物（酒和米糍），分散它们的注意

① 占才成：《中国斩蛇神话群与日本人岐大蛇斩杀神话》，《中国比较文学》2017年第2期。

② ［晋］干宝：《搜神记》，中华书局，1979年，序言部分。

力，趁其不备以剑斩杀之。而且，采用的武器皆为剑器。这两则故事的结局不仅让英雄获得斩蛇胜利，还同时具有婚配情节，婚配对象都是当地的王室贵族：须佐之男命的妻子栉名田比卖是出云国原国神足名椎之女，李寄的婚配对象是越国君主。

最后，在人物精神上，这两则故事体现的智勇双全的人物精神更是凸显出其二者的相似，表现出与世界其他斩蛇神话的相异。面对凶猛大蛇，须佐之男命与李寄并没有如古希腊的赫拉克勒斯这般单一地采取武力的方式，也没有像闽越地区流行的唐代陈靖姑斩蛇故事中“靖姑率弟子为丹书符，夜围王宫，斩蛇为三”① 这般大动干戈。相反，中日这两则斩蛇故事中主人公皆单枪匹马地面对蛇害，以英勇与智慧相结合，巧妙设计斩杀大蛇。这进一步佐证出，在“斩蛇”这一世界神话母题下，须佐之男命斩蛇和李寄斩蛇在文学表现上是如此具有相似性与关联性。

须佐之男命斩蛇神话与李寄斩蛇传说在情节模式上呈现出诸多吻合之处，初步展示出其二者存在影响关系的可能。透过对中日斩蛇故事内在结构的整体剖析，将更深入地挖掘出须佐之男命与中国斩蛇文化的关系。

二、须佐之男命斩蛇神话与中国神话“杀蛇为王”的内在结构

须佐之男命，《古事记》也写作「建速須佐之男命」（たけはやすさのをのみこと）、「速須佐之男命」（はやすさのをのみこと），意思是勇猛、矫健的须佐之地的男神②。纵观须佐之男命在“记纪神话”中的整体活动，斩杀八岐大蛇这一情节无疑是最能奠定须佐之男命的勇武基调，并且让须佐之男命从一个四处捣乱的恶神形象转变成为人民铲除祸害的英雄形象，从而获得了出云地区统治权。此则故事中的“斩蛇”情节是为须佐之男命能名正言顺地统治出云地区服务的，这体现了一种“杀蛇者称王”的政治观念。

这种“杀蛇者称王”的政治观念极有可能并非是日本本土政治思想的结

① 出《晋安逸志》，转引自谢其铨主编：《陈靖姑与下渡》，福建人民出版社，1998 年，第 8 页。

② 《日本书纪》神代卷第五段正文写作「素戔嗚尊」（すさのをのみこと）、「神素戔嗚尊」（かむすさのをのみこと）、「速素戔嗚尊」（はやすさのをのみこと），第五段一书第六写作「素戔嗚尊」（すさのをのみこと）。

晶。首先，日本原始文化中存在崇蛇信仰。在目前出土的绳文陶俑中，蛇高踞在象征女神的女性陶俑头上，表明蛇在日本本土文化中具有极其神圣的至高地位，显然“杀蛇为王”的观念偏离了这种崇蛇文化。其次，日本在本土神话形成时期①仍未形成统一国家，自身政治建设发展程度低，并不相符于“杀蛇为王”神话结构中发达的政治思想。最后，“杀蛇为王”的政治思想在日本神话体系中并未形成共识，显示出这种将民间传说纳入国家政治话语体系的做法在日本具有偶然性、次生性。编撰于同一时期的夜刀神故事中，箭括氏麻多智为了开垦农田打杀蛇神，但是他并没有因此能称王，还为夜刀神建立神社。无论是文化土壤、历史语境还是同类型的本土神话，皆表明“杀蛇为王”的政治思想在日本并不具有原生性与自发性。这意味着须佐之男命斩蛇神话极有可能受到外来文化之影响，从而具有“杀蛇为王”的政治思想与神话结构。

表 1　日本神话体系中的斩蛇神话

神话名称	开端	过程	结局
须佐之男命斩蛇②	须佐之男命被逐出高天原，下降到肥河，听闻有八头八尾大蛇作乱。	准备了八门回垣，每门后皆放有美酒，以引诱八岐大蛇饮醉。	须佐之男命切散大蛇，将草薙剑交给天照大神，迎娶国神之女，在出云建国。
箭括氏麻多智赶杀蛇③	箭括氏麻多智打算开垦新田，夜刀神（蛇）成群结队地前来阻挠。	麻多智大为光火，披上铠甲，拿起手杖，对蛇群进行打杀驱赶。	将蛇群赶到山上，设坛祭祀，以求蛇群不再扰民。

须佐之男命斩蛇神话中“杀蛇为王”的政治观念与神话结构极有可能渊源于中国斩蛇文化。自先秦起，中国便有一系列斩蛇传说，发展至汉唐时期，中国斩蛇传说已与政权建设紧密钩连。尤其是自刘邦斩蛇起义后，中国斩蛇传说已然完全褪去人与大自然斗争的朴素色彩，富有浓厚的政治意味，形成稳定的“杀蛇为王”内在结构。笔者将先秦至唐代的斩蛇传说整理如下（见表 2），以便直观地探明中国斩蛇文化中“杀蛇为王”的结构。

① 日本的弥生时期，相当于中国的先秦至魏晋时期。

② ［日］西宫一民：《古事记》（修定版），东京社，2012 年，第 47—49 页。

③ ［日］植垣節也：《风土记》，小学馆，1997 年，第 376—378 页。

表 2　中国先秦至唐代的斩蛇传说

名称	内容	背景	主题内涵	结构
大禹杀相柳①	大禹在治水过程中杀死人面蛇身的相柳。	大禹接受帝尧的禅让，实现从人臣到君王的转变。	为民谋事除害者可以得到君王赏识，百姓认可。	蛇具有危害性——英雄遇蛇、杀蛇——获得民心/资格——顺利为王/拜相
晋文公梦天斩蛇②	晋文公打猎时，有大蛇挡道。晋文公视其为上天警示自己失行的兆头，命人还车而归。修政三月后，晋文公梦天诛大蛇，醒来后发现蛇果然已死。	晋文公重耳理政期间，晋文公后为“春秋五霸”之一。	修政行德以迎妖异之物，反而会有福泽降临。	
刘邦斩蛇③	刘邦带醉在丰西泽夜行，路遇大蛇，拔剑击斩蛇。后来听闻有一老妪痛哭，刘邦得知自己醉斩的白蛇原来是白帝子，而自己则是赤帝子化身。	秦汉之际，天下大乱，刘邦斩白蛇起义。在楚汉争霸中胜出，建立汉朝，实现了从小亭长到帝王的转变。	斩杀者是天神化身，具有成为一国之君的资格，“斩蛇”是帝业启动的标志。	
孙叔敖斩两头蛇④	孙叔敖幼时遇见两头蛇。传闻见两头蛇者必死，孙叔敖担心还会有别人遇见两头蛇，于是将蛇杀了埋下。	孙叔敖的德行为他赢得上天的庇佑，不仅没有早亡，而且还成为楚相。	行德除恶之人必有福泽。	
李寄斩蛇⑤	庸岭大蛇啖食童女，少女李寄设计斩杀大蛇，后来被越王聘为王后。	少女李寄从平民少女一跃成为越国王后。	为民除恶的英雄会得到统治者的赏识，并且能迈入统治阶级。	
刘宋武帝射蛇⑥	宋武帝刘裕自幼家贫，在新洲伐获时，射伤长达数丈的大蛇。翌日，刘裕得知自己所射之蛇是蛇大王，而自己是人中帝王。	东晋末期，刘裕于乱世中趁势崛起，建立南朝时期第一个朝代，史称南朝宋。	改朝换代的时候，能斩蛇王者是未来的帝王人选。	
唐高祖斩白蛇⑦	海内分崩之时，唐高祖李渊斩灵蛇而定王业。	隋末动乱，李渊兴兵起义，建立唐朝。	斩蛇者具有平定天下的能力。	

① 方韬译注：《山海经·海外北经》，中华书局，2009 年，第 193 页。

② ［汉］贾谊：《贾谊集·新书·春秋》，天津古籍出版社，2010 年，第 201 页。

③ ［汉］司马迁：《史记·高祖本纪》，中华书局，2010 年，第 793 页。

④ ［汉］王充：《论衡·福虚篇》，上海人民出版社，1974 年，第 87 页。

⑤ ［晋］干宝：《搜神记·李寄》，中华书局，1979 年，第 231—232 页。

⑥ ［唐］李延寿：《南史·宋本纪》，中华书局，1975 年，第 1—2 页。

⑦ ［唐］李世民：《帝范》，中华书局，1985 年，序言部分。

纵览这七则斩蛇传说，可以发现“杀蛇为王”结构的表现模式是：蛇具有危害性——英雄遇蛇、杀蛇——获得民心/资格——顺利为王/拜相。这一结构产生时间早、象征内涵稳定、流传时间久远、受众接受度高。其中只有大禹杀相柳是记载在先秦典籍当中，其余传说皆是在西汉及以后的著述中出现。看来“杀蛇为王”的观念与结构虽然在中国斩蛇传说生发的时代已经萌芽，但是直到汉代才定型。此外，这七则斩蛇传说在结构模式上还存在以下三要素。

第一，杀蛇者的身份皆与国家政治体系相关。杀蛇者或为开国之君（大禹、刘邦、刘宋武帝、唐高祖），或本来就是统治集团的一分子（晋文公），或者从平民进入统治集团（孙叔敖、李寄）。特别是李寄斩蛇传说中，即使斩蛇英雄是女性身份，也通过“越王闻之，聘寄女为后，指其父为将乐令，母及姊皆有赏赐”① 的方式使得斩蛇英雄与国家政治体系相联系。由此可见，在中国斩蛇文化中，斩蛇传说难以与政权建设脱去关联。

第二，大蛇的内涵往往与妖异、不祥相联系。这样一来，杀蛇不仅是铲除自然灾害，而且是破除人间种种不祥的象征，成为除邪护正的标志。徐经指出：“自古帝王受命而兴，必征引符瑞以表其灵异。”② 为了统治的正当性与合理性，开国皇帝需要借助神奇灵异之事件证明自己是众望所归的天选之人。受到这种谶纬之学的影响，诛杀大蛇渐渐成为开国之君证明自身感应到天命攸归的符瑞之一，铲除大蛇成为具有政治预示功能的重要情节。“斩蛇”的此种政治预示作用在刘邦斩蛇起义、刘宋武帝射蛇和唐高祖斩白蛇这三则传说中尤为明显。可见自刘邦借助斩蛇一事为自己赢得政权的正统化之后，诛杀大蛇成为政治神话中真龙天子于乱世建国立业的神话母题。

第三，斩蛇故事的发生语境多在于社会政治风云变幻之时，或在诸侯争霸间，或在改朝换代时。在这样的政治语境中，中国斩蛇传说实质上要解决一个极具政治性与现实性的难题：乱世当中，谁有资格称王？“杀蛇为王”的结构为这一政治难题提供了一个充满神异色彩的回答：谁能斩杀大蛇，谁便是具有资格和能力成就霸业的未来帝王。之所以如此，是因为“杀蛇为王”

① ［晋］干宝：《搜神记·李寄》，中华书局，1979 年，第 231—232 页。

② ［清］徐经：《雅歌堂文集·书高帝本纪》，转引自张大可、丁德科主编：《史记论著集成》（第 6 卷），商务印书馆，2015 年，第 302 页。

是一个充满儒家色彩的结构。自汉代以后，儒家被尊为正统。一方面，儒家继续坚持敬德保民的态度，另一方面提出谶纬神学并使之成为君主行为价值的解释尺度。前文提到，大蛇是灾异的表现，杀蛇则是与此相对立的祥瑞表现，表明杀蛇者具有神异之力，为天选之人，这明显是谶纬神学的思想浸染了中国斩蛇故事。而且于乱世之中，能掌握大权的人必须德武兼备，杀蛇情节最能表现这一特征。因为杀蛇既是为民除害，表现出儒家以民为本的一面，又是普通凡人难以胜任的艰巨任务，体现出乱世所需的英雄勇武精神。“杀蛇为王”结构内在地与中国儒家思想以及政权变动情况一脉相连。

所以，“杀蛇为王”结构并非是斩蛇文化的天然产物，而是在相应的政治语境与思想土壤中产生的。大禹杀相柳神话中，斩蛇只是作为他治水大业的一部分，真正推动他坐拥王位的仍然是治水成功一事。在这一则神话中，“杀蛇为王”的结构尚不明显，此时谶纬神学也尚未发生。但是自汉代之后，随着大一统国家的成立，政治建设与思想建设开始发达，谶纬之学大行其道。“杀蛇为王”结构从隐性转为显性，汉唐时期斩蛇传说多被附会到开国之君的身上，甚至编入正史当中。由此可得，中国斩蛇文化中“杀蛇为王”的内在结构是现实政治变动与儒家神学的产物。

须佐之男命斩蛇神话不仅在叙事上符合中国政治神话中“杀蛇为王”模式，而且“谁斩蛇成功，谁便有资格成王”的逻辑同样见诸须佐之男命斩蛇神话中。须佐之男命为民斩蛇，斩蛇成功之后，须佐之男命获得了草薙剑。这意味着他获得了建立王权的资格，与中国政治神话“杀蛇为王”的内在结构如出一辙。但是，日本在本土诸侯混战的时代并没有能产生这一结构的思想土壤，所以极有可能须佐之男命斩蛇神话中“杀蛇为王”的结构是中国汉唐文化东传的结果。

除此之外，《出云国风土记》并没有记录须佐之男命斩杀八岐大蛇一事，这未免让人怀疑这一则斩蛇神话并非出云当地神话，而是“记纪神话”编撰者在奉敕书写的时候增添进日本神话系统中。因为留存至今的《出云国风土记》内容保存得较为完整，较少佚失。而且《出云国风土记》的编撰者皆明确出身于出云当地，“天平五年二月卅日勘造、秋鹿郡人神宅臣金太理国造带意宇郡大領外正六位上勲十二等出雲臣廣嶋”①，搜集整理的时候理应不会排除这则神话。如果斩杀八岐大蛇神话是出云的地域神话，那么极少有当地风土记对此不加记录的可能。由此合理推测，须佐之男命斩蛇神话对于出云当地来说是一则外来神话，其中“杀蛇为王”结构更非日本本土原有，而是熟悉中国汉文化的日本编撰者有意借用中国斩蛇文化以完成日本政治变动的神话表达。

三、“杀蛇为王”结构的接受与化用：日本政治历史的神话书写

在须佐之男命斩蛇神话中，值得探讨的不仅是其与中国斩蛇文化的亲缘关系，还有背后接受中国斩蛇文化中“杀蛇为王”结构的动因。一个如此富含政治色彩的神话结构，其在日本被接受的原因应与日本的政治建设情况密切相关。

“记纪神话”是公元8世纪初大和政府的朝臣奉敕编撰之作。根据日本学者松前健的说法，日本神话是日本各氏族神话的综合形式，中央朝廷在吸收这些地方性传说时，一定会按中央标准与政治理想加以润色修改②。现存的日本神话具有高度政治化的特征，反映的历史内涵应与日本各氏族历史上的政治变动息息相关。既然如此，须佐之男命斩蛇神话化用中国“斩蛇为王”的结构，并非因为自身文化缺失便“拿来”，而是日本的历史与文化发展到了需要借助斩蛇神话为大和皇权的至高无上提供“特许证书”的阶段。

日本神话大体形成于弥生（前3世纪至3世纪）至古坟时期（3世纪至6世纪）③，系统成书于8世纪初。在这漫长的时期中，日本本土经历了各部落氏族混战到大和政府逐渐统一日本的政治变动。弥生到古坟时期的日本历史状况，虽在其本土的史籍上并无记载，但可见于中国的古史记录：

---

① 出自《出云国风土记》卷末条：“出云国风土记的编撰者”。转引自杨小平：《试论〈出云国风土记〉之“造国神话”》，《神话研究集刊》第四集，巴蜀书社，2021年。

② ［日］松前健著，刘天为译：《日本神话论》，《国外社会科学》1990年第9期。

③ 李濯凡：《记纪神话的研究与解读》，世界知识出版社，2019年，第1页。

乐浪海中有倭人，分为百余国。[①]

其国本亦以男子为王，住七八十年，相攻伐历年，乃共立一女子为王，名曰卑弥呼，事鬼道，能惑众，年已长大，无夫婿，有男弟佐治国。[②]

桓、灵间，倭国大乱，更相攻伐，历年无主。[③]

桓、灵之间，其国大乱，相互讨伐，历年无君主。[④]

根据中国史籍记载，弥生时期的日本尚处于分裂之中，并且还时常发生战祸。汉武帝时，倭人各自建立起百余个部落国家。桓帝和灵帝时（147 年至 188 年），这些部落国家相互间攻战不已，《三国志·魏书·倭》形容其为“相攻伐历年”。《三国志·魏书·倭》还记载道，正始八年（247 年），倭人的邪马台国女王卑弥呼和狗奴国男王卑弥弓呼依然处于两国交战状态，而且女王卑弥呼逝世后，邪马台国内“更立男王，国中不服，更相诛杀”[⑤]。所以，根据中国史书的明确记载，可以看出日本在弥生时代（前 3 世纪到 3 世纪）仍然战乱频发，内争不断，尚未形成“万世一系”的天皇集权。

弥生晚期到古坟时期，日本以畿内的大和为中心进行了国家统一的活动，到 4 世纪中叶，日本已经完成统一。以大和为中心的天皇制度在日本域内一度具有强大的统治力，但是由于皇族间围绕皇位问题引起的内讧、国造[⑥]的叛离和臣、连、伴造[⑦]竞相攫取私地私民，天皇权威出现衰颓，国家体制开始松弛。直到圣德太子新政、大化改新、律令制度的制定等一系列国政改革之后，天皇权威的绝对性才重新建立。在这一政治背景下，天武天皇提出了“记纪神话”的编撰。

在日本神话的产生时代到写定时代，日本本土的政权建设大多处于动荡当中。产生于这一时代的日本神话，难免带上时代色彩，反映当时的社会历

---

① ［汉］班固：《汉书·卷二十八·地理志第八》，中华书局，1999 年，第 1322 页。

② ［晋］陈寿：《三国志·魏书·倭》，中华书局，2006 年，第 856 页。

③ ［南朝宋］范晔：《后汉书·倭传》，中华书局，1973 年，第 2821 页。

④ ［唐］魏征等撰：《隋书·倭国传》，中华书局，1973 年，第 1825 页。

⑤ ［晋］陈寿：《三国志·魏书·倭》，中华书局，2006 年，第 858 页。

⑥ 在日本是地方君主的后裔，准封建主，可以参与国家政治。

⑦ 臣、连和伴造都是可以参与国家政治的日本贵族阶级。

史状况。天照大御神看到自己的弟弟须佐之男命上高天原，第一反应居然是须佐之男命会抢占她的国土。这样的情节显然与现实社会的政治斗争相关，极大可能是日本当时诸部落相互斗争的现实折射。所以，“记纪神话”的人物并不单纯是先前自然之神格化，而是将历史人物神话化，他们极有可能是日本各个部落的首领。须佐之男命便极可能为日本某一部落的首领，在和天照大御神所统治的部落斗争失败后，来到了出云国。

由此，须佐之男命斩八岐大蛇神话也并不单纯是借助中国斩蛇传说以增添勇武色彩，而且还吸收了其中“杀蛇为王”的内在结构，借助“斩蛇”这一重大事件来为须佐之男命在出云地区建国一事合理化与正统化。李濯凡在《记纪神话的研究与解读》中也采用神话历史化的解读方式，他认为须佐之男命是企图僭越天照大神地位的军事首领，后被逐出首领们的部落联盟，来到了出云地区，通过征服建立自己的势力范围，成为出云地区的国神①。若如此，“斩蛇”事件是须佐之男命征服出云地区的重要政治事件。

在出云国其实原本已经有当地首领，即只能无奈献女于蛇的足名椎②，从献女一事足以见出他在武力方面的薄弱。当本地首领足名椎面对外来的军事首领须佐之男命的时候，他很大程度上是不敌这位勇武矫健的男神，只能让国于须佐之男命。对于出云地区的人们来说，这样的历史事件是具有屈辱意味的。但是“神话底作用乃在遮掩历史事件”③，须佐之男命斩蛇神话将一个颇具有屈辱意味的历史事件粉饰成除暴安良且获得当地人们接受的英雄神话，借由“斩蛇”一事为外来军事首领在出云地区建立政权这一过程合法化：英雄为民除害，建下功业，得到认可，拥有了当地的统治权力。

与其同时，为了维护大和政权的正当性与天皇制度的恒久性，编撰者在写定的时候自然会按照统治者的心愿与理想进行加工润色，所以日本神话极有可能进行政治化的改动。日本学者松村武雄认为，日本神话大体上由三个神话圈组成：高天原系（天孙民族系）神话圈、出云系（国津神系）神话圈

① 李濯凡：《出云国的须佐之男命》，《日语学习与研究》，2015年第1期。

② 见《日本書紀》中“曰，吾是国神，号脚摩乳”，这里的脚摩乳即是《古事记》的足名椎，可见足名椎本是当地国神。（［日］小岛宪之、直木孝次郎、西宫一民等：《日本書紀》，小学馆，2006年，第90—92页。）

③［英］马林诺夫斯基著，李安宅译：《巫术 科学 宗教与神话》，中国民间文艺出版社，1986年，第109页。

和筑紫系（南方民族系）神话圈，其中高天原系神话圈占最优越的地位①。这显然是以高天原系为尊的畿内大和部族集团在统一出云和九州南部的部族集团之后，吸收改造了出云系和筑紫系神话圈②。而须佐之男命正是联系高天原系与出云系的关键人物，斩杀八岐大蛇不仅让须佐之男命获得出云地区统治权，还为天照大神之孙迩迩艺命接管出云地区一事埋下伏笔。也即是说，"斩蛇"情节的最终目的是实现大和政权在出云地区的正统化。

按照父亲伊邪那岐命的安排，"三贵子"之一的须佐之男命应当去治理海原，但是须佐之男命却以与姐姐天照大神告别的名义，前往高天原，与高天原神系发生了联系。后来，他被逐出高天原，看似切断了高天原神系的关联。但是在斩杀八岐大蛇之后，他将从蛇身取出的草薙剑献于天照大神，这说明了须佐之男命通过"献剑"与高天原神系重新产生关联。同时，须佐之男命迎娶了出云当地国神之女，并且掌管出云地区，也成为了出云神系的一员。

须佐之男命这种居间身份使得高天原系神话圈与出云系神话圈产生了联系，实际上是为现实政治中出云部落集团臣服于畿内大和集团的政治变动服务。借用中国政治神话中"杀蛇为王"的结构，须佐之男命斩杀八岐大蛇之后获得了象征王权的草薙剑，但他随后向高天原的支配者天照大神献上草薙剑，意味着出云地区统治权实际上交到了以天照大神为象征的大和政权手中。缘此，天照大神之孙迩迩艺命降临之后，须佐之男命之六世孙大国主神将出云地区统治权献奉给天孙。至于须佐之男命最初的神话身份是隶属于高天原系神话还是出云系神话，目前尚无定论。但不可否认的是，须佐之男命斩杀八岐大蛇的神话，是大和政权在出云进行政治建构的神话表达，表明大和政权接管出云国的正统性与合法性。

综上所述，须佐之男命斩杀神话与中国斩蛇文化的亲缘关系呼之欲出。但是，要证明此，还须找出两者之间的传播路径：生发于中国的斩蛇文化是怎么到达彼岸他乡的日本的呢？

---

① ［日］松村武雄：《日本神话研究·序说篇》，转引自［日］坂本太郎著，汪向荣、武鉴、韩铁英译：《日本史概说》，商务印书馆，1992年，第32页。

② ［日］坂本太郎著，汪向荣、武鉴、韩铁英译：《日本史概说》，商务印书馆，1992年，第32页。

四、中国斩蛇文化东传的可能路径

根据前文的论证，须佐之男命斩蛇神话多层次、累积性地吸收了中国先秦至汉唐时期斩蛇传说的叙事模式与文化因子。在故事原型上，它汲取了李寄斩蛇传说的叙事模式；在思维结构上，它受到中国斩蛇文化中“杀蛇为王”结构的影响。这之间的次序问题难以定论，但毋庸置疑的是，在“记纪神话”写定之前，中国文化与大批书籍已经传入日本，并且受到日本贵族的模仿与学习。

目前可以确定，《史记》远在《古事记》写定之前已经传入日本，中国斩蛇传说中“杀蛇为王”的结构极有可能是通过《史记》中刘邦斩蛇定天下的传说传入日本。“十七条宪法”颁布于推古天皇十二年（604 年），据说是由圣德太子制定。“十七条宪法”不仅体现了当时日本制度深受中国政治的影响，还反映出中国文献典籍在当时日本的流传情况。据研究者指出，“十七条宪法”所参考的中国典籍就有《史记》[①]。所以，《史记》最晚 7 世纪初已经出现在日本，而且还是日本贵族能够研读的书目。那么，通晓汉文的“记纪神话”编订者极有可能获得阅读《史记》的机会，进而在奉敕编撰的过程中化用刘邦斩蛇定天下的传说，将“杀蛇为王”的结构融入日本本土蛇传说当中。

此外，唐高祖斩灵蛇定王业一事记载在唐太宗李世民所撰的《帝范》（书成于 648 年）中。虽然关于此书在日本的记载最早见于宇多天皇宽平三年（891 年）藤原佐理编撰的《日本国见在书目录》，[②] 但是在《帝范》书成之后，“记纪神话”写定之前，日本多次派“遣唐使”前往大唐，加之彼时的日本对大唐政治制度与文化典籍的关注，出自大唐皇帝之手的《帝范》极有可能早就受到日本朝廷的关注。而且，唐高宗李治在其文章《册谥孝敬皇帝文》（发布于 675 年）中也提到唐高祖斩蛇定王业一事。这两份唐代文献是否也有可能东传到日本贵族手中，加深日本神话编撰者对中国政治神话中“杀

---

① ［日］内藤湖南著，刘克申译：《日本历史与日本文化》，商务印书馆，2012 年，第 164 页。

② 孙猛：《日本国见在书目录详考》，上海古籍出版社，2015 年，第 15 页。

蛇为王”结构的认识呢？这暂时是一种猜想，尚待进一步的材料佐证。但无可置疑的是，《史记》在“记纪神话”编撰之前传入日本。如此一来，须佐之男命斩蛇神话中“杀蛇为王”的结构极有可能源自刘邦斩蛇传说。

至于李寄斩蛇传说东播日本的路径，因为资料的限制，中日两国学者对该问题的讨论仍然停留在猜想阶段。笔者试梳理与归纳学界目前提出的李寄斩蛇传说东播路径，总结出三条主要路径：1、战国时期，随着吴越人的东渡传入日本；2、西汉闽越国时期，伴随着闽越国与日本的通商往来传入日本；3、魏晋时期，以《搜神记》为载体传入日本。

第一条路线，是日本民俗学家吉野裕子提出的“越人东渡说”。她认为李寄斩蛇传说归属于吴越文化（今江苏至浙江一带），并且在战国时期跟随吴越人的迁徙东渡至日本，影响了日本八岐大蛇神话①。吴越地区和古代日本的确早已有往来交流的记录。根据中国史书的记载，日本倭人与吴越人民在文化习俗上几近一样。“夏后少康之子封于会稽，断发文身以避蛟龙之害。今倭人好水，沉没捕鱼蛤，文身亦厌大鱼、水禽，稍后以为饰。……计其道里当在会稽东冶之东。”②“夏后少康之子”指的正是越国王室③。由此可得，一，倭人的“文身”习俗极有可能是对越国文化的继承；二，倭国与浙江会稽在地理位置上接近，这为越人东渡日本提供了一定的便利和可操作性。日本神话学家吉田敦彦也指出构成弥生文化主体的重要文化类型是在公元前 5 世纪至前 4 世纪渡海至日本的吴越人带来的吴越文化④。所以，弥生时代的日本已经接触到了中国吴越文化。可惜的是，吉野裕子并未展开分析李寄斩蛇传说属于吴越文化的原因，目前学界也大多将李寄斩蛇传说视为闽越地区的神话。

第二条线路，既然李寄斩蛇传说为闽越地区的故事，那么这则传说极有可能跟随着汉代闽越人与日本的交通往来传入日本。汉代闽越故城遗址的发现及考古显示，在闽越国时代的后期（日本弥生时期），中国成熟的锻鐎铁器

---

① ［日］吉野裕子：《蛇：日本の蛇信仰》，法政大学出版局，1979 年，第 99 页。

② ［晋］陈寿：《三国志·魏·乌丸鲜卑东夷传》，中华书局，2006 年，第 855 页。

③ 《史记·越王勾践世家》：“越王勾践，其先禹之苗裔，而夏后少康之庶子也，封于会稽，以奉禹祀。文身断发，披草莱而邑焉。”

④ ［日］吉田敦彦著，唐卉、况铭译：《日本神话的考古学》，陕西师范大学出版总社，2013 年，第 7 页。

及其制作技法从浙南闽北传入日本[①]。另外，中日两国稻作文化的研究结果表明，日本的稻作文化渊源于中国大陆，而中国稻作东传路线之一就是经由福建传入绳文晚期至弥生时代的日本[②]。由此可见，中国闽越与日本最晚在绳文时期已经有人员来往与文化交流了，而保留于这一地带的闽越斩蛇传说难免会跟随着文化交流而东传。

第三条线路，则是随着《搜神记》在日本的流传，李寄斩蛇传说为日本居民熟知。《搜神记》作者干宝是东晋时期的史学家和小说家，卒于咸康二年(336年)[③]，也即《搜神记》最晚完成时间为咸康二年（336年）。目前在日本关于《搜神记》的最早文字记载，见于宇多天皇宽平三年（891年）[④]藤原佐理编撰的《日本国见在书目录》："《搜神记》三十卷，干宝撰；《搜神后记》十卷，陶潜撰。"[⑤]隋唐两朝中日两国交流频繁，所以极有可能远在藤原佐理记录之前，《搜神记》已经东传日本，并且影响了日本的神话与传说。学者马兴国从故事类型比较的角度出发，举以"羽衣说话""受伤的麻雀""蚕神的故事"等例子论证《搜神记》在日本神话时代已经传入[⑥]。缘此，李寄斩蛇传说亦有可能是因为《搜神记》在日本的流传得到了传播的机会。

总的来说，因为日本"记纪神话"是日本目前最早的两本史书，所以难以完全确证在"记纪神话"时代中国文化与典籍的流传情况，更难以完全确切地证实中国斩蛇文化东传路径。但是从目前的出土资料、中日两国古代的交流情况以及须佐之男命斩蛇神话中表现的种种中国因子来看，中国斩蛇传说与文化远在日本神话写定之前已经东传。缘此，上述的种种猜想皆存在可能性，还望有进一步的出土文献加以佐证。

五、结语

通过对须佐之男命斩蛇神话与中国斩蛇文化的考察，可以得出须佐之男

① 杨琮：《西汉闽越国与日本及南洋的交往》，《海交史研究》1996年第2期。
② 安志敏：《中国稻作文化的起源和东传》，《文物》1999年第2期。
③ 李剑国：《干宝考》，《文学遗产》2001年第2期。
④ 中国当时处于唐朝。
⑤ 孙猛：《日本国见在书目录详考》，上海古籍出版社，2015年，第11页。
⑥ 马兴国：《〈搜神记〉在日本的流传及影响》，《日本研究》1988年第2期。

命斩蛇神话与中国斩蛇文化具有密切的亲缘关系。须佐之男命斩蛇神话在日本本土蛇文化的基础，借鉴了中国斩蛇传说的叙事模式，化用了中国斩蛇文化中“杀蛇为王”的政治思想与内在结构。这一则日本斩蛇神话对中国斩蛇文化的接受是多层次、累积性的，并且在接受过程中根据本土的历史状况与政治变动进行了创造性改变，使得人们仍能从中国的斩蛇模式下窥见日本早期的政治建构情况。

而且，这一则中日神话比较的典型案例不仅反映了古代中日两国的文学文化交流情况，还启发研究者们在进行比较神话研究时，需要全面考察神话背后的文化思潮与社会变动，从比较神话走向比较文化。

精神分析视野下的“蝼蛄神”故事研究

南京师范大学文学院博士研究生　袁海宝

摘　要　通过梳理和分析文献中“蝼蛄神”的记载后发现，该故事不能简单地解释为“动物报恩”，“蝼蛄神”产生的环境特殊，主人公心境不同寻常。由于拘禁，庞企远祖患上精神疾病，在《心理学》上称之为“拘禁性癔症”。据研究发现，“拘禁性癔症”广泛存在于初入监狱的重刑犯身上，而且此类精神疾病常会引发幻觉，日渐变大的“蝼蛄”便是主人公出现的幻觉。由于古人缺乏对于精神疾病的了解，在出狱之后错误归因，将狱中常见的蝼蛄视为了自己的救命恩人。

关键词　蝼蛄神；志怪小说；拘禁；癔症

一、“蝼蛄神”故事及其传统解释

蝼蛄属于直翅目蝼蛄科蝼蛄属，广泛地分布于我国境内，种类繁多，历史悠久。我国境内的蝼蛄主要有四大类，即华北蝼蛄、东方蝼蛄、台湾蝼蛄和普通蝼蛄。蝼蛄名称众多，《吕氏春秋》称其为“蝼蝈”①，《尔雅》称其为

① 许维遹：《吕氏春秋集释》，中华书局，2009年，第84页。

“天蝼”[①]，《古今注》称“石鼠、硕鼠”[②]，《方言》称“炙鼠、蝼蛓、津姑”[③]。现在西南地区叫它“土狗崽、扒扒狗”，东北地区称之为“拉拉蛄、地拉蛄”，江浙地区称之为“田小狗”。蝼蛄具有一定的药用价值，也是一味中药，《神农本草经》中记载：“蝼蛄，味咸，寒。主治难产，出肉中刺，溃痈肿，下哽，解毒，除恶疮。”[④] 但是其常会在田地中咬食幼苗根和茎，同时又会在浅层土壤穿行，造成植株和土壤分离，致使植株缺水干枯而死，所以百姓也会向“虫王”“土地神”或者“城隍”祭祀，希望其远离作物。值得注意的是，蝼蛄单独作为“蝼蛄神”出现是比较少见的。

“蝼蛄神”的最早记载见于《搜神记》卷二十，李剑国《新辑搜神记》将其编排在卷二十八。《搜神记》中蝼蛄作为一个知恩图报的精灵形象出现，食饭知恩，破械掘洞，助庞企远祖逃脱牢狱，得到了庞氏家族世代祭祀，成为一个小众的神祇，故事如下：

> 庐陵太守太原庞企，字子及。自言其远祖，不知几何世也，坐事系狱，而非其罪，不堪拷掠，自诬服之，及狱将上，有蝼蛄虫行其左右，乃谓之曰：“使尔有神，能活我死，不当善乎？”因投饭与之。蝼蛄食饭尽去，有顷复来，形体稍大。意每异之，乃复与食。如此去来，至数十日间，其大如豚。及竟报，当行刑。蝼蛄夜掘壁根为大孔，乃破械，从之出去，久时遇赦得活。于是庞氏世世常以四节祠祀之于都衢处。后世稍怠，不能复特为馔，乃投祭祀之余以祀之，至今犹尔。[⑤]

该故事又见于南朝刘义庆之《幽明录》，与《搜神记》所载内容相比略短，经过了一定的压缩：

> 晋庐陵太守庞企，字子及。上祖坐事系狱，而非其罪。见蝼蛄行其

① ［秦］佚名：《尔雅》，中华书局，1985年，第110页。
② ［晋］崔豹：《古今注》，中华书局，1985年，第13页。
③ ［清］钱绎：《方言笺疏》，中华书局，1991年，第373页。
④ 尚志钧：《神农本草经校》，学苑出版社，2008年，第255页。
⑤ 李剑国：《新辑搜神记》，中华书局，2015年，第457页。

左右，相谓曰："使尔有神，能活我死，不当善乎？"因投饭与蝼蛄，食尽去。有顷复来，形体稍大，意异之。复与食，数日间其大如豚。及当行刑，蝼蛄掘壁根，为大孔，破，得从此孔出亡。后遇赦得救矣。①

《法苑珠林》卷六十八《感应缘》全文转录《搜神记》的内容，《太平广记》第四百七十三卷也转录了《搜神记》的内容，不过内容较短，更为简洁。明人王圻所编纂的《稗史汇编》第一百六十二卷《鳞介门·昆虫·蝼蛄》亦转录《搜神记》所载，内容上大同小异。

文中蝼蛄得食于庞企远祖，助其越狱，保全性命，可谓是庞氏一族的救命恩人。后人基本按照这样一个思路去理解这个故事，丁乃通在《中国民间故事类型索引》中将其归纳到"感恩的动物"一类，编号AT554；刘守华的《中国民间故事史》中认为"《蝼蛄神》以动物报恩的故事为内容，展现了人与动物在同一自然环境中的亲善关系"②。孟昭连以为该故事反映的是救虫免灾、得善报的举动，和佛家的因果报应相联系③。除此之外亦有不同解释，如曲沐在《寓真实于荒诞　寄人情于鬼神——略谈六朝志怪小说的幻想形式》中说道："通过这个故事（《蝼蛄神》）反映了封建社会冤狱的残酷。"④

庞企远祖的故事内容有些荒诞离奇，而且细节层面有些粗糙，单从逻辑上就讲不通。蝼蛄食饭后逐日增长，最后大如小猪，试问在死刑犯的牢房中，出现此等生物，门外看守怎么可能毫无察觉，任由此等怪异之物横行其间？其次，蝼蛄渐渐长大，它每日藏身何处，从何处来取食，而后又从何处遁去，也没有丝毫交代。再者，蝼蛄本为泥中小虫，何以生长如此迅捷，突破了自己的种族特性，形体在十来天的日子里发生巨大变异？最后，犯人佩戴的枷锁非轻易破解之物，《魏书·刑法志》对戴在脖子上的枷的规格有具体描述："长一丈三尺，喉下长一丈，通颊木各方五寸。"⑤ 一个如此巨大的刑具，单凭蝼蚁是难以破除的。此外，挖透了牢房并不等于逃离了监狱，庞企远祖怎

---

① ［南朝宋］刘义庆：《幽明录》，见《汉魏笔记小说大观》，上海古籍出版社，2016年，第721页。

② 刘守华：《中国民间故事史》，商务印书馆，2012年，第85页。

③ 孟昭连：《中国虫文化》，天津人民出版社，2004年，第428页。

④ 曲沐：《寓真实于荒诞　寄人情于鬼神——略谈六朝志怪小说的幻想形式》，《贵州社会科学》1983年第5期。

⑤ ［北齐］魏收：《魏书》，中华书局，1974年，第2879页。

么获救，限于材料，不得而知。虽说先唐时期志怪小说意在“粗陈梗概”，不注重细节的记录和描写，但并不意味着要混乱地讲述一个故事。传说和故事虽然具有一定的传奇性、虚构性，但其内容的发展必须合乎生活的内在逻辑，可以说它是真实场景和离奇幻想的辩证统一。虽然艺术真实不同于生活真实，但艺术真实是依据生活内在逻辑而确立的假定的真实，它既是对生活现象的真实体现和审美升华，又是对社会本质、规律的真实把握。只看到其中的离奇荒诞，忽略内容的逻辑性是无法正确读懂故事、传说的。

综合以上疑问，笔者以为简单地将其归纳为“动物报恩”或者“万物有灵”，并不能完全揭示出故事的本质。“动物报恩型故事”虽然都体现了具有灵性的动物对于人类的帮助，但此类故事的发生场景并不相同，《搜神记 · 苏易》中老虎为了感谢苏易的助产之恩，衔肉于门前，此发生于山野①；《搜神记 · 哙参》鹤为报哙参相救之恩以明珠相赠，此发生于门前②；《搜神记 · 义犬冢》中义犬帮助主人杀死奴仆，报了夺妻之仇，此发生在家中③。不难发现，所列举故事虽然都是动物在回报人类的各种恩情，但其发生地完全是不相同的，解读一个故事，并不能只顾类型，而完全忽视其发生的地点。回头来看，“蝼蛄神”故事的发生有着特定的环境，人物有着特殊的遭遇，仅从一个大而模糊的角度去看待该故事是不够准确的。从故事内容的设置上来看，故事发生在牢狱之中，主人公只是一个冤屈的百姓，也是面临死亡的重刑犯。帮助他的并不是人类驯养的动物，这和许多报恩故事中的“义犬”“义牛”“义猫”“义鸡”是不同的。其次，情节的设置耐人寻味。牢房里似乎只有庞氏先祖看得到日日来取食、体型渐大的蝼蛄，那么故事中蝼蛄的真实性便值得怀疑。

二、拘禁性癔症视野下的“蝼蛄神”故事

解读“蝼蛄神”的故事，需要特别注意其所发生的环境。庞企远祖深处牢狱，沦为阶下囚，是整个故事的关键所在。身处监狱中的罪犯，常会患上

---

① ［晋］干宝：《搜神记》，中华书局，1979 年，第 231 页。
② 同上，第 237 页。
③ 同上，第 240 页。

一些精神疾病，据马恩轩等人在1995年对304名男性犯人的调查，其中监狱罪犯精神障碍患病率为16.94%[①]。拘禁所引发的精神障碍疾病多发于重刑犯，据日本相关资料显示，重刑犯中约有69%的犯人出现拘禁反应，而一般罪犯中出现精神障碍的人数只有0.87%[②]。伴随着拘禁，犯人常常会出现一种急性或者亚急性的情绪认知障碍，即拘禁性癔症，是拘禁性精神障碍的一种。拘禁性癔症主要以情绪障碍为主，抑郁、焦虑、紧张或是坐卧不宁、饮食减少[③]，其中较为严重的还会出现心因性幻觉和轻度的意识障碍，如表情恍惚、常会听到亲属的声音、听到自己被释放的消息。由此可见，拘禁性癔症广泛存在被囚禁的犯人中间，而且多发生在拘禁初期，以及一些初犯、重刑犯以及未决犯身上 。

庞企远祖在狱中所表现的精神状态和该类疾病有着许多相似的地方。庞企远祖属于重刑犯，面临杀头的危险，文中言道："及竟报，当行刑。"出现精神障碍应在情理之中。从故事中他的表现可以看出，其对于监狱充满恐惧，面对刑讯，毫无招架之力，那么他不可能是一个经常出入囹圄的惯犯，更像是初次来到监狱。再者，他本为清白之身，在狱中饱受拷问之刑，网罗罪名，诬陷自己，无论是生理还是心理都受到重创，情绪糟糕至极。最后，古代监狱环境恶劣，会给犯人极大的精神负担。庞企生活于东晋，从理论上推算其远祖大概生活在两汉之交。监狱历来都是一个人人厌恶的地方，在汉代酷吏颇多，狱中人员生活十分悲惨，囚徒被折磨致死或自杀者甚多，东汉章帝曾下诏云：

> 今吏多不良，擅行喜怒，或案不以罪，迫胁无辜，致令自杀者，一岁且多于断狱，甚非为人父母之意也。有司其议纠举之。[④]

这道诏令也从侧面反映出汉代监狱的残酷，狱吏草菅人命，肆意网织罪

① 马恩轩、赵万利、栾清明：《在监罪犯精神障碍流行学调查》，《山东精神医学》1998年第11卷第2期。

② 赵天虹：《监所内拘禁性精神障碍发生的原因分析》，《长春大学学报》2008年第18卷第3期。

③ 翟恩波：《犯罪与心理矫治技术》，雅园出版公司，2003年，第69页。

④ ［南朝宋］范晔：《后汉书》，中华书局，2016年，第140页。

名，囚徒在狱中的处境艰难。司马迁在《报任安书》中写到了自己在狱中的悲惨境遇，其文如下：

> 今交手足，受木索，暴肌肤，受榜箠，幽于圜墙之中。当此之时，见狱吏则头抢地，视徒隶则心惕息。①

无论是谁，流落至此也就没有什么尊严可言，刑具加身，受尽屈辱，加之监狱墙体厚重，光线不足，狱中刑讯之音绵绵不绝于耳，气味恶臭难闻，囚犯被笼罩在一种极度压抑、恐怖的氛围下，囚犯的生理和心理的负担都会加重。从以上分析来看，庞企远祖完全具备了患上拘禁性精神障碍的可能性。在狱中发现的蝼蛄成了庞氏先祖希望的寄托，按照常理应求助先祖或是神明，但他却没有这样做，他向在常人看来最为弱小的生物求救。试问一个精神状态正常、意识清晰的人怎么会向着最为世人轻视的蝼蛄求救？蝼蛄无爪牙之利，亦无筋骨之强，怎能掘开厚厚的监狱围墙？足见其内心状态之异常。

结合拘禁性癔症的情况来看，蝼蛄救人的情况应是出自庞企远祖的幻觉，并非切实发生之事。庞氏先祖看到地上的蝼蛄，求生心切，产生出幻觉，妄想蝼蛄会变大。庞企远祖的内心充满了对于自由和生命的渴望，但又无计可施，在这种强烈的心理因素的影响下便会产生心因性幻觉，正如王充所言："用精至矣，思念存想，自见异物也。"② 从生物角度来说，大脑需要某种最低程度的来自外部环境的刺激，一旦这种需要不被满足，或者是被一些心理障碍阻挡，大脑会被促使根据以往的经验、人格因素等重新建构现实与环境的意义。当人类意识中某种情感占据主导地位的时候，平时生活中微不足道的事物往往可以占据非常重要的地位，这时人脑中产生的想象表现出极强的目的性，反映着想象者内心强烈的诉求。当然，想象并不是凭空产生的，它需要一定的表象支撑。想象的完成依赖于大脑中原有表象的结合、改造，从而产生新的表象。蝼蛄的身体特性适合挖掘隧道，其前足特别发达，基节大，圆形，腿节强大而略扁，胫节扁阔而坚硬，尖端有锐利的扁齿 4 枚，上面 2

---

① ［汉］班固：《汉书》，中华书局，2014 年，第 2733 页。

② 黄晖：《论衡校释》，中华书局，1990 年，第 931 页。

个齿较大，且可活动，因而形成开掘足，适于挖掘洞穴隧道。虽然蝼蛄可以开掘隧洞，但苦于形体矮小，按照一般的经验来讲，身形变大，开掘的效率也会增加，有了适合成人身形大小的孔洞，逃亡也就成为了可能。故事中蝼蛄的身形日日渐长，原文言及“数十日间，其大如豚”，这有悖于生物成长的规律，但在幻觉中是可以实现的，按照幻觉的种类来分，属于成形幻觉。幻觉作为一种主观体验，通常逼真生动，以至于出现幻觉的人信以为真，很难被说服和劝阻。造成幻觉的原因也是多种多样的，包括中枢神经病变、情绪影响、暗示、弱视和重听、感觉剥夺等，一切增加感觉分析器负担或使感觉分析器活动增强的因素都能促使幻觉产生①。庞企远祖在监狱里的诸多遭遇无不是在加重其身体和心理的负荷，古人对于精神疾病了解并不是很充足，对于由拘禁所引发的幻觉更是无法理解，所以庞企远祖为幻觉所困，其却不自知。

综上所述，庞企远祖的经历和表现与拘禁性癔症的内容高度契合，可以说庞企远祖就是一个拘禁性癔症的患者，日渐变大、救其性命的蝼蛄是出自于他的幻觉。

三、志怪小说中由拘禁引发的其他幻觉

由于拘禁所引发的幻觉或者妄想在后世的志怪作品中也有反映。汪绍楹校点的《搜神记》中有一则和《蝼蛄神》内容相仿的故事——《董昭之》。与《蝼蛄神》主人公遭遇相似，董昭之身陷囹圄向着蚂蚁祈祷、求救，最终蚂蚁为其破枷，得以逃脱，试引其文：

> 吴富阳县董昭之，尝乘船过钱塘江，中央见有一蚁，著一短芦，走一头回，复向一头，甚惶遽。昭之曰：“此畏死也。”欲取著船。船中人骂：“此是毒螫物，不可长。我当蹹杀之。”昭意甚怜此蚁，因以绳系芦著船。船至岸，蚁得出。其夜，梦一人乌衣，从百许人来谢云：“仆是蚁中之王，不慎堕江，惭君济活。若有急难，当见告语。”
>
> 历十余年，时所在劫盗，昭之被横录为劫主，系狱余杭。昭之忽思：

① 江开达：《精神病学》，人民卫生出版社，2010年，第16页。

> "蚁王梦，缓急当告。今何处告之?"结念之际，同被禁者问之，昭之具以实告。其人曰："但取两三蚁著掌中，语之。"昭之如其言。夜果梦乌衣人云："可急投余杭山中。天下既乱，赦令不久也。"于是便觉。蚁啮械已尽，因得出狱。过江，投余杭山。旋遇赦，得免。①

董昭之求救的对象也是被世人轻视的动物——蚂蚁，世人眼中的"蝼蚁之辈"却成了他们的救命稻草，破械挖洞，力挽狂澜。无论是庞企远祖，还是董昭之，都是一个弱者，身处绝境，任人宰割，处于被压迫和被损害的一方，"弱者总是靠相信奇迹获得解放。"② 照常理看来，蚂蚁咬破枷锁纯属荒诞的传闻。笔者以为其同蝼蛄神一样，均是一种主观的反应，是由于被拘禁且妄想得救而衍生出的幻觉。

唐人张鷟在《朝野佥载》记载"鹊传语"一事，黎景逸被诬入狱，他从鹊口中得到了赦免的消息：

> 贞观末，南康黎景逸居于空青山，常有鹊巢其侧，每饭食以喂之。后邻近失布者诬景逸盗之，系南康狱，月余劾不承。欲讯之，其鹊止于狱楼，向景逸欢喜，似传语之状。其日传有赦，官司诘其来，云路逢玄衣素衿人所说。三日而赦至，景逸还山。乃知玄衣素衿者，鹊之所传也。③

鹊本非人，怎能传语？这是典型的拘禁性精神疾病的表现。吕成荣等人做的拘禁性精神疾病的分析中有15%的人出现过与"鹊传语"相类似的症状，这类犯人时常觉得"被释放了，马上就要收到通知了""要回家了"，并且伴有收拾东西准备回家的动作④。黎景逸蒙冤入狱，心中满是苦楚和冤屈，渴望清白和自由，却无能为力。黎景逸在故事中的表现完全符合由拘禁所引发的精神疾病症状。黎景逸听到雀传语，以及赦免消息适时到来，只不过是

---

① ［晋］干宝：《搜神记》，中华书局，1985年，第239页。

② 中共马克思恩格斯列宁斯大林著作编译局：《马克思恩格斯全集》，人民出版社，2012年，第125页。

③ ［唐］张鷟：《朝野佥载》，中华书局，1997年，第98—99页。

④ 吕成荣、王成荣、陶旭东：《30例拘禁性精神障碍临床分析》，《中国神经精神疾病杂志》1996年第22卷第6期。

一个小概率的巧合事件而已。其所涉案件并非什么重大案件，案情的真相远没有想象的复杂多变，核实只是时间问题罢了。

据庞企远祖、董昭之、黎景逸三人的故事可以知晓，该类故事的主人公通常是清白之人，意外入狱，一时间心绪万千、焦躁非常。他们通常会向着自认为有灵性的动物求助，希望能够得到帮助，而且他们所求助的动物都个体比较小。他们所求助对象和监狱这个特殊的环境是分不开的，在监狱中常见的就是地面上的蝼蛄、蚂蚁，或是老鼠，抬头望天，偶然会看到飞鸟。这些小动物是他们产生想象的表象来源，很容易对犯人形成心理和意识层面的暗示。这也解释了仗义救人的不是龙蛇虎豹等大型动物，而是这些平日里最不起眼的生物，归根结底都是主人公在监狱中出现的幻觉或者妄想。

四、结论

井上圆了在《妖怪学讲义录》中将妖怪分为“物理妖怪”和“心理妖怪”，“由无形的精神变态异常而生者，谓之心理妖怪。”①“蝼蛄神”与之相类，“是由无形的精神变态和异常而生的神祇”。庞企远祖获救之后，由于精神障碍的影响，对于获救原因错误归因，蝼蛄的作用被放大，成为了其获救的决定性因素。列宁说过：“长期处于旷古未闻的黑暗、匮乏、贫穷、肮脏、孤独、闭塞的境遇中的勇于斗争的千百万民众，把可能胜利的果实夸大十倍，这难道不是很自然的吗？”② 古代人对于精神疾病并未有一个准确的认知，加之，魏晋时期的志怪小说沿用史官笔法，追求历史事件的真实性，故事的叙述者均不是主人公，叙事的人物几经转化，病患的叙述被讲述人当成其在健康时的真实经历，那么叙述角度的变化使得原本主观化、荒诞离奇的幻想成为了客观事实。

---

① ［日］井上圆了著，蔡元培译：《妖怪学讲义录》，东方出版社，2014 年，第 21 页。

② 中共马克思恩格斯列宁斯大林著作编译局：《列宁选集》，人民出版社，2012 年，第 365 页。

《山海经》成书性质研究七十年

陕西师范大学文学院　李婷宜　李永平

摘　要　对《山海经》的研究必须从其成书性质开始，关于《山海经》一书性质的研究从司马迁时代开始便不断进行。20 世纪以来，随着东西方文明的碰撞，西方理论不断传入中国，终于推动了《山海经》成书性质研究的长足发展。20 世纪末召开了五次学术会议，学界对《山海经》成书性质的研究渐趋稳定，主要有神话书说、方志说、信史说、地理书说、巫书说、博物志说等。21 世纪以来，随着研究理论的不断发展与跨学科视野的形成，学界对《山海经》的成书性质又有了新的看法，主要体现为神话政治地理书说和历法说等。按照年代顺序梳理学术界对《山海经》成书性质的研究情况，有利于对《山海经》成书性质研究的学术发展有较为具体的把握，便于理解学术研究的发展趋势。

关键词　山海经；成书性质；综述

一、1949 年以前的研究概况

要对《山海经》进行研究，必须从确定其成书性质开始。关于《山海经》成书性质的讨论古已有之，司马迁在《史记》中说："《禹本纪》言……故言九州山川，《尚书》近之矣，至《禹本纪》、《山海经》所有怪物，余不敢言之也。"① 孔子"不语怪力乱神"的传统深深地影响着我国古代士人，《山海经》便因为书中所谓"怪力乱神"的内容而被时人有意忽略，从而被归为荒诞不经的神怪类书籍。

东汉史学家班固仿照刘歆《七略》所作的《汉书·艺文志》把《山海经》归入"数术形法类"，认为这些书"大举九州之势以立城郭室舍形，人及六畜骨法之度数、器物之形容以求其声气贵贱吉凶"②，把《山海经》当作看山形、风水运势的工具书。《后汉书·循吏列传》中记载汉明帝于永平十二年（69 年）议修汴渠，召见水利专家王景，并赐予《山海经》《河渠书》《禹贡图》和钱帛衣物以作修渠之用，可见《山海经》在此处是被视作实用的地理书。逮及唐朝，唐人作《隋书·经籍志》，把《山海经》归入地理类。从汉到隋唐，对《山海经》的性质归类基本上没有大的改变，都是把它作为地理学资料看待，这种观点一直作为主流观点持续到明朝。

明人胡应麟在《少室山房笔丛》中认为《山海经》乃"古今语怪之祖"，而不是过去所认为的地理书籍。直到清朝，仍有不少学者把《山海经》视为地理书，而纪昀主修的《四库全书》却认同并发展了胡应麟的看法，将《山海经》列入"子部·小说家类"，理由是"道里山川，率难考据，案以耳目所及，百不一真，诸家并以为地理书之冠，亦为未允。核实定名，实则小说之最古者尔。"③ 认为《山海经》中对地理方位的记载及对山川涉及范围的考据不实，不可因循旧说把它当作正规的地理书籍看待，而应该把它看作"小说家言"。

可以说，因为我国特有的历史文化传统，《山海经》或因其内容"荒诞"而被有意忽视，或取其对山川、水流的记载而将其划入风水术或地理书一类，又或者直接把它归入记载"异闻奇说"的"小说家"类。在这段历史中，《山海经》一直没有得到深入解读。

1840 年鸦片战争爆发，此后一百多年的时间里，列强不断侵华，中华文

---

① ［汉］司马迁：《史记·大宛传》，中华书局，2010 年，第 7331—7332 页。

② ［汉］班固：《汉书·艺文志》，中华书局，1999 年，第 1394—1395 页。

③ ［清］纪昀、陆锡熊、孙士毅等：《钦定四库全书总目》，中华书局，1997 年，第 1871 页。

明与外来文明产生了激烈碰撞，国外方兴未艾的民俗学、神话学、人类学等人文学科也于此时不断涌入中国，这引起了学者们的广泛重视。学者们纷纷开始在我国古籍中寻找相关著作进行研究，《山海经》也就在此时再次进入学者们的视野。

1905年，刘师培的《〈山海经〉不可疑》成为国内20世纪研究《山海经》的先声，刘氏利用进化论的观点，认为"《山海经》所言皆有确据"①，在某种程度上可以认为是《山海经》信史说之嚆矢。

现代有关《山海经》成书性质研究的重要突破，可以说始于1923年鲁迅《中国小说史略》的出版。鲁迅先生在书中提出："《山海经》所载祀神之物多用糈（精米），与巫术合，盖古之巫书也。然秦汉人亦有增益。"② 此后，《山海经》"盖古之巫书"说一直影响着后来学者们的研究。1929年，学者沈雁冰以玄珠为笔名出版了《中国神话研究ABC》一书，认为《山海经》"是一部包含神话最多的书，但形式上又极像地理书"③。这一时期对于《山海经》成书性质的定性基本上可归为信史、巫书、神话和地理书四种。这四种看法也一直影响到当代对该书性质的研究。

二、1960年到1980年的研究概况

1960年，学者曹雨群在《上海师范大学学报》哲学社会科学版发表了《读〈山海经〉》一文，以读书札记的形式详细论述了学术界密切关注的有关《山海经》的几个问题。在谈到《山海经》的成书性质时，曹雨群认为《山海经》是方士所撰，其中"《山经》是先秦祭祀山川的礼书汇编，《海经》是附于这一礼书的图片说明"④。该文指出，祭祀山川从氏族社会便逐渐流行，这种祭祀既有原始精灵崇拜的影响，也有飨祭山川、回报自然赋予其生产资料的意味，这种祭祀很早便受到周民族的重视。他指出，周代祭祀山川有专人执掌，他们按照方位选择围绕自己国家的四座最大的山，称为"四望"，进

① 刘师培：《刘申叔遗书》，江苏古籍出版社，1997年，第1950页。
② 鲁迅：《鲁迅全集》第九卷，人民文学出版社，2005年，第20—21页。
③ 玄珠：《中国神话研究ABC》，世界书局，1929年，第39页。
④ 曹雨群：《读〈山海经〉》，《上海师范大学学报》（哲学社会科学版）1960年第2期。

行隆重祭祀，其余路途较远的，较为不重要的山，便依据方位筑坛遥祭，称为“望祀”“望祭”，《山经》中对道里方位还有祭祀用物的记载便是这一祭仪的反映。《海经》所本的图，是周代礼官“犹鬼神祇之居，辨其名物”所作的，《海经》是对这些图画的说明。至于书中的神话记载，因为《山海经》本质上是祀神的礼书，这些记载便是古人为了弄清神的好恶从而进行有效祭祀而作的。除此之外，曹雨群还认为，《山海经》主要反映了青铜时代奴隶社会的状况，这无疑是将《山海经》视为社会志一类的著作。总体而言，曹氏的观点较为新颖，论述也具有其合理性，可以作为解读《山海经》的一个切入点。

此后对于《山海经》的讨论寥寥，除了曹雨群的“礼书”说，对《山海经》的成书性质的观点基本上仍不出巫书、神话和地理书范围①。如高亨和董治安二人就认为“《山海经》是一部记述现实中或传说、神话中山川物产的地理书”②。还有一些散见的讨论，主要是以《山海经》为参考文献论述氏族社会的发展情况或进行历史考据的，如朱芳圃的《西王母考》，把《山海经》中记载西王母的几则文字列出来逐一分析，论证西王母应为西方貘族祭祀的图腾③。这类论证明显把《山海经》所记看作上古时代的信史。同一时期国外（如美国、日本、法国等）有不少学者都对《山海经》进行了研究，认为《山海经》为地理学著作的人，其论述方法和观点都十分相似，不同的是对该书所涉地理范围的划分大小不一，如有的学者认为《山海经》是中国人发现南美洲的记录，有的学者认为该书是一部全球地理志。此外，还有部分外国学者把《山海经》视作民族学著作④。

1968 年，史景成发表《山海经新证》一文，用大量笔墨分析《山海经》中的地理、祭祀礼仪、物产等内容，最后得出《山海经》是战国晚期“楚史巫之官，应运起而纂辑之书”⑤，其作用是为了表彰先王之业，祈求福佑。实质上仍是将该书视为史书之类。

---

① 主要学术专著可见李川：《〈山海经〉神话研究》，当代中国出版社，2015 年，第 17—18 页。

② 高亨、董治安：《上古神话初论》，《山东大学学报》（语言文学版）1962 第 5 期。

③ 朱芳圃：《西王母考》，《开封师范学院学报》1957 年第 2 期。

④ 参见郭瑞祥：《〈山海经〉的研究情况介绍》，见《〈山海经〉与中华文化》，湖北人民出版社，1999 年，第 109—110 页。

⑤ 史景成：《山海经新证》，《书目季刊》1968 年第 3 期。

这一阶段关于《山海经》的讨论并不多见，至于对该书成书性质的分析则更是寥寥。总体而言，这一时期对于《山海经》成书性质的看法承继了之前的主要观点，也为后来的讨论预留了一定的空间。随着时代的发展，关于这一问题的讨论在20世纪末迎来一个高峰。

三、1980年后的五次学术会议

随着历史环境的改变，国内学术活动逐渐恢复，从20世纪80年代开始，围绕《山海经》进行的学术研究便不断开展，虽然大多数成果都是在对原有说法进行补充，但仍有不少推进。这一时期较为重要的学者当属袁珂。袁珂先生继续沈雁冰先生的观点，把《山海经》作为神话著作进行研究，他于1963年完成了《海经新证》，后又于上个世纪70年代完成了《山经柬释》，两部著作合二为一于1980年以《山海经校注》[①] 为题出版。《山海经》注疏之类的成果从古至今层出不穷，清代学者郝懿行的《山海经笺疏》可谓个中翘楚，而袁珂先生的《山海经校注》更是集大成者。但按照袁先生的说法，"那时作校注，在注释方面是有古代注家（如郭璞）'所未详也'这一条求实的原则作后盾，于实在不能理解的东西，也只好是'所未详也'，暂且绕道过去"[②]。在该书序言中，袁先生认为"《山海经》匪特史地之权舆，乃亦神话之渊府"[③]。

改革开放后，国外较新颖的学术研究范式逐渐传入我国，神话学、民俗学、人类学等学科的新理论在国内掀起了新一轮研究热潮，这又一次引发了我国学者对《山海经》的广泛关注，学界也因此开始了对该书的广泛讨论。吉联抗以袁珂先生的《山海经校注》为底本考察上古的音乐材料，了解远古的音乐情况[④]，实际上是把《山海经》当作一本地理方志类书籍；翁经方利用《山海经》的记载考察中国汉代以前与西域民间贸易往来的丝绸之路[⑤]，

---

① 袁珂：《山海经校注》，上海古籍出版社，1980年。

② 袁珂：《关于〈山海经〉校译的几个问题》，《思想战线》1983年第5期。

③ 袁珂：《山海经校注·序》，上海古籍出版社，1980年。

④ 吉联抗：《〈山海经〉远古音乐材料初探》，《中国音乐》1981年第2期。

⑤ 翁经方：《〈山海经〉中的丝绸之路初探》，《上海师范大学学报》（哲学社会科学版）1981年第2期。

亦是将《山海经》确认为汉代以前成书的地理书一类。马少侨则把《山海经》视为民俗学资料，用以佐证“鸱龟系指佐鲧治水的两个部落，它们同属于古代三苗集团中的部落成员，与现代苗瑶等西南少数民族先民有密切关系”①。董其祥则认为，《山海经》应该归入古史类，“是一部由来已久，流传有绪的古代典籍”②。学者徐南洲则以《山海经》考察古巴蜀的社会情况及巴人世系③。王珍又依据《山海经》所载考察中国母系氏族社会的神话④等。《山海经》的资料价值在这些交叉研究过程中逐渐被发掘出来。

1981 年，学者梁志忠率先对《山海经》一书可能归属的性质进行了划分与整合，他认为：“《山海经》不单纯是一部地理书，也是一部记载古矿藏分布的书，一部记载古医药使用的书，一部记载古代动植物种类的书。更重要的还是一部反映古国、古族的社会性质、风土民情等社会学、民族学方面的重要参考书。”⑤ 著名史学家顾颉刚先生去世后，其弟子整理其未发表的遗作，于 1982 年在中国社会科学杂志上发表。在该篇文章中，顾颉刚先生对《山海经》一书提出了三点看法：一是该书性质为巫术性的地理书；二是该书最初是图文并茂的，而图画要早于文字；三是该书的作者并非一人，但内容是连贯的⑥。顾颉刚先生认为《山海经》作为地理书的同时带有巫术性质。学者孙致中认为巫术与神话是孪生姐妹，亦是医术产生的根源，这些在《山海经》中都有所体现，他认为巫的使命之一是用神道设教的方式传述历史，他们常把真实的历史人物加以神化，同时又把神加以人化，孙氏因此提出《山海经》是巫史以神道设教的方式传述的历史，亦是巫术教科书，其中关于山川地理的内容是巫祭四方的产物⑦。孙氏虽然确认《山海经》为“巫书”，但其论述已涉及该书的多种内容。这些观点都表明学者们已经开始注意到《山海经》成书的多重性质。

袁珂先生在编纂《山海经校注》一书时认为《山海经》是神话学著作，

---

① 马少侨：《鸱龟曳衔：三苗集团佐鲧治水》，《贵州民族研究》1982 年第 4 期。
② 董其祥：《〈山海经〉记载的巴史》，《西南师范大学学报》（人文社会科学版）1982 年第 3 期。
③ 徐南洲：《〈山海经〉中的巴人世系考》，《社会科学研究》1985 年第 6 期。
④ 王珍：《〈山海经〉一书中有关母系氏族社会的神话试析》，《中州学刊》1982 年第 2 期。
⑤ 梁志忠：《〈山海经〉——早期民族学资料的宝库》，《民族学研究》1981 年第 2 辑。
⑥ 顾颉刚：《〈山海经〉中的昆仑区》，《中国社会科学》1982 年第 1 期。
⑦ 孙致中：《〈山海经〉的性质》，《贵州文史丛刊》1985 年第 3 期。

1985年他又发表了《〈山海经〉盖“古之巫书”试探》一文，提出“《山海经》基本上反映了原始神话的本来面貌，所以它是神话与各种文化历史知识杂糅、具有多学科性质的书籍”，《四库提要》所说该书“实则小说之最古者耳”的分类较为恰当，袁珂先生这篇文章重新确认了《山海经》一书的多重性质。袁珂先生认为鲁迅先生所说的《山海经》“盖古之巫书”这一观点独具慧眼，《山海经》中的《海经》“和古代‘招魂’的巫术活动关系相当密切，当系根据巫师作法时所用图画及歌词而成文者”，《山经》部分则是根据九鼎图象自成体系，不是依图撰文之作，而九鼎的作用在于祭神与“使民知神奸”，二者都与巫术活动有关①。袁珂先生经过多年研究，兼采各家观点，认为《山海经》兼具神话书和巫书两种主要性质的同时兼具多种学科性质，这种观点可谓是吸收了学界交叉研究方法的影响，具有划时代的意义。

这一时期《山海经》的研究成果，主要集中在接连召开的五次《山海经》学术会议上。首先是1983年12月10日至14日在成都市召开的《山海经》学术讨论会，由会议成果编辑而成的《〈山海经〉新探》一书于1986年1月出版，该书关于《山海经》成书性质的讨论亦不少。学者杨超在《〈山海经〉及其相关的几个问题（代序）》一文中认为，《山海经》中的各篇章内容可能为氏族的谱系资料，记载着该氏族部落所在地区的物产资料、氏族供奉的神灵祖先以及有关氏族的重大事件。这些资料在后来的氏族合并、民族融合中不断汇集，逐渐形成文字较多的资料，有些氏族是以图画符号记录的也一并收集在册，最后成书应该在一个大一统的社会环境中，或由巫师集团从各地搜集而来。同时，杨超又认为《山海经》的写作应该与上古的祭祀有关，“是一部难得的上古时代的百科全书，按我们中国过去的说法就是类书”，简而言之，便是以地理为纲，涉及了广泛的内容，“诸如天文、历法、地理、气象、动物、植物、矿产、医药、地质、水利、考古、人类学、海洋学和科技史等等，基本上是一部自然科学的百科全书”。上古时代的日常生活又与“神话、原始宗教以及氏族部落的历史和民俗等方面”息息相关②，因而又可将其视为一部民俗资料的汇编，一部上古的科学技术史。最后，杨超又强调应当

① 袁珂：《〈山海经〉盖“古之巫书”试探》，《社会科学研究》1985年第6期。

② 杨超：《〈山海经〉及其相关的几个问题（代序）》，见《〈山海经〉新探》，四川省社会科学院出版社，1986年，第7页。

将《山海经》视为信史。此文作为《〈山海经〉新探》一书的开篇，可以说是对前人《山海经》成书性质研究成果的概括，对后来人进行《山海经》研究也起到了很好的启发作用。

肖兵先生在该会议上继续阐发了《山海经》为楚人所作的观点，又延展了曹雨群所说的《山海经》中有大量方士所作的痕迹[①]这一判断，肯定了《山海经》作为民俗文化资料的价值，其成书性质很有可能是“一部带着巫术性、传说性的综合地理书”[②]。学者陈天俊也认为“《山海经》当是一部我国古代内容丰富的民族学佳作”[③]。叶幼明则重申《山海经》在神话方面的价值，不仅如此，他通过对比传说中治水的英雄“鲧”在不同文献材料中的记载，判断《山海经》的神话传说系统与先秦时期的另一些典籍面貌有很大不同，属于南方苗蛮系统，认为“华夏族的神话传说歌颂的人物，《山海经》多贬抑之；而华夏族的神话传说贬抑的人物，则《山海经》多颂扬之”[④]。因此，叶幼明在判断《山海经》为神话文本的基础上，无疑又肯定了该书在神话研究、民族研究方面的重要参照价值。任乃强则认为《山海经》中有些部分采用了殷代的资料，其中《西次三经》是依周穆王西行路线考核修订的，而《东山经》采自战国燕齐方士之书，至于《南山经》则全是秦汉年代的产物。殷代的资料和穆王西行路线的记载大可作为研究上古社会的信史，可以用来研究当时的社会风貌，而出自方士之手的部分是研究当时民间信仰及宗教习俗的材料，《南山经》则可以与秦汉年间的文献互相求证，获取有效的研究信息。书中所记载的许多“国”，其实是当时的异域民族部落，这些“国”大多可见于《禹贡》《竹书纪年》《穆天子传》和《尔雅》等书中[⑤]。他指出，各书所记时代不同，《海经》把它们广泛收列，不加区别，将上古异域民族部落当作仍然存在的国度，后来又因历时久远，误采传说，有所加工，才

---

① 曹雨群：《读〈山海经〉》，《上海师范大学学报》（哲学社会科学版）1960 年第 2 期。

② 肖兵：《〈山海经〉：四方民俗文化的交汇——兼论〈山海经〉由东方早期方士整理而成》，见《〈山海经〉新探》，四川省社会科学院出版社，1986 年，第 133 页。

③ 陈天俊：《从〈山海经〉看古代民族的崇拜、信仰及其遗俗》，见《〈山海经〉新探》，四川省社会科学院出版社，1986 年，第 156 页。

④ 叶幼明：《鲧罪辨——兼论〈山海经〉与古代部族战争的关系》，见《〈山海经〉新探》，四川省社会科学院出版社，1986 年，第 184 页。

⑤ 任乃强：《试论〈山海经〉的成书年代与其资料来源》，见《〈山海经〉新探》，四川省社会科学院出版社，1986 年，第 315—336 页。

造成《山海经》文字佶屈聱牙，不可甚解。由此可以推论，在任乃强看来，《山海经》不仅可视作殷代社会遗留的部分巫觋记载，还可用于原始信仰、民间风俗的研究，这无疑确定了《山海经》的信史价值及其社会方志的地位。

唐明邦在该次会上确认《山海经》“是古代一部巫书”，书中“保存的文化资料，反映的是我国原始社会末期奴隶社会初期，渔猎时代和早期农牧时代的社会生活，可称研究那些时期的社会思想及科学知识的宝贵贡献”①。虽然确定《山海经》为巫书，但因为上古巫师往往是文化的掌握者，其知识面涉及宗教、医学、巫术、天文地理等内容，使得该书既可作为神话资料，又可作为社会历史的写照，因而得出“《山海经》就是巫师文化汇集而成的远古文化遗存之一”的结论。唐明邦认为《山海经》确实如鲁迅先生所言“盖古之巫书也”，而吕子方先生在《读〈山海经〉杂记》中认为《山海经》是我国最早的类书，是对鲁迅先生这一观点的进一步阐发，两者相得益彰。

学者徐南洲则在确认《山海经》为“一部最早的中国式的百科全书”的同时，强调该书在中国科技史上的地位，而后者是他对该书性质的细致定位。他认为：“就《山海经》记载的自然科学资料而言，业已构成为一部中国上古的科技史。他既记载有古代科学家们的创造发明，也有他们的科学实践活动，还反映了当时的科学思想以及已经达到的科学技术水平。”② 徐氏认为夸父逐日是科学家探索太阳运行规律的实践活动，精卫填海是人类探索航海的记录，这在当时或许提供了另一个解释神话的思路。赵璞珊则将《山海经》列为医学科技史的一部分，以《山海经》中对草木果实药用价值的记载，考察我国古老医学文化的发展水平，认为《山海经》“客观上反映了我国的历史实际”③。张明华依据民间传说的研究思路，认为“《山海经·海外东经》、《大荒南经》中关于十日和《大荒西经》中关于十二月亮的二则人类在草莱时代的神话传说，反映了我们的祖先，已经有了以天干和地支纪日的原始历法，

---

① 唐明邦：《论我国原始宗教与巫术科学的特点——吕子方先生〈读［山海经］杂记〉的启示》，见《〈山海经〉新探》，四川省社会科学院出版社，1986 年，第 278 页。

② 徐南洲：《〈山海经〉——部中国上古的科技史书》，见《〈山海经〉新探》，四川省社会科学院出版社，1986 年，第 241 页。

③ 赵璞珊：《〈山海经〉记载的药物、疾病和巫医——兼论〈山海经〉的著作时代》，见《〈山海经〉新探》，四川省社会科学院出版社，1986 年，第 276 页。

有了十和十二的数字观念，以及世界上最科学的十进位法”①，便是由《山海经》的内容推论出我国原始天文历法的发展，无疑亦是将《山海经》视为科技史的一部分。

综上所述，1986 年出版的这本《〈山海经〉新探》可以说是汇集了当时学界的主要研究成果，书中多篇论文展开了对《山海经》成书性质的讨论。概括来说，由于受到交叉学科研究风尚的影响，当时的学者已经不满足于将《山海经》定性为某一类的作品，而是视其为“百科全书式”著作，按中国传统的分类法便是具有“类书”性质，书中既有民俗神话，又有历史地理；该书既可用于探讨原始信仰、民间宗教，又可用来考证远古时期的社会发展水平，既可视为地理志、社会方志，又可视为神话传说、古之巫书，将其定为某种单一性质的书籍，着实困难。然而，对《山海经》的研究，又必须建立在对该书性质的定位上，因而对《山海经》成书性质的讨论也在不断进行。

继四川省社会科学院发起《山海经》学术会议之后，吉林省社会科学联合会、东北师范大学地理系和吉林大学语文研究会等单位又发起了开展学术会议的提议，并在当时得到多个相关科研单位的回应，他们先后于 1992 年 8 月在长春、1995 年 8 月在济南、1997 年 8 月在昆明，接连召开了三次《山海经》学术研讨会，会议成果辑录成《〈山海经〉与中国文化》一书出版。1999 年 7 月又在吉林召开一次学术会议，未见公开出版物②。这几次学术会议是 20 世纪末《山海经》研究热潮的一大写照，也是该段时间主要研究成果的集合。

徐显之《〈山海经〉原貌及其本质的探讨》③ 与《〈山海经〉是一部最古的氏族社会志》④ 两篇文章，论述《山海经》是一部最古的氏族社会方志。他认为《山海经》“是一部最古的具有科技性质的发明志。它概括了我国古代氏族社会时期最重要的科技成果，当然也包括了上层建筑的产生”，其“不啻

① 张明华：《十个太阳和十二个月亮传说的由来》，见《〈山海经〉新探》，四川省社会科学院出版社，1986 年，第 307 页。

② 李川：《〈山海经〉神话研究》，当代中国出版社，2015 年，第 17 页。

③ 徐显之：《〈山海经〉原貌及其本质的探讨》，见《〈山海经〉与中国文化》，湖北人民出版社，1999 年，第 31—35 页。

④ 同上，第 36—42 页。

是我国一部原始社会史”，是“中国最早的一部地方志书”①。童国安认为《山海经》是一部百科全书，“是一部我国古代先民在社会实践中所形成的多方面意识和丰富的科学知识结晶，是我国古代，也是世界少有的文化结晶。其中保存了人类上古时代丰富的文化历史资料，是建设当代新文化、弘扬民族文化难得的历史文献资料”②。学者苏茂德也持相似意见，认为“《山海经》为上古大禹治水的见闻录”，记载了治水的全过程。书中的记载呈片段式，正体现了原始记录的真实性③。梁海明梳理总结了前人对《山海经》性质的研究，认为古今中外专家学者虽然对该书性质众说纷坛，但走向却逐渐明朗起来，即从神话传说逐渐走向历史地理，从巫卜逐渐走向科技，从小说语怪逐渐走向信史、百科全书，或曰类书。梁海明认为，《山海经》的性质可说是一部上古时代的“全球方志”，这种观点是对《山海经》地理书性质的进一步发展，并且将该书涉及的地理方位拓展到全球范围，成为一部“全球地理”志④。

学者黄建中在会议论文中指出，《山海经》是古地理书、古巫书或是百科全书的说法都是不全面的，《山海经》应该是一部记录我国上古口传的史地书，书中记载的是原始先民的想象和传说，不能以此判断《山海经》为古之巫书。再者，上古巫史不分，而《汉书·艺文志》将其列入“数术”的“形法类”，与我们现在理解的“巫书”有所偏差，里面除了“巫法”，还有许多天文地理等科学的内容，再加上“古之巫书”是古代的图书分类法，不够科学，所以“古之巫书”说欠妥。黄氏指出《山海经》无论是侧重于记载山川河流物产的《山经》，还是记载了大量“国”的特点、来历、信仰、鬼神祭祀等内容的《海经》，都紧扣着它们“与人的关系”和“对人的作用”，说明了《山海经》是具有记载人和社会的活动与发展的史书特征的，因此《山海

---

① 徐显之：《〈山海经〉原貌及其本质的探讨》，见《〈山海经〉与中国文化》，湖北人民出版社，1999年，第41—42页。

② 童国安：《山海经》：古代文化的结晶》，见《〈山海经〉与中国文化》，湖北人民出版社，1999年，第60页。

③ 苏茂德：论《山海经》的历史背景》，见《〈山海经〉与中国文化》，湖北人民出版社，1999年，第91页。

④ 梁海明：《中华古文化之第一奇书〈山海经〉研究——关于〈山海经〉的性质及作者》，见《〈山海经〉与中国文化》，湖北人民出版社，1999年，第24—30页。

经》不仅仅是一部古地理书，而是一部记录我国上古口传的史地书[1]。

杨来华则用人类学的方法，利用出土的玉器与《山海经》中记载的内容相比对，确证了“玉器时代”的存在[2]，这无疑也为《山海经》为信史一说添砖加瓦。胡远鹏与日本学者竹野忠生亦认为《山海经》是上古时代的一部信史，并且反对把该书视作神话一类，他们认为神话传说中该有的创世神话和人类起源神话在《山海经》中都不见踪影，“神话历史化”的观点也没有坚实的事实基础，因而《山海经》只能是一部信史[3]。胡远鹏与另一位学者宫玉海合作的会议论文也持这种观点[4]，认为《山海经》中佶屈聱牙晦涩难懂的部分是文字学派的学者所说的“语言有病”的结果，并对袁珂先生《山海经校译》一书进行逐一批驳，强调《山海经》应是一部信史，而与神话毫无干系。宫玉海在20世纪90年代出版的《〈山海经〉与世界文化之谜》[5]一书便是从语言的角度对《山海经》进行破译，虽然其中多是缺乏实证的推论，但《山海经》为信史这种说法还是值得参考的。

概括来说，二十世纪末的几次学术会议，大部分文章将《山海经》视作完全的信史，力图抵消“神话说”的影响。总而言之，这一时期关于《山海经》成书性质的研究，逐渐把《山海经》锁定为以下几个类别：神话、地理方志或百科全书、巫书和氏族志等，逐步确立了《山海经》作为古籍的可信程度和研究方向。随着新世纪的开始，关于《山海经》的成书性质讨论又有了新的推进。

四、21世纪以来的《山海经》成书性质研究

进入21世纪，关于《山海经》的讨论日益活跃。新世纪以来的不少观点

---

① 黄建中：《〈山海经〉是一部记录我国上古口传的史地书》，见《〈山海经〉与中国文化》，湖北人民出版社，1999年，第43—48页。

② 杨来华：《〈山海经〉：中国玉器时代信史》，见《〈山海经〉与中国文化》，湖北人民出版社，1999年，第49—59页。

③ 胡远鹏、（日）竹野忠生：《试论〈山海经〉的历史性》，见《〈山海经〉与中国文化》，湖北人民出版社，1999年，第79—90页。

④ 宫玉海、胡远鹏：《关于〈山海经〉的注释及上古语言问题——兼评袁珂先生〈山海经校译〉的神话导向》，见《〈山海经〉与中国文化》，湖北人民出版社，1999年，第116—130页。

⑤ 宫玉海：《〈山海经〉与世界文化之谜》，吉林大学出版社，1995年。

都是在前人基础上进行深入阐发，学者张步天于2001年发表的《〈山海经〉性质志书说刍议》便是一个体现。张氏在梳理前人《山海经》研究成果的过程中形成了“《山海经》为志书”这一观点①，他认为：首先，志书和史传体同为我国古代通行的记事文体形式，志书涵盖至广，无论官修或是私修志书，都是一个时期的社会综合记录。其次，志书与地理书或史地书也不完全等同，志书的覆盖范围要比后两者要大。《山海经》为志书这一观点是对之前民族志说、地理书说、类书说等观点的总括②。这一观点在其随后出版的《〈山海经〉概论》中得到了进一步阐发③。有不少学者也持这种观点，如马力认为《山海经》是我国最古老的一部志书④，韩湖初教授认为《山海经》不应该是“语怪之祖”，而应当作信史进行研究⑤，方牧则用《山海经》进行海洋文化的地理研究⑥。黄懿陆则将该书视为考古资料，用以论证夏文化的存在与发展⑦。学者张春生把《山海图》当作地图进行研究，将《山海经》视为地理书⑧。可以说，张步天的“志书说”是对地理书说、信史说、方志说、民族志说等观点的总结，又是“百科全书说”观点的延伸，其观点通过重新定义志书的范围得以完成，这种做法无疑受到了跨学科研究的影响，亦是21世纪前后诸多学说涌入中国的一个缩影。《山海经》为志书说这一观点也逐渐站稳脚跟，成为21世纪《山海经》成书性质研究的众多方向之一。

中国社会科学院文学所民间文学研究室于2004年6月组织召开了《山海经》与神话研究学术座谈会，参会成员有吕微、叶舒宪、刘宗迪、陈连山、马昌仪、杨利慧、安德明等学者，会议成果由《民族艺术》选载⑨。在该会上，与会成员提出了与近代以来认为《山海经》是地理志、民族志、神话等观点较为不同的看法。

---

① 参见张步天：《20世纪〈山海经〉性质的讨论》，《益阳师专学报》2000年第3期。

② 张步天：《〈山海经〉性质志书说刍议》，《益阳师专学报》2001年第4期。

③ 张步天：《〈山海经〉概论》，香港天马图书有限公司，2003年，第12—14页。

④ 马力：《我国最古老的一部志书——〈山海经〉导读》，《黑龙江史志》2006年第4期。

⑤ 韩湖初：《〈山海经〉到底是“语怪之祖”，还是“信史”》，《汕头大学学报》2004年第1期。

⑥ 方牧：《〈山海经〉与海洋文化》，《浙江海洋学院学报》（人文科学版）2003年第2期。

⑦ 黄懿陆：《〈山海经〉考古》，民族出版社，2007年。

⑧ 张春生：《〈山海经〉研究》，上海社会科学出版社，2007年。

⑨ 吕微等：《神话：想象与实证——〈山海经〉研究座谈会发言选载》，《民族艺术》2004年第4期。

首先是神话政治地理书说。叶舒宪认为，古代书写条件有限，一般茶余饭后的内容不会浪费笔墨记载并传承下来，因此《山海经》成书背后应该有一个大一统的政治动机；同时，《山海经》中的地理方位是想象构建出来的，其建构的基本原则就是“一个同心方的世界”。叶教授认为中国文学中存在一种关于荒远怪异的构思模式，其中有一个中央与边缘的关系问题，《山海经》这部书很可能是西周时期已经存在的一统的模式下的产物①。这一观点在叶舒宪、萧兵和韩国学者郑在书合著的《山海经的文化寻踪》一书中得到详细论述。中国学界自 20 世纪以来便受到西方人类学、宗教学和神话学等学科影响，学者们不断学习并运用西方理论，对中国古典文献、古代文化进行破译、索引，在习得西方研究方法的同时努力尝试跳出“欧洲中心论”，试图推演出一套适合中国文化的本土研究路径，在此过程中逐渐形成本土的研究方法。以叶舒宪、萧兵为代表的一批学者，建构并完善了适合中国本土的文学人类学理论，在 20 世纪末至 21 世纪初这段时间里对一批中国古代典籍进行文化破译，完成了“中国文化的人类学破译”丛书，《山海经的文化寻踪》② 便是这套丛书的成果之一。上述观点不仅拓展了《山海经》的研究视域，还发展了文学人类学的相关理论，为西方理论中国化、深入研究中国古代典籍做出了一大贡献。

其次是刘宗迪提出的历法说，这一观点在其《失落的天书：〈山海经〉与古代华夏世界观》一书中得以充分论述。书中提到，《山经》和《海经》有很大区别，《山经》无疑是一部掺杂了神怪内容的地理学著作，而《海经》作为述图性质的文字，是写照历法岁时的时间之书③。他认为，关于《山海经》图的性质，前人的“禹鼎说”“地图说”“壁画说”，甚至鲁迅先生、袁珂先生所持的“巫书说”都不是基于《山海经》文本的具体分析，也缺乏可靠的文献材料和考古证据，不足为凭④，《山海经》的图实际上是上古时期的天文历法图。刘宗迪的观点是，《山海经》图应该成于文字通行之前，一是由

① 吕微等：《神话：想象与实证——〈山海经〉研究座谈会发言选载》，《民族艺术》2004 年第 4 期。

② 叶舒宪、萧兵、［韩］郑在书：《山海经的文化寻踪——“想象地理学”与东西文化碰触》，湖北人民出版社，2004 年。

③ 刘宗迪：《失落的天书：〈山海经〉与古代华夏世界观》，商务印书馆，2006 年，第 3 页。

④ 详见刘宗迪《失落的天书：〈山海经〉与古代华夏世界观》一书导言。

于中国文字真正普及要到战国时期，二是因为记录书写材料的问题（竹简作为书写材料在战国盛行，之前主要是贵族用青铜器记录），《山海经》图直到战国才被学者复述为文字，成为传世的《山海经》的祖本；而《山海经》的异域方国、四海奇物，原应是月令图四周用以标识物候、节俗和季节的场景①。安德明对此提出质疑，他认为远古的天文历法图被后人解读为各种具有神话性质的内容，似乎与人类思维演变的进程相违背，大有今人不如古人“理性”之感。这种观点可以用马克思·缪勒的“语言疾病说”进行解释，叶舒宪称之为“图像疾病说”，本来的图像因为脱离实际需要被一步步异化，后人读不懂了便误解为神话，再后来图又失传了，人们又根据被曲解的文字再画成图②。吴晓东也认为《山海经》是占星古籍③。前人多用《山海经》研究古代天文历法，亦常提出《山海经》中有许多记录天文历法的内容，历法书和占星书的观点便是由此为切入点进行深度阐释，最终得出新的研究成果。

陈连山在会上则提出《山经》中有非常确实的地理知识，书中对每座山矿藏的记录，是按照国家需要、国家对矿产需要的控制来排列矿产顺序的④。这一观点在其2012年出版的《〈山海经〉学术史考论》中得到详细说明。陈教授通过分析《山海经》中的各项组成部分，确立其为远古时代的地理志著作，认为长久以来学者们对《山海经》成书性质众说纷纭是因为该书在不同时期有着不同的社会功能。《山海经》中许多地名秦汉以来未见记载，而对于道里山川的论述也不甚准确，再加上书中有许多关于神怪的内容，因而想要判断其为地理志的著作便有些许阻碍。对此，陈教授提出了自己的看法，他认为《山海经》无论是框架还是内容都符合地理志这一性质，而书中的怪异内容是远古地理志共同的时代特征，其中的山神崇拜和宗教祭祀活动是远古时代地理学的天然内容之一，这些特点反而成为《山海经》为地理志著作的

---

① 吕微等：《神话：想象与实证——〈山海经〉研究座谈会发言选载》，《民族艺术》2004年第4期。

② 同上。

③ 吴晓东：《占星古籍：从〈大荒经〉中的二十八座山与天空中的二十八星宿对应来解读〈山海经〉》，《民族艺术》2007年第3期。

④ 吕微等：《神话：想象与实证——〈山海经〉研究座谈会发言选载》，《民族艺术》2004年第4期。

佐证[①]。至于书中对异域方国的描写，是先民出于安全和强化自我的需要，把外面的世界妖魔化了[②]。陈连山从人类学的角度出发，对该书的成书性质进行论述，具有相当的合理性，他还认为该书的性质应为官修地理书，应汉代统一帝国的需求才现世[③]。这一观点与张步天不谋而合[④]。王永也持这一观点，认为《山海经》是官修的具有地理性质的释图著作[⑤]。

近年来还有一种观点，就是将《山海经》视为哲学书籍，认为书中所列的山川方国、人物、怪兽等，都是"用于比喻事物、叙述事物发展及变化的规律、叙述事物哲理的哲学性"，因此，《山海经》是一部以儒家思想为基准论述事物发展规律的书，亦是一部以《易经》为基准的哲学性书籍[⑥]。这一观点的前身应该是常金仓提出的《山海经》是战国造神运动的产物这一看法，认为《山海经》的资料来源是儒家经传[⑦]。此类观点虽新颖，却难免穿凿附会之嫌，已有学者逐一批驳[⑧]，故不予赘述。

21世纪以来，与《山海经》相关的研究书目不胜枚举[⑨]，但除上述几种新观点外，对《山海经》成书性质的讨论亦多集中于地理书、百科全书、巫术和神话书这几类之中，故此不再赘述。此外，还有一些研究者"放飞思路"，将《山海经》说成是世界地理书，甚至说是外星人的X档案，这些观点过于猎奇，考据水平亦有限，因此不做论述。还有学者认为《山海经》是一本小说[⑩]，学界对《山海经》的成书性质解释不一，与该书性质的复杂性是分不开的。

---

① 陈连山：《〈山海经〉学术史考论》，北京大学出版社，2012年，第13—16页。

② 吕微等：《神话：想象与实证——〈山海经〉研究座谈会发言选载》，《民族艺术》2004年第4期。

③ 陈连山：《〈山海经〉学术史考论》，北京大学出版社，2012年，第20页。

④ 张步天认为《山经》的底本源于官府典籍，而《海经》则掺有大量的私人记录。详见张步天：《〈山海经〉概论》，香港天马图书有限公司，2003年，第10页。

⑤ 王永：《〈山海经〉的性质与成书》，《贵州大学学报》（社会科学版）2012年第6期。

⑥ 王魁：《解读〈山海经〉要略》，红旗出版社，2017年，第212页。

⑦ 常金仓：《〈山海经〉与战国时期的造神运动》，《中国社会科学》2000年第6期。

⑧ 李川：《〈山海经〉神话研究》，当代中国出版社，2015年，第50—59页。

⑨ 据不完全统计，除各种版本的《山海经》译注外，关于《山海经》的学术讨论著作不少于20种。

⑩ 刘新生：《〈山海经〉小说叙述元素分析》，《东岳论丛》2011年第5期。

五、结语

对《山海经》成书性质的研究自古以来进行不断，由于学者们所本的理论不同，对该书性质的看法也有大相庭径之处。这一研究内容在20世纪末广泛讨论后逐渐尘埃落定，基本上可归纳为神话书说、方志说、信史说、地理书说、巫书说、博物志说，这些观点虽然有所区别，但在具体研究过程中仍然存在交叉部分

21世纪以来，随着跨学科视野的不断发展，对《山海经》成书性质的定性体现两大趋势：一是在跨学科视域下把《山海经》定义为具有多种性质的古代典籍，进一步发展"百科全书说"的观点，在此基础上对《山海经》进行研究，如张步天的志书说，便是通过拓展"志书"的定义以满足对《山海经》的定性。这种做法虽然在一定程度上解决了问题，但未免过于简单，这一观点只能说是受到了跨学科视野的影响，而不能说是采用了跨学科的研究方法，用这种方式对《山海经》定性，仍囿于古代划分经史子集的传统。更重要的是，将《山海经》定性为"百科全书式"的志书，在某种程度上则相当于并未给《山海经》做出具体定性，因此，这种做法值得考量。第二种趋势是从跨学科视野出发，运用新兴理论和跨学科的方法，在前人基础上提出新的观点，如把《山海经》定性为神话地理学著作、历书等，这种研究方法虽然仍处在不断探索和发展阶段，但依其论证的合理性，大多能得到较为准确并且具有创新性的观点。近年来，三星堆遗址不断出土新的材料，在新出考古资料的支撑下，这种研究方法在未来亦会大有可为，利用叶舒宪教授提出的"四重证据法"印证《山海经》与巴蜀文化之间的关系，或能将研究再往前推进。

总之，《山海经》作为一本流传已久的古籍，经过后人不断增删注解，早已具有非凡的资料价值，关于此书的性质讨论虽然渐趋稳定但也很难定于一尊，关于这方面的讨论研究还将不断进行。

征稿启事

为大力弘扬中华优秀传统文化，推动中国神话学的研究和发展，四川省社会科学院神话研究院决定编辑出版《神话研究集刊》（每年两集），现将相关征稿事项公告如下。

一、栏目设置

《神话研究集刊》围绕以下研究方向征集稿件：

1. 中国神话典籍文献整理研究；
2. 神话与中国思想文化研究（历史与当代）；
3. 巴蜀神话研究；
4. 道教与神话研究；
5. 少数民族神话研究；
6. 神话与文学、艺术、美学、考古、历史、民俗等跨学科研究；
7. 外国神话研究；
8. 神话理论的译介与研究。

本刊将根据来稿内容设置相应栏目。

二、内容及字数

稿件观点新颖、论据充分、文字表达准确流畅，能够代表神话研究的最新成果。文责自负，严禁抄袭。每篇稿件实际字数在8000—15000字之间，以10000字左右为宜，特殊稿件不超出15000字，包括摘要（100—300字）和关键词（3—8个）。稿件内容包含标题、作者单位、职务或职称、姓名、摘要、关键词、正文、注释。注释采用当页脚注。未依本刊格式提供的稿件，将不能进入审稿程序。

三、格式

稿件采用简体中文。标题小三号宋体，正文小四号宋体，行距 1.5 倍。注释用小五号宋体，置于页下。注释序号采用圈号，如①、②、③（包括正文和脚注）。脚注引文格式如下：

1. 期刊

袁珂：《〈山海经〉盖“古之巫书”试探》，《社会科学研究》1985 年第 6 期。（注：如文章有三个以上的作者，仅列前三个，后加“等”）

2. 专著

袁珂：《山海经校注》，上海古籍出版社，1980 年，第 348 页。

3. 译著

［美］马文·哈里斯著，李培茱、高地译：《文化人类学》，东方出版社，1988 年，第 299 页。

4. 古籍

［晋］陈寿：《三国志·魏书·东夷高句丽传》，中华书局，1959 年，第 844 页；或［宋］宋祁、欧阳修：《新唐书》卷一百九十六，文渊阁四库全书本。

5. 析出文献

袁珂：《〈山海经〉盖“古之巫书”试探》，见《〈山海经〉新探》，四川省社会科学院出版社，1986 年，第 23 页。

6. 报纸

丁文祥：《数字革命与竞争国际化》，《中国青年报》2000 年 11 月 20 日。

7. 外文文献

North, D. C., *Institutions Institutional Change and Economic Performance*, Cambridge University Press, 1990, p. 34.

8. 图表

图表引用需按照通行版权规定，注明图表内容和出处。

文末注明作者通信地址、电子邮箱、手机号码等联系方式。文稿以 Word 文件格式提交。

四、截稿时间

《神话研究集刊》每年两集，截稿时间分别为 2 月 28 日和 8 月 31 日（以电子邮件发送日期为准）。

五、稿酬和样书

来稿将由我院组织相关专家进行评审。论文一经入选，出刊后将按相关规定支付稿酬并赠送样书二册。提交稿件后三个月内（以电子邮件发送日期为准）未收到用稿通知时，作者可自行处理。

六、知网及微信公众号授权

本刊所采用的论文将由出版单位授权在知网和本刊微信公众号发布电子版。作者投稿如无特别申明，即视为同意授权出版单位在知网和本刊微信公众号上发布。如不愿授权，请在文尾予以注明。

七、联系方式

1. 知网投稿网址：http：//yjjh. cbpt. cnki. net/

2. 网易收稿邮箱：shyjjk@ yeah. net

热忱欢迎海内外学者踊跃投稿。

四川省社会科学院神话研究院

《神话研究集刊》编辑部

2021 年 10 月

图书在版编目（CIP）数据

神话研究集刊．第五集/向宝云主编．—成都：巴蜀书社，2022.1

ISBN 978-7-5531-1661-7

Ⅰ．①神…　Ⅱ．①向…　Ⅲ．①神话－研究－丛刊　Ⅳ．①B932－55

中国版本图书馆 CIP 数据核字（2022）第 009145 号

神 话 研 究 集 刊（第五集）

SHENHUA YANJIU JIKAN DIWU JI

向宝云 主编

责任编辑	黄云生
封面设计	成都墨之创文化传播有限公司
出　　版	巴蜀书社
	成都市槐树街 2 号　邮编 610031
	总编室电话：（028）86259397
网　　址	www. bsbook. com
发　　行	巴蜀书社
	发行科电话：（028）86259422　86259423
经　　销	新华书店
印　　刷	成都蜀通印务有限责任公司
	（电话：028－64715762）
版　　次	2022 年 1 月第 1 版
印　　次	2022 年 1 月第 1 次印刷
成品尺寸	240mm×170mm
印　　张	22. 25
字　　数	380 千
书　　号	ISBN 978-7-5531-1661-7
定　　价	95. 00 元

ISBN 978-7-5531-1661-7